第四届中国休闲与旅游发展论坛论文集（2019）

休闲与旅游：行为·功能·产品

主编 楼嘉军 毛润泽 马红涛 贾增慧

上海交通大学出版社
SHANGHAI JIAO TONG UNIVERSITY PRESS

内容提要

  本书选取"2019 年第四届中国休闲与旅游发展论坛"的部分论文，紧扣大众休闲时代与文旅融合发展的两大主题，从理论与实践两个方面，针对休闲与旅游发展中存在的一些热点、难点和重点问题进行了清晰梳理、认真剖析、精准解读和深入思考。全书分为三部分，分别是：休闲行为与消费结构、城市休闲功能与空间、旅游目的地的建设与产品开发。从论文内容构成看，基本是从休闲行为偏好、休闲消费升级、休闲功能优化、休闲空间建设以及旅游目的地建设与旅游产品开发等多元化的现实视角切入，采用理论分析与实证探索等多样化的研究手段，既重点关注我国休闲与旅游发展中产生的新需求、形成的新矛盾、凸显的新特点；又积极思考休闲与旅游发展中的理论问题，总结归纳发展的新趋势与新规律。

  本书可以用于高等院校旅游、休闲、会展、文化以及社会学等专业师生的参考教材，也适合作为旅游会展管理、文化产业管理和城市公共服务管理部门的参考用书。

图书在版编目(CIP)数据

第四届中国休闲与旅游论坛论文集：2019：休闲与
旅游：行为,功能,产品 / 楼嘉军等主编. —上海：
上海交通大学出版社,2020
ISBN 978-7-313-23956-3

Ⅰ.①第… Ⅱ.①楼… Ⅲ.①旅游业发展-中国-文
集 Ⅳ.①F592.3-53

中国版本图书馆 CIP 数据核字(2020)第 206347 号

休闲与旅游：行为·功能·产品
XIUXIAN YU LUYOU：XINGWEI·GONGNENG·CHANPIN

主　　编：楼嘉军　毛润泽　马红涛　贾增慧
出版发行：上海交通大学出版社　　　　　　　　　　地　　址：上海市番禺路 951 号
邮政编码：200030　　　　　　　　　　　　　　　　电　　话：021-64071208
印　　制：上海天地海设计印刷有限公司　　　　　　经　　销：全国新华书店
开　　本：889 mm×1194 mm　1/16　　　　　　　　印　　张：15.5
字　　数：465 千字
版　　次：2020 年 11 月第 1 版　　　　　　　　　　印　　次：2020 年 11 月第 1 次印刷
书　　号：ISBN 978-7-313-23956-3
定　　价：88.00 元

前　言

2019 年,我国人均 GDP 将跨越 10 000 美元大关,根据国际经验,表明我国休闲社会建设正在进入一个新的发展阶段,进而驱动我国城市休闲化趋势加速发展。5G 时代的大幕已经开启,居民的休闲方式必将发生革命性变化。后小康时代即将来临,在拉动内需与文旅融合的大背景下,休闲正在成为城市居民美好生活的重要表现形式,也成为促进社会经济发展的重要市场动力;在经济休闲化、消费升级发展动力推动下,文旅融合正在以前所未有的发展方式走向深度融合。在此背景下,上海师范大学与华东师范大学于 2019 年11 月 21—23 日在上海师范大学桂林路校区共同主办"第四届中国休闲与旅游发展论坛暨 2019 长三角城市休闲化指数发布会",旨在为学界、业界、政府部门之间搭建合作、交流与联系的平台和桥梁。

会议由上海师范大学旅游学院、上海旅游高等专科学校、华东师范大学工商管理学院休闲研究中心、华东师范大学工商管理学院旅游系、上海师范大学休闲与旅游研究中心共同承办。

本论坛以"新休闲·新趋势"为主题,通过主题演讲、圆桌论坛、并行会议等多样化的形式,对以下议题进行多层面的深入探讨:休闲:促进文旅融合、休闲城市建设与生活品质提升、生态文明建设与环境休闲化、消费升级与旅游转型发展、后小康时代与居民生活休闲化、5G 时代与居民休闲方式演变趋势。来自全国高校、政府智库、政府机关、行业企业的 240 余名代表参加了会议。

大会邀请了以下 17 位嘉宾做主题发言:北京大学吴必虎教授:后城市化时代环城市休闲空间配置——制度供给与产品开发;南京大学顾江教授:文旅融合品质提升战略;浙江大学刘慧梅教授:休闲与幸福——从量化到质性;复旦大学沈涵教授:舌尖上的城市——美食旅游塑造城市休闲品牌;上海交通大学车生泉教授:保加利业乡村景观资源评估与振兴策略;同济大学金云峰教授:基于规划视角——国家公园自然保护地与文旅休闲地;暨南大学王华教授:旅游驱动型乡村城镇化理论与案例;华南理工大学戴光全教授:节事空间冲突的探索性研究;中国社会科学院上海市人民政府上海研究院李萌研究员:从进博会看国际文化、旅游服务贸易新动向;华东师范大学杨勇教授:我们需要什么样的休闲去处?中国主题公园研究院林焕杰教授:中国主题公园竞争力评价;《旅游研究》主编窦志萍教授:民族地区休闲民俗与乡村旅游联动发展;上海海事大学王国勇教授:中国体育旅游的可持续发展;新西兰奥克兰理工大学 Heike Schänzel 副教授:Fun time, finite time:Temporal and emotional dimensions of grandtravel/grandleisure experiences;台湾高雄餐旅大学沈进成副教授:以 AISAS 模式探讨 N 世代线上旅游平台消费行为之研究;上海师范大学张宏梅教授:生态系统服务框架下的户外游憩研究;上海师范大学特聘教授楼嘉军:从休闲化角度透视城市品质。

与此同时,大会还安排了 5 个平行的学术会议,分别是"休闲空间与休闲行为""产业布局与评价""文化旅游与目的地品牌""主题公园品牌建设与模式创新"和"研究生专场",总计有 42 位学者与研究生进行了交流发言。

本论文集收录了正式递交大会的 32 篇论文,分为三个专题(第一篇　休闲行为与消费结构;第二篇　城市休闲空间与功能；第三篇　旅游目的地的建设与产品开发）集结出版，以飨读者。由于编撰论文集时间比较匆忙，难免会存在一些缺憾，敬请各位读者批评指正。

在本论文集即将付梓的前夕，感谢与会代表对本次会议的支持与帮助；感谢各位作者对论文集出版的支持与关心；感谢上海师范大学康年副校长对会议筹备与举办所给予的无微不至的关怀；感谢我的上海师范大学的同事，朱立新教授、张宏梅教授、宋波副教授、毛润泽副教授、施蓓琦副教授、张晨副教授、朱璇副教授、马剑瑜副教授、梁志华副教授、李丽梅博士和朱佳妮博士对会议的无私支持与帮助；感谢华东师范大学的冯学刚教授、庄志民教授、杨勇教授、王晓云副教授、孙晓东副教授、张琰副教授、吴文智副教授，以及吴扬博士、罗佳琦博士等对会议的大力支持；感谢我的博士研究生刘松、徐爱萍、马红涛和毕业多年的研究生吕晓亮，以及上海师范大学的贾增慧、马茜茜、陈彦婷、吴钰、郭薇、张馨瑞、赵才、何菊、胡谍、庞雪、张婉盈、吴丽莎、吴云龙等同学为会议筹备与举办所做的大量工作；感谢马红涛、贾增慧为论文集的编撰所付出的艰辛努力。最后，还要感谢上海交通大学出版社倪华老师、张勇老师为论文集的顺利出版所倾注的心血。

楼嘉军

2020 年 6 月于上海师范大学

目　　录

第一篇　休闲行为与消费结构

第二篇　城市休闲空间与功能

第三篇　旅游目的地建设与产品开发

第一篇　休闲行为与消费结构

城镇居民休闲消费规模结构及时空演变研究

——来自 1998—2016 年省际经验证据[①]

刘　松[1]　楼嘉军[2,3]

（1. 常州工学院经济与管理学院，常州　213032；2. 华东师范大学工商管理学院，
上海　200241；3. 上海师范大学旅游学院，上海　200234）

摘要：休闲消费是满足人们美好生活需要的重要组成部分，同时也是实现居民消费结构转型升级的主要内容。通过采集我国 1998—2016 年省级层面休闲消费有关数据，对我国城镇居民休闲消费规模结构及时空演变进行实证研究，结果发现：第一，近 20 年来我国城镇居民休闲消费规模持续扩大，不过增长速度逐渐趋缓；第二，我国城镇居民教育文化娱乐、交通通信和医疗保健等消费增速较快，并且未来增长趋势仍然明显；第三，长三角、珠三角和京津冀地区居民休闲消费具有相对优势，各地区呈现你追我赶态势，其中列居中位省区市的排序变化较大；第四，从地区差异来看，我国城镇居民交通通信消费差异较大而医疗保健消费差异较小，教育文化娱乐消费地区差异快速缩小；第五，我国城镇居民休闲消费的地区关联程度尚不明显，但是教育文化娱乐消费存在明显的相互拉动态势。基于此，本文给出了进一步扩大居民休闲消费需求的建议。

关键词：休闲消费；消费规模；消费结构；时空演化；城镇居民

1　引言

休闲消费是居民参与休闲活动的主要形式之一，它指的是人们通过购买休闲商品或服务以满足自身休闲需要的有偿消费活动。改革开放 40 年来，我国社会经济得以快速发展，居民生活质量发生天翻地覆的变化，收入水平提高和消费观念变迁使得居民休闲消费规模显著增加，休闲消费结构不断优化。然而从某种意义上讲，浓郁的休闲社会氛围仍然与我国勤俭节约的文化传统有着一定隔阂和偏差，居民休闲消费的广度和深度仍有待进一步拓展。新时代，我国社会主要矛盾已然发生重要转变，人们对于美好生活的需要被提到了更加突出的位置。值得强调的是，美好生活在很大程度上可以通过居民休闲消费予以彰显和体现。本文通过采集休闲消费有关数据，对我国城镇居民休闲消费规模结构及时空演变进行研究，以此提出进一步释放休闲消费潜力的建议，这具有重要学术价值和现实意义。

国外学者对于休闲消费的关注始于 20 世纪 60 年代，贝克尔（Becker）最早指出，所有休闲都含有某种消费，所有消费活动都含有某种休闲[1]。20 世纪 90 年代，伴随五天工作制的全面落实以及节假日的调整，休闲消费逐渐成为我国居民生活的新时尚，相应地，休闲消费研究开始受到国内学者的更多关注。纵观国内外文献，发现相关研究主要集中在如下三个方面。

第一，有关休闲消费行为的研究。学者们主要从经济学和社会学两个领域展开讨论，经济学范畴的研究主要包括休闲和消费的决策选择[2]、休闲和消费效用最大化的检验[3]等。社会学范畴的研究涵盖休闲消费的动机和偏好[4]、特征和趋势[5]、体验和质量[6]，以及休闲消费理论模型构建[7]、能力和结构的考察[8]等。

---

①　基金项目：江苏高校哲学社会科学研究重大项目"江苏经济高质量发展的测度、驱动因素及对策研究"（2019SJZDA068）

第二,休闲消费影响因素的识别。尹世杰较为全面地剖析了影响闲暇消费的四大因素,分别是居民收入水平、消费环境、闲暇消费品及劳务供应、人的价值观和消费观[9]。然而从现有研究文献来看,学者们更多的则是考察特定因素对休闲消费的影响[10-11]。

第三,休闲消费与经济增长关系的探讨。国外学者主要是针对休闲和消费的外部性展开理论讨论和实证检验[12],然而国内学者更多的是对休闲消费与经济增长关系进行直接性研究[13]。

通过回溯现有文献可以看出,国外部分学者将休闲首先界定为一种时间概念,从理论上分析休闲和消费的关系,进而研究休闲消费对经济增长的影响;而另有学者将休闲消费视为一种个体活动,考察休闲消费行为的特征及其影响因素。然而需要指出的是,国内学者更多的是围绕后者展开讨论,并且在数据使用上主要以问卷调查为主。本文基于我国省级层面有关数据,客观呈现城镇居民休闲消费在规模和结构上的演变规律和趋势,主要研究目的在于寻求和把握休闲消费引领的切入点和侧重点,从而进一步扩大居民休闲消费需求和释放居民休闲消费潜力。

2　方法与数据

2.1　边际消费倾向和收入弹性

边际消费倾向是消费增减量与可支配收入增减量的比值,它反映了每增加或减少一个单位的可支配收入时消费的变动情况。收入弹性指的是在价格和其他因素不变的条件下,由于消费者的收入变化所引起的需求数量发生变化的程度大小。边际消费倾向和收入弹性在某种程度上均能够反映城镇居民休闲消费结构的变化趋势。这里分别设定评估模型如下：

$$c_{it}^k = \alpha_1 + \alpha_2 y_{it} + \varepsilon_{it} \tag{1}$$

$$\ln c_{it}^k = \beta_1 + \beta_2 \ln y_{it} + \mu_{it} \tag{2}$$

其中,c_{it}^k 为城镇居民各项休闲消费实际支出($k=1, 2, \cdots, 5$ 分别表示生活用品及服务、交通通信、教育文化娱乐、医疗保健、其他用品及服务等消费支出);y_{it} 为城镇居民人均可支配收入,其中 i 表示省区市,t 表示年份。

2.2　变异系数(Coefficient of Variation, CV)

本文引入变异系数对休闲消费结构进行空间均衡性分析。变异系数又称为离散系数,它在一定程度上能够反映我国城镇居民休闲消费结构在空间分布上的均衡度,系数值越大表明空间分布越不均衡。计算公式如下：

$$CV = \frac{1}{\bar{x}} \sqrt{\sum_{i=1}^{n} (x_i - \bar{x})^2 / n} \tag{3}$$

2.3　全局莫兰指数(Moran's I)

采用全局莫兰指数对休闲消费结构进行空间相关性分析。全局莫兰指数是表征空间自相关程度的一个综合性评价指标,用来衡量各属性在空间范围内的相互依赖程度。计算公式[14]如下：

$$Moran's\ I = n \sum_{i=1}^{n} \sum_{j=1}^{n} W_{ij}(x_i - \bar{x})(x_j - \bar{x}) \bigg/ \sum_{i=1}^{n} \sum_{j=1}^{n} W_{ij} \sum_{i=1}^{n} (x_i - \bar{x})^2 \tag{4}$$

式中,n 代表省区市数量;W_{ij} 为根据各省区市实际情况构建的空间权重矩阵;x_i 和 x_j 表示空间单元 i 和 j 的属性值;$\bar{x}$ 表示城镇居民休闲消费结构所有空间数据的平均值。莫兰指数越接近 0,表示空间自相关性越弱;相反,莫兰指数越接近 1 或 -1,表示空间自相关性越强。

2.4　数据来源

本文所涉及数据主要来自 1999—2017 年《中国统计年鉴》、中国经济社会发展统计数据库、各省区市的统计年鉴以及政府部门公开出版或官方网站发布的统计数据。

3　实证结果分析

3.1　总量变动特征

3.1.1　我国城镇居民休闲消费整体呈现递增趋势,但增长速度慢于我国城镇居民收入和总消费

改革开放以来我国经济保持快速增长势头,自 2010 年开始已超过日本,成为仅次于美国的世界第二大经济体。根据世界银行发布的数据,40 年来我国人均 GDP 增长了 56.8 倍左右,其中 1998—2016 年间增长了 10.7 倍。相应人均可支配收入和消费支出也发生极大变化,根据国家统计局发布的数据,1998—2016 年我国城镇居民人均可支配收入由 5 425 元增长到 33 616 元,人均消费支出由 4 332 元增加到 23 079 元。其中,城镇居民人均休闲消费支出由 1998 年的 1 515 元上涨到 2016 年的 9 464 元。

不难看出,1998—2016 年我国城镇居民可支配收入增长速度快于消费支出,而消费支出增长速度又明显快于休闲消费支出。从休闲消费变化趋势来看主要表现在以下三个方面。

第一,2004 年我国城镇居民人均休闲消费突破 3 000 元。自新世纪伊始我国提出扩大内需的宏观经济战略以来,"假日经济"对休闲消费发挥着极大拉动作用,然而 2003 年的"非典"无疑给势头强劲的消费市场泼了一盆冷水。随着"非典"负面影响的逐渐消退,居民消费尤其是休闲消费又重新焕发生机。

第二,2009 年我国城镇居民人均休闲消费超过 5 000 元。一方面,2007 年党的十七大再次明确,经济增长方式要由主要依靠投资、出口拉动向依靠消费、投资、出口协调拉动转变,这对居民消费的快速增长起到了极大刺激作用;另一方面,2009 年国务院印发《关于加快旅游业发展的意见》,旅游业再度成为休闲消费市场的主力军和领头羊。此外,随着 2008 年全球金融危机的逐渐退却,中国经济形势开始好转,居民收入水平快速提高,这为休闲消费提供了坚实保障。

第三,2013 年我国城镇居民人均休闲消费突破 8 000 元。2012 年党的十八大再次强调,要牢牢把握扩大内需这一战略基点,加快建立扩大消费需求长效机制和释放居民消费潜力。国家宏观经济战略的调整和引领,仍然是休闲消费得以快速增长的重要驱动力。

3.1.2　城镇居民休闲消费占可支配收入、总消费的比例相对稳定

1998—2016 年我国城镇居民人均休闲消费、人均可支配收入和人均总消费涨幅不尽相同,尽管如此,休闲消费占可支配收入和总消费的比例仍然维持在一定范围内。分析发现,城镇居民人均休闲消费占可支配收入的比例维持在 25%～35% 之间。

第一,自 2000 年开始我国城镇居民休闲消费占可支配收入比例显著提高,2002 年该比例高达 33% 以上。究其原因在于,一方面,1999 年我国开始实行"黄金周"制度,旅游热潮席卷全国,实行长假制度成为拉动内需、促进消费的重要举措;另一方面,2001 年国务院发布《关于进一步加快旅游业发展的通知》,作为综合性产业的旅游业成为拉动居民休闲消费的重要引擎。

第二,2008 年前后我国城镇居民休闲消费占可支配收入比例逐渐放缓。可能的原因是我国城镇居民休闲消费的增长速度远远赶不上人均 GDP 的增长,休闲消费理念的形成需要相对较长的时间,休闲消费行为在某种程度上也存在一定惯性,这使得休闲消费增长呈现循序渐进趋势。与此相反,我国社会经济发展的利好环境促使人均 GDP 快速增加,世界银行发布的数据显示,2001 年我国人均 GDP 达到 1 000 美元,2006 年突破 2 000 美元,在短短两年后的 2008 年就已超过 3 000 美元。人均可支配收入的增长速度同样明显,1998 年为 5 425 元,2005 年突破 10 000 元,2008 年已超过 15 000 元,之后增长速度更加趋快。

第三,2014 年我国城镇居民休闲消费占可支配收入比例大幅降低,而后缓慢回升。城镇居民人均休闲消费数量有所减少,是造成占人均可支配收入比例大幅下降的主要原因。另外,人均休闲消费占总消费的比例基本维持在 35%～45% 左右,这与人均休闲消费占可支配收入比例的变化具有较为相似的规律。

3.1.3　城镇居民人均休闲消费增长率趋缓,并逐渐同步于城镇居民收入和总消费增长

1998—2016 年我国城镇居民人均休闲消费逐年递增,但是增长速度则呈现趋缓态势。由表 1 可知,1999 年和 2000 年我国城镇居民人均休闲消费增长率保持在 15% 以上,2001 年、2003 年、2008 年以及 2014

年后下降到10%以下,甚至在2014年还出现负增长的现象。为更加清晰地考察我国城镇居民人均休闲消费增长速率情况,根据年份区间对称的原则,将考察周期划分为四个阶段(需要说明的是,在每一阶段的起始年份,人均休闲消费增长率恰好处在比率的回落点)。可以看出,1999—2002年间我国城镇居民人均休闲消费年平均增长率为13.9%,2003—2007年间为11.3%,2008—2012年间为11%,2013—2016年间为6.8%。

表1　城镇居民人均休闲消费、可支配收入和总消费的增长率(%)

年　份	休闲消费	可支配收入	总消费
1999	15.3	7.9	6.6
2000	16.7	7.3	8.3
2001	8.6	9.2	6.2
2002	14.9	12.3	13.6
2003	8.4	10	8
2004	10.7	11.2	10.3
2005	12	11.4	10.6
2006	10.5	12.1	9.5
2007	15	17.2	15
2008	7.5	14.5	12.5
2009	12.9	8.8	9.1
2010	11.7	11.3	9.8
2011	11.6	14.1	12.5
2012	11.4	12.6	10
2013	10.1	7.7	10.9
2014	−2.6	9	8
2015	9.6	8.2	7.1
2016	10	7.8	7.9
1999—2002年平均	13.9	9.2	8.7
2003—2007年平均	11.3	12.4	10.7
2008—2012年平均	11	12.3	10.8
2013—2016年平均	6.8	8.2	8.5

　　对比我国城镇居民人均休闲消费增长率与可支配收入增长率情况可以发现:第一,1990年和2000年存在较大差距,人均休闲消费增长率远远高出人均可支配收入增长率;第二,2008年和2014年也存在明显差距,人均休闲消费增长率较多低于可支配收入增长率;第三,除2007年和2009年外,两者偏差在3个百分点以内。

　　根据前述阶段划分原则,对照我国城镇居民人均休闲消费与可支配收入的增长率可以发现:1999—2002年存在较大差距,两者相差近5个百分点;2003—2007年和2008—2012年差距较小,人均休闲消费增长率有所下降,而人均可支配收入增长率则有所提升;2013—2016年两者均有减小,并且保持较小差距。对比我国城镇居民人均休闲消费与总消费增长率情况也可以看出,它与人均休闲消费和可支配收入增长率变化大致呈现相似规律。这从侧面反映出,我国城镇居民总消费与可支配收入增长速率基本趋同,而休闲消费更易受到外界因素影响,从而产生不尽相同的变化。

3.2 结构演化分析

休闲消费结构指的是休闲各项消费占休闲消费比例以及各项休闲消费之间的比例关系。在休闲消费各项内容中,尽管教育文化娱乐属于居民休闲消费的核心,但是其与交通通信、医疗保健、生活用品及服务、其他用品及服务消费等之间的比例关系,在某种意义上依然可以说明休闲消费结构的合理程度。

3.2.1 家庭恩格尔系数的变化

恩格尔系数表征的是食物支出占消费总支出的比重,系数值越小表明人们生活水平越高;相反,系数值越大表明人们生活水平相对较低。改革开放40年来,伴随着我国社会经济发展程度和居民收入水平的持续攀高,恩格尔系数呈现下降趋势。根据联合国粮农组织的划分标准,恩格尔系数在0.6以上为贫困,在0.5～0.59之间为温饱,在0.4～0.49之间为小康,在0.3～0.39之间为富裕,在0.3以下为最富裕。我国城镇居民生活在2000年既已跨过小康步入富裕阶段,2016年已接近最富裕水平。城镇居民恩格尔系数的持续下降,说明其在衣物、居住及休闲消费等的支出比例不断提升。更为重要的是,随着社会文明程度提高和消费观念变迁,各项休闲消费的比例也处于变化和调整之中,休闲消费结构得以不断优化。

3.2.2 各项休闲消费规模快速增加,教育文化娱乐、交通通信和医疗保健消费增速较快

我国城镇居民教育文化娱乐消费最早在2004年就已突破1000元,2012年超过2000元;2016年,交通通信消费更是达到3000元以上,医疗保健、生活用品及服务消费保持在1500元左右。2016年我国城镇居民交通通信消费较1998年增长12.3倍,教育文化娱乐消费增长5.3倍,医疗保健消费增长8倍。从变化趋势来看,第一,交通通信和教育文化娱乐消费增长速度最快,医疗保健、生活用品及服务消费次之,其他用品及服务消费增长速度较慢;第二,交通通信消费增长速度要快于教育文化娱乐消费的增长速度,可能的原因在于,随着人们工作节奏加快和互联网、通信技术快速发展,城镇居民社会交往的广度和深度明显拓展,在该方面消费支出相应大幅增加;第三,医疗保健、生活用品及服务增长速度此消彼长。

3.2.3 各项休闲消费占总消费和休闲消费的比例有增有减

如表2所示,交通通信消费占总消费和休闲消费的比重基本呈上升趋势,尤其是从2010年开始交通通信消费已占到休闲消费的1/3左右。教育文化娱乐和医疗保健所占比重先增后减,但是自2014年开始又出现缓慢提升。生活用品及服务、其他用品及服务消费长期看来呈现下降趋势。其中,生活用品及服务自2007年占总消费比例基本保持在6%左右,自2010年占休闲消费比例保持在15%左右;其他用品及服务自2014年占总消费和休闲消费比例分别维持在2%和6%左右。

表2 城镇居民各项休闲消费占总消费和休闲消费比例情况(%)

年份	生活用品及服务		交通通信		教育文化娱乐		医疗保健		其他用品及服务	
	总消费	休闲消费	总消费	休闲消费	总消费	休闲消费	总消费	休闲消费	总消费	休闲消费
1998	8.24	23.55	5.94	16.97	11.53	32.95	4.74	13.54	4.55	13.00
1999	8.57	22.63	6.73	17.77	12.28	32.45	5.32	14.05	4.96	13.09
2000	8.79	21.55	7.90	19.38	12.56	30.79	6.36	15.60	5.17	12.68
2001	8.27	19.83	8.61	20.65	13.00	31.17	6.47	15.51	5.35	12.84
2002	6.45	15.28	10.38	24.62	14.96	35.48	7.13	16.91	3.25	7.70
2003	6.30	14.88	11.08	26.16	14.35	33.89	7.31	17.26	3.30	7.80
2004	5.67	13.35	11.75	27.64	14.38	33.84	7.35	17.30	3.34	7.87
2005	5.62	13.06	12.55	29.15	13.82	32.10	7.56	17.57	3.50	8.12
2006	5.73	13.19	13.19	30.36	13.83	31.84	7.14	16.42	3.56	8.19
2007	6.02	13.85	13.58	31.24	13.29	30.59	6.99	16.09	3.58	8.23
2008	6.15	14.81	12.60	30.33	12.08	29.07	6.99	16.83	3.72	8.95

（续表）

年份	生活用品及服务		交通通信		教育文化娱乐		医疗保健		其他用品及服务	
	总消费	休闲消费	总消费	休闲消费	总消费	休闲消费	总消费	休闲消费	总消费	休闲消费
2009	6.42	14.92	13.72	31.91	12.01	27.93	6.98	16.24	3.87	8.99
2010	6.74	15.42	14.73	33.68	12.08	27.63	6.47	14.80	3.71	8.47
2011	6.75	15.56	14.18	32.70	12.21	28.16	6.39	14.74	3.83	8.84
2012	6.69	15.23	14.73	33.52	12.20	27.76	6.38	14.52	3.94	8.97
2013	6.57	15.07	14.80	33.94	12.41	28.45	6.05	13.87	3.78	8.67
2014	6.18	15.71	13.21	33.59	10.73	27.29	6.54	16.63	2.67	6.79
2015	6.11	15.18	13.53	33.65	11.14	27.69	6.75	16.77	2.70	6.71
2016	6.18	15.08	13.75	33.54	11.43	27.87	7.07	17.23	2.58	6.28

从各项休闲消费占总消费比重变化速率来看：第一，各项休闲消费所占比重在2002年前后发生较大变化，这主要是"黄金周"制度出台、"假日经济"出现以及国家对旅游业发展的大力扶持，使得我国城镇居民消费结构悄然发生变化；第二，2002—2013年交通通信消费所占比重出现了三轮增减变化，教育文化娱乐缓慢下降后基本维持在一定水平，医疗保健、生活用品及服务、其他用品及服务消费所占比重变化幅度较小；第三，自2014年开始教育文化娱乐、交通通信和医疗保健消费所占比重呈上升趋势，生活用品及服务、其他用品及服务消费所占比重略有下降。

从各项休闲消费占休闲消费比重变化速率来看：一是1998—2001年交通通信和医疗保健消费所占比重有所上升，教育文化娱乐、生活用品及服务消费所占比重略有下降；二是2002年教育文化娱乐消费所占比重明显上升，其他用品及服务消费所占比重显著下降；三是2003年后交通通信消费所占比重增加幅度先快后慢，教育文化娱乐消费所占比重下降后略有提升，医疗保健、生活用品及服务、其他用品及服务消费变化幅度不大，但是2014年开始医疗保健消费所占比重有所提升，而生活用品及服务、其他用品及服务所占比重略有下降。

3.2.4　边际消费倾向和收入弹性渐趋增大

本文分别对1998—2002年、2003—2007年、2008—2012年和2013—2016年我国城镇居民各项休闲消费对可支配收入进行混合回归，得到边际消费倾向和收入弹性（见表3）。由此可以看出，除其他用品及服务消费外，其余四项休闲消费的边际消费倾向和收入弹性均在2013—2016年期间达到最大值。各个时期边际消费倾向的均值及排序显示，交通通信、教育文化娱乐和医疗保健依次列名前三位，而在收入弹性的排序中，医疗保健、生活用品及服务的位次有所提前，不过生活用品及服务与教育文化娱乐的收入弹性相差不大。综合以上分析可以得出如下结论：伴随城镇居民收入水平的提高，交通通信、教育文化娱乐和医疗保健消费支出所占比重出现较大幅度的增加。

表3　城镇居民各项休闲消费的边际消费倾向和收入弹性

	项　目	1998—2002年	2003—2007年	2008—2012年	2013—2016年	均值	排序
边际消费倾向	生活用品及服务	0.128	0.232	0.314	0.323	0.249	4
	交通通信	0.336	0.487	0.774	1.021	0.655	1
	教育文化娱乐	0.418	0.321	0.520	0.653	0.478	2
	医疗保健	0.217	0.244	0.222	0.627	0.328	3
	其他用品及服务	0.099	0.135	0.178	0.060	0.118	5

（续表）

	项　目	1998—2002 年	2003—2007 年	2008—2012 年	2013—2016 年	均值	排序
收入弹性	生活用品及服务	0.055	0.069	0.216	0.683	0.256	3
	交通通信	0.164	0.068	0.267	1.163	0.416	1
	教育文化娱乐	0.103	0.040	0.180	0.695	0.254	4
	医疗保健	0.122	0.058	0.143	1.162	0.371	2
	其他用品及服务	0.083	0.068	0.186	0.079	0.104	5

3.3　地区差异分析

3.3.1　地区规模差异

1998—2016 年我国城镇居民休闲消费总体呈现你追我赶之势,中位省区市排序变化较为明显。为更加清晰地考察城镇居民休闲消费变化情况,按照均匀分布原则选取 2001 年、2006 年、2011 年和 2016 年四个时间节点,另外加上 1998 年共五个年份进行城镇居民休闲消费的省际比较(见图 1)。

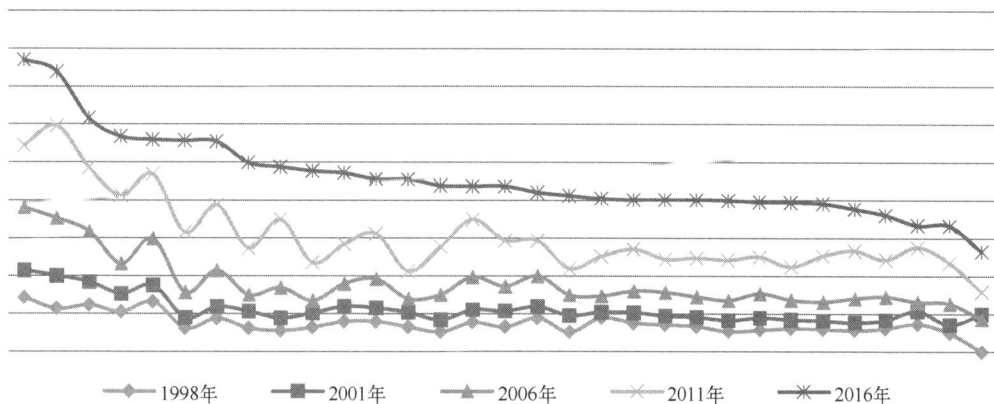

图 1　主要年份城镇居民休闲消费省际变化情况

第一,由图 1 可以看出,北京、上海、浙江、天津和广东等省市城镇居民休闲消费一直处于优势地位。长三角、珠三角和京津冀地区社会经济发展程度较高,是休闲消费最为活跃的地区,其中,北京和上海城镇居民休闲消费规模此消彼长,发展势头迅猛。2017 年北京发布《关于培育扩大服务消费优化升级商品消费的实施意见》,上海印发《上海市促进新消费发展发挥新消费引领作用行动计划(2016—2018 年)》,居民消费的重点引领将会带来休闲消费需求的进一步扩大。

第二,辽宁、宁夏、新疆等东北和西北部省区排序具有赶超之势。近年来,为贯彻落实《国务院关于积极发挥新消费引领作用加快培育形成新供给新动力的指导意见》(国发〔2015〕66 号),各省区市陆续发布实施方案,休闲消费因此实现快速发展。

第三,后尾分布各省区市休闲消费规模的排序基本稳定,且差距并不明显。

3.3.2　空间均衡性分析

借助 Stata 软件运算城镇居民各项休闲消费的变异系数,结果(见表 4)显示,生活用品及服务、交通通信、教育文化娱乐、医疗保健、其他用品及服务消费变异系数的波动范围分别为[0.232,0.454]、[0.269,0.512]、[0.272,0.425]、[0.242,0.354]、[0.327,0.430]。从均值来看,交通通信消费最大变异系数为 0.406,医疗保健消费变异系数最小为 0.302。也就是说,城镇居民交通通信消费支出在各地区间存在较大差异,而医疗保健消费支出在各地区差异相对较小。

长期而言,教育文化娱乐、交通通信、生活用品及服务等消费变异系数波动较大且呈下降趋势,这表明这些消费支出规模的差异在逐渐缩小。从时间分期角度来看,2002 年之前生活用品及服务消费的地区差异

表 4　1998—2016 年城镇居民各项休闲消费的变异系数

年　份	生活用品及服务	交通通信	教育文化娱乐	医疗保健	其他用品及服务
1998	0.448	0.375	0.331	0.291	0.335
1999	0.454	0.412	0.333	0.353	0.362
2000	0.421	0.424	0.344	0.300	0.330
2001	0.395	0.391	0.346	0.314	0.355
2002	0.292	0.386	0.366	0.354	0.327
2003	0.344	0.409	0.381	0.317	0.331
2004	0.350	0.428	0.399	0.353	0.338
2005	0.325	0.505	0.398	0.336	0.368
2006	0.329	0.494	0.423	0.352	0.359
2007	0.295	0.512	0.399	0.311	0.344
2008	0.295	0.469	0.417	0.309	0.389
2009	0.310	0.454	0.425	0.271	0.405
2010	0.327	0.432	0.416	0.267	0.389
2011	0.297	0.389	0.413	0.244	0.403
2012	0.272	0.381	0.403	0.242	0.380
2013	0.247	0.390	0.314	0.258	0.430
2014	0.232	0.299	0.277	0.290	0.383
2015	0.234	0.294	0.281	0.286	0.347
2016	0.235	0.269	0.272	0.290	0.360
最大值	0.454	0.512	0.425	0.354	0.430
最小值	0.232	0.269	0.272	0.242	0.327
均　值	0.321	0.406	0.365	0.302	0.365

最大，2003—2010 年交通通信消费的地区差异程度明显较大，2011—2012 年教育文化娱乐消费的地区差异略微偏大，2013—2016 年其他用品及服务消费的地区差异相对较大。总体上讲，1998—2016 年城镇居民各项休闲消费的地区差异均有起伏变动，各地区经济社会发展水平、休闲产业发展程度以及休闲设施和服务供给状况都会对城镇居民休闲消费行为倾向和内容选择产生重要影响。

3.3.3　空间相关性分析

本文选取 2001 年、2006 年、2011 年和 2016 年四个典型年份，运用 Geoda 空间计量分析软件对城镇居民休闲消费的莫兰指数进行测算和检验。表 5 显示，城镇居民各项休闲消费的莫兰指数均为正且有波动性上升趋势，但是指数水平相对较低。也就是说，我国城镇居民各项休闲消费地区间存在一定相关性，不过关联程度相对较小。

表 5　主要年份城镇居民各项休闲消费 Moran's I 指数

年　份	生活用品及服务	交通通信	教育文化娱乐	医疗保健	其他用品及服务
2001	0.011	0.01	0.027	0.037	0.009
2006	0.057	0.032	0.069	0.043	0.012
2011	0.065	0.058	0.069	0.055	0.019
2016	0.107	0.122	0.133	0.122	0.093

对莫兰指数的比较发现,2001 年医疗保健和教育文化娱乐消费地区相关程度相对较大,2006 年教育文化娱乐、生活用品及服务消费地区相关性相对较大,2011 年各项休闲消费地区关联程度均有所提高,2016 年教育文化娱乐、医疗保健和交通通信消费的地区关联性相对较大。总体而言,教育文化娱乐消费在各地区间能够形成一定交互和拉动,说明各地区在城市休闲氛围营造、休闲产业政策引导、休闲基础设施建设等方面能够做到相互借鉴、参考、效仿和学习,使得城镇居民休闲消费出现良性增长,进而能够切实发挥休闲消费在地区经济增长和居民生活水平提升的关键性作用。

4 结论与建议

本文通过采集我国 1998—2016 年省级层面休闲消费的有关数据,实证研究了我国城镇居民休闲消费的规模结构特征及时空演变规律,得到如下主要结论:第一,我国城镇居民休闲消费规模持续扩大,但是增长速度逐渐趋缓;第二,教育文化娱乐、交通通信和医疗保健消费增速较快,并且未来增长趋势明显;第三,长三角、珠三角和京津冀地区城镇居民休闲消费规模具有相对优势,不过各地区呈现你追我赶态势,其中列居中位省区市的排序变化较大;第四,交通通信消费地区差异较大,医疗保健消费地区差异较小,教育文化娱乐消费地区差异缩小速度较快;第五,休闲消费的地区关联程度并不明显,然而教育文化娱乐消费表现出一定的相互拉动趋势。

基于上述研究结论,为进一步扩大我国城镇居民休闲消费需求,本文建议如下。第一,科学明晰休闲消费支出内容,理性认识休闲消费潜力释放。政府应不断完善居民休闲消费环境,培养居民休闲消费的理念和习惯,营造消费者"想消费、敢消费"的市场氛围,进而实现休闲消费需求的持续扩大。第二,着手实施休闲消费专门性统计工作,开展休闲消费入户微观调查。休闲消费潜力释放仍要回归到城镇居民休闲消费行为这一根本出发点上,这就需要仔细揣摩居民休闲消费的需要和动机,认真研究居民休闲消费显在行为的变化和趋势。第三,做好居民文化娱乐、教育培训和医疗保健消费的重点引领:一是应结合地区发展实际和文化现状,在产业规划、营销宣传、政策保障等方面将文化休闲作为重点工作来抓;二是除了增加教育投入、扩大招生规模以刺激居民教育消费外,需加强对各类社会教育培训的规范和引导;三是政府和产业界应结合大数据统计分析,采取有效且具针对性的措施切实激发和满足居民医疗保健的消费需求。第四,大力发展城市休闲产业,有效促进产业结构升级。在确保国民经济发展良好势头以及居民收入持续增加的前提下,财政、货币、金融与产业政策等应为休闲相关产业发展提供有力支持,从而实现传统休闲产业、新兴休闲产业和休闲新兴业态的良性互动。

参考文献

[1] Becker G. S. A Theory of the Allocation of Time[J]. Economic Journal, 1965, 75(9): 493 - 517.

[2] Seckin A. Consumption-Leisure Choice with Habit Formation[J]. Economics Letters, 2001, 70(1): 115 - 120.

[3] Patterson K D. A Non-Parametric Analysis of Personal Sector Decisions on Consumption, Liquid Assets and Leisure[J]. Economic Journal, 1991, 101(9): 1103 - 1116.

[4] Pritchard A & Kharouf H. Leisure Consumption in Cricket: Devising a Model to Contrast Forms and Time Preferences [J]. Leisure Studies, 2016, 35(4): 438 - 453.

[5] Han Kyo-nam & Han Beom-Soo. Changes in Distinction of Leisure Consumption between Social Classes[J]. Journal of Tourism Sciences, 2012, 36(9): 197 - 219.

[6] Kuang C. Does Quality Matter In Local Consumption Amenities? An Empirical Investigation with Yelp[J]. Journal of Urban Economics, 2017, 100(2): 1 - 18.

[7] 郭鲁芳.休闲消费的经济分析[J].数量经济技术经济研究,2004,21(4): 12 - 21.

[8] 楼嘉军,马红涛,刘润.中国城市居民休闲消费能力测度[J].城市问题,2015,34(3): 86 - 93+104.

[9] 尹世杰.闲暇消费论[M].北京:中国财政经济出版社,2007: 57 - 65.

[10] 杨勇.我国城镇居民休闲消费行为的地区差异性分析——基于 1995—2005 年省级面板数据的检验[J].商业经济与管

理,2007,1(11)：68 - 74.

[11] Kim D & Jang S. Symbolic Consumption in Upscale Cafes：Examining Korean Gen Y Consumers' Materialism，Conformity，Conspicuous Tendencies，and Functional Qualities[J]. Journal of Hospitality & Tourism Research, 2017，41(2)：154 - 179.

[12] Gomez M A. Consumption and Leisure Externalities，Economic Growth and Equilibrium Efficiency[J]. Scottish Journal of Political Economy，2008，55(2)：227 - 249.

[13] 周文丽,李世平.基于凯恩斯消费理论的旅游消费与收入关系实证研究[J].旅游学刊,2010,25(5)：33 - 38.

[14] 王利,韩增林.不同尺度空间发展区划的理论与实证[M].北京：科学出版社,2010.

成都城市居民休闲生活现状与变迁观察

岳培宇　练红宇

（成都大学旅游与文化产业学院，成都　610106）

摘要：本文以国内休闲特征较为突出的成都为例，并选择 2004 年、2014 年和 2019 年三个时间断面，考察城市居民休闲方式 15 年间的变迁状况，重点分析城市居民休闲方式的选择、影响休闲方式选择的因素和休闲满意度，旨在以城市发展的视角探索我国城市居民休闲方式的规律，反映城市居民休闲生活的发展趋势，进而思考城市休闲发展的方向和路径，为城市休闲的理论研究和实践提供参考。

关键词：城市居民；休闲方式；成都；比较分析

1　研究背景

进入 21 世纪以来，我国城市化进程快速推进，信息技术的发展更是深刻地影响了人们的生产和生活方式，城市居民休闲方式随之发生转变。成都作为国内以休闲文化著称的城市，近年来在中国品质休闲城市、最具活力休闲城市、最具幸福感城市等排行评价中多次位居前列。本文以成都为例，并选择 2004 年、2014 年和 2019 年三个时间断面，考察城市居民休闲方式 15 年间的变迁状况，重点分析城市居民休闲方式的选择、影响休闲方式选择的因素和休闲满意度，以城市发展的视角，探索我国城市居民休闲方式的规律，反映城市居民休闲生活的发展趋势，进而思考城市休闲发展的方向和路径，为城市休闲的理论研究和实践提供参考。

2　问卷设计与样本概况

成都市城市居民休闲方式调研分别于 2004 年 7 月、2014 年 6 月和 2019 年 6 月开展，三次调研采用了同一份问卷，结构一致，题项设置基本相同，少数具体问项根据社会经济发展有所调整。三次调研全部采用纸质问卷和人工发放回收的形式，主要选择在公园、图书馆、博物馆、商场、景区等城市公共场所进行。2004 年调研共发放问卷 250 份，回收有效问卷 237 份；2014 年调研共发放问卷 430 份，回收有效问卷 408 份；2019 年调研共发放问卷 450 份，回收有效问卷 441 份。

三次调研样本中的人口学基本信息包括受访者的性别、年龄、婚姻状况、文化程度、职业和收入等，调研的受访者基本情况见表 1。

表 1　2004 年、2014 年、2019 年调研样本人口统计学特征

类　别		2004 年（n＝237）	2014 年（n＝408）	2019 年（n＝441）
性别	男	53.20%	50.10%	52.61%
	女	46.80%	49.90%	47.39%
年龄	18 岁以下	1.70%	12.90%	0.00%
	18～25 岁	25.30%	27.10%	19.73%
	26～35 岁	40.90%	16.50%	22.45%

（续表）

类　别		2004 年 (n＝237)	2014 年 (n＝408)	2019 年 (n＝441)
年龄	36～45 岁	16.50％	19.90％	20.41％
	46～60 岁	13.10％	16.00％	17.91％
	60 岁以上	2.50％	7.50％	19.50％
婚姻	未婚	42.60％	38.50％	34.24％
	已婚	57.40％	61.50％	65.76％
月收入	1 000 元以下	20.30％	11.40％	2.27％
	1 000～3 000 元	47.30％	22.00％	9.98％
	3 000～5 000 元	23.30％	43.20％	26.76％
	5 000～8 000 元	7.60％	8.00％	27.44％
	8 000～10 000 元		7.80％	16.55％
	10 000～15 000 元	1.70％	6.20％	8.84％
	15 000～20 000 元		0.80％	4.54％
	20 000 元以上		0.80％	3.63％
文化程度	初中及以下	7.60％	11.10％	13.83％
	高中、中专及职校	24.10％	31.50％	24.04％
	本科及大专	61.20％	55.80％	45.12％
	硕士(包括双学位)及以上	7.20％	1.60％	17.01％
职业	企、事业单位职工	27.00％	30.00％	15.19％
	企、事业单位管理人员	29.50％	20.90％	17.91％
	公务员	3.80％	12.40％	5.67％
	私营企业主、个体经营者	2.10％	1.40％	15.65％
	自由职业者	13.50％	7.20％	17.01％
	学生	8.40％	16.50％	0.00％
	离、退休人员	—	3.40％	15.87％
	其他从业者	15.60％	7.80％	12.70％

1. 性别构成

三次调查中,受访者性别比例基本持平,可以客观地反映出性别不同对休闲生活偏爱的基本特征。

2. 年龄结构

2019 年调研排除了 18 岁以下的不具备独立经济能力的未成年人,三次调研的核心受访者为 18～45 岁的中青年,与未进入社会的学生及老年人相比,他们对自己的生活认知更为明确,对休闲活动的参与有较强的主观能动性,对休闲活动的实现具有较强的保障性。

3. 婚姻状况构成

三次调研对象中已婚人士的比例逐次提升。

4. 个人月收入情况

从调查结果中可以明显地看出,15 年来成都居民的收入明显提高,特别是中产阶级及高收入人群数量的激增可以更好地拉动城市休闲消费,推动居民休闲活动多样化发展。

5. 文化程度构成

2019 年本科及以上的高学历样本比例最高,一定程度反映了城市居民教育程度的优化。

6. 职业构成

2019 年调研排除了在校大学生样本,其他职业构成中,三次调研的比例基本分布较为均匀,2019 年的私营企业主、个体经营者和自由职业者总体比例最高,一定程度上反映社会经济发展的多元化。

总体而言,三次调研样本的中青年、已婚人士、高学历背景的受访者占有较大比重,他们文化素质普遍较高,有着稳定的收入,这样的统计结果有利于研究成都居民休闲活动的特点,也为研究的真实性和普遍性奠定了基础。

3　调研数据分析

3.1　休闲动机

从休闲动机调研结果来看(见表 2),第一,总体上三次调研结果的数据都显示,"放松身心、消除疲劳"是成都居民最为主要的休闲动机。随着社会节奏的加快,工作压力的增大,放松身心始终是促使城市居民休闲的首要动力。第二,成都居民自我发展的休闲动机的侧重基本稳定。从 2004 年到 2014 年,"怡情养性""锻炼身体"的选择比例均有所上升,到 2019 年略有下降,三次调研选择比例都保持在 14%～18% 之间。第三,成都居民出于社交需求进行休闲活动的选择比例变化不规律。从 2004 年到 2019 年,成都居民选择"开拓眼界""扩大交际"的比例三次变化幅度较大,"商务需求"的选择比例则较为稳定,且三次都在 6% 以下。随着社会经济发展,城市商务沟通客观上是明显增加的,但仍未成为重要的休闲动机,可解读为成都市居民将"休闲"与"商务"进行了区别对待。

表 2　2004 年、2014 年和 2019 年成都居民休闲动机选择

休闲活动目的 (动机)	2004 年 ($n=237$)	2014 年 ($n=408$)	2019 年 ($n=441$)
放松身心	27.71%	30.15%	22.75%
怡情养性	14.63%	17.14%	15.57%
家人团聚	—	—	10.28%
锻炼身体	14.77%	16.88%	14.06%
扩大交际	13.50%	17.23%	7.33%
开拓眼界	17.16%	2.50%	7.03%
消磨时间	6.89%	10.34%	11.11%
自我实现	—	—	7.33%
商务需要	4.92%	5.77%	4.23%
其　　他	0.42%	0.00%	0.30%

3.2　休闲同伴

从休闲同伴的选择结果来看(见表 3),三次调研总体上呈现出从人际关系核心圈到非核心圈再到核心圈的回归。休闲同伴选择家人的比例从 2004 年到 2014 年大幅下降,而从 2014 年到 2019 年则强势回归。选择朋友的比例从 2004 年到 2014 年有所增长,而从 2014 年到 2019 年则较大幅度下降,但比例仍然仅次于家人,因此亲朋好友一直都是成都居民最重要的休闲同伴。选择同事的比例从 2004 年到 2014 年大幅上升,从 2014 年到 2019 年则有所下降。选择单独出行的比例从 2004 年到 2014 年小幅增加,到 2019 年基本持平,一定程度说明高学历社会群体的比例增加导致中国社会中持个人主义价值观的人群增多,受外来文化影响,走向个人主义的发展趋势增加。总体而言,15 年来成都居民参与休闲活动的感情重心发生了变化,表明成都居民参与休闲活动的社交开放性和活动自由性的价值观念增强。

表 3　2004 年、2014 年 2019 年成都居民休闲同伴选择

类　　别		2004 年 ($n=237$)	2014 年 ($n=408$)	2019 年 ($n=441$)
休闲同伴	家人	42.60%	10.90%	38.10%
	朋友	41.80%	55.00%	37.41%
	同事	7.20%	22.50%	14.06%
	单独	6.30%	9.60%	9.52%
	其他	2.10%	2.10%	0.91%

3.3　休闲活动选择

3.3.1　平时的休闲活动选择倾向分析

从成都居民平时休闲活动选择倾向来看（见表 4）。第一，以家庭为中心的消遣娱乐型休闲活动一直是主要选择，成都居民平时休闲活动类型具有显著的单调性和趋同性。从 2014 年到 2019 年，居民上网比例下降，看电视比例上升，这是移动互联、平板和手机使用频率增加带来的变化。第二，"逛街、购物、饮食"的比例逐年下降，从 2004 年的过半降至 2019 年的 17.46%，平时休闲时间减少（可参见"休闲时间分配"调研结果）；以网络终端为工具的网络休闲、在线购物逐步改变居民的休闲活动选择。第三，参观访问的比例从 2004 年到 2014 年大幅度增加，又从 2014 年到 2019 年小幅下降，变化幅度较小，成都文化场馆数量的上升（如博物馆数量从 2014 年的 33 个上升至 2019 年的 150 个），越来越能满足居民了解成都文化、扩充知识、进行休闲放松的需要，但近年来平时参观访问的比例下降仍反映出休闲时间不足影响的休闲选择。第四，体育健身从 2004 年到 2014 年大幅下降，到 2019 年保持稳定，桌游棋牌连续大幅下降，表明一方面

表 4　2004 年、2014 年和 2019 年成都居民休闲活动选择（平时）

休　闲　活　动	平　时　选　择		
	2004 年 ($n=237$)	2014 年 ($n=408$)	2019 年 ($n=441$)
旅游度假	7.17%	17.31%	15.65%
参观访问（博物馆、名人故居等）	4.22%	16.02%	14.29%
上网		64.60%	33.33%
电视		44.96%	58.05%
电影	89.45%	41.09%	32.88%
演唱会、音乐会等		10.34%	4.99%
逛街、购物、饮食	50.63%	21.71%	17.46%
酒吧、咖吧、茶吧	27.43%	18.86%	17.00%
养花草、宠物	14.35%	3.36%	25.40%
体育健身	29.11%	12.92%	12.93%
散步	—	—	29.02%
阅读	—	—	21.09%
社会活动（公益活动、聚会、宗教活动等）	14.35%	18.35%	1.59%
桌游、棋牌等	35.02%	23.51%	9.07%
休闲教育（书画、摄影、收藏、插花、声乐等）	7.17%	1.81%	7.03%
其他	0.42%	0.78%	0.23%

随着平时休闲时间的相对减少,人们开始重视身体健康,但健身休闲运动参与程度仍然不高;另一方面由于成都近年来着力建设公园城市,并提高城市文化挖掘深度,偏向于选择以"散步"与"阅读"来提升自身素质的市民也逐渐增多。

3.3.2 周末的休闲活动选择倾向分析

从成都居民周末休闲活动选择倾向来看(见表5),第一,总体上来看,由于周末休闲时间比平时相对更多且休闲空间的选择余地更大,因此成都居民的休闲活动选择发生了一定的变化。在三次调研结果中,"电视、上网"依旧比例较高,相较于平时,各项选择比例均有所下降,而其他外出型和社交型休闲活动比例则有所上升。第二,看电影已成为成都居民周末休闲活动的常态(2014年排名第二,2019年排名第一)。2014年成都拥有100家电影院,成都总票房首次超过10亿元,成为继北上广深之后第五个电影票房超过十亿的城市。第三,"逛街、购物、饮食"曲线回归,随着成都获得联合国"世界美食之都"的荣誉称号,"饮食"逐步成为重要的休闲社交活动,网红餐厅打卡不仅是游客的专利,更是成都"好吃嘴"的专利。第四,养花草宠物比例大幅上升,这与年轻群体养育多肉植物、小宠物热潮不无关系。

表5 2004年、2014年和2019年成都居民休闲活动选择(周末)

休 闲 活 动	周 末 选 择		
	2004年 (n=237)	2014年 (n=408)	2019年 (n=441)
旅游度假	19.83%	13.18%	12.24%
参观访问(博物馆、名人故居等)	15.19%	10.08%	28.57%
上网	59.92%	41.60%	22.00%
电视		33.33%	21.09%
电影		38.76%	31.29%
演唱会、音乐会等		19.64%	14.97%
逛街、购物、饮食	56.12%	13.18%	30.61%
酒吧、咖吧、茶吧	27.43%	23.26%	10.66%
养花草、宠物	6.75%	4.13%	24.03%
体育健身	29.54%	20.41%	24.49%
散步	—	—	29.71%
阅读	—	—	20.86%
社会活动(公益活动、聚会、宗教活动等)	27.00%	19.64%	2.72%
桌游、棋牌等	31.22%	42.9%	19.27%
休闲教育(书画、摄影、收藏、插花、声乐等)	5.91%	5.94%	6.58%
其他	1.69%	0.78%	0.91%

3.3.3 黄金周的休闲活动选择倾向分析

从成都居民黄金周休闲活动选择倾向来看(见表6),2004年前三名为旅游度假、社会活动、逛街购物饮食;2014年前三名为旅游度假、上网、逛街购物饮食;2019年前三名为旅游度假、逛街购物饮食、桌游棋牌和散步(并列)。三次调研结果表明,第一,在时间条件、经济能力和休闲动机的综合因素作用下,黄金周期间成都居民休闲活动选择呈现出了较强的"外出型""度假型"的特点,但是度假选择比例有所下降,这是因为休假制度的改革使得居民在休闲时间和休闲活动的选择上更加自由,而黄金周期间旅游人数剧增、旅游资源配置不均衡、旅游价格急剧上升,都极大地影响了居民休闲旅游的体验。第二,三个时段对于"社会活动"的选择三次调查结果的趋势基本都是大幅下降,这体现出成都城市居民对社会活动的理解和认知变化。第三,三个时段对于"休闲教育"的选择三次调查结果选择比例都较低,2019年黄金周时间比例相对增加,但"休闲教育"选择的总体比例仍然不高,一定程度表明成都城市居民休闲教育的普及程度仍然有待提升。

表6　2004年、2014年和2019年成都居民休闲活动选择(黄金周)

休闲活动	黄金周选择		
	2004年 (n=237)	2014年 (n=408)	2019年 (n=441)
旅游度假	72.57%	58.91%	55.56%
参观访问(博物馆、名人故居等)	26.58%	8.70%	20.18%
上网	34.18%	41.86%	18.59%
电视		19.90%	12.47%
电影		23.77%	11.56%
演唱会、音乐会等		14.99%	12.93%
逛街、购物、饮食	41.77%	41.34%	39.68%
酒吧、咖吧、茶吧	8.44%	23.77%	8.16%
养花草、宠物	3.80%	4.91%	11.56%
体育健身	22.78%	4.13%	9.75%
散步	—	—	28.57%
阅读			18.37%
社会活动(公益活动、聚会、宗教活动等)	44.30%	9.56%	5.22%
桌游、棋牌等	20.68%	7.24%	28.57%
休闲教育(书画、摄影、收藏、插花、声乐等)	6.33%	0.52%	17.01%
其他	1.27%	0.78%	1.81%

3.4　休闲活动影响因素

休闲活动选择影响因素是指城市居民根据自身休闲动机进行休闲活动选择的主观性和客观性因素的总和。通过对比成都居民19项影响因素偏好程度的选择结果,我们可以找出影响成都居民休闲活动选择的主要因素,从而能够对其休闲活动做出引导,为调整和改善他们的休闲生活提供依据和参考。我们同样根据影响程度的大小,将影响因素分成完全无影响、影响比较小、影响比较大、影响非常大四个层次。其中1代表完全无影响,2代表影响比较小,3代表影响比较大,4代表影响非常大。通过调查和数据的整理,2004年、2014年和2019年成都居民休闲活动选择影响因素均值及排序情况如表7所示。

表7　2004年、2014年和2019年成都居民休闲活动选择影像因素均值及排序情况

类别	2004年 (n=237)		2014年 (n=408)		2019年 (n=441)	
	均值	排序	均值	排序	均值	排序
休闲方式趣味性	1.68	10	2.71	9	2.70	11
休闲方式娱乐性	1.55	14	2.83	7	2.72	10
休闲方式健身性	1.51	15	3.10	2	2.65	14

（续表）

类　别	2004 年 (n＝237)		2014 年 (n＝408)		2019 年 (n＝441)	
	均值	排序	均值	排序	均值	排序
休闲方式时尚性	1.03	19	2.29	17	2.46	19
休闲方式知识性	1.61	12	2.46	15	2.57	18
休闲方式参与性	1.57	13	2.54	13	2.79	9
休闲设施质量	1.84	7	2.63	10	2.97	5
休闲服务水平	1.88	5	2.83	7	3.05	2
休闲产品宣传与推荐	1.30	17	2.22	18	2.59	16
休闲场所管理水平	1.79	8	2.41	16	2.93	6
休闲场所离居住地距离	1.61	11	2.53	14	2.69	12
周围人参与休闲活动多少	1.19	18	2.21	19	2.61	15
身体健康状况	1.76	9	2.85	4	3.05	2
心情	1.97	2	3.12	1	3.09	1
兴趣爱好	2.06	1	3.10	3	2.99	4
收入水平高低	1.97	3	2.85	5	2.58	17
休闲花费多少	1.91	4	2.85	5	2.68	13
闲暇时间多少	1.85	6	2.58	12	2.80	8
家人/朋友支持和参与	1.51	16	2.63	10	2.87	7

从调研结果来看，2004 年成都居民休闲活动选择影响因素的影响程度普遍偏低（均值普遍低于 2），居民休闲活动选择主要基于自身的兴趣爱好和心情，具有自发性、自由性和随意性的特点，同时也受到经济条件的诸多限制。2014 年成都居民休闲活动选择影响因素的影响程度有所提高，居民自身因素（心情、兴趣、收入和花费）仍然是主要影响因素。2019 年成都居民休闲活动选择的主要影响因素为自身心理诉求、身体健康状况以及休闲服务水平的高低，收入和花费排名降到 17 和 13，休闲服务水平和设施质量上升到 2 和 5，休闲活动的属性、休闲参与的环境和外在条件对居民的休闲活动选择影响逐步上升，体现出居民对休闲活动的质量的重视程度提高。

纵向比较来看，一方面，均值计算显示出各因素的影响程度普遍提高，休闲日益成为成都居民生活中的重要组成部分；另一方面，均值排序结果显示，在 2004 年和 2014 年，影响成都居民休闲参与的主要因素是自身对于休闲活动的期待以及自身的休闲条件的完备情况，而休闲活动的属性、休闲参与的环境和外在条件对居民的休闲活动选择影响相对较小；到了 2019 年，在成都居民休闲活动选择的影响因素中，除了居民自身条件外，休闲方式本身的特定属性也成为重要影响因素之一。同时，居民休闲活动选择不仅仅受到经济条件和心理状态的影响，身体健康状况对其休闲参与的影响日益凸显，居民对于休闲活动参与的深度体验需求愈发增强。

3.5　休闲满意度

3.5.1　个体休闲满意度评价分析

休闲满意度是指休闲活动满足参与者需求的程度或休闲参与者从休闲活动中获得的积极感受，反映的是休闲参与者对休闲活动的整体评价，因此也称为休闲活动满意度。参考布尔德和瑞格赫布休闲体验的六个层面和邱扶东的相关研究成果，将休闲活动满意度划分为情绪体验、审美体验、健康体验、认知体验、个人价值体验以及群体关系体验 6 个方面，分别对应问卷中的 19 项指标，同时根据收获大小，将满意度划分为完全无收获、收获比较小、收获比较大、收获非常大 4 个层次，其中 1 代表完全无收获、2 代表收获比较小、3 代表收获比较大、4 代表收获非常大。2004 年、2014 年和 2019 年成都居民休闲满意度均值及排序情况如表 8 所示。

表 8　2004 年、2014 年和 2019 年成都居民休闲满意度均值及排序情况

类　　别	2004 年 ($n=237$)		2014 年 ($n=408$)		2019 年 ($n=441$)	
	均值	排序	均值	排序	均值	排序
减轻或消除生活、工作压力	1.82	4	2.61	11	2.68	11
减轻或消除心理上消极情绪	1.77	5	2.71	9	2.78	7
放松心情，获得愉快体验	2.01	1	3.17	1	2.87	3
因完成某些活动获得成就感	1.63	12	2.29	19	2.65	13
扩大视野，获得新知识、经验	1.70	9	2.98	3	2.70	10
陶冶情操，满足审美需要	1.54	14	2.89	4	2.68	11
锻炼身体，保持健康	1.77	6	3.00	2	2.85	4
丰富兴趣爱好	1.75	7	2.88	5	2.98	1
提高自己对社会认识能力	1.57	13	2.49	12	2.74	8
刺激单调生活，满足冒险需要	1.18	19	2.40	15	2.38	18
满足挑战自我、挑战自然需要	1.21	18	2.30	18	2.12	19
暂时远离烦嚣都市，回归自然	1.66	10	2.71	7	2.45	16
暂时远离拥挤人群，回归自我	1.65	11	2.39	16	2.55	14
获得心灵平静	1.70	8	2.49	12	2.80	6
加深对自己了解	1.49	15	2.48	14	2.72	9
挖掘自己潜能	1.44	16	2.31	17	2.41	17
实现自己价值	1.41	17	2.71	7	2.51	15
调整与家人朋友关系，增进亲情友情	2.00	2	2.82	6	2.81	5
扩大交际范围，获得新的友谊或经历	1.93	3	2.61	10	2.88	2

　　从满意度排名来看，2004 年排名前五的为放松心情、调整人际关系、扩大交际、减轻压力、调整心理情绪；2014 年为放松心情、保持健康、获得知识、陶冶情操、丰富爱好；2019 年为丰富爱好、扩大交际、放松心情、保持健康、调整人际关系。从排名后三位来看，2004 年为满足冒险需要、挑战自我、实现自我价值；2014 年为获得成就感、挑战自我、挖掘潜能；2019 年为挑战自我、满足冒险需要、挖掘潜能。

　　上述结果表明，第一，各调查问项代表的休闲活动满意程度总体有所提高（均值增加），说明成都居民的休闲活动参与效果趋好，居民的休闲生活质量得到一定程度的改善；第二，2004 年，居民休闲活动在满足自身生理、心理和社会交往层面满意度更高；2014 年，居民对于审美、自我能力提升满意度明显提高；2019 年则有所回归；第三，三次结果均表明，休闲活动对于个人发展、价值实现等高层次需求的满足能力仍显有限，需要休闲者本人、社会休闲供给、休闲文化引领等方面的共同努力。

3.5.2　对城市休闲状况的满意度评价分析

　　本研究对成都居民的城市休闲环境满意度进行了调查研究，主要基于休闲活动的多样性、休闲活动设施的完善、休闲活动的时尚性、休闲气氛的浓厚性、休闲产业的发达程度以及休闲环境的安全性等方面进行了考察，以此反映成都居民对城市休闲状况的总体满意程度。根据同意程度划分为完全不同意、不太同意、

基本同意、完全同意四个等级,其中1代表完全不同意、2代表不太同意、3代表基本同意、4代表完全同意。2004年、2014年和2019年成都居民城市休闲环境满意度结果如表9所示。

表9 2004年、2014年和2019年成都居民休闲环境满意度评价

	2004年 (n=237)		2014年 (n=408)		2019年 (n=441)	
	均值	排序	均值	排序	均值	排序
休闲方式丰富程度	1.82	5	2.90	4	2.87	6
休闲活动设施完善	1.78	6	2.90	5	2.93	5
休闲时尚走在全国前列	1.90	3	3.00	3	2.83	7
休闲气氛浓厚	2.26	1	3.32	1	2.95	2
休闲产业发达	1.83	4	3.22	2	2.95	2
休闲环境安全	2.15	2	2.80	6	3.09	1
休闲场所布局	—	—	—	—	2.94	4
休闲消费价格	—	—	—	—	2.78	8

从休闲环境满意度均值来看,一方面,在2014年,仅"休闲气氛浓厚""休闲时尚走在全国前列"和"休闲产业发达"打分在3.00以上;在2019年,"休闲气氛浓厚""休闲产业发达"仍处在高位,接近3.00的水平,而"休闲坏境安全"超过3.00水平。这表明,成都居民对于城市休闲环境安全的总体重视程度明显提高。另一方面,从城市休闲环境满意度的均值排序情况来看,2014年与2019年"休闲氛围浓厚"和"休闲产业发达"排名均处在前两位,说明成都休闲需求和供给的差距正在逐步缩小。

4 调研结论和启示

4.1 调研结论

一是从动机、同伴和方式选择来看,成都市居民的休闲动机以放松心情减轻压力为主,居民休闲方式选择日趋丰富和时尚。从休闲选择总体来看,成都市居民休闲意识不断增强、休闲需求持续释放,休闲活动"积极化"趋势明显,休闲活动带来的消费、养生、健康、文化、社交、教育等经济社会功能也在不断增强。从具体倾向来看,居家休闲的比重仍然较高,文化类与户外休闲活动比重有所增长,休闲半径增加不显著。

二是从休闲影响因素来看,总体上成都市居民开始越来越重视休闲活动的参与质量,而不完全看心情或受收入影响。成都市在15年来的休闲服务与接待指标中国家4A级以上旅游景区数量、博物馆/图书馆/文化馆数量、剧场/影剧院数量呈快速发展趋势,市区人均居住面积、城市人均公园绿地面积等休闲空间与环境指标日趋上升,根据调研结果显示,休闲设施与服务供给、管理水平与服务质量对居民的休闲选择的影响程度日益明显。

三是从休闲满意度来看,成都居民对个体的身心放松、能力提升、社交满意度均较高,而自我价值实现尚待提升;对城市休闲环境评价总体较高,具体需求和供给尚存差距。2016年,成都市公共服务满意度测评中,城乡居民总体满意度为81.18,城市居民略高,且居民对文体活动满意度位居前列,中心城区、近郊区和远郊区居民满意度越来越接近,表明成都市自2007年实施的城乡一体化战略已取得成效,城市和农村的公共服务发展得更加均衡。本研究的调研一定程度也支持了上述结果,但居民对休闲产品丰富度、休闲时尚氛围和休闲消费价格合理程度仍有着更高的期待。

4.2 主要启示

一是重视城市公共休闲环境的完善。从15年来成都市居民休闲方式选择倾向来看,休闲方式相对集中在家庭与个体活动,空间半径更大的户外活动和文化含量更高的活动尚未成为主流。成都市在近年来抓住

国家建设生态文明先行示范区机遇,大力推进生态宜居城市建设,城市绿地、国家级湿地、森林公园、环城绿道等方面投入巨大,布局丰富。而人文环境与文化氛围营造、社区公共空间、中央休闲区、水域休闲区、户外休闲设施等方面应当成为成都市在改善人居环境时同步重视和发展的方面。

二是重视休闲产业均衡发展与城市休闲产品打造。成都在城市休闲发展进程中,非常重视旅游业在社会经济发展中的作用,旅游目的地形象塑造与营销相当成功,但相对忽视了本地文化、娱乐、体育、健身等服务本地居民的休闲设施和产品的建设。应进一步挖掘成都城市休闲精神与内涵,注重休闲产业服务的多元性特性,深度改善城市休闲环境,不仅为游客,更应为本地居民营造良好的城市休闲氛围,促进城市休闲整体协调发展。

三是重视居民消费结构调整,推进居民休闲消费升级转型。2019 年,成都市城镇居民可支配收入达到42 128 元,比 2004 年的 10 394 元增长了约 4 倍,人们生活水平与质量明显提升。在未来城市休闲发展进程中,应继续推动物质型消费向服务型消费升级,加大对休闲服务消费的供给力度,发展体验型、主题型、休闲型、智能型、时尚型等消费新模式改善休闲消费供给的质量,创新培育夜间经济等新业态和休闲体验新场景,推进城市休闲居民消费的转型升级。

四是重视休闲教育、全民休闲、全域休闲理念的推广。从 15 年来成都市居民休闲生活影响因素和满意度来看,收入、花费、设施、服务等外部因素一直对居民休闲生活有着重要影响,而个体休闲技能、个人潜能挖掘与个人价值实现等方面并未成为核心问题。基于《国民旅游休闲纲要》,应制定实施市民休闲教育计划,强化公共休闲教育,广泛开展形式多样的社区休闲教育与休闲咨询活动,使包括老年人、残障者等弱势群体等在内的广大市民获得充足的休闲信息与选择多样化休闲活动的机会,并能评估自我休闲需求,增进休闲认知,训练休闲技能,改变休闲态度,积累休闲能力,充分享受休闲生活。

参考文献

［1］　楼嘉军,徐爱萍,马红涛 等.中国城市休闲化发展研究报告(2017)[M].上海:上海交通大学出版社,2018.
［2］　叶裕民.中国可持续发展总纲——中国城市化与可持续发展[M].北京:科学出版社,2007.
［3］　吕宁.休闲城市的内涵及其实践[J].经济导刊,2011(2):52 - 53.
［4］　楼嘉军,李丽梅.中国城市休闲化研究[M].上海:上海交通大学出版社,2018.
［5］　陆勇.休闲经济竞争力评价指标体系构建及区域差异测算[J].统计与决策,2013(5):38 - 40.
［6］　彭维湘,李悦.基于因子分析的休闲经济竞争力的综合评价[J].统计与决策,2013(17):64 - 66.
［7］　方世敏,贺亚兰,宁志丹.我国休闲城市发展特征分析——基于休闲经济竞争力的视角[J].湖南财政经济学院学报,2016,32(161):141 - 146.
［8］　吕宁.基于城市休闲指数的中国休闲城市发展研究[D].北京:中央民族大学,2009.
［9］　王楠.中日新韩城市休闲化发展质量评价研究[D].上海:华东师范大学,2016.
［10］　郝赪.论普遍有闲时代的城市公共休闲服务[J].当代经济,2014(7):28 - 30.
［11］　楼嘉军,李丽梅.成都城市休闲化演变过程及其影响因素[J].旅游科学,2017,31(1):12 - 27.

杭州大学生线上休闲娱乐
行为特征分析

华　钢　楼俊求

（杭州师范大学钱江学院,杭州　310016）

摘要：文章首先简单论述休闲以及线上休闲的概念,在借鉴国内外关于休闲及网络休闲研究的基础上,对大学生群体展开问卷调查,通过数据分析得出目前杭州大学生线上休闲娱乐呈现地点固定化、时间碎片化和形式多元化等特征。然后对线上休闲娱乐的正负影响进行深入分析,最后做出相关结论。

关键词：线上休闲娱乐;大学生;杭州市

随着社会的快速发展以及互联网的不断创新,线上休闲娱乐已经给人类生活带来了巨大的变化。根据第 44 次《中国互联网络发展状况统计报告》显示,截至 2019 年 6 月,我国网民规模达 8.54 亿,较 2018 年增长了 2 598 万,其中手机网民规模达 8.47 亿,较 2018 年底增长了 2 984 万,使用手机上网的比例高达 99.1％。庞大的网民基础催生互联网娱乐活动的丰富性,进行线上休闲俨然成为我们生活必不可分的一部分。

杭州是“东方休闲之都”,也是我国知名的互联网城市,居民参与线上休闲娱乐十分频繁。G20 峰会成功举办后,杭州的国际影响力加大,更多的年轻人前来旅游、就业和定居,其中不乏大学生这一群体。根据杭州市统计局发布的数据,2018 年在杭普通高等院校共计 40 所,在校大学生 49.6 万人,比 2017 年增加了 1.2 万人。大学生在紧张的学习之余,喜欢尝试各种新鲜刺激的事物,线上休闲娱乐更易受到青睐。因此,这种以网络为主体的休闲方式已经成为大学生生活的常态。

学术界对休闲、娱乐等理论和实践的探讨较多,但对线上休闲娱乐的认识和研究不够深入。于晓东(2007)对网络休闲的定义是“运用网络这种高科技手段达到休闲的目的,并通过互联网进行休闲娱乐的活动,也称其为网上休闲”。陈来成(2009)对网络休闲的定义是“网络时代人类休闲的活动、现象、方式和特征的总和”。他表示,互联网在偌大的虚拟空间中建造出了无限的空间,人类把理性放在了这个虚拟的世界里,来寻求舒适和精神上休闲的暂住之所,并且形成了各类虚拟的生活方式,这也使得人们在休闲活动上发生翻天覆地的变化。

因此,本文将线上休闲娱乐定义为：个体依靠互联网来达到放松身心目的的新型休闲娱乐方式,是人们借助虚拟空间来进行娱乐的休闲活动。

1　调查过程与样本构成

1.1　样本来源

本次问卷吸收和借鉴相关文献成果,并结合杭州的实际情况和大学生的特殊性研制题项。问卷内容涵盖五个部分。第一,调查者个人信息,包括性别、年级、专业、家庭所在地和大学名称;第二,线上休闲娱乐的现状,包括时间、地点、主要消费对象、熬夜目的和在线上的休闲娱乐方式五个方面;第三和四部分,各设计 10 题,从“积极”和“负面”两个角度调查线上休闲娱乐对大学生生活的影响。

作者于 2019 年 10 月 21 日—10 月 25 日期间,通过微信平台,以“滚雪球”的方式向杭州在校大学生发放问卷 400 份,收回 400 份,其中有效问卷 390 份,有效回收率 97.5％,使用 SPSS 软件进行数据分析。

1.2　样本结构

在本次调查中,首先对调查者的基本情况进行了解,从性别、年级、家庭所在地、所学专业和所在院校五个方面进行了解,具体情况如表 1 所示。

表 1　基 本 概 况

		人数(人)	百分比(%)			人数(人)	百分比(%)
性别	男	152	39.0	家庭所在地	城市	207	53.1
	女	238	61.0		农村	183	46.9
年级	大一	66	16.9	专业	文史类	81	20.8
	大二	85	21.8		理工类	60	15.4
	大三	88	22.6		社会科学类	47	12.1
	大四	104	26.7		艺体类	30	7.7
	其他	47	12.1		经管类	143	36.7
					其他	29	7.4

从样本的性别结构看，女性相对较多，男女占比为 39% 和 61%；被调查者的年级分布较均衡，其中，大一学生和研究生及以上的调查人数相对较少；从大学生就读的专业来看，经管类专业相对较多，占比为 36.7%；另外，除了文史类(20.8%)外，理工类、社会科学类和艺体类专业学生的占比都在 10% 上下；样本家庭所在地为城市的占比是 53.1%，剩下的来自农村，占比为 46.9%；本次进行调查的高校主要为杭州师范大学钱江学院、杭州电子科技大学、浙江大学城市学院、浙江工商大学、浙江财经大学、中国计量大学等 18 所院校。

1.3　问卷的信效度分析

为了确保问卷的真实性和可靠性，以及调查结果的科学性，在统计学上必须通过信度和效度检验，以便帮助我们制定更加准确的政策。本文采用克隆巴赫 α 系数进行信度分析，具体情况如表 2 所示。

表 2　信 度 分 析

	Cronbach α 系数	题目数
进行线上娱乐的原因	0.835	12
进行线上娱乐的好处	0.881	10
进行线上娱乐的坏处	0.883	10
总信度	0.914	32

首先，对量表的三个维度进行信度分析，结果显示，"进行线上娱乐的原因"部分的克隆巴赫 α 系数为 0.835；"进行线上娱乐的好处"部分的克隆巴赫 α 系数为 0.881；"进行线上娱乐的坏处"部分的克隆巴赫 α 系数为 0.883。从中可以看出，三个维度的信度值均大于 0.8，属于信度较高。随后对整个问卷的信度进行了检验，可以发现，整个问卷的信度为 0.914，亦属于较高的信度水平。

为了检测问卷题项的有效性，本文采用 KMO(Kaiser‐Meyer‐Olkin) 和 Bartlett 进行结构效度检验，具体情况如表 3 所示。

表 3　KMO 和 Bartlett 的检验

取样足够度的 Kaiser-Meyer-Olkin 度量		0.916
Bartlett 的球形度检验	近似卡方	4 893.467
	df	496
	Sig.	0.000

结果显示，整个问卷的 KMO 值为 0.916，大于 0.8。Bartlett 球形度检验也达到了显著($P < 0.05$)，所以本次调查结果具有效度。

2 杭州大学生线上休闲娱乐行为特征分析

行为特征是对活动主体行为方式的描述,是群体行为规律的总结。对其进行调查,可以了解杭州大学生线上休闲娱乐的动机、时间、地点、内容和形式等普遍情况,同时更好地判断大学生线上休闲娱乐的基本规律,为优化大学生线上休闲娱乐生活提供依据。

2.1 线上休闲娱乐场所固定化

问卷以单选题的形式对不同场所进行题项设置,从而了解大学生进行线上休闲的地点,包括宿舍、教室、图书馆和社会公共场所等情况,如表4所示。

表4 进行线上休闲娱乐的地点

最常进行线上休闲娱乐的场所	人数(人)	百分比(%)
宿舍	227	58.2
教室	24	6.2
图书馆	49	12.6
社会公共场所	90	23

调查结果显示,宿舍是大部分学生进行线上休闲娱乐的场所,占比达58.2%,这一情况与现实相符。大学期间,班级组织比较松散,而寝室成为团体活动的主要单位,大学生,特别是女大学生经常选择在宿舍休息、放松、聊天和学习。此外,宿舍具备联网条件,可以满足学生长时间在线休闲;社会公共场所是大学生进行线上休闲娱乐的第二场所,占比为23.1%。移动互联网时代,人人拥有一部智能手机,随时上网已是社会普遍现象;小部分学生在图书馆和教室进行线上休闲娱乐,占比分别为12.6%、6.2%,毕竟上述两个场地是学习场所,进行休闲娱乐并不合适。

2.2 线上休闲娱乐时间碎片化

闲暇时间是实现休闲活动的客观条件之一。移动互联网的普及,使得大学生在线休闲娱乐非常自由和方便,往往上课前后、睡觉前夕、吃饭或者乘坐交通工具之时都会成为低头族分秒必争的机会。

如表5所示,杭州大学生线上休闲娱乐的时间主要分布在2~8个小时之间,其中,在2~4小时(含4小时)的人数最多,占比为40.5%,其次是4~8小时(含8小时),占比27.9%;低于2小时(含2小时)的大学生人数占比为24.1%,超过8小时的大学生人数占比为7.4%。由此可见,除大约三分之一学生外,大部分学生花在线上休闲娱乐上的时间适中,相对合理,但三分之一,也就是在4小时以上的这部分学生线上休闲娱乐的时间过长,过度沉迷,会直接影响生活和学业。

表5 线上休闲娱乐花费时间

每天线上休闲娱乐上花费的时间	人数(人)	百分比(%)
1~2小时(含2小时)	94	24.1
2~4小时(含4小时)	158	40.5
4~8小时(含8小时)	109	28
8小时以上	29	7.4

为了进一步了解杭州大学生线上休闲娱乐的时间节点,问卷特意询问了深夜上网的原因,进一步探析是否存在熬夜休闲(晚上11点以后在线休闲娱乐)的情况。调查结果如表6所示,绝大多数的杭州大学生都有熬夜上网休闲娱乐的习惯,只有1.8%的人不会。其中,学生熬夜上网为了学习、社团或学生会工作的占比较接近,占比分别为35.4%、35.9%;其次熬夜打游戏、追剧、看小说是较多学生夜间在线休闲娱乐的项目,

占比分别为 33.8%、27.7%、26.2%，剩余 32.8% 的学生还有其他熬夜上网的目的，如亲朋好友之间语音视频等。

表 6　熬 夜 的 目 的

目　　的	选择人数（人）	占总人数百分比（%）
游戏	132	33.8
追剧	108	27.7
看小说	102	26.2
学习	138	35.4
社团或学生会的工作	140	35.9
其他	128	32.8
不会熬夜	7	1.8

总体来看，学生进入大学后，父母管束减少，生活相对自由，在比较开放的大学里，很多时候可以随心所欲地休闲娱乐，没有较强的外在约束。因此，线上休闲娱乐特别是手机终端的在线娱乐非常普遍，对网络媒体的依赖愈加强烈。

2.3　线上休闲娱乐形式多元化

过去 20 年，是中国"互联网＋"蓬勃发展的时期，消费端借助互联网平台率先成功转型，成为数字经济领域最成功板块。其中，休闲娱乐项目层出不穷，大学生可以在线上体验各种类型的休闲娱乐活动。本次调查主要围绕网络社交、游戏、文学、视频、购物、音乐和直播等方面，了解学生参与情况，具体情况如表 7 所示。

表 7　线上休闲娱乐的形式

形　　式	选择人数（人）	占总人数百分比（%）
网络社交（聊天）	281	72.1
网络游戏	179	45.9
网络文学	164	42.1
网络视频	235	60.3
网络购物	240	61.5
网络音乐	199	51.0
网络直播	128	32.8
其他	20	5.1

调查结果显示，在线休闲娱乐活动中，参与网络社交即聊天的人数占比最多，有 72.1%，大学生通过网络社交媒体进行沟通，的确是当下人与人交流的主要方式；网络购物占比为 61.5%，排名第二。随着淘宝网等在线购物平台的流行，"网购"已经成为人们消费的重要组成部分，特别是在年轻人群中，"网购"的比例甚至超过线下购买的比例；排名第三和第四的是网络视频和网络音乐两项休闲娱乐活动，占比分别为 60.3% 和 51.0%。现如今，绝大部分的电视、电影、综艺、音乐和体育赛事等活动从传统的电视播放媒体转换到网络媒介上，网络已经成为大家收看和收听这些节目的主要途径；排名第五的是网络游戏，有 45.9% 大学生经常在线参与；此外，线上阅读网络文学也是大学生线上休闲的主要方式之一，有 42.1% 的大学生参与此类活动。网络文学不限制时间地点，而且各类书籍应有尽有，演变为阅读的主要方式；再则是网络直播，有 32.8% 会收看网络直播，因其具有互动性，不沉闷，越来越多的大学生开始把它当作在线休闲娱乐的重要方式；最后还有极少数部分大学生选择其他形式的线上休闲娱乐，占比为 5.1%，该类群体经常会拍小视频、自拍等，

并在线上传进行互动交际。

由此可见,大学生线上休闲娱乐方式呈现多样化的特点。因其不受时空限制,且大部分活动免费,必将吸引越来越多的年轻人参与。但大部分年轻人没有良好的自制力,长期沉浸在各种类型的休闲娱乐活动中,必会对身心健康造成危害,需要正确引导和必要的规制。

3 杭州大学生线上休闲娱乐的正负影响

在对杭州大学生线上休闲娱乐行为特征的分析中不难发现,目前大学生在线上休闲娱乐过程中呈现出地点固定化、时间碎片化、形式多元化等特点,同时,也能进一步反映在线休闲娱乐活动对大学生存在正负影响。

3.1 线上休闲娱乐的积极影响

线上休闲娱乐活动的多样性和丰富性,不仅让参与学生可以短暂的休息和放松,也可以愉悦身心,提高认知。可以说,其对参与人而言,极具有正面的影响。为了探究这种影响,我们进行问卷调查与测量,具体情况如表8所示。

表8　线上休闲娱乐的好处

题　　目	完全不符合	不符合	说不清	符　合	非常符合
感到身心愉悦,缓解疲劳	15(3.8%)	17(4.4%)	73(18.7%)	203(52.1%)	82(21.0%)
拓展了我的兴趣爱好	16(4.1%)	25(6.4%)	71(18.2%)	205(52.6%)	73(18.7%)
拓宽了我的社交范围	9(2.3%)	28(7.2%)	71(18.2%)	210(53.8%)	72(18.5%)
使我的头脑更加灵活敏捷	17(4.35%)	40(10.25%)	101(25.9%)	170(43.6%)	62(15.9%)
可以快速获取和共享资源和信息	15(3.8%)	13(3.4%)	49(12.6%)	213(54.6%)	100(25.6%)
提高了我对学习的兴趣	14(3.6%)	38(9.7%)	109(28%)	165(42.3%)	64(16.4%)
在线上休闲娱乐过程中,我较有成就感	13(3.3%)	42(10.8%)	105(26.9%)	156(40.0%)	74(19.0%)
是我对生活产生积极的态度	17(4.35%)	28(7.2%)	119(30.5%)	163(41.8%)	63(16.15%)
对我信息技术的提高很有帮助	14(3.6%)	40(10.3%)	85(21.8%)	185(47.4%)	66(16.9%)
有利于我心智成熟	16(4.1%)	29(7.4%)	119(30.5%)	169(43.4%)	57(14.6%)

3.1.1 线上休闲娱乐可以丰富知识,提高自己

从调查结果可以明显看出,线上休闲娱乐活动带给大学生诸多积极正面的影响,其中"可以获取和共享资源和信息"得到80%的大学生的认可。互联网作为一个方便快捷的学习平台,承载着巨大的信息和知识,大学生可以随时随地进行查阅信息,不断地深化自己的内涵。同时,线上休闲娱乐是人类不断创新的体现,能提高大学生的思维方式,被调查的大学生中,有59.5%认为线上休闲娱乐可以使头脑更加灵活敏捷。如此丰富的线上休闲,给大学生开启了崭新的世界,通过这种休闲方式,不仅使学生精神上得到了解放,心情上获得了愉悦,而且满足了不同学生的需求和自我实现,可以很好地改善学习和工作带来的压力。

3.1.2 线上休闲娱乐可以发展自己,加强沟通

71.3%的大学生认为线上休闲娱乐拓展了他们的兴趣爱好,72.3%的大学生认为线上休闲娱乐拓宽了他们的社交范围。由此得出,通过线上休闲娱乐,杭州大学生们的兴趣爱好得以培养,网络的社交也由此变得广泛,不再局限于小小的交际圈,结交与自己志趣相投的好朋友,提高自己在社会的交际能力。通过在线交流,寻找到与自己兴趣爱好相似的网友,大家可以一起交流,可以说,互联网就是沟通你我他之间的一座桥梁,线上休闲娱乐筑造全新的自己。

3.1.3 线上休闲娱乐可以愉悦精神,调节心理

线上休闲娱乐是大学生的心灵港湾,73.1%的大学生认为通过线上休闲娱乐可以使身心愉悦,缓解疲

劳,58%的大学生对生活产生了积极的态度,57.9%的大学生认为有利于心智成熟。可以看出,适当的线上休闲是大学生的精神食粮,每个人根据自己的喜好和兴趣,各取所需,这是休闲活动的主流。大学生可以在线上打开自己,说出自己内心的声音,参与到这个虚拟的世界中,体验对事物不一样的判断、理解与认知。大学生在学习重重的压力下,疲劳的身心就需要适当的调节,线上休闲娱乐就是很好的方式。

3.2　线上休闲娱乐的消极影响

线上休闲娱乐是一把"双刃剑",在带给大学生积极作用的同时,也给大学生带来负面影响。问卷以量表法的形式进行详细的题目设置,以五种不同程度的选项,测量大学生认为做线上休闲娱乐的坏处,具体数据如表9所示。

表9　做线上休闲娱乐的坏处

题　目	完全不符合	不符合	说不清	符　合	非常符合
我因为进行线上休闲娱乐耽误了时间	19(4.9%)	57(14.6%)	100(25.6%)	163(41.8%)	51(13.1%)
我的线下休闲活动因进行线上休闲娱乐而被拖延	19(4.9%)	71(18.2%)	106(27.2%)	126(32.3%)	68(17.4%)
睡眠被室友进行线上休闲娱乐而耽误	25(6.4%)	78(20.0%)	85(21.8%)	128(32.8%)	74(19.0%)
我和周围朋友的关系因常常进行线上娱乐而变差	34(8.7%)	120(30.8%)	101(25.9%)	85(21.8%)	50(12.8%)
我的知识因线上休闲娱乐而生疏	19(4.9%)	87(22.3%)	115(29.5%)	117(30.0%)	52(13.3%)
我在进行线上休闲娱乐时感到腰酸背痛	14(3.6%)	67(17.2%)	108(27.7%)	150(38.4%)	51(13.1%)
我因线上休闲娱乐耽误过正常睡眠时间	24(6.2%)	45(11.5%)	75(19.2%)	181(46.2%)	66(16.9%)
我曾为网络娱乐的消费而感到后悔	20(5.1%)	75(19.2%)	86(22.1%)	156(40.0%)	53(13.6%)
我对线上休闲娱乐产生了依赖	25(6.4%)	66(16.9)	117(30.0%)	120(30.8%)	62(15.9%)
线上休闲娱乐使我精神不振,注意力不集中	34(8.7%)	92(23.6%)	103(26.4%)	112(28.7%)	49(12.6%)

3.2.1　线上休闲娱乐影响大学生身心健康

调查结果显示,有63.1%的杭州大学生因线上休闲娱乐耽误过正常睡眠,41.3%的大学生意识到过度线上休闲娱乐会使人精神不振,注意力不集中,并且51.8%的大学生的睡眠有被室友进行线上休闲娱乐而影响的情况。由此可见,大学生一方面可以清楚意识到线上过度休闲娱乐带来的危害;另一方面也说明了大学生普遍都具有自制力弱的特点,无法有效控制自己网络休闲的时长。熬夜进行线上休闲,这是一种不健康、不科学的生活方式,大大地影响了大学生在校的正常作息,并且还会影响自身的健康发展。

此外,51.6%的大学生反映进行线上休闲娱乐感到腰酸背痛,过度的娱乐而不进行户外运动是产生健康问题的主要原因。一部分学生对网络的沉迷,不仅对自己有很深影响,而且对室友也会产生影响,因此,合理安排好线上休闲娱乐时间是当下大学生需要特别注意的问题。

3.2.2　线上休闲娱乐影响大学生理智消费

53.6%的大学生曾为不合理的网络娱乐消费而感到后悔,可以看出部分学生在网络消费上失去理智,不能合理安排生活费的使用,往往出现冲动消费,为一时的购物喜悦,让后续的生活变得窘迫。此种休闲方式并不可取,长此以往会逐渐形成不良的消费习惯,也可能发生严重的失范行为。

3.2.3　线上休闲娱乐影响大学生主体意识

有46.7%的杭州大学生意识到对线上休闲娱乐产生依赖,但仍有30%的大学生对是否产生依赖没有主观判断。虚拟的世界,大学生沉迷其中而乐不思蜀,耽误学习,浪费美好的青春,很难自我反省失范行为,从调查结果也可以反映出,43.3%的大学生能认识到其专业知识因线上休闲娱乐而感到生疏。

4　结论

社会发展不断进步的今天,杭州大学生普遍拥有优渥的生活环境,对生活品质的追求不断提升。与前几代相比,他们更早接触互联网,更愿意在互联网上参与各种休闲娱乐活动。而且随着互联网内容和形式地不断创新,线上娱乐项目更趋多元化和丰富,为现代大学生提供更多更有趣的线上休闲。

杭州大学生线上休闲娱乐行为呈现地点固定化、时间碎片化、形式多元化等特征。具体表现为,在线上休闲时间花费时间方面,在2~4小时和4~8小时之间的群体比较多,其余时间占少部分;最常上网的地点是宿舍;在熬夜的目的方面,绝大多数学生都有夜生活的习惯,进行不同的休闲娱乐活动,极少数人按正常作息进行;在线上休闲娱乐的种类来看,各项娱乐方式占比都有差异,从侧面呈现出多元化的特征。

当然,杭州大学生的线上休闲娱乐行为对其自身也产生了一定的影响。从积极影响看,线上休闲对大学生的学习上有非常大的帮助,可以开阔视野,收获更多的知识储备;能更好地与人沟通,节奏更加高效,借助网络平台,使人和人之间更加的和谐,能更好地与人表达自己的真实感受;同时,能调节大学生的心理,释放压力,把自己的负能量发泄出来,宣泄情绪。从消极影响看,过度线上休闲娱乐会使人沉迷堕落,部分人会无法控制自己,丧失了青春活力,变得低迷;严重时,产生难以控制的失范行为,从而影响大学生的一生,青春之路无法回头。

参考文献

[1]　杰弗瑞·戈比.你生命中的休闲[M].昆明:云南人民出版社,2000.

[2]　周正怀.师范大专学生休闲生活调查研究[J].继续教育研究,2008(10):137 - 139.

[3]　朱德琼.网络虚拟社会中规范大学生休闲行为的目标、原则和内容[J].青年学报,2019(3):43 - 48.

[4]　王敏.大学生网络游戏成瘾视阈下的休闲行为异化分析[J].文化创新比较研究,2018(31):58 - 59.

[5]　邵顿.90后大学生网络娱乐行为分析及对策——基于浙江大学学生的调查[J].教书育人(高教论坛),2016(15):44 - 45.

[6]　曾燕波.中国大学生生活方式研究[J].当代青年研究,2008(09):36 - 49.

[7]　孙林叶.大学生休闲:数据与分析[J].洛阳师范学院学报,2018(03):14 - 22.

[8]　甘小乐,汪虹韵.大学生网络娱乐方式研究[J].现代营销,2017(07):77 - 78.

[9]　刘秀峰.我国网络休闲产业发展研究[D].太原:山西财经大学,2011.

[10]　邵顿.90后大学生网络娱乐行为分析及对策——基于浙江大学学生的调查[J].教书育人(高教论坛),2016(15):44 - 45.

[11]　李娜.网络生活对大学生责任意识的影响分析[J].学理论,2019(03):165 - 167.

[12]　周娟,陈春燕.网络媒体泛娱乐化现象对大学生价值观的消极影响[J].湖北开放职业学院学报,2019(09):90 - 92.

[13]　阮梦佳.大学生网络娱乐消费研究[D].郑州:郑州大学,2019.

[14]　马思琪.都市青年网络娱乐生活方式选择研究——以手机网游为例[D].哈尔滨:黑龙江省社会科学院,2019.

[15]　中国互联网络信息中心.中国互联网络发展状况统计报告(第44次).[EB/OL].[2019 - 10 - 12]http://www.cnnic.net.cn/hlwfzyj/hlwxzbg/hlwtjbg/201908/t20190830_70800.htm.

[16]　杭州市统计局.2018年杭州市国民经济和社会发展统计公报[EB/OL].(2019 - 03 - 04)http://tjj.hangzhou.gov.cn/art/2019/3/4/art_1657772_34879981.html.

[17]　Branka Janković; Milan Nikolić; Jelena Vukonjanski; Edit Terek.The impact of Facebook and smart phone usage on the leisure activities and college adjustment of students in Serbia[J]. Computers in Human Behavior,2016(56):354 - 362.

[18]　Yang; Wan-Chi; Chen; Ko-Chia; Hsueh; Yao-Shun; Tan; Chao-Ping; Chang; Chia-Ming. The relationship between leisure and wall-being in Taiwanese college students[J]. Social Behavior and Personality,2012:1245 - 1254.

上海迪士尼游客住宿和餐饮消费行为研究

王慎军

(上海师范大学旅游学院,上海旅游高等专科学校,上海 201418)①

摘要: 本文通过对上海迪士尼游客调研数据的分析与处理,研究中外游客消费行为特征、偏好差异及其产业影响。研究发现:① 国内游客住宿以经济型酒店为主,主要集中在迪士尼周边和地铁沿线区域;入境游客住宿以星级饭店为主,主要聚集在主要商业中心附近。② 中外游客在迪士尼乐园餐饮消费以套餐为主,消费偏好集中在菜肴口味和服务质量两方面;国内游客更关注菜肴口味,入境游客更关注服务质量。

关键词: 迪士尼;消费行为;消费喜好

1 引言

2016 年 6 月 16 日,中国大陆首座迪士尼度假区和全球第六座世界级迪士尼度假目的地——上海迪士尼度假区迎来"梦想开幕"的历史性时刻。上海迪士尼总投资 340 亿元人民币,除了上海申迪集团和华特·迪士尼两大主体外,还有近 50 家进驻上海迪士尼的租户,超过 30 家为上海迪士尼输送客源的旅游企业,10 余家同上海迪士尼签署战略联盟合作的各领域合作伙伴以及 5 家承建上海迪士尼的国有企业。小南国斥资 1.5 亿元在上海迪士尼开设 4 家餐厅,北京首旅集团在迪士尼附近区域已经开了 30 家酒店,锦江国际集团在迪士尼周边 10 公里范围内布局了 10 余家经济型酒店,未来还会考虑收购或管理经营一些位于园区周边的酒店、酒店式公寓。据上海消保委预测,外省区市消费者在上海逗留期间计划人均消费为 4 215 元,每年将为上海提供预计 600 亿元的消费增量。上海迪士尼除了对旅游产业的直接拉动作用外,还通过旅游业带动商业、地产计容、文化、交通等各领域的发展。

酒店业是旅游业的支柱产业之一,迪士尼的开幕对上海酒店业势必带来影响。其中,经济型酒店凭借轻资产的经营模式以及经济实惠的房价,市场需求巨大,势必受到更大的影响。上海迪士尼乐园开幕已有三年之久,对迪士尼游客行为特征与消费偏好进行深入比较研究,理论上丰富了迪士尼对旅游产业影响的研究内容,实践上对于旅游市场开发及酒店产业建设具有重要的指导意义。

2 研究设计

2.1 调查设计

研究问卷设计主要源于相关文献的内容分析,在借鉴已有相关研究成果的基础上,结合游客访谈,来设计游客消费行为及偏好的调查问卷与测量量表。根据作者个人在迪士尼乐园消费行为的体验,并邀请当地专业旅行商以及游览过迪士尼乐园的同行专家对问卷进行优化,形成问卷初稿。然后分别通过当地专业旅行商对游览过迪士尼乐园的游客进行预调研,修改表述不清、游客不愿填写的部分选项,形成完整的调查问卷。调查问卷主要内容涉及游客消费行为与消费偏好两方面的调查题型,主要设计了游客在住宿、餐饮两方面具体的调查题项与测量指标。问卷设计调查的形式,游客一般性消费行为主要设计客观选择题,游客消费行为偏好调查主要采取 Likert 量表方式,具体测量指标采用 Likert 5 级尺度度量法,所有实测指标均

① 项目基金:上海市教育委员会和上海市教育发展基金会"晨光计划"

采取正向逻辑设计,多项目要素度量值取总和平均值度量。

为了保证调查问卷的代表性与样本结构的无偏差性,本研究问卷调查的形式采取集中调研与分散调研相结合,具体样本抽样采取等距抽样与随机抽样法相结合的方式。集中调研主要在地铁 11 号线康新公路至迪士尼乐园站之间的地铁车厢内进行;选取上海康桥万豪、国际度假区万怡酒店、桔子水晶川沙店、锦江之星尚品川沙地铁站店、全季酒店川沙店、汉庭酒店川沙店、锦江之星秀沿路店、汉庭酒店国家度假区店八家酒店,选择游览过迪士尼乐园的游客进行调查。迪士尼乐园外,选择上海博物馆、外滩、南京东路步行街、田子坊等城市主要客流汇集场所,选择游览过迪士尼的游览者进行调查。为了提高问卷回收率与调研质量,采取馈赠文具等方式进行问卷调查;研究的调研时间主要集中在 2018 年 5 月至 2018 年 10 月间进行。分散调研主要通过上海尚东国际旅行社进行不间断的补充调研,选取集中调研时间外的旅游者样本。

2.2 样本结构

本研究集中调研期间,在游客相对集中适宜调研时间段内采取等距抽样法,其他时段则采取简单随机抽样法,选择样本的数量尽可能多,以保证样本的代表性。采用简单随机与等距抽样,总体中个体被抽到的概率是相等的,抽样方法的独立性保证了游客调研样本能够反映总体的本质特征。研究共回收问卷 2 240 份(其中入境旅游者 420 份、国内旅游者 1 820 份),剔除不合格样本,实际采用样本 1 860 份(入境旅游者 360 份、国内旅游者 1 500 份),问卷采用率为 83%。根据调查资料统计显示,被调查游客样本特征(见表 1)分布:在被调查样本中,国内与入境游客在性别结构比例差异不大,男女性别均基本持平;年龄结构上,国内游客青年群体和儿童群体占比较高,入境游客以中老年群体占比较高。国内游客和入境游客均以中高收入人群为主;样本地域分布上,入境旅游者共来自 32 个国家(地区),其中美国占样本总数的 16.4%,法国、加拿大、德国、澳大利亚、韩国分别占样本总数的 7.8%、6.2%、6.0%、5.4%、3.2%;国内旅游者样本基本覆盖了除港澳台以外的大陆地区多数省、直辖市、自治区。

表 1 上海迪士尼乐园旅游者人口及行为特征

项目	类别	有效百分比(%)		项目	类别	有效百分比(%)	
		国内旅游者	入境旅游者			国内旅游者	入境旅游者
性别	男	46.5	47.2	文化程度	高中及以下	28.4	15.2
	女	53.5	52.8		专科	21.9	无
年龄	18 岁以下	27.2	6.2		本科	38.5	46.8
	18~24 岁	22.4	18.4		硕士及以上	11.2	38.0
	25~34 岁	13.6	26.0	旅行方式	参加旅行团	30.2	45.3
	35~44 岁	22.1	16.0		亲友结伴	15.7	24.5
	45~60 岁	12.4	23.5		家庭旅行	38.1	18.2
	60 岁以上	2.3	9.9		个人旅行	7.4	5.6
职业	政府职员	9.7	7.8		其他	8.5	6.4
	企业职员	20.5	27.3	收入水平(元)	3 500 以下	38.7	20.1
	教师、医生等事业单位	22.0	26.7		3 500~7 000	39.2	11.6
	学生	42.7	24.6		7 000~14 000	18.4	35.4
	其他	5.1	13.6		14 000 以上	3.7	32.9

2.3 研究方法

本文采用统计分析软件 SPSS 进行样本分析,对游客住宿、餐饮等重点调研项目进行数据信度、效度检验分析。信度主要分析了数据 α 信度值与 KMO 值,餐饮调研数据信度为 0.937、KMO 度量值为 0.926,住宿调研数据信度为0.915、KMO值为0.933。效度逻辑分析上,调查问卷经过文献分析、游客访谈以及专家访谈,统计分析中题项与主成分之间相关性达到显著水平,保证了数据内容的效度。结构效度中两类数据反映公因子对量表累计贡献率分别为65.773%、64.959%,超过60%的基本要求;因素分析时因子负荷载距选取0.5,因子负荷有效反应变量与公因子相关程度如表2所示,验证因子分析的结构效度。游客消费行为一般性特征分析时,将样本分组,采用描述性统计和频数分析、均值分析等进行比较分析。消费偏好分析时,采用总样本进行因素分析,再分组,分别进行均值分析、聚类分析及均值比较。

3　游客消费行为特征及偏好中外比较

本研究追踪调研旅游者旅游过程,围绕上海迪士尼乐园游客食、宿、行、游、购、娱等消费行为,分析旅游者消费行为特征,研究游览迪士尼游客消费行为偏好,分析迪士尼游客消费行为选择及价值取向特征差异性。

3.1　住宿消费

在住宿类型选择上,上海迪士尼乐园游客选择入住经济型酒店群体最多,所占比例达到50.4%(见图1);选择旅游星级饭店的占24.2%,选择亲友家入住占8.9%,选择民宿入住的占5.1%,选择青年旅馆的占4.3%、入住校舍等其他方式占7.1%;而入境旅游者选择入住旅游星级饭店的占比为59.9%,选择经济型酒店的占17.2%,其他方式占3.6%。在住宿地区位置选择上,28.9%的国内游客选择在便利的轨道交通沿线住宿,21.7%选择在迪士尼乐园周边区域,13.7%选择位于市中心商业区的酒店,10.4%游客选择在便利的城市近郊住宿,6.5%的游客选择在车站机场等城市交通枢纽附近入住,其他区域入住的占比为18.8%;入境旅游者62.5%选择在市中心商业区酒店入住,12.5%选择在地铁沿线,7.8%选择靠近迪士尼乐园的酒店,10.9%选择在便利的城市近郊住宿,6.3%选择近机场车站等城市交通枢纽附近。

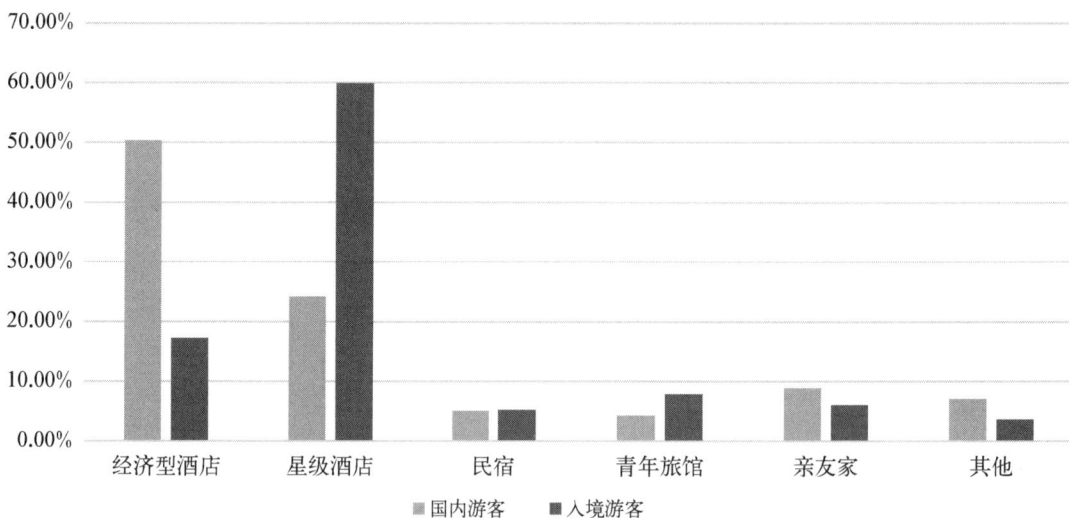

图1　上海迪士尼游客住宿类型选择

国内旅游者选择住宿时,考虑往返迪士尼便利的占33.2%,考虑价格因素的占23.2%,考虑品牌与服务因素的占9.8%,考虑返回居民地便利的占8.7%,考虑去市中心方便的占6.0%,综合考虑多种因素的占19.1%;而入境游客住宿选择主要考虑价格因素的占30.3%,考虑去市中心方便的占24.6%,考虑品牌与服务因素的占17.4%,考虑城市间便利的占10.5%,考虑往返迪士尼便利的占6.5%,综合考虑多种因素的占10.7%。在预订方式调查中发现,国内旅游者通过旅行社预订入住的占49.8%,亲友代订的占11.8%,通过电话预订的占10.9%,通过互联网预订的占9.7%,通过OTA订房的占8.5%,其他方式订房的占9.3%;入境旅游者通过旅行社预订入住的占51.3%,互联网订房的占25.4%,亲友代订的占6.5%,电话预订的占4.7%,OTA订房的3.8%,其他方式订房的占8.3%。

表 2　迪士尼游客餐饮消费偏好

纬度与指标	因子负载	信　度	国内旅游者		入境旅游者	
			均　值	标准差	均　值	标准差
菜肴评价纬度		0.881	4.073		3.943	
菜肴价格	0.805		4.06	0.91	3.86	0.881
卫生状况	0.777		4.34	0.876	4.23	0.884
菜肴口味	0.689		4.10	0.84	4.11	0.973
营养价值	0.601		3.92	0.971	3.73	0.983
菜肴分量	0.673		3.88	0.901	3.77	0.973
出品速度	0.613		4.14	0.799	3.96	0.898
服务评价纬度		0.764	4.037		3.987	
服务快捷度	0.778		4.15	0.776	3.96	0.971
服务热情度	0.685		4.10	0.84	4.23	0.884
逗留自由度	0.565		3.86	0.933	3.77	0.853
感官吸引纬度		0.838	3.788		3.715	
菜单设计	0.819		3.55	0.97	3.68	0.878
菜肴色泽	0.761		3.76	0.879	3.50	1.024
菜品可选	0.649		3.81	0.855	3.91	0.995
就餐环境	0.517		4.03	0.823	3.77	0.900
内部影响纬度		0.795	3.822		3.726	
餐厅品牌	0.808		3.81	0.881	3.70	1.030
附加服务	0.751		3.83	0.876	3.73	0.926
客流量	0.597		3.94	0.864	3.76	0.904
营业时间	0.543		3.80	0.862	3.66	0.896
装修档次	0.514		3.73	0.863	3.78	0.926
外部影响纬度		0.75	3.775		3.85	
位置及交通	0.802		3.82	0.897	3.84	1.007
醒目易找寻	0.779		3.99	0.874	3.84	0.993
外观设计	0.748		3.70	0.923	4.03	0.810
符合饮食习惯	0.575		3.59	0.911	3.69	1.046

3.2　餐饮消费

3.2.1　一般性消费

（1）餐饮场所选择。国内旅游者市内用餐场所选择调研中,选择中式快餐就餐的占35.7%,地方小吃店的占24.1%,地方菜馆的占9.8%,西式快餐的占10.8%,中式连锁餐馆的占3.5%,而选择去西餐厅、咖啡厅的占17.1%。游客在迪士尼乐园的用餐,选择中式快餐的占42.7%,选择西式快餐的占22.6%,选择小吃的占11.2%,选择西餐、咖啡厅的占9.1%,其他占14.4%。入境旅游者用餐选择调研中,市内用餐选择中式快餐就餐的占23.9%,选择地方小吃店的占15.4%,地方菜馆的占16.2%,选择西式快餐的占9.8%,选择中餐连锁餐馆的占23.5%,而选择去西餐厅、咖啡厅的占12.2%。入境旅游者在迪士尼乐园内用餐选择中式快餐的占22.6%,选择西式快餐的占21.9%,选择西餐厅、咖啡厅的占19.15%,选择小吃的占11.2%,其他占25.2%。

（2）餐饮花费。在餐饮花费调研中发现,国内游客在迪士尼乐园每餐人均花费在 50 元以下的占 12.2%,花费在 50~100 元的占 49.6%,花费在 100~150 元的占 31.1%,花费在 150 元以上的占 7.1%。游客在迪士尼乐园外就餐消费中,每餐人均花费在 50 元以下的占 17.5%,花费在 50~100 元的占 46.8%,花费在 100~150 元的占 27.3%,花费在 150 元以上的占 8.4%。入境旅游者在迪士尼乐园内每餐人均花费在 10 美元以下的占 15.1%,10~30 美元的占 48.9%,30~50 美元的占 23.3%,50~100 美元的占 8.8%,100 美元以上的占 3.9%。入境旅游者在市内花费 10 美元以下的占 17.9%,10~30 美元的占 42%,30~50 美元的占 20.5%,50~100 美元的占 14.3%,100 美元以上的占 5.3%。

3.2.2 餐饮消费偏好

旅游者餐饮偏好研究量表中,共设计了 24 个评价指标,在均值分析中发现国内旅游者偏好显著性较强的前 3 位指标依次为：卫生状况、服务快捷度、菜肴出品速度;处于后 3 位的指标分别为：菜单设计、菜系符合饮食习惯、餐厅外观。而入境旅游者偏好显著较强的前 3 位指标分别是：服务态度、卫生状况、菜肴味道;处于后 3 位的指标分别是：菜肴色泽、营业时间和菜单设计。

4　研究结论

迪士尼国内游客住宿以经济型酒店为主,入境游客以星级饭店为主;国内游客住宿地集中在轨道交通沿线,入境游客集中于市区商务区;便利与价格是中外游客住宿决策的首要因素。入境游客通过互联网预订远多于国内游客。

游客用餐类型中,选择以中西式快餐为主,其次是特色小食。中外游客往返迪士尼与住宿酒店的交通工具以公共交通为主,此外有 40% 的入境游客选择出租车出行。

游客餐饮偏好指标特征上,国内游客最为关注餐饮卫生与用餐快捷度等;入境游客最关注的是服务、卫生和菜品质量。

迪士尼乐园为上海住宿业带来巨大经营机遇,同时也带来了接待压力。我国住宿业结构中,星级饭店发育完善,经济型酒店存量不足,民宿发展良莠不齐,青年旅馆发育程度较低,这种产业结构与迪士尼游客以国内游客为主的客流构成及消费特征,决定了住宿业建设应侧重于经济型酒店。经济型酒店具有投资小、建设周期短、退出壁垒低等优点。

本研究尚有不足之处,未来将基于迪士尼游客消费行为和消费偏好的研究,进一步对经济型酒店产业的优化路径进行深入研究,为未来迪士尼周边经济型酒店的投资建设提供意见和建议。

参考文献

[1] 黄鹂,李启庚,贾国庆.旅游购物体验要素对顾客价值及其满意和购买意向的影响[J].旅游学刊,2009,24(02)：41-45.
[2] 郭英之,臧胜男,彭兰亚.社区居民对 2010 年上海世博会影响感知的实证研究[J].旅游科学,2009,23(03)：35-40.
[3] 罗秋菊,张安安.国外商务游客的餐饮行为研究——以广交会国外采购商为例[J].旅游学刊,2010,25(07)：47-53.
[4] 吴国清,杨国玺,高娜.基于世博会的城市旅游空间结构重构与优化[J].地域研究与开发,2011,30(01)：79-83.
[5] 王朝辉,陆林,夏巧云,等.重大时间游客消费行为及偏好的中外比较研究——以 2010 上海世博会为例[J].地理研究, 2012,31(02)：279-289.
[6] 王朝辉,陆林,夏巧云.基于 SEM 的重大事件国内游客感知价值及行为意向关系研究——以 2010 上海世博会为例[J]. 地理研究,2011,30(04)：735-746.
[7] 王蕊,苏勤.旅游购物者分类研究——以黄山市国内旅游者为例[J].地理科学,2010,30(02)：313-319.
[8] 张文佳,柴彦威.基于家庭的购物行为时间、空间决策模型及其应用[J].地理研究,2010,29(02)：338-350.
[9] 张涛,贾生华.节事消费者感知价值的纬度和测量研究[J].旅游学刊,2008(05)：74-78.
[10] 王朝辉,陆林.我国经济型饭店的发展战略[J].经济管理,2007(03)：66-70.

邮轮休闲方式的发展概况及前景探析

朱德玉　许文娟

（上海工程技术大学管理学院,上海　200231）

摘要：自 2006 年邮轮旅游在中国起步至今,十几年来其发展备受学者关注。有学者以空间为载体来理解邮轮旅游的本质,将邮轮旅游看作是虚拟空间里短暂性的身心体验。本研究从邮轮旅游的休闲性本质出发,首先立足邮轮旅游活动本身,对其休闲性进行多角度阐述;其次分析了影响游客邮轮休闲决策的关键要素;然后对邮轮休闲旅游发展的市场容量进行解析;最后分析了邮轮休闲旅游的需求偏好,并展望了邮轮旅游作为休闲旅游方式在未来的发展趋势。

关键词：邮轮旅游;休闲;需求

1　邮轮休闲旅游

人们对未知的事物总是抱有憧憬和好奇,海洋就是这样一个充满吸引力的未知之地,人类从未停止探索海洋的脚步。早在新石器时代晚期,人类就开始了航海活动,到了 15 世纪,航海事业迎来了大发展时期,并涌现了许多著名的航海家,比如郑和、迪亚士、达·迦马、哥伦布。由于造船技术和导航设备的落后,早期的航海活动可以说是一项冒险活动。随着航运条件的不断进步,人们开始将跨洋航行作为一种旅行方式,邮轮旅游应运而生。经过一个多世纪的发展,邮轮旅游已经成为一项深受广大游客喜爱的休闲旅游活动。

2　休闲的概念和分类

休闲是指人们从工作和生活琐事的束缚中摆脱出来,出于休息、转换心情和增长知识的目的,自发性地参与活动的总称[1]（梁强,2015）。从其概念可以看出,休闲所需要的条件是闲暇时间,即不受工作和生活劳动的束缚;休闲的意义涉及两个方面,一方面是身体的放松,另一方面是精神上的满足。关于这一定义,我还想补充以下两点：第一,人们只是暂时地摆脱当前的生活和工作,短暂的休闲后还是要回归到生活和工作中;第二,人们从事休闲活动的目的,除了即刻的享受和放松外,还包括让自己以更好的状态投入到之后的生活和工作中。休闲涉及多种活动,根据其内容的不同可分为三种类型,分别是：随兴休闲、主题计划性休闲、深度休闲[2]（王苏、龙江智,2011）。根据两位学者的定义,随兴休闲是一种参与者在短时间内从事的活动,可以立刻满足内在追求愉悦的需求,只需要很少甚至不需要任何训练,就可以实现这种满足。比如我们日常看电影、看比赛、逛街等。主题计划性休闲是一种需要参与者付诸计划、努力和意志,有时还需要一些技术和知识的活动。例如举办生日活动、制定旅游计划等。深度休闲是指在非社会必要劳动时间下有系统、有计划地从事业余、嗜好或志愿活动,深度休闲需要参与者投入如事业一般的专注,相较于其他两种,深度休闲层次更高。

3　邮轮休闲的性质及特点

邮轮休闲是以休闲为目的,以豪华邮轮为主要活动场所,以包括吃、买、玩、乐等各种形式和内容而进行的休闲活动。邮轮休闲作为一项旅游产品,它具备其他旅游产品所拥有的娱乐性、体验性等性质;邮轮休闲又因其特殊的活动场所,同时也具备一些区别于其他旅游产品的特点,包括多样性、特殊性、文化性等。

3.1　邮轮休闲的性质

3.1.1　娱乐性

邮轮旅游产品非常全面地体现出旅游产品娱乐性的特点。邮轮上提供的很多娱乐活动,包括在剧院欣赏一场表演,在美容中心享受一次 SPA,在免税店里进行一次酣畅淋漓的购物等。这些娱乐活动都需要游客参与其中,具有一定的新奇性和挑战性,能够很好地激发游客的兴趣,使得游客在有限的邮轮空间上活动也能很好地满足其求新、求奇、求乐的需求,从而在消费时产生真正的愉悦感。

3.1.2　体验性

游客购买邮轮旅游产品,通常是有形产品和无形产品的综合体。有形产品除基本的餐饮住宿外,更重要的是包括美好的心理体验这样的无形产品。由于邮轮是在海上漂浮的巨轮,海洋因其变幻莫测的特点给游客带来了不同的体验感受。又由于邮轮会在不同的港口停靠,岸上观光活动可以使游客领略不同的城市风光与景点风光,获得不一样的生活经历。

3.1.3　文化性

由于邮轮公司大多都具有跨国经营的特点,所以邮轮上的游客和工作人员一般都来自不同的国家,说不同的语言。邮轮文化是一种国际交往和国际礼仪文化,所以说它具有文化性的特征。

3.2　邮轮休闲的特点

3.2.1　多样性

这里的多样性体现在邮轮功能的多样性和邮轮服务的多样性。邮轮功能的多样性体现在它既具有水上运输的功能(交通的功能),又有为游客提供食、宿、观光、游览、娱乐、购物等综合服务的功能(旅行社的功能)。邮轮服务的多样性体现在其内容可以分为客舱服务、餐饮服务、休闲娱乐服务等。

3.2.2　特殊性

与其他休闲活动相比,邮轮休闲是依托邮轮为主要载体,游客想体验海洋、江河、湖泊等水域观光、休闲、度假时,必须使用这一载体才能实现。

4　影响邮轮休闲的关键因素

4.1　时间及收入要素

闲暇时间和可自由支配收入是邮轮旅游需求产生的必不可少的条件。根据马斯洛需求层次理论,当低层次的需求得到满足时,才会产生高层次的需求。"二战"之后,科技的发展促进了生产技术的进步,提高了生产自动化的程度,这意味着生产同样数量的产品需要的时间更短。同时,人们对每天从事重复的工作感到厌倦,想要寻求自我放松和释放,他们开始为自己的权益斗争。到了 20 世纪 60 年代,带薪休假制度开始在发达国家普及,邮轮旅游的时间条件得到了一定程度的保障。邮轮作为一种高端消费水平的旅游产品,对收入水平也有一定的要求。参考国际经验,人均 GDP 达到 5 000 美元是观光旅游与休闲旅游的分水岭,也是邮轮旅游的起步阶段;人均 GDP 在 6 000～8 000 美元时,邮轮旅游进入快速发展期;当人均 GDP 超过1 万美元时,邮轮旅游高速发展。我国人均 GDP 于 2015 年超过 8 000 美元,这为休闲旅游的快速发展创造了经济条件。

4.2　制度要素

随着社会主义进入新时代,人民生活水平不断提高,旅游、休闲等字眼慢慢进入了人们的视线。只有在休闲成为一种社会广泛承认的制度前提下,邮轮休闲才能最大限度、最大范围地发挥其积极意义,并使最广泛人群从中获益[1](梁强,2015)。为了邮轮产业在我国的更快发展,国家也制定了相关政策。比如 2016 年国务院印发的《"十三五"旅游业发展规划》(以下简称《规划》)。《规划》提出了主要目标有旅游经济稳步增长,综合效益显著提升,人民群众更加满意,国际影响力大幅提升;再比如 2018 年,为深入贯彻落实习近平新时代中国特色社会主义思想和党的十九大精神,更好地满足人民日益增长的美好生活需要,推动我国邮轮产业链迈向全球价值链中高端,促进我国邮轮经济升级发展,由交通运输部牵头,联合发展改革委等部门,坚持问题导向、目标导向,在深入评估调研、梳理分析的基础上,联合制定出台《关于促进我国邮轮经济发展的若干意见》,提出了推进我国邮轮产业的政策措施。这些政策的提出都为我国邮轮休闲产业的发展提供了有力的保障。

4.3 邮轮旅游活动类型

邮轮被称为"可以移动的海上度假村",功能齐全,设施完备,并提供形式丰富的休闲活动。根据休闲分类,邮轮上的活动主要分为随兴休闲活动、主题计划性休闲活动、深度休闲活动(见表1)。邮轮游客可以通过随兴休闲活动快速获得满足感,通过主题性休闲活动提升某些技能,通过深度性休闲获得充实感和自我价值实现感。

表1 国内四大邮轮公司旅游活动休闲程度划分

邮轮集团	邮轮品牌	目标市场	活动类型	活动形式
美国嘉年华邮轮集团	公主邮轮	追求奢华、时尚的游客	随兴休闲活动	环球文化节、甲板夜市、莲花温泉
			主题计划性休闲活动	海上精彩运动课程(如瑜伽、太极课程)、节日庆典、公主读书俱乐部、游泳池
			深度休闲活动	——
	歌诗达邮轮	体验邮轮旅游的游客	随兴休闲活动	金色派对、威尼斯狂欢节、国际歌舞秀、船长鸡尾酒会、海上音乐会、电影、海景SPA、游泳池
			主题计划性休闲活动	尤文图斯海上足球训练营、舞蹈课程、海上太极
			深度休闲活动	——
皇家加勒比游轮有限公司	皇家加勒比国际邮轮	追求高层次消费的游客	随兴休闲活动	招牌演出、棋牌、SPA、电影、儿童电子游戏室、海上碰碰车
			主题计划性休闲活动	图书馆、击剑、射箭、海上轮滑、真冰溜冰、健身中心、高尔夫球场、互动课程(瑜伽、太极、折纸、舞蹈课程)
			深度休闲活动	甲板跳伞、甲板冲浪、攀岩墙
地中海航运集团	地中海邮轮	面向全体游客	随兴休闲活动	太阳马戏、亚利桑那水上乐园、XD互动影院、伦敦大剧院
			主题计划性休闲活动	特色游泳池、多功能运动馆、游戏天地、F1模拟双赛车、虚拟迷宫、保龄球馆
			深度休闲活动	——
云顶香港有限公司	丽星邮轮	以亚洲游客为主要市场	随兴休闲活动	百老汇舞台剧、甲板派对、杂技表演、按摩浴缸
			主题计划性休闲活动	高尔夫球场
			深度休闲活动	攀岩

4.4 状态要素

美国心理学家席齐克森特米哈用"畅(flow)"的概念来描述休闲的最佳状态,即具有适当的挑战性而能让一个人深深沉浸于其中,以致忘记了时间的流逝、意识不到自己存在的体验[1](梁强,2015)。中国作为一个旅游大国,现如今越来越多的人开始研究"怎么去玩",而邮轮旅游作为从欧美传入我国的新型旅游方式,也正在受到越来越多中国游客的欢迎。在邮轮休闲中要达到"畅"的最高境界,必须是心智、情感和身体的深深投入。而邮轮休闲可以帮助人们达到这种境界,它不再需要游客在出发前制定复杂的旅行攻略,只需要购买一张船票,船方即可安排好餐饮、住宿、岸上游览的行程等。游客也可以随心所欲地选择船上的活动去参加,包括欣赏一场异域风情的表演,去健身房锻炼身体,或者是在它提供的攀岩、冲浪项目中体验一次惊险和刺激。在邮轮上的几天航程里,人们可以充分地享受自己的闲暇时间,将存在于岸上的关于工作和学习的烦恼抛之脑后,寻求真正的身体和思想上的放松。

5 邮轮休闲发展及市场容量解析

数据显示,我国邮轮旅游消费的动机中邮轮休闲氛围和停靠目的地的异域风情所占比例最高,分别达到 20.5％和 12.4％；其次是船上的娱乐活动和参加邮轮活动体现的身份象征，分别占 9.8％和 7.4％，这表明我国旅游消费者出游动机比较集中。人们选择邮轮旅游主要是出于休闲的动机，同时享受邮轮本身的魅力与高端的消费带来的满足感[3]（孙琳，2015）。我国邮轮休闲旅游起步较晚，但是需求庞大，增长速度迅猛，甚至超过了全世界范围内邮轮旅游发展的增长速度，邮轮休闲旅游目前正在成长为中国经济发展的新的增长点。2006 年歌诗达邮轮携"爱兰歌娜号"来上海开展第一次母港运营，中国邮轮发展自此进入一个全新的时代。从 2006 年起步到 2016 年，邮轮旅游经历了"黄金十年"的发展期，这期间邮轮游客人次不断增长。到了 2017 年，我国邮轮旅游发展增速明显放缓，邮轮游客规模达到 495.5 万人次，增幅较 2016 年下降了 14.9％；收入规模为 89.2 亿元，较 2016 年下降了 15.1％。那么是什么导致了这些现象的产生呢？首先，中国邮轮市场在"黄金十年"的井喷式发展中，缺乏规划，致使邮轮旅游供给量大于需求量，2017 年多艘邮轮宣布退出中国市场。其次，国内邮轮旅游市场一直主打"日韩航线"，产品单一，不能保证对游客的持续吸引力。虽然目前出现了增长缓慢的现象，但是这恰好为中国邮轮旅游发展提供了战略调整的思考时间，我们可以利用这一调整期优化邮轮旅游产品和功能、完善邮轮旅游制度，迎接下一个发展黄金期。总的来说，我国邮轮休闲旅游市场需求庞大，并且潜力十足，随着发展战略的调整，我国邮轮休闲旅游市场将会实现由高速发展到高质量发展的转变，可以预测，未来中国邮轮休闲旅游市场还会有巨大的效益增长空间。

6　邮轮休闲旅游的需求偏好和趋势展望

6.1　需求偏好

6.1.1　回归自然的需求

现如今，随着生活和工作压力的不断增大，越来越多的人会选择在闲暇时间走进自然，亲近自然。而邮轮休闲作为一种亲水类活动项目，人们可以乘坐豪华邮轮远离陆地，身处海洋之中，可以在甲板上享受与陆地上完全不一样的美景。

6.1.2　社会交往的需求

调查数据显示，选择邮轮旅游的游客中青年人居多，26～36 岁、36～45 岁两个年龄段的人数比例最高，分别占到 24％和 28％；邮轮旅游的游客学历层次和收入层次都较高；中学学历到大学专科及大学本科以上所占比例分别是 31％和 41％[3]（孙琳，2015）。这些人群有强烈的社会交往需求，需要通过人际交往来扩大自己的朋友圈，从而获得理想的社会网络。

6.1.3　受尊重的需求

由于邮轮上的中外服务人员大多受到过严格的训练，可以满足邮轮游客的各项需求，船员与游客比例较大也是邮轮旅游特殊性的一个体现。游客在欣赏美好景色的同时，还可以享受无微不至的服务，这也是邮轮吸引很多中老年游客的原因。

6.2　发展趋势展望

6.2.1　加大邮轮休闲的宣传力度

很多中国游客对于邮轮的印象还停留在电影《泰坦尼克号》上，认为邮轮是不安全的交通工具，且会导致晕船等身体不适的状况，还有很多游客认为邮轮是贵族专属。实际上，据调查显示，邮轮是最安全的交通工具之一，且随着各大国际邮轮公司在中国部署符合中国市场的邮轮，高性价比已经成了邮轮休闲的代名词。

6.2.2　邮轮航线创新产品会逐步增多

虽然韩国邮轮航线现在仍未开放，但是邮轮公司正结合游客需求和市场情况，努力拓展新的邮轮航线。2019 年，皇家加勒比为中国市场带来了更高品质且具有差异化的邮轮产品，推出了 8 天以上的长航线，共 9 个航次。2020 年，皇家加勒比提供覆盖 27 个目的地港口约 130 个岸上观光精品旅游线路，全年部署的长航线数量较 2019 将提升 40％。无目的地邮轮航线就是邮轮从港口出发，开到附近的公海上，不停靠他国港口，然后返回原港口。在上海或海南试点实行无目的地邮轮航线，有利于推出邮轮短程旅游产品，满足周末邮轮游的需求，扩大邮轮旅游年轻消费群体。

6.2.3　邮轮服务质量将会逐步提升

服务质量的提升将会使游客的重游率和顾客的忠诚度大大提高,同时也可以降低邮轮企业经营成本,减少游客抱怨和偏激行为。服务水平的高低会对消费者产生不同的影响,不断提高的服务水平能够促使消费者对其相关群体宣传邮轮旅游,不仅能够提升游客对邮轮品牌的忠诚度、服务满意度以及邮轮旅游重游率,还能将潜在的邮轮游客市场转变为现实,扩大邮轮旅游的影响面[4](邱羚,夏雪梅,2017)。

6.2.4　邮轮带来更大的能源消耗和污染

邮轮大型化趋势造成更大的能源消耗,随之也产生废气、水质污染、固体废物、噪声污染等。尽管邮轮产业对城市经济发展的贡献毋庸置疑,但是在能耗和环保日趋成为经济发展瓶颈的今天,强调邮轮产业发展的绿色指标,诸如资源消耗、生态平衡、环境保护、卫生防疫等就显得尤为迫切。因此,在大力提倡发展邮轮经济的同时,必须考虑其对社会产生的污染危害,为进一步建设绿色港口,我们必须采取及时、可靠的应对措施。

参考文献

［1］　梁强.户外休闲:概念解析、影响因素与发展趋势[A].中国旅游研究院.2015中国旅游科学年会论文集[C].中国旅游研究院:中国旅游研究院,2015:7.

［2］　王苏,龙江智.深度休闲:概念内涵、研究现状及展望[J].北京第二外国语学院学报,2011,33(01):1-9.

［3］　孙琳.国内邮轮旅游者消费行为与动机研究[J].旅游纵览(下半月),2015(11):218-220.

［4］　邱羚,夏雪梅.中外邮轮游客消费行为比较研究[J].交通与港航,2017,4(04):17-22.

员工休闲生活方式与职业倦怠的关系研究：恢复体验的多重中介作用

李卫飞　石少湘

（湘潭大学，湘潭，411105）

摘要： 随着我国经济的高速发展，员工的日均休闲时间持续减少，职业倦怠问题日趋普遍，员工休闲时间的持续不断减少与职业倦怠问题的普遍性是否存在科学关系以及背后的科学机制是什么等问题亟待理论层面的答案。文章以努力—恢复理论为基本依据，依循休闲与工作关系研究的 L－O－W 范式，以恢复体验为个人认知变量，运用实证研究法研究了我国员工的休闲生活方式与职业倦怠的关系。研究结果表明：① 员工休闲生活方式对职业倦怠的低成就感维度存在显著负向影响，兴趣维度对职业倦怠的情绪衰竭维度存在显著负向影响，而社群关系维度对低成就感维度存在显著的负向影响；② 恢复体验在休闲生活方式与职业倦怠之间存在多重中介效应，但不同的恢复体验方式的中介效应存在差异。本研究明确了休闲与职业倦怠之间的关系，并提供了一个合理的解释机制，同时为休闲与工作研究的 L－O－W 范式的科学性提供了证据。

关键词： 休闲生活方式；职业倦怠；恢复体验

1　引言

最近一段时间，社会关于"996"的讨论空前热烈，这些讨论从侧面反映出我国员工的工作时间普遍较长，长时间的工作以及由此引致的职业倦怠问题已经在我国普遍存在；与此相对的是，我国居民的日均休闲时间在不断减少，尤其是深圳、广州、上海和北京居民的休闲时间更少（宋瑞等，2018）[1]，职业倦怠问题的普遍性与休闲时间的持续不断减少是否存在科学关系以及背后的科学机制是什么等问题亟待理论层面的答案。

揭示职业倦怠产生原因的两个重要理论努力—恢复理论和资源保存理论均暗示了个体休闲与职业倦怠的负相关关系，一些实证研究的结论也显示个人休闲与职业倦怠的不同维度之间存在负相关关系（Hoeksma，Guy，Brown，et al，1994；赵宏杰，吴必虎，2013；Lin，Huang，Yang，et al，2014；张莎，唐立，李惠琴，等，2015）[2-5]，但 Stanton，Ahola（1998）的研究结论显示休闲态度与职业倦怠不存在相关关系[6]，同时 McManus Jonvik，Richards，et al.（2011）的实证研究结果则显示个人休闲活动与职业倦怠并不相关[7]。那么，是什么原因导致了不同学者之间研究结论之间的矛盾呢？Iso－Ahola（2010）认为，在检验休闲与工作的关系时，简单地使休闲参与的客观指标与工作绩效、工作满意度等工作变量相关联并不能解释休闲对工作的影响，因为休闲和工作概念本身是无意义的，个体赋予这些概念某些价值和意义，休闲活动本身不是社会孤立的，而是那些参与休闲活动的个体赋予各种休闲活动以特定意义，因此，要准确测定工作（Work）对休闲（Leisure）和休闲对工作的影响，必须要考虑个体认知变量（O）。对休闲和工作关系的实证研究的基本范式应该是：L－O－W[8]。根据 Iso－Ahola 的关系，本研究认为造成不同学者之间研究结论矛盾的原因可能是以往研究忽略了休闲与职业倦怠之间的中介机制。

本研究以 Iso－Ahola 提出的 L－O－W 研究范式为基本研究框架，以员工休闲生活方式为自变量，以职业倦怠为因变量，以恢复体验为个体认知变量（其合理性将在下文中论述），探索休闲生活方式对职业倦怠的具体影响机制。

2 理论基础与研究假设

2.1 理论基础

2.1.1 相关概念界定

（1）休闲生活方式（Leisure lifestyle，LLS）被认为是人们基于日常休闲生活经验形成的对休闲的态度、感知与行为意向（Anderson，Gunn，1984；郑健雄，2008；Jon Ming，Ping，et al，2011；Maccosham，Gravelle，2017）[9-12]，其具体内容应该包括休闲活动、休闲兴趣、休闲意见和休闲中的社群关系四个基本维度，但因不同地区、不同文化背景的影响，人们在休闲生活方式四个维度上的表现也存在着显著差异（Stebbins，2005；Maccosham，2015；刘松，楼嘉军，2017）[13-15]。目前，对休闲生活方式的测量，以郑健雄等（2006）给出的休闲生活方式量表最具代表性，但不同学者在具体的使用过程中，仍需根据不同情况对量表进行必要的修正（Jon Ming，Ping，et al，2011）[11]。需要专门说明的是，休闲生活方式作为个体的稳定"状态"，具有一定的时间持续性，而职业倦怠作为个体的一种不良"状态"，也具有一定的时间持续性，两个变量均为一种相对稳定的"状态"变量，符合"量纲"匹配的原则。

（2）恢复体验（Recovery Experiences，RE）是指雇员从职业应激中恢复的心理过程，主要包含放松体验、心理脱离、掌握体验、控制体验和社群体验等（Sonnentag，Bayer，2005；Fritz，Sonnentag，2006；Mojza Lorenz，Sonnentag，et al，2010；Shimazu，Sonnentag，Kubota，et al，2012）[16-19]。恢复体验的前期文献表明完成恢复体验的心理过程均发生在休闲时间内（Fritz，Sonnentag，2007；Kuhnel，Sonnentag，2011；Sonnentag，2012）[20-22]，最新的相关研究表明休闲对恢复体验存在显著的正向影响（谢雅萍，沈淑宾，陈睿君，2018；Bloom，Rantanen，Tement，et al，2018；Kawakubo & Oguchi，2019）[23-25]；此外，恢复体验理论认为个体选择的恢复活动存在一些个体差异，但是完成恢复的心理过程大致是相同的（Fritz & Sonnentag，2007；吴伟炯等，2012）[19][26]，恢复体验作为一个潜在的心理体验，是理想的消除个体认知差异的个体认知变量，因此本研究将恢复体验作为休闲与工作关系研究范式（L-O-W）中的个体认知变量（O）。

（3）职业倦怠。Freudenberger（1974）将职业倦怠（Burnout）定义为："工作本身对工作者能力的过度要求，导致工作者感到能力耗尽，精疲力竭，在工作上表现出束手无策以及情绪损耗的一种状态。"[23]关于职业倦怠的已有研究显示：工作存在着压力，使个体产生负面情绪；在负面情绪不断的累积下，个体的工作热忱会随之递减，进而工作绩效、质量日益下降，严重者会呈现出对周遭的人和事物产生愤世嫉俗的心态，甚至脱离人群的消极痛苦状态（Maslach，Jackson，1981；Marine，Ruotsalainen，Serra，et al，2006；Bianchi，Schonfeld，Laurent，et al，2015）[27-29]。作为一种慢性情绪压力，职业倦怠包含了情绪耗竭、去人格化及低成就感三个维度（李超平，时勘，2003；Hertel，2009；Maslach，2017）[30-32]。职业倦怠的影响因素不仅仅只存在于工作情景之中，工作之外的休闲生活也可能是职业倦怠的重要影响因素（Maslach，Leiter，2016；Pines，2017；Maslach，2017）[33-34][32]。因此，对职业倦怠前因变量的探讨，应该考虑休闲因素。

2.1.2 努力—恢复理论

Meijman，Mulder（1998）认为雇员做出满足工作要求的努力之后，需要进行适当的休息，从工作的负荷反应中得到足够的恢复；如果努力—恢复过程长期受阻，则会引发职业倦怠[35]。根据努力—恢复理论的基本原理，本研究认为员工的休闲生活是职业倦怠的重要前因变量之一，员工的休闲生活方式会对其职业倦怠产生积极的影响；依据休闲与工作关系研究的基本范式（L-O-W），对二者关系的探讨需要引入个人认知变量（O），本研究通过对恢复体验相关文献的分析，认为恢复体验可以作为研究休闲生活方式与职业倦怠关系的个体认知变量，即员工的休闲生活方式将通过恢复体验对其职业倦怠产生影响。

2.1.3 资源保存理论

资源保存理论（Conservation of Resources theory，COR）描述的是资源在个人与社会环境的交互过程中的作用。该理论的主要内涵是：个人会努力去保存那些能够带来有利效应的宝贵资源，并且会想方设法地去阻止资源的损耗，把资源的损失视为一种威胁。Hobfoll（1989）将这里的资源定义为"个体特征、条件、能量等让个体觉得有价值的东西或者是获得这种东西的方式"。通过定期的休闲放松能够帮助个体拥有一个良好的心理状态和建立积极的个体特质，有助于个体特征资源的获取，能够很好地缓解资源损耗的压力。因此，休闲行为能够很好地缓解职业倦怠。

2.2　研究假设

2.2.1　休闲生活方式与职业倦怠之间的相关假设

当下，休闲已经成为人们日常生活的必需品，有限的研究结果表明，休闲满意度与职业倦怠存在显著负相关关系（Hoeksma Guy，Brown，et al，1994；Stanton，Ahola，1998）[2][6]，休闲行为对倦怠的三个因素都有负影响，而休闲态度则没有影响（Stanton，Ahola，1998）[6]。职业倦怠与休闲知觉自由呈显著负相关，职业倦怠与休闲调适策略呈显著正相关（赵宏杰，吴必虎，2013）[3]，休闲参与对职业倦怠有负向影响（Lin，Huang，Yang，et al，2014；张莎等，2015）[4-5]，但也有研究显示休闲活动与职业倦怠不相关（McManus Jonvik，Richards，et al，2011）[7]。根据已有研究结果，本研究提出以下具体假设：

　　　H1：员工休闲生活方式对职业倦怠存在显著的负向影响；

　　　H1a：休闲活动维度对职业倦怠的三个维度存在显著的负向影响；

　　　H1b：休闲兴趣维度对职业倦怠的三个维度存在显著的负向影响；

　　　H1c：休闲意见维度对职业倦怠的三个维度存在显著的负向影响；

　　　H1d：休闲社群关系维度对职业倦怠的三个维度存在显著的负向影响。

2.2.2　恢复体验多重中介作用的相关假设

在恢复体验研究的初始阶段，学者们都认同恢复体验几乎全部发生在休闲时间之内（Sonnentag，Bayer，2005；Fritz，Sonnentag，2006；Mojza，Lorenz，Sonnentag，et al，2010；Shimazu，Sonnentag，Kubota，et al，2012）[16-19]，之后，休闲对恢复体验影响的专门研究结果表明休闲对恢复体验存在着显著的正向影响（谢雅萍，沈淑宾，陈睿君，2018；Bloom et al，2018；Kawakubo，Oguchi，2019）[23-25]；另一方面，Sonnentag，Fritz（2007）的研究发现恢复体验的心理脱离维度与职业倦怠的情绪衰竭维度之间是负相关关系[20]，Mostert，Beer（2015）发现掌握体验与情绪衰竭相关[36]，Poulsen et al（2015）的研究发现恢复体验指数与职业倦怠呈负相关关系[37]；此外，国内关于恢复体验的相关研究，表明了恢复体验在工作相关变量和积极心理行为方面都表现出多重中介效应（沈艺，周箴，2016；洪芳，张冉冉，2017；他卉等，2018）[39-40]。根据已有研究结果，本研究在实证部分验证以下假设：

　　　H2：恢复体验对员工休闲生活方式与职业倦怠的关系存在中介作用；

　　　H2a：恢复体验对员工休闲生活方式的活动维度与职业倦怠不同维度之间的关系存在多重中介效应；

　　　H2b：恢复体验对员工休闲生活方式的兴趣维度与职业倦怠不同维度之间的关系存在多重中介效应；

　　　H2c：恢复体验对员工休闲生活方式的意见维度与职业倦怠不同维度之间的关系存在多重中介效应；

　　　H2d：恢复体验对员工休闲生活方式的社群关系维度与职业倦怠不同维度之间的关系存在多重中介效应。

3　数据获取

3.1　问卷设计

本研究以企业员工为调查对象，采用问卷调查的方式搜集研究数据，调查问卷包括四个部分：第一部分为休闲生活方式问卷，以郑健雄等（2007）的休闲生活方式量表（LLS）为依据进行编写，该部分包含休闲活动、休闲兴趣、休闲意见和休闲社群关系四个维度，共 24 个题项[10]；第二部分为恢复体验问卷，以 Shimazu 等（2012）的恢复体验量表（RE）为依据进行编写，该部分包含心理脱离、放松体验、控制体验、掌握体验和社群体验五个维度，共 19 个题项[19]；第三部分为职业倦怠问卷，以李超平（2003）修订的 MBI-Gs 量表（B）为依据进行编写,该部分包含情绪衰竭、去人格化和低成就感三个维度,共 15 个题项[30];第四部分为情景因素问卷,该部分包括员工工作性质、所在企业类型和个体差异问项。其中前三部分采用李克特 5 点量表进行测量。

3.2　数据采集

本研究的数据采集分为两个阶段:第一阶段为预调查阶段,预调查阶段进行了小规模的预测试,预测试共发放了 150 份问卷,回收 123 份,剔除其中的无效问卷后,最终得到的有效问卷为 116 份,运用探索性因子分析法对预调查问卷的信度与效度进行了分析,并最终确定了正式调查问卷;第二阶段为正式调查阶段,正式调查从 2016 年 9 月开始至 2017 年 10 月结束,采用邮寄和现场调查两种方式,共发放了 700 份问卷,回收了 648 份,最终的有效问卷为 503 份,该阶段运用验证性因子分析法进一步确定了所采集数据的信度与效度,并将具有良好信度与效度的问卷数据作为最终的研究数据。

3.3　样本分布

对收集到的数据进行基础的描述性统计分析,结果显示:调查对象中国企职工占 22.6%,私企及外企职工占 50.9%;男性占 42.4%,女性比例为 56.6%;18～25 岁的占 24.8%,25～35 岁占 56%;本科学历占 44%,大专及以下学历占 40.5%;月均收入少于 3 000 元的占 49.9%,月均收入 3 000～7 000 元的占 45%。在此,需要做出解释的是:本研究在剔除无效问卷的过程中发现,大部分不合格的问卷都是由男性受访者填写的,该过程使得问卷的男女比例存在一定的不平衡。

4　研究结果

4.1　量表信度效度分析与共同方法偏差检验

4.1.1　量表信度检验

为了确保问卷的可靠性,本研究对变量量表进行了信度检验,在具体的信度检验中,主要采用 Cronbach 系数和折半信度对本研究的问卷进行信度检验。结果表明,本研究的问卷具有良好的内在一致性,具体如表 1 所示。

表 1　量表信度检验结果

研究变量	Cronbach 系数	折半信度
休闲生活方式 LLS	0.811	0.794***
恢复体验 RE	0.844	0.807***
职业倦怠 B	0.858	0.815***

注:*** 表示 $P<0.001$。

4.1.2　量表效度分析与共同方法偏差检验

为了确保问卷的有效性,本研究对变量量表进行了效度检验,对三个变量各维度的探索性因子分析结果显示,休闲生活方式的四个维度、恢复体验的五个维度和职业倦怠的三个维度均是稳定存在的,恢复体验与职业倦怠各题项及所属维度均与已有量表原始结构一致,休闲生活方式原始量表中的 24 个维度中有 8 个维度存在严重的交叉载荷问题,其中 6 个在具体的分析中被删除,本研究特别保留了休闲生活方式中休闲活动部分的题项 1 和题项 2,并以合并均值的形式在后续研究中使用;进一步,采用 M-plus 统计软件对三个变量的 12 个维度进行了二阶验证性因子分析,二阶验证性因子分析的拟合优度均在可接受范围,对模型的内在结构适配度的检验结果显示:各显变量对潜变量有较高的贡献率,在二阶因子载荷中,恢复体验的心理脱离维度在二阶模型中因子载荷较低,职业倦怠的二阶模型无法拟合,进一步分析其三个维度的相关性发现,低成就感与情绪衰竭和去人格化不存在显著相关关系。因此在下文的分析中,本研究将职业倦怠的三个维度分开分析,具体如表 2 所示。

表 2　效度检验结果

潜 变 量	维 度	题项	因素负荷量	S.E.	二阶因子载荷	S.E.
LLS(χ²/df＝2.49；RMSEA＝0.064；CFI＝0.939；TLI＝0.924；SRMR＝0.056)	休闲活动 LA	L1	0.587	0.049	0.721	0.059
		L2	0.403	0.054		
		L3	0.489	0.055		
	休闲兴趣 LI	L4	0.697	0.039	0.728	0.042
		L5	0.716	0.032		
		L6	0.690	0.031		
		L7	0.554	0.037		
	休闲意见 LO	L8	0.735	0.028	0.896	0.040
		L9	0.725	0.033		
		L10	0.670	0.035		
		L11	0.566	0.040		
	休闲社群关系 LSR	L12	0.789	0.028	0.709	0.039
		L13	0.766	0.030		
		L14	0.734	0.031		
		L15	0.671	0.038		
RE(χ2/df＝2.85；RMSEA＝0.068；CFI＝0.929；TLI＝0.916；SRMR＝0.065)	心理脱离 PD	R1	0.906	0.017	0.299	0.055
		R2	0.855	0.025		
		R3	0.750	0.028		
		R4	0.503	0.041		
	放松体验 R	R5	0.762	0.024	0.727	0.036
		R6	0.851	0.021		
		R7	0.852	0.018		
		R8	0.751	0.027		
	掌握体验 ME	R9	0.706	0.033	0.671	0.043
		R10	0.696	0.032		
		R11	0.674	0.037		
		R12	0.796	0.026		
	控制体验 CE	R13	0.817	0.019	0.859	0.029
		R14	0.857	0.017		
		R15	0.856	0.020		
		R16	0.805	0.026		
	社群体验 COE	R17	0.756	0.033	0.799	0.040
		R18	0.675	0.036		
		R19	0.464	0.048		

（续表）

潜 变 量	维 度	题项	因素负荷量	S.E.	二阶因子载荷	S.E.
B（χ^2/df = 2.47；RMSEA = 0.063；CFI = 0.962；TLI = 0.954；SRMR=0.041)	情绪衰竭 EE	B1	0.771	0.024	—	—
		B2	0.738	0.027		
		B3	0.839	0.017		
		B4	0.798	0.023		
		B5	0.844	0.016		
	去人格化 D	B6	0.811	0.023	—	—
		B7	0.833	0.018		
		B8	0.851	0.017		
		B9	0.723	0.029		
		B10	0.583	0.040		
	低成就感 DPA	B11	0.723	0.034	—	—
		B12	0.715	0.029		
		B13	0.673	0.028		
		B14	0.760	0.026		
		B15	0.797	0.022		

注：适配标准为 χ^2/df＜5；RMSEA＜0.08，CFI 和 TLI＞0.900，SRMR＜0.08。

4.2　假设检验

4.2.1　休闲生活方式与职业倦怠之间关系的假设检验

为了检验休闲生活方式与职业倦怠之间关系的相关假设，本研究构建了两个结构方程模型，模型 1 以职业倦怠的三个维度为因变量，以休闲生活方式为自变量（用四个维度的均值作为测量因子）；模型 2 以职业倦怠的三个维度为因变量，以休闲生活方式的四个维度为自变量，运用 M-plus 软件对数据进行分析，分析结果显示两个模型的整体拟合结果较好。模型 1 的结果表明，休闲生活方式仅对职业倦怠的低成就感维度存在显著的负向影响；模型 2 分析结果显示休闲生活方式中的休闲兴趣对情绪衰竭存在显著的负向影响，休闲生活方式中的休闲社群关系对低成就感存在显著的负向影响，具体如表 3 所示。根据数据结果，假设 H1b 和 H1d 部分成立，假设 H1a 和 H1c 不成立，总体假设 H1 部分成立。

表 3　休闲生活方式与职业倦怠的关系

变　量	情绪衰竭 EE	去人格化 D	低成就感 DPA
休闲生活方式 LLS	−0.086(0.077)	−0.058(0.259)	**−0.444*** (0.000)**
休闲活动 LA	0.278(0.058)	0.214(0.142)	−0.186(0.185)
休闲兴趣 LI	**−0.363** (0.009)**	−0.194(0.145)	0.051(0.658)
休闲意见 LO	0.074(0.465)	0.058(0.571)	−0.112(0.171)
休闲社群关系 LSR	−0.092(0.284)	−0.127(0.157)	**−0.281*** (0.000)**
模型 1 汇总	χ^2/df=2.32，RMSEA=0.051，CFI=0.954，TLI=0.944，SRMR=0.042		
模型 2 汇总	χ^2/df=1.98，RMSEA=0.049，CFI=0.937，TLI=0.928，SRMR=0.046		

4.2.2　恢复体验多重中介效应的假设检验

为了检验恢复体验的多重中介效应，本研究以休闲生活方式的四个维度为自变量，以职业倦怠的三个维度为因变量，以恢复体验的五个维度为中介变量，对 12 个理论模型进行检验。在具体的检验中，采用 M-plus 分析软件，运用 Bootstrap 中介效应检验方法，每个模型均对样本进行了 2 000 次抽取，从数据与模型的拟合效果来看，12 个模型均具有较好的拟合度，具体如表 4 所示。

表 4　恢复体验多重中介效应检验结果

变　量	情绪衰竭 EE				去人格化 D				低成就感 DPA			
	M11	M12	M13	M14	M21	M22	M23	M24	M31	M32	M33	M34
IND1[b]	0.06	**0.08***	**0.04***	0.01	**0.13***	**0.14****	**0.09****	0.01	0.02	0.01	0.01	0
IND2[b]	0	0.01	0	−0.01	−0.03	−0.03	−0.03	−0.04	**−0.05***	**−0.06***	**−0.04***	−0.03
IND3[b]	−0.06	−0.02	−0.03	−0.03	−0.07	−0.04	−0.04	−0.04	0.03	0	0.01	−0.01
IND4[b]	**−0.14***	**−0.17****	**−0.14****	**−0.15***	−0.09	**−0.12***	**−0.10****	**−0.10***	−0.02	−0.01	0	**−0.10***
IND5[b]	0.09	0.11	0.06	0.06	0.07	0.08	0.05	0.05	**−0.15***	**−0.15****	**−0.11****	0.07
T-IND[c]	−0.05	0.01	−0.07	−0.12	0.01	0.03	−0.03	−0.12	−0.17	−0.21	−0.13	−0.07
IND-TEST[d]		**0.25****	**0.18****			**0.26****	**0.19****		0.10	0.09	0.07	
χ^2/df	2.95	2.76	2.92	2.90	2.91	2.77	2.97	2.87	2.79	2.68	2.81	2.77
RMSEA	0.067	0.064	0.066	0.066	0.067	0.064	0.067	0.066	0.064	0.062	0.064	0.064
CFI	0.919	0.926	0.920	0.923	0.921	0.925	0.918	0.925	0.914	0.919	0.913	0.918
TLI	0.905	0.914	0.907	0.911	0.907	0.913	0.904	0.912	0.901	0.907	0.901	0.906
SRMR	0.055	0.053	0.053	0.054	0.054	0.054	0.053	0.054	0.053	0.053	0.052	0.052

注：* 表示 $P<0.1$；** 表示 $P<0.01$；*** 表示 $P<0.001$；b 在控制了其他变量后，恢复体验某个维度的独立中介效应；c 恢复体验各维度中介效应之和；d 对两个显著中介路径的中介效果的差异性检验；本研究对所有影响系数进行了四舍五入，保留到小数点后两位。

　　根据数据检验结果可以了解在休闲生活方式与职业倦怠的不同维度之间起显著中介作用的恢复体验维度分别是哪些，具体结果如表 5 所示。

表 5　休闲生活方式与职业倦怠各维度的中介效应检验结果

变　量	情　绪　衰　竭	去　人　格　化	低　成　就　感
休闲活动	控制体验（完全中介）	心理控制（完全中介）	放松体验、社群体验（部分中介）
休闲兴趣	心理脱离、控制体验（部分中介）	心理脱离、控制体验（完全中介）	放松体验、社群体验（完全中介）
休闲意见	心理脱离、控制体验（完全中介）	心理脱离、控制体验（完全中介）	放松体验、社群体验（部分中介）
休闲关系	控制体验（完全中介）	控制体验（完全中介）	控制体验（部分中介）

　　通过对恢复体验各维度中介效应进行加总，得到的指标 T-IND[c] 表明：恢复体验在 12 个模型中均存在中介效应，进一步分析恢复体验中介效应的差异发现，掌握体验在所有 12 个模型中均不具有显著的中介作用，其他恢复体验维度的中介作用均表现为负向作用，而心理脱离的中介作用则表现为正向作用，在模型 M12、M13、M22、M23 中，心理脱离与其他维度的中介效应差异具有显著性。根据上述分析，假设 H2、H2a、H2b、H2c、H2d 成立。

5　研究结论

　　本研究在努力—恢复理论的指导下，依循 Iso-Ahola(2010) 提出的休闲与工作关系研究的基本范式 (L-O-W)[4]，对休闲生活方式、恢复体验与职业倦怠之间的关系进行了探讨，研究结果表明：① 员工休闲生活方式对职业倦怠的低成就感维度存在显著负向影响，兴趣维度对职业倦怠的情绪衰竭维度存在显著负向影响,而社群关系维度对低成就感维度存在显著的负向影响;② 恢复体验在休闲生活方式与职业倦怠之间存在多重中介效应,但不同的恢复体验方式的中介效应存在差异。

结论 1 与已有研究一致,这一结果从某种程度上映证了 Iso - Ahola(2010)关于休闲与工作关系研究的论断。结论 2 既支持了 L - O - W 研究范式的合理性,也支持了本研究选取恢复体验作为个人认知变量的合理性。

参考文献

[1] 宋瑞等.中国休闲发展报告 2017—2018[M].北京：社会科学文献出版社,2018.

[2] Hoeksma J H, Guy J D, Brown C K, et al. The relationship between psychotherapist burnout and satisfaction with leisure activities[J]. Psychotherapy in Private Practice, 1994, 12(4)：51 - 57.

[3] 赵宏杰,吴必虎.台资企业台籍人员职业倦怠、休闲调适策略与休闲知觉自由关系之研究[J].人文地理,2013(5)：129 - 138.

[4] Lin Y S, Huang W S, Yang C T, et al. Work-leisure conflict and its associations with well-being：The roles of social support, leisure participation and job burnout[J]. Tourism Management, 2014, 45：244 - 252.

[5] 张莎,唐立,李惠琴,等.列车乘务员休闲与职业倦怠、心理健康的关系[J].现代预防医学,2015,42(9)：1576 - 1579.

[6] Stanton-Rich H M, Iso-Ahola S E. Burnout and leisure[J]. Journal of Applied Social Psychology, 1998, 28(21)：1931 -1950.

[7] McManus I C, Jonvik H, Richards P, et al. Vocation and avocation：leisure activities correlate with professional engagement, but not burnout, in a cross-sectional survey of UK doctors[J]. BMC medicine, 2011, 9(1)：100.

[8] 艾泽欧-阿荷拉.休闲社会心理学[M].北京：中国旅游出版社,2010：225 - 245.

[9] 郑健雄.城乡居民休闲生活型态与其健康关系之研究[J].运动与游憩研究,2008,2(3)：65 - 77.

[10] Jon-Son Cheng, Ming-Ching Yang, Ping-Ho Ting, et al. Leisure, Lifestyle and Health-Related Physical Fitness for College Students[J]. Social Behavior and Personality, 2011, 39(3), 321 - 332.

[11] Maccosham B, Gravelle F. Leisure lifestyle's influence on serious leisure：A look at dropout amateur Junior ice hockey players[J]. Loisir Et Societe, 2017, 40(1)：1 - 15.

[12] Stebbins R A. Choice and experiential definitions of leisure[J]. Leisure Sciences, 2005, 27(4)：349 - 352.

[13] Maccosham B. Leisure Lifestyle and Casual Leisure's Influence on Athletic Identity, Performance and Perception of Hockey in Dropout Amateur Junior Hockey Players[J]. Nutrición Hospitalaria, 2015, 25(2)：299 - 303.

[14] 刘松,楼嘉军.休闲生活方式：国外研究述评与启示[J].宁夏社会科学,2017(3)：118 - 124.

[15] Sonnentag S and Bayer U V. Switching off mentally：Predictors and consequences of psychological detachment from work during off-job time[J]. Journal of Occupational Health Psychology, 2005, 10：393 - 414.

[16] Fritz C, Sonnentag S. Recovery, well-being, and performance-related outcomes：the role of workload and vacation experiences[J]. Journal of Applied Psychology, 2006, 91(4)：936 - 945.

[17] Mojza E J, Lorenz C, Sonnentag S, et al. Daily recovery experiences：The role of volunteer work during leisure time[J]. J Occup Health Psychol, 2010, 15(1)：60 - 74.

[18] Shimazu A, Sonnentag S, Kubota K, et al. Validation of the Japanese version of the recovery experience questionnaire[J]. Journal of Occupational Health, 2012, 54(3)：196 - 205.

[19] Sonnentag S, Fritz C. The Recovery Experience Questionnaire：development and validation of a measure for assessing recuperation and unwinding from work[J]. Journal of Occupational Health Psychology, 2007, 12(3)：204.

[20] Kühnel J, Sonnentag S. How long do you benefit from vacation? A closer look at the fade-out of vacation effects[J]. Journal of Organizational Behavior, 2011, 32(1)：125 - 143.

[21] Sonnentag S. Psychological detachment from work during leisure time：The benefits of mentally disengaging from work[J]. Current Directions in Psychological Science, 2012, 21(2)：114 - 118.

[22] 谢雅萍,沈淑宾,陈睿君.越休闲越激情？——休闲参与对知识型员工工作激情的影响机制研究[J].经济管理,2018(07)：130 - 147.

［23］　De Bloom J，Rantanen J，Tement S，et al. Longitudinal leisure activity profiles and their associations with recovery experiences and job performance［J］. Leisure Sciences，2018，40（3）：151－173.

［24］　Kawakubo A，Oguchi T. Recovery experiences during vacations promote life satisfaction through creative behavior［J］. Tourism Management Perspectives，2019，30：240－250.

［25］　吴伟炯，刘毅，谢雪贤.国外恢复体验研究述评与展望［J］.外国经济与管理，2012，（11）：44－51.

［26］　Maslach C，Jackson S E. The measure of experienced burnout［J］. Journal of Organizational Behavior，1981，2（2）：99－113.

［27］　Marine A，Ruotsalainen J，Serra C，et al. J. Preventing Occupational Stress in Healthcare Workers［J］. Cochrane Database of Systematic Reviews，2006，4：29.

［28］　Bianchi R，Schonfeld I S，Laurent E. Burnout-depression overlap：a reviewClinical Psychology Review，2015，36（in press）：28.

［29］　李超平，时勘.分配公平与程序公平对职业倦怠的影响.心理学报，2003.35（5）：677－684.

［30］　Hertel，R. Coping and Stress：A Conceptual Analysis［J］. Journal of Advanced Nursing，2009，45（6）：659－665.

［31］　Maslach C. Burnout：A multidimensional perspective［M］. Professional burnout. Routledge，2017：19－32.

［32］　Maslach C，Leiter M P. Burnout［M］. Stress：Concepts，Cognition，Emotion，and Behavior. Academic Press，2016：351－357.

［33］　Pines A M. Burnout：An existential perspective［M］. Professional burnout. Routledge，2017：33－51.

［34］　Meijman T F，Mulder G. Psychological aspects of workload［J］. New Handbook of Work & Organizational Psychology，1998（2）：5－34.

［35］　Els C，Mostert K，De Beer L T. Job characteristics，burnout and the relationship with recovery experiences［J］. SA Journal of Industrial Psychology，2015，41（1）：1－13.

［36］　Poulsen M G，Poulsen A A，Khan A，et al. Recovery experience and burnout in cancer workers in Queensland［J］. European Journal of Oncology Nursing，2015，19（1）：23－28.

［37］　沈艺，周箴.管理者的工作压力与职业幸福感：自我效能感和恢复体验的作用［J］.南京社会科学，2016（9）：24－30.

［38］　洪芳，张冉冉.工作要求与员工职业幸福感的关系——恢复体验的多重中介作用［J］.经营与管理，2017（7）：33－36.

［39］　他卉，张彩林，何琳，等.职业应激与职业感受关系中恢复体验的影响分析［J］.中华劳动卫生职业病杂志，2018，36（4）：264.

美食休闲旅游研究述评(2009—2018)
——基于SSCI的科学计量与知识网络分析

何美玲　魏向东

(苏州大学社会学院,苏州　215000)

摘要: 文章基于SSCI(Social Sciences Citation Index)数据库,选取2009—2018年的714篇文章,利用BibExcel软件进行科学计量与知识网络分析,并将分析结果运用Pajek和VOSviewer软件进行可视化处理,得出如下结论:第一,美食休闲旅游发展较好的国家之间、能力较为突出的研究者之间存在着较强的合作网络,具有重要影响力的美食休闲旅游研究机构仍集中在美国等发达国家,中国大陆的研究机构应继续努力提升自身科研水平;第二,酒店、休闲、运动和旅游是国际美食休闲旅游研究的主流领域,跨领域、跨学科的研究成为发展趋势;美食休闲旅游的研究焦点多样化,主要包括美食消费(food consumption)的体验(experience)研究、美食休闲旅游的文化(culture)内涵研究、美食休闲旅游与目的地营销(destination marketing)的关系研究。

关键词: 美食休闲旅游;科学计量;知识网络;文献综述

1 引言

美食休闲旅游由来已久。在旅游六要素"食、住、行、游、购、娱"中,旅游饮食是游客的首要基本需求,与旅游住宿和旅游交通构成了旅游活动最基础的部分。Telfer(2000)指出旅游者的饮食消费占旅游者总花费的近三分之一[1];Richards(2002)指出具有地域性的美食往往对当地的旅游发展具有很大的潜能[2]。改革开放以来,经过近30多年的发展,餐饮业已成为我国经济运行中发展势头最猛、增长速度最快的热点行业之一[3]。学术界对美食休闲旅游的研究开始于1983年,加拿大学者Belisle对美食和旅游的关系进行了初次探讨[4]。从那以后,美食休闲旅游逐渐成为旅游业发展和旅游学术研究中一个不容忽视的主题。

美食旅游(gastronomy tourism)也可以叫做食物旅游(food tourism)或者烹饪旅游(culinary tourism),三者在广义上可以指代同一事物。国内外对美食休闲旅游的具体定义做出了众多界定。如Hall,Sharples认为,美食休闲旅游就是游客对美食的体验,包括"拜访食品的原产地或者加工地,参加美食节,或者专程前往某个餐馆或食肆就餐",其主要动机包括品尝美食、观赏食物生产过程、体验饮食相关文化[5]。杨雪(2011)指出美食休闲旅游是以体验地方特色食物为主的旅游活动类型[6]。张丽、孙小帅(2014)认为,美食休闲旅游是以品尝特色美食、感受独特美食文化为目的,到异地寻求审美和愉悦体验的旅游活动[7]。虽然有关美食休闲旅游的定义众说纷纭,但学术界目前对美食旅游所指代的范围已基本达成一致,即并非任何旅游过程中的饮食行为都可以称为美食休闲旅游,只有以美食为主要或唯一动机,追求美食休闲体验的行为才是美食旅游[8]。

在美食休闲旅游的发展过程中,学术研究在其理论发展和行业指导方面扮演着重要角色。而学术研究的综述和述评,能使学术研究者和行业工作者更快、更全面地了解一个行业和一个领域的发展全貌[9]。虽然近几年来中国美食休闲旅游研究也取得了较大进展,但总体看来,发达国家在美食休闲旅游的研究中仍处于领先地位。因而,对国际美食休闲旅游的发展进行述评,有利于国内学术界吸取国际上美食休闲旅游的先进研究成果,弥补自身不足。然而,令人遗憾的是,国内关于国际美食休闲旅游的研究综述甚少。如管婧婧(2013)对国外美食与旅游研究进行了述评,并兼谈了美食旅游概念泛化现象,指出美食旅游应该是由美食所引起的旅游行为,概念的泛化导致美食旅游对旅游目的地的真实贡献被高估,进而又导致真正美食旅游者的体验需求被忽视[10]。刘彬、王挺之和陈忠暖(2017)从旅游者饮食消费与旅游目的地、旅游者饮食消费的影响因素、旅游者饮食消费体验及旅游者的自我矛盾这三个方面对国外旅游者饮食消费研究进行了述评[11]。

　　本文基于SSCI数据库最近十年发表的与美食休闲旅游相关的文章,对国际美食休闲旅游的文章状况、研究领域、研究焦点等进行科学计量与知识网络分析,以期从美食休闲旅游的研究发展中解答以下三个问题:第一,国际美食休闲旅游研究的关键领域及其发展趋势如何?第二,美食休闲旅游领域的国家/地区和个体学者的合作情况如何?第三,当前国际美食休闲旅游的研究主流及其未来的研究趋势如何?

2　研究设计

2.1　数据收集

　　SSCI(Social Sciences Citation Index)是人文社会科学领域最大的科学索引数据库之一,收录了国际美食休闲旅游研究的主要学术期刊,如 *Sustainability*，*Tourism Management*，*Journal of Sustainable Tourism*，*British Food Journal* 等。本文采用SSCI数据库,具体检索条件为主题(topic)含 food tourism 或 culinary tourism 或 gastronomy tourism,时间跨度为2009—2018年,文献类型为Article,语言为English,最终得到有效文章714篇。

2.2　分析步骤

　　将搜索到的文章按照既成结构进行分析,有利于研究者对研究对象的内容的整体把握[12]。本文通过阅读美食休闲旅游综述类文献,整理出本文的分析框架,包括研究趋势、作者国别、研究机构、论文作者、研究领域、研究焦点。框架建立后,本文运用BibExcel软件对检索到的文献进行科学计量和知识网络分析,然后运用Pajek软件和VOSviewer软件对所得分析结果进行可视化处理。

3　研究结果

　　对714篇文章进行信息收集后,笔者使用相关软件对所收集信息进行处理和分析。本部分将从研究趋势、作者国别、研究机构、论文作者、研究领域、研究焦点进行探讨。

3.1　美食休闲旅游仍是一个处于上升期的旅游研究热点领域

　　按规定将检索条件在SSCI数据库中检索,2009年SSCI数据库中与美食休闲旅游相关的文章数量仅为26篇。经过10年发展,到2018年,与美食休闲旅游相关的文章数量已达到150篇,且最近3年(2016—2018年)的文章总数比之前7年(2009—2015年)所发表的文章总和还要多。这说明随着全球经济的回温和休闲旅游的进一步发展,美食休闲旅游发展态势良好,且处于上升期(见图1)。2009—2018年这10年美食

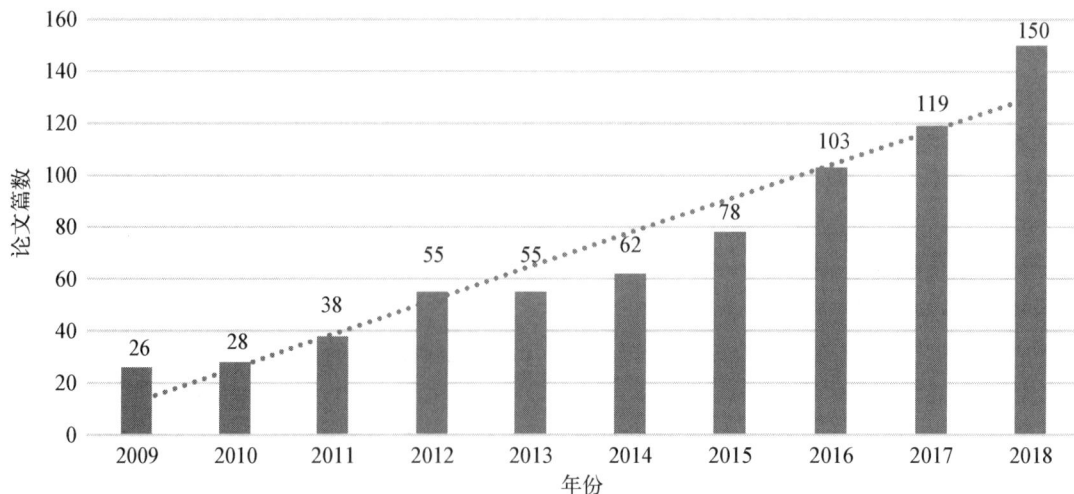

图1　美食休闲旅游每年文章数量

休闲旅游的 h 指数为 47,表明按规定条件检索到的这 714 篇文章中就有 47 篇文章已被引用了至少 47 次。h 指数能够比较准确地反映一个领域的学术成就,一个领域的 h 指数越高,表明这个领域的影响力越大[13]。

　　此外,美食休闲旅游研究越来越受到学术界的重视,表现为按规定条件检索到的这 714 篇文章的被引频次总计达 10 642 次,去除自引频次,被引频次总计也有 9 448 次;施引文献达 7 137 篇,去除自引的施引文献总计也有 6 820 篇。美食休闲旅游的被引频次从 2009 年的 6 次发展到 2018 年的 2 399 次,被引频次几乎成指数型成长(见图 2)。表 1 显示了被引频次排名最高的前 10 篇文章[14-23]。Sims(2009;$n=321$)[14]是被引次数最多的文章作者,其次是 Raymond,Bryan,MacDonald,et al.(2009;$n=309$)[15] 和 Kim,Eves,Scarles(2009;$n=186$)[16]。

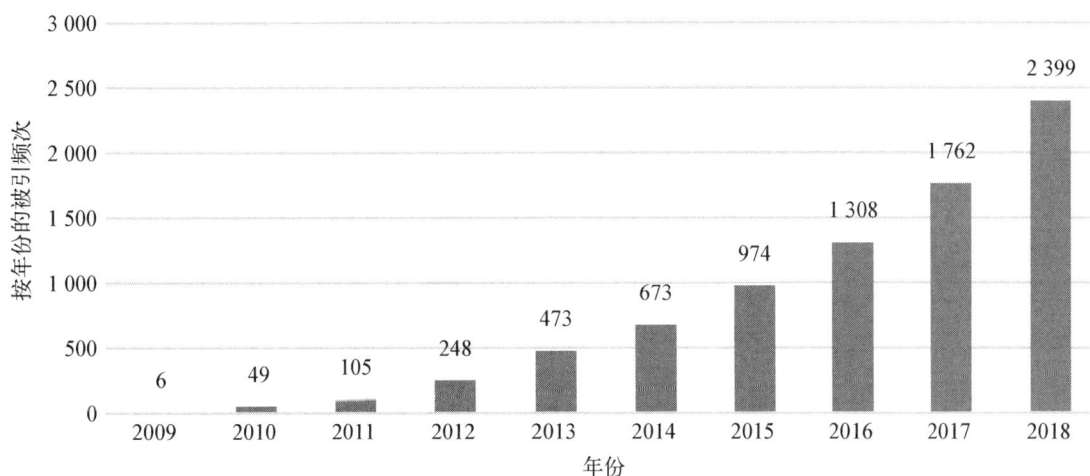

图 2　按年份的被引频次

表 1　被引频次最高的前 10 篇文章

序列	被 引 用 作 者	被 引 文 章	被引频次
1	Sims(2009)	*Journal of Sustainable Tourism*	321
2	Raymond,Bryan,MacDonald,et al.(2009)	*Ecological Economics*	309
3	Kim,Eves,Scarles(2009)	*International Journal of Hospitality Management*	186
4	Ciscar(2011)	*Proceedings of the National Academy of Sciences of The United States of America*	177
5	Chang,Kivela,Mak(2010)	*Annals of Tourism Research*	147
6	Henderson(2009)	*British Food Journal*	145
7	Mak,Lumbers,Eves(2012)	*Annals of Tourism Research*	141
8	Fuchs,Reichel(2011)	*Tourism Management*	130
9	Li,Lai,Harrill et al.(2011)	*Tourism Management*	119
10	Mak,Lumbers,Eves,et al.(2012)	*International Journal of Hospitality Management*	112

3.2　美国、英国和澳大利亚的研究者对美食休闲旅游的研究贡献最大

　　据统计,美食休闲旅游的研究者主要来自美国、英国、澳大利亚、中国大陆、中国台湾地区、西班牙、意大利、韩国、加拿大、瑞典等 50 个国家和地区。从发文数量看,美国最多,占总数($n=714$)的 21%,英国、澳大利亚次之,发文比例均超过 10%,在美食休闲旅游领域的文章数量贡献上非常大。中国大陆排名第四,说明中国大陆对美食休闲旅游研究具有一定国际影响力。从文章数量的贡献比例看,美国、英国、澳大利亚、中国大陆等地贡献较大,说明这些区域的整体学术水平较高,美食休闲旅游发展较快。通过 BibExcel 软件对

714 篇文章的国家/地区合作网络进行分析,并将分析结果运用 VOSviewer 软件做可视化处理后,笔者发现美国不仅发文数量最多,与其他国家/地区的学者合作也最为密切。此外,中国大陆的研究者为赶上世界美食休闲旅游研究的步伐,积极与美国、英国、中国台湾地区、韩国等国家/地区的学者展开合作,按规定搜索条件得到的 714 篇文章中有不少就是中国大陆与这些国家或地区的学者合作的产物。

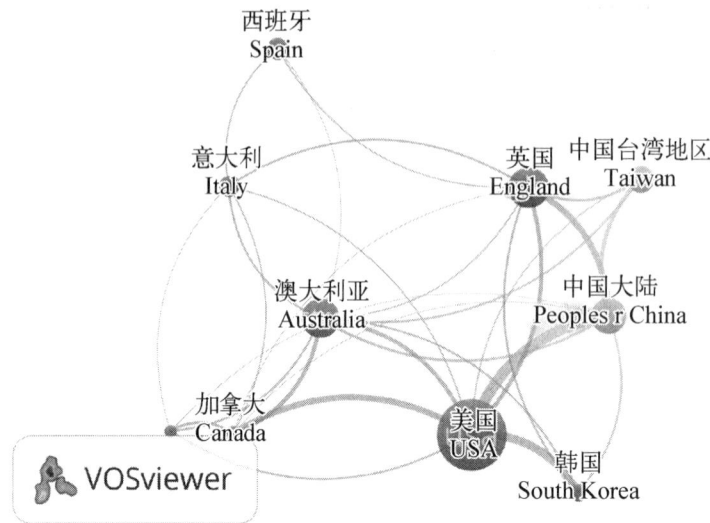

图 3　国家/地区合作网络

3.3　中国大陆研究机构的美食休闲旅游研究有待提升

据统计,研究者主要来自香港理工大学(The Hong Kong Polytechnic University)、昆士兰大学(The University of Queensland)、萨里大学(University of Surrey)、埃迪斯科文大学(Edith Cowan University)、克莱姆森大学(Clemson University)等 30 多个研究机构。图 4 表明,香港理工大学在发文数量上贡献量较为突出。其中,发文数量排名前 10 的机构中就有 3 个来自澳大利亚——昆士兰大学(The University of Queensland)、埃迪斯科文大学(Edith Cowan University)和格里菲斯大学(Griffith University),说明澳大利亚对美食休闲旅游的研究较为成熟,在国际上处于领先地位。中国大陆研究机构对美食休闲旅游的研究有待提升,在发文数量前 20 的研究机构中,没有一个来自中国大陆,中国大陆在国际美食休闲旅游研究中仍缺乏竞争优势。

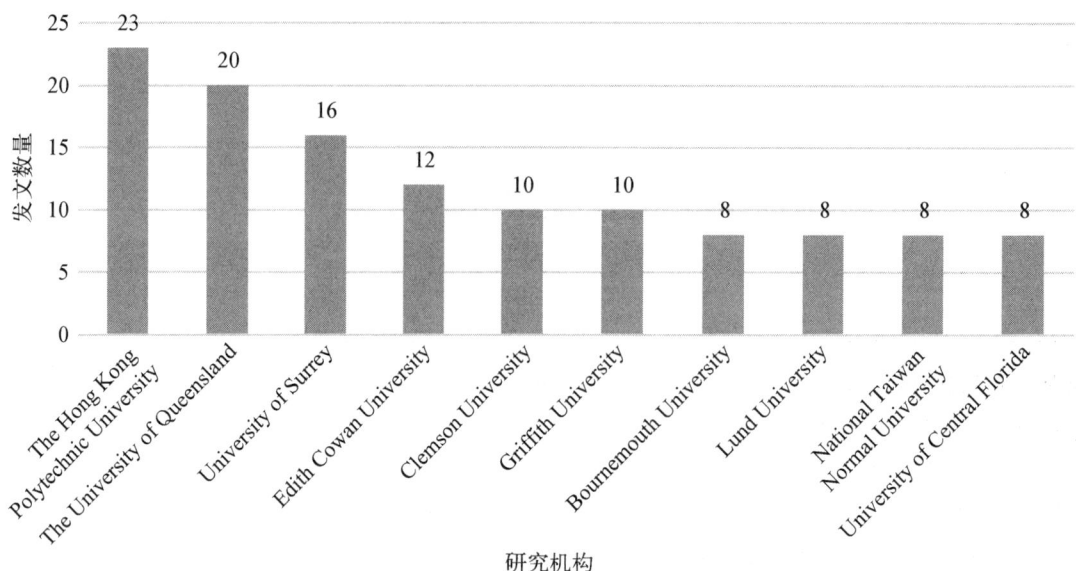

图 4　研究机构的发文数量

3.4 团队合作成为美食休闲旅游研究的重要手段

作者合作网络(见图5)显示,绝大部分学者都存在与他人合作的情况。美食休闲旅游研究领域的团队合作已经成为学术研究中的一个必然趋势。但是,图6中发文数量排名前几的研究者如 Alonso A，Eves A，Horng J，Lee T，Robinson R 等人在作者合作网络(见图5)中却显示他们与其他研究者之间并没有形成很密切的合作关系。换言之,虽然在当前美食休闲旅游研究中,作者之间的合作已经成为一个重要趋势,但就目前来看,在美食休闲旅游研究领域,还没有出现对美食休闲旅游研究有重大贡献、能够扮演研究主导者和引导者角色的研究者。

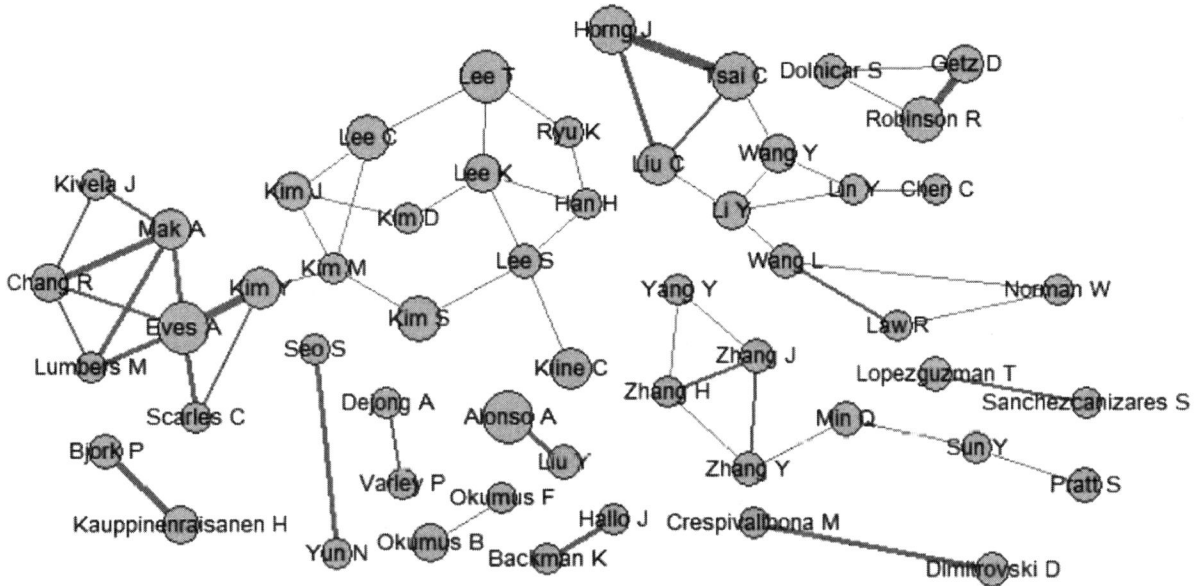

图 5 作者合作网络

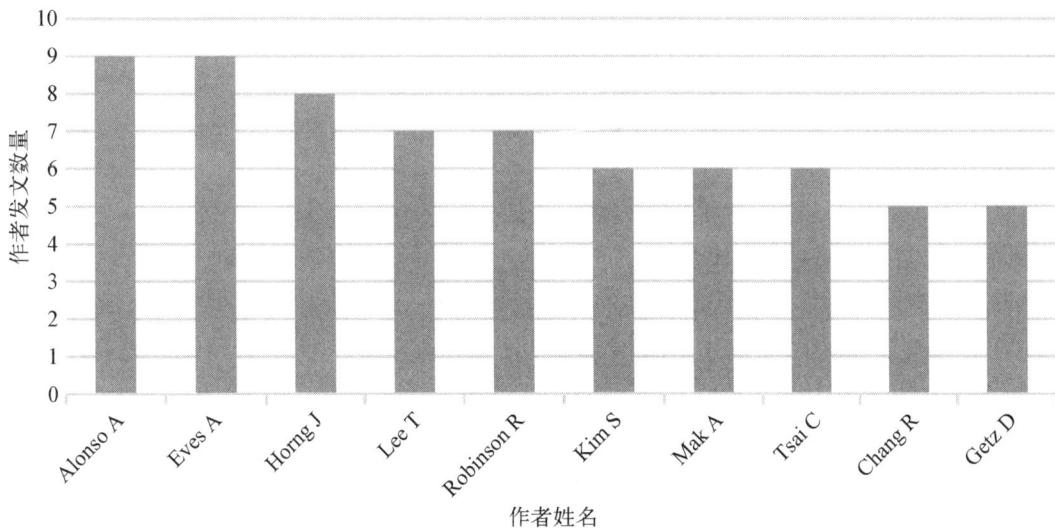

图 6 作者发文数量

3.5 美食休闲旅游研究以酒店、休闲、运动和旅游为核心,众多领域相互交叉

据统计,美食休闲旅游研究领域的比例依次为：酒店、休闲、运动和旅游(Hospitality, leisure, sport and tourism),环境研究(Environmental studies),管理(Management),环境科学(Environmental science),绿色可持续科学技术(Green sustainable science technology),经济(Economics),社会学(Sociology),地理(Geography),食品科学技术(Food science technology),商业(Business),区域城市规划(Regional urban planning)。该结果表明,酒店、休闲、运动和旅游是美食休闲旅游研究中的热门领域,在美食休闲旅游研究中占据着难以动摇的学术地位。

此外,对美食休闲旅游进行领域共现网络分析后,结果如图7所示,从图中可以看出,在美食休闲旅游研究过程中,不仅国家与国家之间、作者与作者之间存在较为密切的联系,不同领域之间也存在较为密切的交流。比如,酒店、休闲、运动和旅游(Hospitality, leisure, sport and tourism)与经济(Economics)、环境研究(Environmental studies)、食品科学技术(Food science technology)、管理(Management)、商业(Business)和社会学(Sociology)均有交流与合作。同时,美食休闲旅游的各研究领域之间相互交叉,能够激发出更多的研究话题和新领域。随着研究者们对美食休闲旅游跨领域、跨学科的深入探索,美食休闲旅游的研究体系将得到不断丰富、发展。这也进一步说明,美食休闲旅游研究是跨学科、跨领域的学术研究,是学术研究中的交叉领域,需要研究者具备多学科、多领域的知识和技能,并且,随着国际美食休闲旅游研究的深入,对研究者的知识和技能储备也会提出更高的要求。

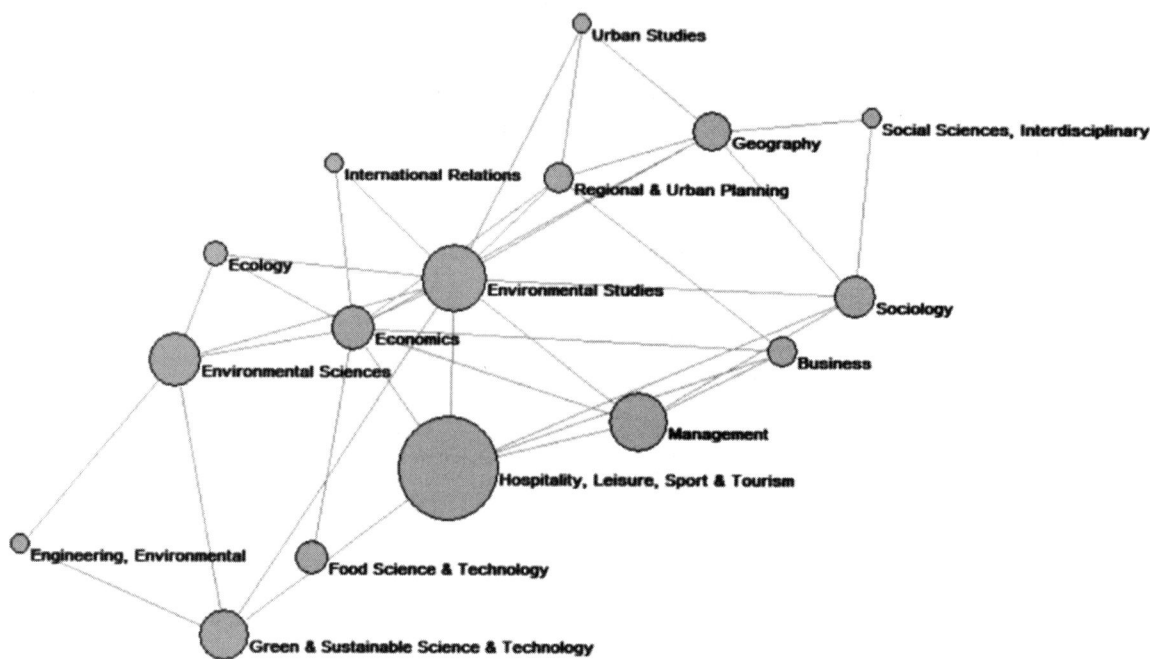

图7　领域共现网络

3.6　美食休闲旅游研究焦点的多样化

利用 BibExcel 软件对按规定条件检索到的 714 篇文献进行施引文献共词网络分析,将分析结果用 Pajek 和 VOSviewer 软件进行可视化处理,结果如图8所示,对其的关键词进行粗略分类,可以大致将当前关于美食休闲旅游的研究分为以下三大类。

第一大类是美食消费(food consumption)的体验(experience)研究。这一类中的关键词包括:地方美食(local food)、体验(experience)、满意(satisfaction)、重游意愿(revisit intention)和可持续旅游(sustainable tourism)等。此类研究主要聚焦于游客在美食消费体验的前因及后果的研究。在美食体验的前因研究中,学者们主要对美食旅游消费的动机进行了研究。Quan 和 Wang(2004)就提出,游客对真实美食体验和与美食相关的动机的追求是决定游客整体体验的重要因素之一[24]。Kim 和 Eves(2012)建立了游客进行美食休闲消费的五个基本动机维度:文化经验(cultural experience)、人际关系(interpersonal relation)、激动(excitement)、感官吸引力(sensory appeal)和健康问题(health concern)[25]。Krajickova 和 Sauer(2018)通过对参加捷克某两场美食节的游客的问卷调查,将游客参与美食节的动机大致归为:美味(Taste)、体验(Experience)、社会地位(Social Status)、改变(Change)、人的因素(People)、家庭(Family)和激励(Inspiration)。调查发现游客的

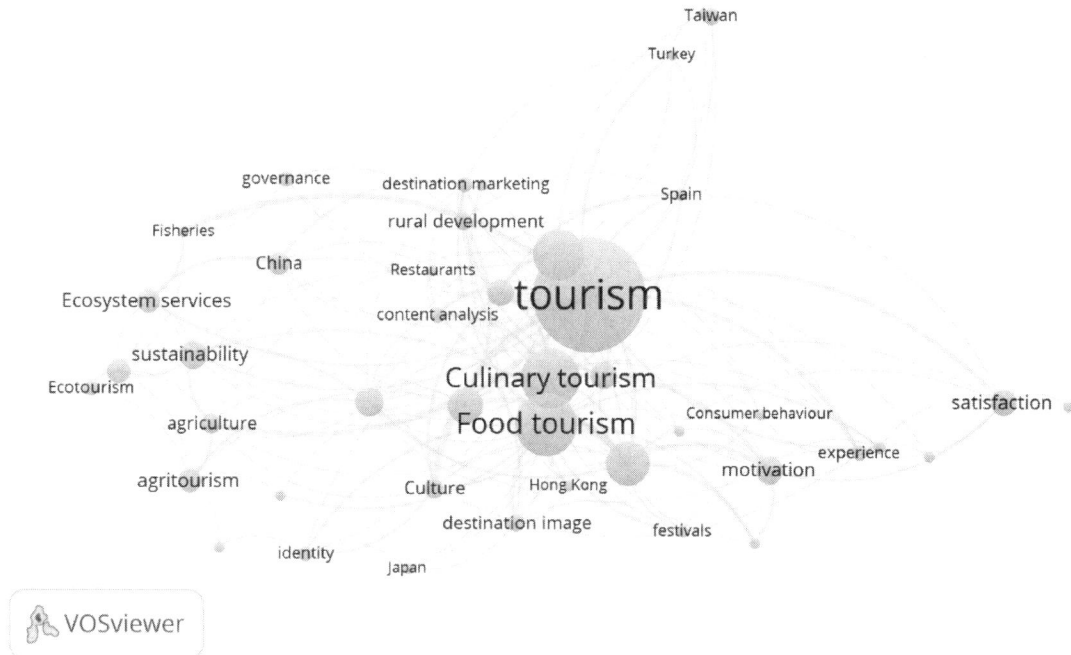

图 8 施引文献共词网络

教育(education)和婚姻状态(marital statues)对其参与美食节的动机的影响较大[26]。在美食体验的后果研究中,学者们倾向于探讨美食消费体验对游客满意度(satisfaction)、游客的重游意愿(revisit intention)等游客后续旅游认知和行为的影响。Coughlan 和 Saayman(2018)将游客美食满意度定义为对可负担性的满意度、对满足个人喜好的满意度以及就餐环境的满意度[27]。Chang,Kim 和 Kim D(2018)以 Jeonju Bibimbab 美食节(Jeonju Bibimbab Food Festival)为例,通过 340 份问卷调查,发现游客的美食消费行为会对其对 Jeonju Bibimbab 美食节的重游意愿(revisit intention)有重大影响[28]。

第二大类是美食休闲旅游的文化(culture)内涵研究。在美食休闲旅游中,美食往往和目的地紧密联系在一起,被视为目的地文化的展示和目的地消费文化的体现。这一类中的关键词主要有:真实性(authenticity)和身份(identity)。地方美食可以很好地反应目的地特色,它可以作为目的地历史和文化展示的窗口,也可以作为目的地文化的象征[29]。Montanari(2009)的研究表明,美食可以作为一个"文化参照点(cultural reference point)",它包含了关于美食起源地的生产、文化和地理方面的独特信息[30]。Staiff 和 Bushell(2013)以"老挝—法国菜(Lao French Fusion)"为例,探讨了如何通过目的地美食来理解目的地的殖民和文化发展的历史,验证了地方特色美食作为目的地文化象征的可能性[31]。Sims(2009)通过对游客和美食生产商的定性访谈,分析了当地美食是如何被概念化为"正宗(authenticity)"美食的过程,并得出一个结论:地方美食可以通过加强游客与目的地的联系,加强游客对目的地文化的认知(identity),从而提升游客体验[14]。

第三大类是美食休闲旅游与目的地营销(Destination marketing)的关系研究。这一类的关键词可以大致分为三种:一是与著名美食休闲旅游目的地相关的词语,如土耳其(Turkey),西班牙(Spain)等;二是研究目的地美食展现形式和游客美食消费行为的词语,如美食节(festivals)和顾客行为(consumer behavior)等;三是和目的地营销概念相关的词语,如目的地品牌(destination branding)和目的地形象(destination image)等。美食旅游可以作为游客目的地社区参与的催化剂,美食营销可以加强目的地的社区(community)氛围,加强旅游者对目的地的认同感[32]。Guan 和 Jones(2015)的研究就证明了成功的美食营销可以加强目的地对游客的吸引力[33]。Chen 和 Huang(2018)以中国大陆作为案例地,通过问卷调查的方式,考察了美食作为游客美食体验的重要构成部分是如何有助于提升游客忠诚度的,从而验证了旅游目的地使用地方美食作为目的地营销手段的可能性[34]。事实上,早在 2004 年,Quan 和 Wang 就已经提出地方美食可以作为目的地营销的重要手段,并且目的地的美食消费可以被视作衡量一个目的地营销发展情况的重要指标[24]。Tsai 和 Wang (2017)的实证研究表明,作为游客体验价值之一的消费者投资回报率(Consumer return on investment),可以显著提升一个地方的食品形象[35]。

4　结论与讨论

　　近十年,国际学术界给予美食休闲旅游越来越多的关注,关于美食休闲旅游的文章数量不断增长,呈现出跨国家/地区、跨学科的研究趋势,机构与机构之间、作者与作者之间的合作网络也不断增强。本文基于 SSCI 数据库发表在 2009—2018 年的以美食休闲旅游为主题的文章进行科学计量与知识网络分析后,主要得出以下几点结论。

　　第一,美食休闲旅游发展较好的国家之间、能力较为突出的研究者之间存在着较强的合作网络。在美食休闲旅游领域的文章数量贡献上,美国、英国、澳大利亚名列前三甲,中国大陆排名第四。从国家/地区合作网络情况来看,美国与其他国家/地区合作最为密切。此外,在美食休闲旅游研究中,团队合作成为研究主流。然而,当前国际美食休闲旅游研究尚缺少带头人,缺少能够引导研究发展的领军人物。从研究机构来看,具有重要影响力的机构主要还是集中在澳大利亚等发达国家及地区。

　　第二,酒店、休闲、运动和旅游是国际美食休闲旅游研究的主流领域,跨领域、跨学科的研究成为发展趋势,美食休闲旅游的研究焦点呈多样化发展的特征。在美食休闲旅游的研究领域中,最重要的仍是酒店、休闲、运动和旅游(Hospitality, leisure, sport and tourism)。通过对美食休闲旅游进行领域共现网络分析,本文发现不同领域之间存在较为密切的交流,美食休闲旅游的各研究领域之间相互交叉。另一方面,美食休闲旅游的研究焦点多样化,可大致分为三类:① 美食消费(food consumption)的体验(experience)研究;② 美食休闲旅游的文化(culture)内涵研究;③ 美食休闲旅游与目的地营销(Destination marketing)的关系研究。

　　总体来看,本文主要具有以下三点贡献:第一,研究结果反映了国际美食休闲旅游研究发展的现状与趋势,有助于未来的研究者较快地把握美食休闲旅游发展的整体脉络,有利于美食休闲旅游研究的理论发展和知识拓展;第二,本文对美食休闲旅游进行了较为系统和完整的文献综述,将有利于美食休闲旅游业的行业指导,为美食休闲旅游的组织者和管理者的战略决策提供一定程度的参考;第三,本文采用科学计量与知识网络分析方法,运用 BibExcel,Pajek,VOSviewer 等软件进行系统的文献综述,为未来研究者的文献综述提供了参考借鉴。

参考文献

[1]　Telfer D J, Wall G. Strengthening backward economic linkages: Local food purchasing by three Indonesian hotels[J]. Tourism Geographies, 2000, 2(4): 421 - 447.

[2]　Richards G. Tourism and Gastronomy[M]. London: Routledge, 2002.

[3]　杨柳.中国餐饮业：现状分析及前景展望.中国经济运行与政策报告[M].北京：科学文献出版社,2004.

[4]　Belisle, F J. Tourism and food production in the Caribbean[J]. Annals of tourism research, 1983, 10(4): 497 - 513.

[5]　Hall C M, Sharples L, Mitchell R, et al. Food Tourism Around the World[M]. Oxford: Butterworth Heinemann, 2003.

[6]　杨雪.特色美食旅游开发[J].知识经济,2011(01):94.

[7]　张丽,孙小帅.淮安美食旅游开发现状及对策分析[J].中国集体经济,2014(36):153 - 154.

[8]　张涛.美食节感知质量及提升策略研究[J].旅游学刊,2010,25(12):58 - 62.

[9]　支运波.人文社会科学研究中的文献综述撰写[J].理论月刊,2015(03):79 - 83.

[10]　管婧婧.国外美食与旅游研究述评——兼谈美食旅游概念泛化现象[J].旅游学刊,2012,27(10):85 - 92.

[11]　刘彬,王挺之,陈忠暖.国外旅游者饮食消费研究述评[J].人文地理,2017,32(03):20 - 26＋35.

[12]　Weed M. Undiscovered public knowledge: The potential of research synthesis approaches in tourism research[J]. Current Issues in Tourism, 2006, 9(3): 256 - 268.

[13] 张凌云,齐飞,吴平.近十年我国旅游学术共同体成果的 h 指数测度与评价[J].旅游学刊,2014,29(06)：14-23.

[14] Sims R. Food, place and authenticity: local food and the sustainable tourism experience[J]. Journal of sustainable tourism, 2009, 17(3): 321-336.

[15] Raymond C M, Bryan B A, MacDonald D H, et al. Mapping community values for natural capital and ecosystem services[J]. Ecological economics, 2009, 68(5): 1301-1315.

[16] Kim Y G, Eves A, Scarles C. Building a model of local food consumption on trips and holidays: A grounded theory approach[J]. International journal of hospitality management, 2009, 28(3): 423-431.

[17] Ciscar J C, Iglesias A, Feyen L, et al. Physical and economic consequences of climate change in Europe[J]. Proceedings of the National Academy of Sciences, 2011, 108(7): 2678-2683.

[18] Chang R C Y, Kivela J, Mak A H N. Food preferences of Chinese tourists[J]. Annals of tourism research, 2010, 37(4): 989-1011.

[19] Henderson J C. Food tourism reviewed[J]. British food journal, 2009, 111(4): 317-326.

[20] Mak A H N, Lumbers M, Eves A. Globalisation and food consumption in tourism[J]. Annals of tourism research, 2012, 39(1): 171-196.

[21] Fuchs G, Reichel A. An exploratory inquiry into destination risk perceptions and risk reduction strategies of first time vs. repeat visitors to a highly volatile destination[J]. Tourism Management, 2011, 32(2): 266-276.

[22] Li X R, Lai C, Harrill R, et al. When east meets west: An exploratory study on Chinese outbound tourists' travel expectations[J]. Tourism management, 2011, 32(4): 741-749.

[23] Mak A H N, Lumbers M, Eves A, et al. Factors influencing tourist food consumption[J]. International Journal of Hospitality Management, 2012, 31(3): 928-936.

[24] Quan S, Wang N. Towards a structural model of the tourist experience: An illustration from food experiences in tourism[J]. Tourism management, 2004, 25(3): 297-305.

[25] Kim Y G, Eves A. Construction and validation of a scale to measure tourist motivation to consume local food[J]. Tourism management, 2012, 33(6): 1458-1467.

[26] Krajickova A, Sauer M. Differences in motivation of food festivals visitors: A view from the Czech Republic[J]. Geographica Pannonica, 2018, 22(3): 189-200.

[27] Coughlan L M, Saayman M. The Relationship Between The Culinary Preference And Culinary Satisfaction[J]. Tourism and hospitality management, 2018, 24(2): 235-256.

[28] Chang M, Kim J H, Kim D. The Effect of Food Tourism Behavior on Food Festival Visitor's Revisit Intention[J]. Sustainability, 2018, 10(10): 3534.

[29] Tsai C T. Memorable tourist experiences and place attachment when consuming local food[J]. International Journal of Tourism Research, 2016, 18(6): 536-548.

[30] Montanari A. Geography of taste and local development in Abruzzo (Italy): project to establish a training and research centre for the promotion of enogastronomic culture and tourism[J]. Journal of heritage tourism, 2009, 4(2): 91-103.

[31] Staiff R, Bushell R. The rhetoric of Lao/French fusion: Beyond the representation of the Western tourist experience of cuisine in the world heritage city of Luang Prabang, Laos[J]. Journal of Heritage Tourism, 2013, 8(2-3): 133-144.

[32] Guan J, Jones, D L. The contribution of local cuisine to destination attractiveness: An analysis involving Chinese tourists' heterogeneous preferences[J]. Asia Pacific Journal of Tourism Research, 2015, 20(4): 416-434.

[33] Chen Q, Huang R. Understanding the role of local food in sustaining Chinese destinations[J]. Current Issues in Tourism, 2018, 22(5): 544-560.

[34] Tsai C T S, Wang Y C. Experiential value in branding food tourism[J]. Journal of Destination Marketing & Management, 2017, 6(1): 56-65.

高星级酒店新生代员工工作积极性影响因素分析

刁淑慧[1] 逢爱梅[2]

（1. 上海大学管理学院，上海 2018002；2. 上海师范大学旅游学院，上海 201418）

摘要： 酒店能够得以生存与发展的关键因素在于员工，年轻有活力并且学习能力强的新生代员工对企业的经营与管理起到了决定性的作用。本文在文献研究的基础上，构建研究模型，提出研究假设，探究高星级酒店新生代员工物质因素和非物质因素对工作积极性的影响。在这样的背景下，最大限度地激发新生代员工的潜能，能够促使酒店得以可持续发展与进步。

关键词： 高星级酒店；新生代员工；工作积极性

1 引言

酒店的进步与成长需要员工的积极性作为动力，新生代员工作为酒店的主力军，虽数量庞大但是却没有受到足够重视，在工作中往往因为地位不高而被忽略。同时新生代员工面临着来自工作外的家庭以及社会上的各种压力。现如今，星级酒店普遍存在着员工流失率高、工作积极性不强等特点，因此如何调动员工的工作积极性，也成为酒店高层和人力资源部门需要考虑的关键点。

由于时代的特殊性，近些年来人们把"新生代"一词作为管理学与社会学等学科的热门研究点。在国外，与新生代一词类似的是"Y 一代"。21 世纪初，美国作家 Carlony A. Martin 在其著作《管理 Y 代》中首次提出"Y 一代"的概念[1]。放在酒店的工作场合中，考虑到就业时间的长短、时代的进步与发展，本文将出生在 90 年代、未满 30 岁并且从事酒店行业不满 3 年的员工统称为酒店行业的新生代员工。

随着时代的发展与进步，90 后已经步入职场，并渐渐成为企业的核心员工。他们作为新生代所独具的特点与价值观引起了国内外有关学者的关注与研究。有关学者认为：① 新生代员工的知识水平高，学习能力强；② 价值取向多元，见解独到（王宏宇，2012）[2]；③ 自我意识强，但过分自我（蒋敏，2011）[3]；④ 抗压能力弱，情绪化严重（傅红，2013）[4]；⑤ 追求自由自在的生活方式，在工作中不会完全遵守操作规程和职位规定（郭养红，2014）[5]。

对于酒店来说，新生代员工有至关重要的作用，新生代员工可以满足客人对于酒店的需求。在一线部门，尤其是前台、餐饮、厨房部门需要大量的基层员工来做服务。新生代员工拥有年轻力壮、成本低廉并且学习能力强等特点，因此新生代员工逐渐成为酒店一线部门的主力军（杨海松，2015）[6]。现如今酒店行业纷纷推出各种营销方案来扩大自己的市场份额或做品牌维护，在这些方面，学习能力强、接受速度快的年轻人无疑更加的能胜任这份工作。

2 理论依据与研究假设

2.1 物质因素与工作积极性的关系

国内学者周楚迪（2018 年）提出，薪酬是酒店吸引人才进入酒店行业最为直接的因素，不合理的薪酬管理方式会影响酒店员工的满意度，同时会影响酒店未来的经济效益[7]。赫兹伯格的双因素理论指出，基本工资属于保健因素，能够保障员工的基本生活和工作需求，当保健因素不能达到员工期望的时候，可能会产生负面情绪，同时导致他们在工作中出现效率低下、不按时上班或者辞职的情况。孙静等（2007 年）提出企业薪酬福利是影响员工工作幸福指数的最重要因素之一,且证明薪酬福利制度与员工的工作幸福指数呈正相关[8]。国内学者陈秋萍(2015年)认为,员工对酒店薪酬福利制度不了解,会对工作投入产生影响,进而导致绩效下降,造成恶性循环[9]。基于上述分析提出假设:

H1:薪资水平对新生代员工工作积极性有显著正向影响;

H2:福利水平对新生代员工工作积极性有显著正向影响。

2.2　非物质因素与工作积极性的关系

国内学者戴卓(2016年)在基于马斯洛需求层次理论进行酒店实习生流失原因分析时提到,"尊重的需要分为内部尊重和外部尊重,内部尊重就是我们常说的自尊,外部尊重则是能够得到他们关注、支持、肯定与信任的需求。酒店实习生对于能得到来自同事、领导和客人的尊重有着强烈的愿望"[10]。万鹏宇,徐明津(2016年)考察酒店一线员工工作、家庭冲突对工作投入的影响时写道,"酒店一线员工的工作、家庭冲突对其工作投入具有负向的预测作用"[11]。姜笛(2011年)在研究酒店新生代员工的冲突管理时发现,新生代员工与管理者、同事之间往往会充满矛盾,双方之间沟通受阻并且关系紧张,而且管理者采取简单粗暴的教训、扣罚等方法以后收效甚微[12]。方方(2014年)在研究酒店实习生工作积极性时谈到,"一个令人愉快的工作氛围是高效率工作很重要的影响因素,员工在快乐和尊重的气氛中工作,会有很高的工作积极性"[13]。曾思权(2017年)认为,在工作岗位中往往是一个萝卜一个坑,只有上级离职之后,下级通过相应考察才有可能得到升职机会,如若不然,下级员工很难在供职酒店内得到提拔,这种情况下员工往往通过跳槽到另外一个酒店来完成职业发展上的进步[14]。唐玮(2016年)认为,酒店如果让员工看不到晋升的希望,且该员工本身有更好的能力和工作机会,那么该员工选择跳槽的机会就会大大增加[15]。

基于以上分析,提出如下理论假设:

H3:认可度水平对新生代员工工作积极性有显著正向影响;

H4:工作内容满意度对新生代员工工作积极性有显著正向影响;

H5:工作氛围满意度对新生代员工工作积极性有显著正向影响;

H6:晋升空间水平对新生代员工工作积极性有显著正向影响。

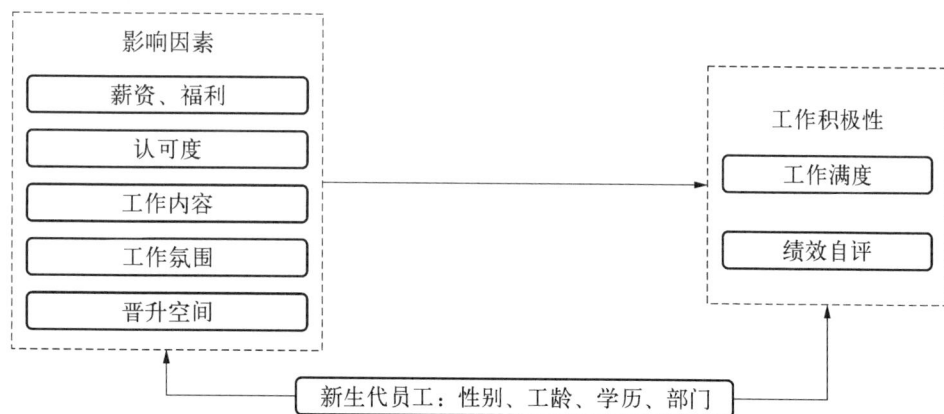

图1　研究理论模型

综上所述,图1为本文的研究理论模型,即从新生代员工特点入手,通过工作总体满意度以及绩效自评两方面来衡量员工的工作积极性,并分析员工在酒店接受到的物质方面因素(包括薪资与福利两个方面)和非物质因素(包括认可度、工作内容、工作氛围以及晋升空间四个方面)对员工工作积极性的影响。

3　研究过程与统计分析

3.1　样本和测量工具

量表设计是问卷调查的重要组成部分,有关薪资、福利部分的问题,本文参考的是由美国学者赫尼曼以及希沃布所编制的 PSQ 薪酬满意度量表；参照了赫兹伯格双因素论,设计了有关认可度、工作内容、工作氛围、晋升空间的有关问题,并根据《北京市邮政企业改革对员工工作积极性》一文作者杜鹃所使用的问卷设计了有关工作积极性的总体满意度以及绩效自评两个维度[16]。本研究选取上海市 5 家高星级酒店员工为研究对象进行问卷调研,本次研究共发放问卷 163 份,最后得到有效问卷共 138 份,问卷有效率为 84.66%。

通过对调研对象的基本信息资料进行分析,得出了样本基本信息结构。在接受调研的对象中男员工占比 28.9%,女员工占比 71.1%。在教育程度上,员工学历层次以大专生以及本科生为主,分别占比 46% 及 51.1%,而中专及以下仅有 3 人,占比 2.2%。

新生代员工主要集中在前厅部、餐饮部的一线对客部门,以及销售部、人事部等二线部门。新生代员工中,以实习生居多,占 13.7%。在薪酬结构上,新生代员工的月薪资普遍偏低,2 500 以下占比 66.2%,2 500~5 000 元占比 25.9%,5 000 元以上占比仅有 7.9%。

3.2　信效度检验

根据表 1 的分析结果,大部分的克隆巴赫系数大于 0.8,只有薪资状况的信度系数接近 0.7,晋升空间的信度系数为 0.728,说明各维度信度可以接受。而总量表的信度系数为 0.95,大于 0.9,信度很好。因此可以认为该问卷各量表之间有良好的一致性与较高的信度。为检验变量间的相关程度,可得球形检验的显著性值为 0.00,小于 0.05,达到显著性水平;KMO 统计量值为 0.901,大于 0.9,量表总体的效度比较好（见表 2）。

表 1　量表信度分析

变　　量	克隆巴赫 Alpha	题　　目	样本数	总　　体
薪资状况	0.689	2	138	
福利状况	0.845	6	138	
认可度	0.821	5	138	
工作内容	0.823	4	138	0.950
工作氛围	0.9	5	138	
晋升空间	0.728	4	138	
总体满意度	0.875	4	138	
绩效自评	0.837	4	138	

表 2　量表效度分析

KMO 和巴特利特检验		
KMO 取样适切性量数		0.901
巴特利特球形度检验	近似卡方	3 345.459
	自由度	561
	显著性	0.000

3.3　新生代员工工作积极性描述性分析

由表 3 可以看出,员工对于酒店的非物质方面更加满意,在认可度、工作内容以及工作氛围三方面超过平均水平,而物质方面则不能够满足员工的心理预期,尤其是薪资状况,在所有影响因素中排名最差,低于一般的水平,值得引起酒店管理层的注意。在工作积极性方面,新生代员工对于酒店的总体满意度感到一般,但是对于自身的评价较高,认为自己的工作效率很高,并且能胜任如今的工作。

表 3 新生代员工工作积极性总体描述性统计表

项　目	计　数	平均值	最大值	最小值	标准差	得分排序
薪资状况	138	2.51	4.00	1.00	0.82	8
福利状况	138	2.84	5.00	1.00	0.77	7
认可度	138	3.49	5.00	1.00	0.65	2
工作内容	138	3.28	5.00	1.00	0.77	3
工作氛围	138	3.27	5.00	1.00	0.78	4
晋升空间	138	3.07	5.00	1.00	0.68	5
总体满意度	138	2.96	5.00	1.00	0.80	6
绩效自评	138	3.58	5.00	1.00	0.69	1

3.4 人口统计学变量的差异性分析

运用独立样本 T 检验和单因素方差分析来检验人口统计学变量对高星级酒店员工工作积极性的物质与非物质因素上的影响是否存在差异。从均值的比较来看，高星级酒店的男性新生代员工各项得分均比女性要高。并且性别特征对于工作内容以及工作积极性有显著差异。

工作一年以上三年以下的员工各项平均值得分均大于工作一年以下的员工得分。尤其是对于薪资的满意度、认可度、工作氛围以及工作积极性四个方面，显著性水平小于 0.05，有显著影响。不同部门、学历的员工在非物质、物质因素满意度以及工作积极性上无显著差异。

3.5 物质因素对工作积极性的影响

3.5.1 物质因素对工作积极性的相关分析

由表 4 可以看出，工作积极性与物质因素（薪资状况、福利状况）的两个维度之间的相关系数分别为 0.349 和 0.435，显著性值为 0.000 小于 0.01，达到显著性水平，可以说明薪资状况与工作积极性之间有正相关关系，福利状况与工作积极性之间有正相关关系。

表 4 物质因素对工作积极性的相关性分析

		薪资状况	福利状况	工作积极性
薪资状况	皮尔逊相关性	1	0.569**	0.349**
	Sig.（双尾）		0.000	0.000
	个案数	138	138	138
福利状况	皮尔逊相关性	0.569**	1	0.435**
	Sig.（双尾）	0.000		0.000
	个案数	138	138	138
工作积极性	皮尔逊相关性	0.349**	0.435**	1
	Sig.（双尾）	0.000	0.000	
	个案数	138	138	138

物质因素对于新生代员工的工作积极性回归分析如表 5 至表 7 所示。

表 5 模　型　摘　要[b]

模型	R	R 方	调整后 R 方	标准估算的错误	德宾-沃森
1	0.452[a]	0.204	0.193	0.590 91	1.977

注：a. 预测变量：（常量），福利状况，薪资状况；b. 因变量：工作积极性。

表6　ANOVAa

模　型		平方和	自由度	均　方	F	显著性
1	回归	12.108	2	6.054	17.338	0.000b
	残差	47.139	135	0.349		
	总计	59.247	137			

注：a. 因变量：工作积极性；b. 预测变量：（常量），福利状况，薪资状况。

表7　系　　数a

模　型		未标准化系数		标准化系数	t	显著性	共线性统计	
		B	标准错误	Beta			容差	VIF
1	（常量）	2.121	0.201		10.529	0.000		
	薪资状况	0.120	0.074	0.151	1.617	0.108	0.676	1.479
	福利状况	0.298	0.080	0.349	3.736	0.000	0.676	1.479

注：a. 因变量：工作积极性。

由回归结果可知，薪资状况的回归系数为0.120，显著性 P 值为0.108，没有达到显著性水平，说明薪资状况对于工作积极性只有较弱的正向影响。福利状况的回归系数为0.298，显著性 P 值为0.000，达到了显著性水平，说明福利状况对于工作积极性有显著的正向影响。酒店的薪资状况和福利状况对于新生代员工的工作积极性有正向影响，其中福利状况的影响达到显著水平而薪资状况的影响较弱，因此酒店的薪资状况和福利状况越好，员工的工作积极性就越高，反之则越低。

3.5.2　非物质因素对工作积极性的相关分析

由表8可以看出新生代员工认可度、工作内容、工作氛围、晋升空间与工作积极性之间的相关系数分别为0.655、0.651、0.601、0.605，显著性 P 值为0.000，小于0.01，达到显著性水平。非物质因素对新生代员工工作积极性的回归分析如表9至表11所示。

表8　非物质因素对工作积极性的相关分析

		认可度	工作内容	工作氛围	晋升空间	工作积极性
认可度	皮尔逊相关性	1	0.564**	0.510**	0.538**	0.655**
	Sig.（双尾）		0.000	0.000	0.000	0.000
	个案数	138	138	138	138	138
工作内容	皮尔逊相关性	0.564**	1	0.633**	0.700**	0.651**
	Sig.（双尾）	0.000		0.000	0.000	0.000
	个案数	138	138	138	138	138
工作氛围	皮尔逊相关性	0.510**	0.633**	1	0.700**	0.601**
	Sig.（双尾）	0.000	0.000		0.000	0.000
	个案数	138	138	138	138	138
晋升空间	皮尔逊相关性	0.538**	0.700**	0.700**	1	0.605**
	Sig.（双尾）	0.000	0.000	0.000		0.000
	个案数	138	138	138	138	138
工作积极性	皮尔逊相关性	0.655**	0.651**	0.601**	0.605**	1
	Sig.（双尾）	0.000	0.000	0.000	0.000	
	个案数	138	138	138	138	138

表9　模型摘要[b]

模型	R	R方	调整后R方	标准估算的错误	德宾-沃森
1	0.759[a]	0.576	0.564	0.434	1.833

注：a. 预测变量：(常量)，晋升空间，认可度，工作氛围，工作内容；b.因变量：工作积极性。

表10　ANOVA[a]

模型		平方和	自由度	均　方	F	显著性
1	回归	34.144	4	8.536	45.225	0.000[b]
	残差	25.103	133	0.189		
	总计	59.247	137			

注：a. 因变量：工作积极性；b. 预测变量：(常量)，晋升空间，认可度，工作氛围，工作内容。

表11　系　数[a]

模型		未标准化系数		标准化系数	t	显著性	共线性统计	
		B	标准错误	Beta			容差	VIF
1	(常量)	0.465	0.216		2.149	0.033		
	认可度	0.362	0.072	0.360	5.057	0.000	0.628	1.593
	工作内容	0.225	0.073	0.262	3.071	0.003	0.437	2.289
	工作氛围	0.154	0.071	0.181	2.176	0.031	0.460	2.176
	晋升空间	0.098	0.088	0.101	1.115	0.267	0.390	2.563

注：a. 因变量：工作积极性。

新生代员工受到的认可度、对于酒店工作内容、工作氛围以及晋升空间的满意度对工作积极性有正向影响；其中，工作认可度、工作内容和工作氛围对工作积极性的影响达到显著程度，晋升空间影响较弱。因此在酒店中新生代员工受到的认可度越高，对工作内容、工作氛围以及晋升空间越满意，员工的工作积极性越高，反之则越低。

4　研究结论与管理启示

4.1　主要的研究结论

本文的假设结果如表12所示，本研究通过实证研究，讨论了新生代员工在高星级酒店中所感受到的物质因素以及非物质因素与工作积极性之间的影响关系，并验证了所提出的6项假设，主要的研究结论如下：

(1) 星级酒店新生代员工对酒店所提供的薪资福利普遍感到不太满意，对非物质因素(认可度、工作内容、

表12　研究结果汇总

假　设　内　容	验证结果
H1：薪资水平对新生代员工工作积极性有显著正向影响	不成立
H2：福利水平对新生代员工工作积极性有显著正向影响	成　立
H3：认可度水平对新生代员工工作积极性有显著正向影响	成　立
H4：工作内容满意度对新生代员工工作积极性有显著正向影响	成　立
H5：工作氛围满意度对新生代员工工作积极性有显著正向影响	成　立
H6：晋升空间水平对新生代员工工作积极性有显著正向影响	不成立

工作氛围、晋升空间)感受一般,但自我绩效评价良好。值得注意的是,新生代的员工在绩效自评一项中得分最高,员工普遍认为自己的工作效率很好高,并且能够胜任目前所从事的工作。从另一方面也能解释为什么工作内容一项平均分较低,这可能是因为工作内容比较单一枯燥,员工认为工作没有挑战度,所以无法在工作中感受到进步与乐趣,从而导致工作内容得分偏低,而绩效自评得分较高。

(2)物质因素与非物质因素对星级酒店新生代员工的工作积极性存在正向相关关系。酒店薪酬与福利状况的提升,将增强新生代员工的工作积极性,有利于酒店的进步与发展。员工获得的认可度、对工作内容、工作氛围、晋升空间的满意度越高,新生代员工的积极性也会越高。非物质因素对工作积极性的影响要大于物质因素的影响,尤其是工作认可度,以及工作内容对与工作积极性的影响更加显著。这能够说明新生代员工认为非物质的因素比起物质因素更能让自己全身心的投入到工作中,领导以及周围人的肯定能使自身在工作中更加有动力;同样,有目标有意义的工作会让自己感觉到工作时间过得飞快,即使在工作的过程中遇到了困难也能够继续坚持下去。

(3)人口统计学变量对星级酒店新生代员工的工作积极性有显著影响。在工作积极性上,不同性别的新生代员工产生了显著差异。男性在物质因素、非物质因素的满意度以及工作积极性上表现出来的得分都高于女性,其中对工作内容的满意度以及工作积极性两个维度显著高于女性。在工作积极性上,不同工作年限的员工产生了显著差异。工作一年以上的员工在对于物质、非物质因素的满意度方面得分均比工作年限在一年以下的员工高。调查的研究结果显示,不同学历、不同部门对于工作积极性没有显著性影响。

4.2　管理启示

4.2.1　建立适合新生代员工的薪酬福利制度

实证分析可以看出,员工对于酒店的薪资福利满意度排名最低,针对这两项物质影响因素进行完善和改进对于酒店来说十分有必要。在员工的福利方面,可以物质与精神相结合。杨海松(2015年)认为,当前面对激烈的竞争环境和"90"后员工的个性特点,单纯增加物质待遇很显然不能完全满足"90"后员工的需求。应当加强精神层面的薪酬激励,综合运用薪酬激励和内在薪酬激励才能更好地满足"90后"员工的需求。

4.2.2　建立健全的晋升制度,帮助员工职业发展

实证研究显示,在影响工作积极性的非物质因素方面,员工对于酒店所提供的晋升空间一项评分最低,部分员工认为即使自己工作出色也无法得到晋升,酒店对员工的个人职业发展不重视,并且员工对于酒店的晋升制度也不了解。

首先,酒店的晋升制度必须公开公正,尽可能让每位员工都了解自己的晋升发展,了解晋升岗位所需要的资格以及能力。第二,制定了的晋升制度就要严格执行,对于符合要求的员工要进行激励,对于不符合要求的员工要让其明白自己的不足之处,并再进行培训。第三,将酒店的目标与员工的人生职业规划相结合,增强员工对酒店的认同感与归属感。新生代员工渴望得到领导与周围人的认可,他们思维敏捷,创新能力强,有信心并且有能力。因此管理者可以抓住这一点,采取"鼓励"和"授权"的激励措施。

4.2.3　创造良好的酒店文化氛围

良好的酒店文化应该是一种能够让员工有归属感、自豪感和安全感的"家文化",企业文化能够在员工心中起到无形的凝聚和驱动作用。管理者在工作中通常起到主导作用,如果他们能够坚持原则、廉洁奉公、言行一致、勇于承担责任,就可以赢得基层员工的信任与支持,良好的沟通和工作氛围就很容易建立起来。管理者也可以适当安排工作外的活动,采用聚餐、联欢会或者生日会的形式,让员工可以处在更加放松的情景下畅所欲言,讲出自己的心里话和对工作的不满,站在员工的角度上仔细思考,并做好记录,尽量帮助员工解决问题。良好的沟通有益于建立健康的工作氛围,提升员工的工作积极性。

5　研究不足与未来期望

本研究存在样本容量不够大的不足。虽然在统计分析中采取了多项统计分析方法,但是样本来源只来自5家五星级酒店,并且每家酒店都有自己的管理制度和企业文化,所得到的结论对于其他星级酒店的新生

代员工是否适用,还有待于进一步的验证。展望未来,作者希望本文的研究能够对星级酒店的管理者有一定的帮助,增强对新生代员工的培养和关注。

参考文献

[1] 王宏宇.新生代员工特征与工作嵌入关系研究[D].呼和浩特:内蒙古大学,2012.

[2] 蒋敏.新生代员工激励策略研究——以 ZM 公司为例[D].镇江:江苏大学,2011.

[3] 段万春,张劲梅,傅红.社会支持对新生代员工组织变革应激的影响研究[J].昆明理工大学学报(社会科学版),2013, 13(4):48-52.

[4] 郭养红.新生代员工心理契约对工作投入影响的实证研究[D].兰州:兰州财经大学,2014.

[5] 杨海松.福州高星级酒店"90 后"员工激励机制研究[D].福州:福建农林大学,2015.

[6] 周楚迪,全继刚.酒店薪酬管理体系存在的问题及改进对策研究[J].科技资讯,2018,16(3):127-128.

[7] 孙静,张林,傅晓明.薪酬福利管理与员工工作幸福指数相关性研究[J].市场研究,2007(6):69-70.

[8] 陈秋萍,田芙蓉.企业福利对员工组织承诺的影响研究[J].经济问题探索,2015(12):51-55.

[9] 戴卓.基于马斯洛需求层次理论的酒店实习生流失分析[J].旅游纵览(下半月),2016.

[10] 万鹏宇,徐明津,黄霞妮,等.酒店一线员工工作家庭冲突对工作投入的影响:心理资本的中介作用和性别的调节作用 [J].现代预防医学,2016,43(19):3543-3546.

[11] 姜笛.酒店新生代员工的冲突管理[J].中外企业文化,2011(4):72-73.

[12] 方方.关于酒店实习生工作积极性的思考[J].和田师范专科学校学报,2014(6):76-79.

[13] 曾思权.降低酒店员工高流失率的人力资源管理对策分析[J].中国商论,2017(6):79-80.

[14] 唐玮.酒店员工流失现状及对策分析——以东莞某五星级酒店为例[J].现代商贸工业,2016,37(13):81-82.

[15] 杜娟.北京市邮政企业改革对员工工作积极性影响的研究[D].首都经济贸易大学,2010.

民宿服务质量对顾客满意的影响路径分析
——以顾客价值为中介变量

周佳宁 张 琰 王思宇

(华东师范大学工商管理学院,上海 201100)

摘要: 本研究基于民宿行业的发展现状,以长三角地区的民宿顾客为研究对象,研究民宿服务质量、顾客价值和顾客满意的关系。通过调查问卷收集数据,对民宿服务质量、顾客价值和顾客满意进行因子分析,确定影响因素,并且构建结构方程模型进行假设检验。研究结果显示,服务质量及其各项指标对顾客价值有显著的积极影响,顾客价值及其各项指标对顾客满意有显著的积极影响,且顾客价值在服务质量和顾客满意中起到中介作用,服务质量对顾客满意无显著影响;在服务质量的影响因素中,顾客信任的影响最为显著,其次是顾客关系,最后是顾客接待;在顾客价值影响因素中,顾客对民宿认同感的影响最为显著;在顾客满意影响因素中,总体满意程度的影响最为显著。

关键词: 民宿;服务质量;顾客关系;顾客满意

1 引言

随着旅游业的发展,民宿作为一种新兴、个性化住宿形式受到消费者的广泛青睐。根据客栈群英汇调查,我国大陆民宿总数在2016年一度增加至53 852家。"民宿"在国外一般是指 B&B(Bed and Breakfast),民宿两字来源于日文"Minshuku"。国内对于民宿有多种称呼,如客栈民宿、家庭旅馆、乡村特色民宿等。学术界内对民宿的定义目前没有统一,多数将其定义为居民借助其优越地理环境,利用自家闲置房屋,以家庭经营形式为主,向游客提供食宿[1-3]。由此可见,民宿经营中民宿管理者和民宿业主统一。随着旅游以及民宿的发展,民宿经营模式发展变化,民宿经营管理者与民宿业主不一致。李沛沛、单文君认为,民宿可利用自用住宅空闲房间,或者闲置的房屋为游客提供食宿[3]。民宿的特点包括:分布于环境优美、风土人情浓厚地区,接待规模小[1,4],并且民宿强调主客的情感互动,为游客提供家一样的温暖氛围[2,3,5]。

随着大陆民宿行业的发展,越来越多的问题凸显出来。2015年浙江省湖州市德清县发布《乡村民宿服务质量等级划分与评定》,2017年国家旅游局发布《旅游民宿基本要求与评价》,民宿服务质量的重要性逐渐显现。顾客感知民宿服务质量,会将所得和付出进行权衡,而所得和付出的差距就是对服务质量的总体评价,即顾客价值[6]。本研究引入顾客价值来探索民宿服务质量与顾客满意之间的关系,建立民宿服务质量、顾客价值和顾客满意的关系模型,提出假设、设计调查问卷,以长三角地区民宿顾客为调研对象收集数据,分析民宿服务质量的影响因素,以及检验服务质量、顾客价值和顾客满意之间的影响路径,并提出提升服务质量及提高服务满意度的策略。

2 文献回顾及研究假设

2.1 服务质量对顾客价值的影响

服务质量首次被提出是在20世纪70年代,Levitt(1972)提出服务质量是服务获得的效果与之前的参考标准的符合程度[7],代表着服务质量的研究由此开始。Parasuraman,Zeithaml 和 Berry(1985)把服务质量定义为顾客对期望服务与感知服务的对比[8],本文采用此定义。20世纪80年代,Parasuraman,Zeithaml和Berry(1988)总结出服务质量评价五要素模型,即SERVQUAL服务质量差距模型[9]。Heung,Wong和Qu(2000)将SERVQUAL模型应用到酒店业,用来衡量香港机场饭店的服务质量[10]。陈瑞霞和王文君(2005)通过对三家饭店的实证研究,证实了SERVQUAL模型可以应用于饭店业[11]。Zaithaml(1988)年提出顾客感知价值理论,认为顾客感知价值是通过权衡产品或服务付出的成本与顾客所感知的利得,而对产品或服务效用的整体评价[12]。苏嘉杰(2005)以酒店为研究对象,发现顾客体验价值和酒店服务质量有很强的相关性[13]。而后,赵建彬(2006)研究手机卡服务质量,表明服务质量对顾客价值有正向影响[14]。借鉴以往研究成果,服务质量对顾客价值会产生正面的直接影响,且服务质量越高,顾客感受到的价值越高。因此提出假设一:

H1:服务质量对顾客价值有显著的正向影响。

2.2 顾客价值对顾客满意的影响

本研究对顾客价值的定义采用Zeithaml(1988)对顾客价值的界定。Woodall(2003)对一般性产品或服务进行了顾客价值的维度划分,包括功效价值、实用价值、情感价值、精神价值等[15]。顾客满意首先出现于营销学,Cardozo(1965)指出,顾客满意会带来较好口碑以及带动顾客再购买行为[16]。分析顾客价值与顾客满意之间的关系,Sweeney和Soutar(2001)认为,顾客价值水平会直接影响到顾客满意度[17]。并且,黄燕玲、黄震方和袁林旺(2006)对饭店顾客满意度进行测评,研究发现顾客感知价值显著影响顾客满意度[18]。其他很多研究表明,顾客价值会影响顾客满意,两者之间存在很强的相关关系。因此提出假设二:

H2:顾客价值对顾客满意有显著的正向影响。

2.3 服务质量对顾客满意的影响

满意是一种由评价到经验形成的过程,是认知情况下的综合评价。本研究中对顾客满意的定义为顾客对所提供的服务消费后感受到的绩效与期望比较后形成的情感反应。目前,服务质量与顾客满意之间的关系还没有统一的研究结论,多数学者认为服务质量影响顾客满意。严志华和范华(2010)对饭店顾客进行调研,研究表明影响无锡市高星级饭店的顾客满意度因素含有饭店提供的服务[19],而且服务质量与顾客满意呈正相关关系[20];卢静怡(2010)在研究高星级顾客满意度中指出,服务质量和服务满意之间有显著的相关关系[21];也有学者认为顾客满意能够影响服务质量,持续的满意积累能够感知较高的服务质量[22];还有学者认为两者之间不存在影响关系[23-24]。本研究认为服务质量是顾客满意的前提,能够对顾客满意产生影响。因此提出假设三:

H3:服务质量对顾客满意有显著的正向影响。

本研究在过去学者对服务质量、顾客价值和顾客满意的研究基础上,构建本文的研究模型,模型将民宿服务质量分为三个维度,分别是:顾客接待、顾客关系和顾客信任(如图1所示)。

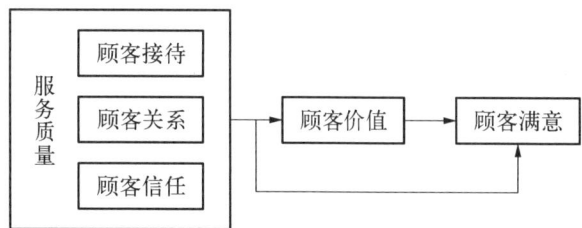

图1 研究模型

3 研究设计

3.1 研究样本

本文数据来源于2017年12月至2018年2月对长三角地区民宿顾客的调研问卷,共计回收有效问卷242份。从调查对象的入住区域来看,主要集中在浙江(38.0%),其次为江苏(26.5%)、上海(21.1%)和安徽(14.5%);从住宿时间来看,平均每次入住2至3晚的调查对象较多,占比70.2%,顾客入住时间较长,对民宿服务的感知更深入。调查对象的基本信息中,男性占比41.3%,女性占比58.7%,女性较多;调查对象的年龄以21岁至40岁为主,占比73.6%。

3.2 变量测量

相关变量测量借鉴国内外成熟量表,对民宿服务质量、顾客价值和顾客满意变量测量,采用五级李克特量表,1表示"完全不同意",5表示"完全同意"。

3.2.1　因变量

顾客满意。综合几位学者关于顾客满意的观点，Anderson，Fornell 和 Lehmann(1994)提出顾客对产品和服务消费后会形成总体性评价[25]。Bolton 和 Drew(1991a)认为顾客满意程度的高低是顾客对产品或服务的知觉和期望之间差距形成的[26]。Fornell(2005)指出顾客会将服务与自己理想标准作比较，从而得出满意度[27]。因此，结合以上三个观点，各设一个题项进行测量。

3.2.2　自变量

服务质量。民宿服务质量的测量指标是借鉴 SERVQUAL 服务质量评价法，并结合民宿行业特点形成的，包括顾客接待、顾客关系和顾客信任三个维度。

3.2.3　调节变量

顾客价值。本研究将顾客价值的测量分为四个方面：功能价值、使用价值、情感价值、价格价值。情感价值体现为顾客总价值，即感知利得；价格价值包括价格成本、时间成本和精力成本，主要体现为顾客总成本，即感知利失，每个方面选取一个题项进行测量。

4　实证分析结果

4.1　信度分析

利用 Cronbach a 系数来评价各题项的可靠性，研究表明 Cronbach a 系数大于 0.7 时，问卷的内部一致性较好，结果如表 1 所示。

表 1　信度检验、KMO 和 Bartlett's 球形检验

变　　量		Cronbach a 系数	KMO 取样适切性量数	巴特利特球形度检验		
				近似卡方	自由度	显著性
服务质量	顾客支持	0.932	0.713	637.600	3	0.000
	顾客关系	0.731	0.750	188.464	6	0.000
	顾客信任	0.829	0.867	451.669	15	0.000
顾客价值		0.830	0.863	447.126	15	0.000
顾客满意		0.718	0.704	147.112	3	0.000
总体信度		0.928				

表 1 中的 Cronbach a 系数从 0.718 至 0.932 不等，说明问卷各部分信度指标较好，变量之间的内部一致性良好。此外，问卷总体 Cronbach a 系数达 0.928，说明问卷整体信度指标较好，可以进行后续深入分析。

4.2　效度分析

本调查问卷的题项参考了国内外相关文献，并通过了问卷预测试，因此保证了问卷的内容效度。本研究使用探索性因子分析，来判断问卷的结构效度，在探索性因子分析前，首先对题项进行 KMO 和 Bartlett's 球形检验，用于判断各个变量之间是否存在相关性。KMO 检验取值是在 0 至 1 之间，KMO 检验取值越接近于 1，变量间的相关性越强，因子分析的效果越好，结果如表 2 所示。

表 2　服务质量、顾客价值和顾客满意的成分矩阵

代码	题　　项	成　　分		
		1	2	3
F1	民宿服务设施设备完好有效	0.232	**0.867**	0.193
F2	接待人员乐于帮助顾客	0.212	**0.894**	0.133
F3	接待人员及时告知活动安排	0.291	**0.900**	0.181

（续表）

代码	题　项	成　分		
		1	2	3
F4	民宿主人参与顾客服务	0.209	0.267	**0.656**
F5	在入住前后与顾客保持联系	0.413	0.093	**0.549**
F6	接待人员对特殊顾客给予关怀	0.100	0.124	**0.764**
F7	接待人员了解顾客的特殊需求	0.205	0.075	**0.780**
F8	接待人员的服务是可信任的	**0.733**	0.225	0.093
F9	接待人员的服务是有礼貌的	**0.682**	0.183	0.223
F10	接待人员提供的信息准确易懂	**0.710**	0.104	0.100
F11	接待人员的服务让顾客感到放心	**0.733**	0.160	0.263
F12	接待人员掌握业务知识和服务技能	**0.658**	0.152	0.218
F13	接待人员在服务中遵守承诺	**0.603**	0.261	0.188
J1	民宿提供高标准的服务	0.774		
J2	民宿提供全程性的服务	0.736		
J3	民宿服务让我有认同感	0.745		
J4	民宿消费总体定价合理	0.704		
J5	民宿消费时间运用合理	0.741		
J6	民宿消费精力保持充沛	0.741		
M1	总体上来说,对民宿的满意程度	0.811		
M2	与预期相比,对民宿的满意程度	0.801		
M3	与理想相比,对民宿的满意程度	0.805		

　　表 2 中的 KMO 检验取值从 0.704 至 0.867 不等,说明问卷效度指标较好。Bartlett's 球形检验达到显著性水平,说明问卷每个维度的各个变量之间有高度的相关性,符合做因子分析的条件,可以进行后续深入分析。

4.3　探索性因子分析

　　通过 KMO 和 Bartlett's 球形检验后,可进行探索性因子分析。采用主成分分析法提取因子,本研究利用 SPSS 23.0 软件进行探索性因子分析。

　　对服务质量进行探索性因子分析,采用主成分分析法。因子分析得到 3 个因子,累积方差贡献率为 63.046%。题项的因子负荷均达到 0.5 以上,保留所有指标,其结果如表 2 所示。对顾客价值进行探索性因子分析,因子分析得到 1 个因子,累积方差贡献率为 54.071%,题项的因子负荷均达到 0.5 以上,保留所有指标。对顾客满意进行探索性因子分析,因子分析得到 1 个因子,累积方差贡献率为 64.852%,题项的因子负荷均达到 0.5 以上,保留所有指标。

4.4　验证性因子分析

　　在检验结构方程模型前,需对每个测量模型进行验证性因子分析。测量模型由观测变量和潜在变量构成,用于研究潜在变量与观测变量之间的相关关系。对测量模型的评价主要分为对载荷系数的显著性检验和对模型拟合指数的检验。

4.4.1　服务质量验证性因子分析

　　根据服务质量测量模型,分析关联数据并计算。根据因子得分权重来分析判别效度,如表 3 所示,每个维度下题项的得分权重均高于其在其他维度下的得分权重,说明具有很好的判别效度。

表3　服务质量测量因子得分权重

	顾客支持	顾客关系	顾客信任	服务质量
F1	**0.038**	0.003	0.003	0.005
F2	**0.042**	0.003	0.003	0.006
F3	**0.916**	0.063	0.068	0.133
F4	0.001	**0.172**	0.025	0.048
F5	0.001	**0.175**	0.025	0.049
F6	0.001	**0.129**	0.018	0.036
F7	0.001	**0.184**	0.027	0.052
F8	0.002	0.044	**0.130**	0.092
F9	0.002	0.044	**0.131**	0.092
F10	0.001	0.029	**0.087**	0.061
F11	0.002	0.054	**0.160**	0.113
F12	0.001	0.035	**0.104**	0.074
F13	0.001	0.030	**0.090**	0.063

　　标准化后有因子负荷高于最低临界值，且 p 值显著，说明可能存在二阶因子。进行二阶因子分析，如图2所示，三个维度上的因子负荷均为正值，且 p 值显著，说明二阶因子"服务质量"具有良好的收敛效度。

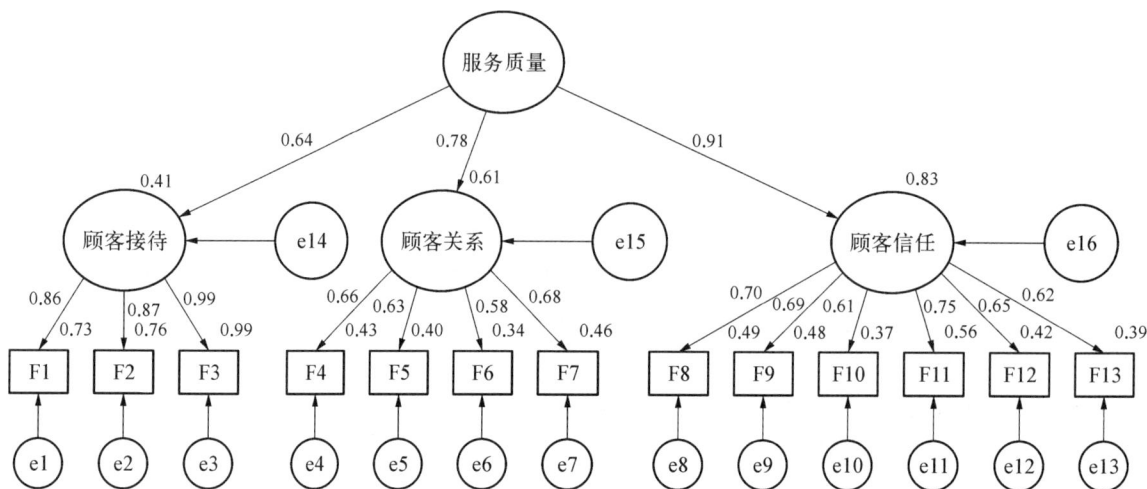

图2　服务质量二阶因子分析

4.4.2　服务质量测量指标拟合度

　　采用最大似然估计进行拟合，对模型拟合指数进行检验，检验结果如表4所示。

表4　多组模型拟合指标

模　　型	CMIN/DF	RMSEA	GFI	AGFI	CFI	AIC	PNFI
测量模型							
服务质量	1.050	0.014	0.963	0.945	0.998	123.127	0.656
顾客价值	1.911	0.061	0.976	0.944	0.981	41.200	0.577
顾客满意	—	0.448	1.000	—	1.000	12.000	0.000
结构方程模型	1.175	0.027	0.927	0.905	0.987	345.033	0.775

从表4的拟合度指标判断,所有指标都有良好的拟合度,说明服务质量测量模型中的各个测量指标可以很好地表示模型的结构。

4.5　假设模型的验证及分析

通过以上对测量模型的分析,表明本研究可以进行结构方程模型的假设检验。本研究设定了服务质量(顾客接待、顾客关系、顾客信任)、顾客价值和顾客满意的结构方程模型,利用 AMOS 24.0 软件计算所有潜变量及其对应的基础实测变量数据,进行假设模型验证及关联路径分析。

4.5.1　假设模型的验证

对结构方程模型进行拟合度检验,其结果如表4所示,拟合优度显示 CMIN 与 DF 的比值(1.175)小于3,RMSEA(0.027)小于0.10,其余拟合指数也均符合标准。

4.5.2　假设模型的验证结果分析

结构方程模型的解释主要是相关系数分解,也称效应分解。本研究中服务质量、顾客价值和顾客满意三者之间存在相关效应,具体分解如表5所示。

表 5　服务质量、顾客价值和顾客满意的直接和间接效应

	顾 客 价 值	顾 客 满 意
服务质量	1.025(直接效应)	0.983(间接效应)
顾客价值		0.959(直接效应)

由表5可以看出,H1,H2 得到验证,H3 未得到验证,即服务质量和顾客价值存在直接正向效应,顾客价值和顾客满意存在直接正向效应,服务质量和顾客满意之间不存在直接正向效应,服务质量是通过顾客价值间接影响顾客满意。

5　结语

5.1　研究结论

本研究以民宿顾客为研究对象,建立了以民宿服务质量、顾客价值和顾客满意为基础的概念模型,并提出了相应假设来探索变量之间的影响路径,包括服务质量对顾客价值的影响、顾客价值对顾客满意的影响以及服务质量对顾客满意的影响。其中,民宿服务质量是以 SERVQUAL 评价模型为基础,分为顾客接待、顾客关系和顾客信任三个方面。得到主要研究结论如下。

5.1.1　服务质量及其各项指标对顾客价值有显著的积极影响

服务质量对顾客价值有显著的积极影响,回归系数为1.025。同时,服务质量中的所有指标对顾客价值都有显著的积极影响。在服务质量模型中,顾客信任的影响最为显著,其次是顾客关系,最后是顾客接待。在顾客接待因子中,及时告知活动安排成为服务中的关键要素。在顾客关系因子中,接待人员了解顾客的特殊需求是最重要的。在顾客信任因子中,让顾客感到放心和有礼貌的接待人员会更好地加大顾客对民宿服务的信任感。

5.1.2　顾客价值及其各项指标对顾客满意有显著的积极影响

顾客价值对顾客满意有显著的积极影响,回归系数为0.959。同时,顾客价值中的所有指标对顾客满意都有显著的积极影响。在顾客价值模型中,顾客的民宿认同感对顾客价值的影响最为显著,其他按由强到弱的排列顺序分别是:高标准的服务、时间成本、全程性的服务、精力成本、价格成本。

5.1.3　服务质量通过顾客价值影响顾客满意

服务质量对顾客满意没有直接显著的积极影响,但服务质量通过顾客价值对顾客满意间接产生影响,总效应系数为0.983。服务质量虽然没有直接影响顾客满意,但是通过顾客价值产生的影响也很大。在顾客满意模型中,总体满意程度对顾客满意的影响最为显著,其次是理想的满意程度,最后是期望的满意程度。

5.2　实践启示

通过分析民宿服务质量、顾客价值和顾客满意的影响路径关系,提出民宿服务质量、顾客价值与顾客满意的提升策略。

5.2.1　中国特色,提供标准的民宿服务

关注民宿的中国特色,通过严格把控准入条件,从源头保证民宿健康有序地发展,建立健全民宿服务人员的培训机制。

5.2.2　标准之下,深耕民宿的个性特质

营造有别于城市的、具有当地价值特色的民宿生活氛围,并时刻关注民宿顾客的生活需求,充分考虑民宿服务的个性特质。

5.2.3　信任时代,培养合格的民宿管家

聘请专业人才担任民宿管家,明确民宿管家承担的不同角色,加强民宿管家业务技能的训练,构建主客之间的信任关系。

参考文献

[1] 赵越,黎霞.乡村民宿经营者经营风险感知研究——基于对重庆市乡村旅游景区的调查[J].西部论坛,2010,20(01)：79－86.

[2] 张希,杨雅茜.国内民宿业服务质量评价研究[J].湖州师范学院学报,2017,39(01)：59－66.

[3] 李沛沛,单文君.基于内容分析法的杭州西湖景区周边民宿质量现状及提升策略研究[J].现代商业,2017,18：28－30.

[4] 彭青,曾国军.家庭旅馆成长路径研究：以世界文化遗产地丽江古城为例[J].旅游学刊,2010,25(09)：58－64.

[5] 文彤.家庭旅馆业的发展——以桂林龙脊梯田风景区为例[J].旅游学刊,2002(01)：26－30.

[6] 胡旺盛等著.顾客价值与营销创新[M].安徽：合肥工业大学出版社,2006.

[7] Levitt T. Production line approach to service[J]. Harvard Business Review, 1972, 50：42－52.

[8] Parasuraman A, Zeithaml V A, Berry L L. A conceptual model of service quality and its implications for future research [J]. Journal of Marketing, 1985, 49(4)：41－50.

[9] Parasuraman A, Zeithaml V A, Berry L L. SERVQUAL：A multiple-item scale for measuring consumer perceptions of service quality[J]. Journal of Retailing, 1988, 64(1)：12－40.

[10] Heung V C S, Wong M Y, Qu H. Airport-restaurant service quality in Hong Kong：An application of Servqual[J]. Cornell Hotel & Restaurant Administration Quarterly, 2000, 41(3)：86－96.

[11] 陈瑞霞,王文君.SERVQUAL 在我国饭店服务质量评价中的应用[J].北京第二外国语学院学报,2005(03)：59－62＋77.

[12] Zeithaml V A. Consumer Perceptions of Price, Quality, and Value：A Means-End Model and Synthesis of Evidence[J]. Journal of Marketing, 1988, 52(3)：2－22.

[13] 苏嘉杰.顾客体验价值与酒店服务质量研究[D].上海：华东师范大学,2005.

[14] 赵建彬.顾客感知的服务质量与顾客价值关系的研究[D].南昌：江西财经大学,2006.

[15] Cardozo R N. An Experimental Study of Customer Effort, Expectation, and Satisfaction[J]. Journal of Marketing Research, 1965, 2(3)：244－249.

[16] Sweeney J C, Soutar G N. Consumer perceived value：The development of a multiple item scale[J]. Journal of Retailing, 2001, 77(2)：203－220.

[17] 黄燕玲,黄震方,袁林旺.基于 SEM 的饭店顾客满意度测评模型研究[J].旅游学刊,2006(11)：54－60.

[18] 严志华,范华.灰色关联度分析在饭店顾客满意度评价中的应用——以无锡市高星级饭店为例[J].江苏商论,2010(06)：55－57.

[19] 杨文超.服务质量、顾客满意度与顾客忠诚度研究[J].经济论坛,2013(11)：124－129.

[20] 卢静怡.高星级饭店顾客满意度影响因素分析[J].中国商贸,2010(28)：7－10.

[21] Oliver R L. A Cognitive Model of the Antecedents and Consequences of Satisfaction Decisions[J]. Journal of Marketing

Research, 1980, 17(4): 460 - 469.

[22] Cronin J J, Taylor S A. Measuring service quality: A reexamination and extension[J]. Journal of Marketing, 1992, 56(3): 55 - 68.

[23] Brady M K, Cronin J J, Brand R R. Performance-only measurement of service quality: A replication and extension[J]. Journal of Business Research, 2002, 55(1): 17 - 31.

[24] Anderson E W, Fornell C, Lehmann D R. Customer satisfaction, market share, and profitability: Findings from Sweden[J]. Journal of Marketing, 1994, 58(3): 53 - 66.

[25] Bolton R N, Drew J H. A Multistage Model of Customers' Assessments of Service Quality and Value[J]. Journal of Consumer Research, 1991, 17(4): 375 - 384.

[26] Fornell C. A national customer satisfaction barometer: The Swedish experience[J]. Chinese Journal of Management, 2005, 56(1): 6 - 21.

第二篇　城市休闲空间与功能

论休闲时代的生成属性
——基于田野调查的文化透视

庄志民

（华东师范大学工商管理学院，上海　201100）

摘要： 本文基于作者亲身经历的田野调查中的诸多休闲活动经历和体验，首先通过文化分析指出，人类的休闲是从劳作之余顺其自然的身心调节，经由与马斯洛人本主义心理学解析中指出的需求层级提升路径，走向为相应价值观影响下的一种生活方式。其次，在生成性的历史进程中，世世代代的人类休闲大都表现出文化积淀在流行中催化，受未来理想的召唤，将传统融于时尚，从而"建构"起新而又新、不断走向成熟的休闲逻辑"结构"。最后，人类休闲作为历史发生学意义上的文化历程中的当下瞬间心理反应形式，其与直觉不无关联的知性化审美感悟应特别需要引起关注。

关键词： 休闲时代；生成性；田野调查；文化透视；知性审美

1　引言

马克思在其名著《1844 年经济学哲学手稿》当中，对人类"创造生命的生活"过程中所体现出来的智慧属性做出简明扼要的概括，那就是作为"人的类的特性"的"自由自觉"。休闲是"人"作为"类"特性的独特生活显现形式，伴随人类社会的发展，经历着一个层次渐次提升、内容不断丰富以及表现形式与时俱进的过程。

当代休闲日渐流行，蔚为大观。有研究者认为，休闲时代把"休闲和游憩"当作"一个多层级的供递系统"的休闲哲学研究的重点，旨在"帮助休闲服务的提供者解决伦理问题"。与这样的着眼于供给侧的解析形成互补，本文论述的重点是从休闲需求主体方面对休闲的文化价值属性进行分析。本文坚持"理论与实际结合"的"知行合一"研究方法，基于"全球村"视域下的田野调查，旨在回答对人们提出的"休闲究竟意味着什么"这一问题。

休闲是什么？多年前，作者曾就这一问题尝试做过解析：休闲是一种诗化的脉脉诗情；休闲是一种适情顺性的自然哲学；休闲凸显的是个性发展的心灵冲动。作者在关注国内大众休闲文化滥觞的现实时，做出诸如"情韵化""自然化"和"个性化"的属性概括；与此同时，开始审视已经初露端倪的休闲之物态、状态和心态因失却科学、理性的熏陶和渗透所酿成的文化危机。如温情化的小女人散文走俏，但哲理名著需求降温，大学哲学系成为少数当代智慧朝圣者的殿堂；"玩"人生的理念走俏，直面人生的追求被认为是笑谈，甚至于"泡妞"竟被用来作为某种商品的品牌；居室装潢业走俏，但公共环境的净化美化被认为是少数专职人员的事，随地吐痰、乱丢赃物、摘采绿地花木屡见不鲜；高雅艺术（比如古典音乐演奏会）走俏，但参与的观众许多不懂得艺术鉴赏的基本规则，现场观众交头接耳，嗡嗡声铺天盖地……

作者认为，大受公众欢迎的休闲，理应如同使人轻松愉快、怡然自得的鸡尾酒。到现在，二三十年过去了。"读千卷书，走万里路"的职业旅游人，如此"诗与远方"的人生角色规定，促使自己不断进步，思想有所转变，觉悟有所提高。终将汇聚成时代主潮的有关休闲文化属性之自我认知，经过梳理，觉得可以从过程的"生成"、本体的"生命"和系统的"生态"这三个方面进行概括。本文的重点是解析休闲时代的生成属性。

2　如何理解休闲时代的"生成"性？

生成，是个很带有当代文化哲学思辨特点的概念。对此概念的探究，源于作为高校教师的我早先所关注皮亚杰发生认识论，以及关注生成性教学法，在此基础之上，形成对"生成"的拓展性思考。

2016年，在沪上某规划机构，与一群专业人士围绕"乐高城市"的概念讨论城市（区域）发展的生成性问题。在交流和切磋过程中，我对城市（以及城市休闲）的生成有了更为系统的想法。

基于文化属性的探究，我认为作为游戏的乐高积木之奥秘在于生成性。当我们将城市规划与设计和乐高联系在一起时，所涉及的也许可以是一场城市（区域）休闲空间规划的革命。

为什么这样说呢？不妨对"乐高"做一番现象学解析。乐高积木是由丹麦的奥利·柯克·克里斯琴森（Ole Kirk Christiansen）发明的一种塑料积木，一面有凸粒，另一面有可嵌入凸粒的凹槽，形状有1 300多种，每一种形状都有12种不同的颜色，以红、黄、蓝、白、黑为主。它靠小朋友自己动脑动手，可以拼插出变化无穷的造型，令人爱不释手，被称为"魔术塑料积木"。（资料来源：必应）从乐高积木的外文原名（LEGO Education）亦可见，这是一种作为革命性教育手段的益智玩具。

在电脑科技狂潮面前，注重原生态的动手能手培养之乐高，显得有些落伍；但其成功教育的魅力不减，内隐的有关"生成性"教育的奥秘，正有待于智慧人士作深层解读。生成性学习的最初提出者是维特罗克（Wittrock，1986），它属于结构主义的一种教学方法。生成性学习，就是要训练学生对他们所阅读的东西产生一个类比或表象，如图形、图像、表格或图解等，以加强其深层理解。生成性教学是指在弹性预设的前提下，在教学的展开过程中由教师和学生根据不同的教学情境自主构建教学活动的过程。乐高积木与生成性学习（教育）间的相关性是个非常专业的话题，不妨留待专门家去研究。我们能从中得到启发、并由之举一反三作拓展性思考的创意原点是系统构成。

系统（作为预设目标/愿景）构成（理论上称之为"建构"）取决于对诸多（经过优选的）元素如何进行生生不息（如同生命有机体）的组合乃至于整合（化合）。

一个理想态的休闲城市作为系统构成，如果从此破题，那将会怎样呢？由进入理想态生成过程的城市想到2010上海世博会的主题。众所周知，2010上海世博会的主题是"城市，让生活更美好"。这个主题的英译更带有睿智的启发性：Better city，Better life。Better，比较级，不是最高级（Best），也不是初始级（Good）。与过去相比，城市理应更美好；但从尽善尽美的理想愿景之未来反观已经变得更美好的当下，又留有可持续发展（改善）的余地。换而言之，一个拥有向着理想愿景进化之宝贵历程的生成性城市（Better、better，and better）理应成为我们的城市化发展的新常态。理解这一点，也就把握住后世博最核心的遗产。

由此，我们便进入对于导向于休闲时代的"乐高城市"之可持续"生成"的奥秘的解析。设若"乐高城市"是我们的一个富有艺术想象力的"大胆假设"，接着要做的是对这一美好构想作经得起科学检验的"小心求证"。

这样的求证可以设想分两步走：第一，从城市功能的历史演变和进化过程中抽象出最重要的功能元素（犹如作为系统总成中的若干子系统），由此而形成理想城市的结构逻辑。第二，对上述结构逻辑进行优化建构，如此建构的真正意义，并非形成一劳永逸的"固态"架构，而是使之具备通过系统内外部的信息（能量）交流（交换）而得到自组织、自修复、自优化的能力（机制）。要而言之，乐高城市的空间结构是建立在摸索、检测、修正和提炼的历史性基础之上，因而能成为真正符合可持续发展要求、促使生活变得更美好的生成性休闲城市。

花开两朵，各表一枝。先从城市功能演变/进化的历史轨迹梳理说起。世界近代以来的城市发现经过梳理，大体有这样几个阶段：生产城市，商业城市，文化城市，生态城市，科技城市，宜居（生活）城市。其中，让人类生活更美好是城市历史发展过程中所体现的主旋律。只不过，在不同发展阶段，其市民生活形态表现为不同的特点（由此而产生不同的市民诉求）。生产城市发展阶段的标志是工厂（烟囱），农民进城成为市民是为进（办）厂多挣钱；商业城市阶段的标志是商埠崛起、商厦林立，商品和货币顺畅流通使市民生活更方便更舒适，如此等等。

然后，进入对于城市功能复合进化逻辑的探究，历史发展轨迹所使然，设若生产、商业、文化、生态和科技，如此渐次进入市民生活领域，层叠累创地构成城市功能系统中的组成部分（子系统/元素），乐高城市也在历史地生成着：

　　生产＋生活；

　　生产＋商业＋生活；

　　生产＋商业＋文化＋生活；

　　生产＋商业＋文化＋生态＋生活；

　　生产＋商业＋文化＋生态＋科技＋生活……

　　就目前我们的认识水平，如上功能元素不断叠加的乐高城市，是城市系统在生成中不断走向完善（better and better）的一条不无理论推演意味的路线图。在现实世界的图谱里，诸多城市凸显和强化其单一功能，也正值得名扬天下。以生产城市为核心定位，有煤城、石油城和汽车城等；从商业城市切入，有购物天堂、贸易重镇和金融中心等；彰显文化本位的，有影城、古都，历史文代名城等；生态环境质量上佳的，主推花园城市、三S度假城市等；如今，科技创新能力则成为城市发展的新标杆，科技城日渐走红，如此等等。此外，与2010上海世博会的影响所致不无关系，想当年荷尔德林"人，诗意栖居在大地上"之理想，已经变成亿万人民所共同追求的美好生活目标，因此，诗意栖居的休闲城市已经成为城市发展最高的标准！

　　至此，我们从理论假设探究上，确立了"乐高城市"生成（建构）的理想标杆，那就是至少需要有机容纳"生产＋商业＋文化＋生态＋科技＋生活"等五大功能。无论经过分析，乐高城市系统结构内部包含怎样的元素/子系统，其生成（建构）的理想标杆（度量标准）不妨假设定性为：首先，乐高城市系统从混合到组合，从组合到整合（化合），唯有整合，才能使得1＋1大于2的绩效最大化；其次，乐高城市系统的活力在于，其最优态处于生成过程中，任何将城市愿景定义为固态的努力只具有相对的真理性。

　　如上有关于乐高城市牛成性的基本属性探究，其基本思想取向也适用于我们对休闲时代做文化解码。休闲时代在"生而成"的过程当中。所谓"生"之主旨在于"生生不息"。休闲时代的文化属性作为逻辑结构的落定形"成"，是经历一番"生生不息"的分化、调制、酝酿和重构之后的自然结果。正在向我们走来的休闲时代所具有的生成性同样可以如上双重发生的向度上去理解：历史生成（空间的时间化）和个体生成（时间的空间化）。

　　人类休闲经历一个渐次提升的历史生成过程。也许，在当下的我们看来的远古时代人们的休闲，显现出人类童年时代的某种幼稚。无非是，在满足温饱之余，累了，想歇一歇，于是，就玩出一点令今人看来仍然觉得有点意思的花样。其中，也许潜藏着某种人类远古文明的文化密码。但，当初的形式感，显然包含着某种让人赏心悦目的东西，这就足够了。美学大家李泽厚的名著《美的历程》，就用情理交融的诗化哲学笔触，向我们介绍了中国人追求美好生活的审美心理历程：从我们的先民"龙飞凤舞"的远古图腾、原始歌舞作为一种"有意味的形式"，经由颇具线的艺术韵味、乃至于不无狞厉的美的"青铜饕餮"，先后抵达先秦理性精神、楚汉浪漫主义、魏晋风度和佛陀世容的境界，进入"盛唐之音"的恢弘图景，中唐以后，超越生活表象而执著于"韵外之致"的追求；到了宋元，一己之我在山水自然的摹写中消融继而凸显，明清小说等市民文艺，使得中国式的"浪漫""感伤"甚至于"传奇"，变成越来越广泛的大众文化消费品……如此文化心理的动态演化的过程，从"生"的历史，转化而"成"为逻辑，由显而隐，积淀为整个的民族集体无意识架构。

　　尤其需要指出的是，李泽厚先生在《美的历程》一书中所勾勒出的中国人之文化性灵史，从远古至明清，至少有两个值得我们在思考走向未来的休闲时代之文化属性所必须予以高度珍视篇章，一是在"人的主题"之麾下凸显"文的自觉"，以"阮籍与嵇康"为代表熔铸空前且绝后的"魏晋风度"；二是在"无我之境"与"有我之境"之间盘亘，在"细节忠实和诗意追求"间徘徊的"宋元山水意境"。中国人在这两个时间段当中，生成性地将华夏子民之休闲生活当中所体现的"自由"和"自觉"之"人"的"类"特性（马克思，1944），深深地镌刻在民族文化心理的深处。

　　当然，饮水思源，从溯源的视角切入，我们不能不回顾先秦时代的老子和庄子，其无为、洒脱和逍遥的人生态度，为历朝士大夫做出表率；春秋以降，老庄思想影响深远，成为中华民族文化集体无意识生成史中生生不息却与时俱进的主潮。葛兆光先生从中国文化史视角切入，对体现中国士大夫人生哲学和审美情趣的禅宗所做的历时性梳理和发掘；南怀瑾先生对禅宗与佛学，尤其是道家之间所存有的思想渊源关系的细致精妙分析和归纳；祁志祥先生对中国佛教诸如"镜花水月""涅槃极乐"和"色复异空"等意象所做的细腻提炼和描述；陈江风先生聚焦于"天人合一"，学理化地勾勒华夏子民心目中的时空宇宙框架以及那颗诗化的天地之心；朱良志先生以"生"为结构、"时"为流程、"气"为基础、"象"为"符号"，对中国艺术笼而统之所体现的生命精神进行纵横捭阖的提点抽象，如此等等，对华夏文化传统中国本土文化发展历史中与休闲意识相关的思想资源，值得我们去做更为细致和深入的梳理。其历史性的积淀，是生成当代休闲时代风尚（作为逻辑构成）的重要依傍。

当然，"地球村"时代，特定国家（区域）和民族的休闲时代构成，除了在纵向上受到本土思想文化资源积淀的影响之外，还会由于跨文化沟通的原因在横向上与整个世界对话。近现代以来开放的中国当下的文化现状，包括国人的休闲意识在内，也是国际间交流的结果，其逻辑构成的历时性过程，理应加上国际维度。古希腊、罗马时代，文艺复兴时代，以及近、现代西欧北美的与休闲相关的思想文化精粹（限于篇幅与此不赘），也是生成中的国民休闲意识获得滋养的重要能量来源。

逻辑是静态的历史，历史是动态的逻辑。过程（时间）性建构导致瞬间（空间）性的结构；反之，空间（瞬间）性的结构凝冻着时间（过程）性建构。我们对休闲时代亦可作如此之观。正在蔚为大观的休闲，作为逻辑结构，是本土与世界交融中历时性生成的。

3　超越产业思维的休闲时代之乐感美学属性

休闲时代的滥觞，当然与近现代以来的整个世界产业发展趋向有关。关于休闲时代的到来，笔者在拙著《旅游经济文化研究》（2005）一书中就曾援引未来学家的相关研究做过初步分析。整个世界的未来走向，引起人们的高度关注，各种猜想假说纷纷登场。其中，美国未来学家甘哈曼的《第四次浪潮》一书，以其杰出智慧型预测才能，宣告一个特种的服务性经济时代即将诞生。在该书中，他指出：整个人类社会，已经和正在经历三次浪潮。第一次浪潮是农业革命，其主要经济活动是农林、水产、矿业等采集资源的活动，这时的主导性社会形态是乡村；第二次浪潮是工业革命，经济形态以有关建设和机器制造的活动为主，这时的社会和文化属于都市型；第三次浪潮以滥觞于 20 世纪七八十年代的后工业化经济（亦即服务性质的经济）为特征，由金融、经营、教育、训练等具有服务性质的经济形态唱主角。接着，他预测在 21 世纪将会出现第四次浪潮，一种特种服务性经济即将崛起。他说，"第四次经济活动的主要活动，多多少少是以我们目前视为休闲活动者为中心"。同时，他列举了第四次浪潮社会的 13 种活动，诸如，仪式性和艺术性的活动日益大众化；观光、游戏、竞技、仪式性行事、展览会、公演；美食主义者盛行；狩猎、钓鱼、郊游、露营、泛舟受到欢迎；旨在改变情绪、扩大经验的"度假"成为生活中的有机组成部分。

从历史发展的总体趋势上做未来学的研究，这些论述是非常有前瞻性和启发性的。我们更进一层所要做的探索是，这样的"休闲时代"发展取向，其历史和逻辑的关系、时间和空间的关系、建构和解构的关系以及动态过程（休闲历史/文明演绎）描述和静态结果（休闲哲学/本质归纳）的关系。这样的研究，任重而道远。我们的初步探索是，休闲时代，正在这样的历史性进程中向我们走来，在历史时间流程中"建构"起不断走向成熟的休闲逻辑"结构"。从总体上看，那就是，隐含着从劳作之余顺其自然的身心调节，经由与马斯洛人本主义心理学解析中指出的需求层级提升从文明演化历史相关的种系发生，转化为与具体休闲审美情境相关的个体发生。对于这种变历史积淀为当下美感体验的休闲文化的分析，有两个非常值得作深入探究以求获得整合性认识的要点，一是就其总体属性而言，休闲是一种"有价值的乐感对象"；二是就其接受美学意义上的受众反应心理层级而言，作为生活溶解在心灵中的秘密，休闲可以解码为包容"悦耳悦目—悦心悦意—悦志悦神"渐次提升过程的内在图式。

归纳起来看，休闲时代的文化构成，由时间转化为空间，由总体历史转化为当下个体的生活化情境，进而形成休闲时代的乐感美学属性的逻辑概括：休闲是导入"悦耳悦目—悦心悦意—悦志悦神"过程的"有价值的乐感美学对象"。笔者曾就作为当代休闲生活的热门载体——民宿的文化体验，尝试进行乐感美学分析。民宿休闲的审美价值核心,在于其因为"适性"(与文化市场主体的诉求相吻合),亦即符合"美的规律"(与"人"作为"类"特性的"自由自觉"相一致),因此,能够作为"乐感对象"而构成市场的"独特卖点"。而其"乐感对象"的意义,不仅在于能够满足人性结构中与"快乐原则"相对应的"本我"需求,还在于能够满足人性结构中与"现实原则"相对应的"自我"需求,更能满足人性结构中与"道德原则"相对应的"超我"需求。因此,"悦耳悦目—悦心悦意—悦志悦神"渐次提升过程中的三个层级,便可分别与本我、自我和超我的需求嬗变和转型作对接。以美食为例,表面上看,"舌尖上的中国"向世界奉献一档足以征服人类味蕾的美食休闲盛宴,似乎,这是用好像并不太高大上的需求价值层级,在征服消费者的官能,兼及征服其钱袋;但,作为物质构成的"食"一旦与作为文化构成的"美"相关联,导入别具心裁的美学创意,美食便可以感官快乐传导超越性的"味外之旨"。视觉(推而广之为五官)盛宴,可以成为通往精神饕餮的阶梯;反之,"精气神"方面的"阳春白雪"层级,也可能通过非常"下里巴人"载体形式得到创造性表达。

如上认识的形成,得到自己亲力亲为的田野调查之心得的有力支撑。2017 年,笔者曾经就休闲乡村审美过程当中如何体现注意力经济和体验经济的结合这一问题,以自驾+徒步方式,深入江南农村,然后结合考察所得,写了一篇题为《古村落:叫我如何不想她……》的调查报告。

此报告从"怎样吸引游客的注意力?"破题。

如今风头正健的文创,已经进入注意力经济和体验经济二元一体、协调发展的新阶段。俗话说,外行看热闹,内行看门道。从市场受众的角度上看,按照巴雷特法则,与二三成"内行"文化消费者相对应,七八成均属于程度不等的"外行"。并无贬义的"外行"在人世间大都"以貌取人",对于外部世界的审美层次处于追求"悦耳悦目"的初级阶段。从"内行"的视角出发,虽然通常遵循"披文以入情"的"由表及里"认识路线,经由"悦心悦意",抵达"悦志悦神"的意境,但,外在形式美,是首先被关注和审视的对象。

因此,从雅俗共赏的市场角度出发,注意力经济其实比体验经济更具有广泛的社会实用性,更应当引起高度关注。旅游学上把能吸引游客的景区景点之类叫做"旅游吸引物"。怎样的古村落比较能吸引市场、更为游客所喜闻乐见? 这是个为"三农"困境所缠绕的我国古村落未来发展趋向首先需要解决的问题。就中国古村落而言,无论是"看得见山、望得见水"的自然生态,还是能让我们"记得住乡愁"的社会生态,首先是形式美问题,是诉诸眼球(以及由此拟带的五官感觉)的问题。于是,我尝试通过田野调查,从"思路决定出路"的取向上来解决这个问题。

然后,从"午后夕阳濡染下的荻港"图景,由表及里,从眼睛到心里,做了解析分析。

2017 年 2 月 12 日,我走了一条 9 小时 330 公里的古村落美色快餐自驾环线:午后一点启程,160 余公里,从上海到湖州荻港古村静看夕阳,再行 90 余公里,进西塘悠走赏灯,返沪 60 余公里,不堵车。在荻港逗留两小时,行摄所得,首先形成自己的微信摄影小辑,题为《走心的夕阳,知性的小镇》。我的以荻港为个案所做的"知性小镇"研究,已经历时将近一年,一般的旅游大众当然不会往比较"高大上"的"知性"方面去体验。但,我坚信,无论是谁,如果与我在当时同行,都会为夕阳濡染下的荻港小镇非常独特的知性之美所打动,即便这样的美景仅仅属于形式美范畴。古村落的特定景观元素(老房子)为天造地设的光线(比如夕阳)映照和地理(比如水体)衬托,不低的景感度,就足以征服人们的官能(欣赏形式美的眼睛),进而感动人的内心。

在荻港古村停车场,我一下车,便被明媚阳光下的门禁服务区之亲和景象所吸引。转身进村,但见"小桥流水人家"的江南水乡图景。未得进入荻港的迷你园林"南苕胜境",在外面,古色古香的人文元素,被自然色温调制得很养眼且走心。中国(京杭)大运河荻港段的东侧是桑基鱼塘,作为世界农业文化遗产瑰宝,是古村未来可持续发展的真正逻辑地点,至少我这么认为。因此,我以往来荻港,非常注意村里留有的那些与蚕桑养殖业有关的印迹。那些供养蚕宝宝的竹匾,有的已经上墙成为装饰,有的,则层层叠叠被搁在木架上。在如上所述的那座进村小桥一旁展现的如画景象,由于暖暖的冬日阳光的抚慰,变得很有情调……

此时此刻,荻港,从眼睛到心里,通过"心眼"的作用,为相机所定格。也许,在其他光线条件下,同样这些古村的景观元素,在游客的注意力作用下,会激活另一番感悟;但在此时,由于很不错的夕阳光线条件的作用,产生很"走心"的招徕注意力的效果。

这就给我们的古镇旅游规划师以启示:如何从正面影响(征服)人的以视觉(+听觉)为主体(兼及嗅觉、味觉和触觉)的审美感官系统,是作为旅游吸引物构成不能不首先要思考并予以解决的问题。值得思考的是,作为专业术语的"景感度",有时候,可以并不借助于"硬"投资,仅仅通过借助于自然伟力(比如光线条件),加上作为审美者的主体创意,就能获得水到渠成的提升。这样的"四两拨千斤"技巧,与业界所青睐的"轻资产运营"不无关联。

然后,我自驾转道,去观览夜色西塘,旨在探究:巧夺天工的设计是怎样吸引眼球关注的。夕阳西下,天色渐暗。马不停蹄,我从荻港自驾到西塘,在停车场落定,已经是夜晚七点多钟了。天气变冷,只见不少游客出村回程。我问了几位停车场里的自驾游客,他们都是白天到此,当天返程,没有入住过夜。西塘的这个规矩很有意思,晚上五点,门禁区检票口的工作人员一下班,西塘就算免票了。我就属于这样的被免票的。

夜晚的西塘很漂亮,按照注意力经济的要求,花了血本做了整个古村落的灯光美化工程。因为以前也是晚上到访过,比较熟门熟路,我一入景区大门,就手脚麻利地取景照相,然后第一时间用微信上传自己的美其名曰"老庄摄影"小辑,题为《夜色西塘》。一不做,二不休。回到上海之后,我又接着上了同题材的续集。

这回在家,有空静下心来,作文化反刍,写下这样一段感想。

当年,在高速公路广告牌上,在上海地铁车站的灯箱广告里,很常见这样一句温情脉脉的话:生活着的千年古镇……所配的画面则是,盖碗茶汤清亮映印着水墨江南的西塘版图景……那时西塘,就像那个叫做"小芳"的村姑,追求返璞归真的主儿,那是去就对了。现如今,西塘争创5A,走上华丽转身难回头的不归路,《谍中谍3》等大片的取景地之一,更是让西塘提升和转型为好像已经留过洋的村姑,如画的夜色西塘,便是在如此跨文化交融的氛围当中脱颖而出。您别说,还真能吸引不少看客观众。如今是冬季,夜晚有些清冷,去岁夏日里到访,那条烟雨长廊,可是摩肩接踵,人气很旺。

但我总在想,有这样的西塘在,是否就意味着其他古镇一旦搭上旅游车,都要走这条华美包装的道路?中国古训有言:绚烂至极,归于平淡,这样的包容丰富的平淡(大巧若拙的朴实),是否竟然是更高的人生追求境界?如是,古镇的"道法自然"的套路究竟如何落到实处?

其实,西塘夜景五彩斑斓,很得旅游审美大众好评,这是必须要看到的事实,并要予以充分肯定的。因为,存在的就是合理的。老百姓喜欢,总有其道理在。

只不过,我们的比较有弹性的思维触须,总是避免走极端,总是在思考着市场受众的多样化审美取向。就像我国古典美学当中,与"错金缕彩"相对应,也存有同样大行其道的"淡泊素雅"。在为灯光工程所修饰的古村落之外,别出蹊径,用类似于德国戏剧家布莱希特的"间离"手法,通过图像处理软件,剔除同样的夜色西塘那些过多色彩元素,采取几乎接近黑白(灰)的图式,展现别样的西塘,看看效果如何?于是,我上传了夜色西塘摄影专辑,得到的点赞也不少。

在此基础之上,我的探究并未停止。思绪所指,在做自我诘问:"平平淡淡才是真"的古村会怎么样?受到"素美"的点赞的启发,我想起一个中国古老的美学命题:绚烂至极,归于平淡。有两种"平淡",其一是"平淡无味",这是缺乏内容的表现;其二是"平淡如水",这可是"太一生水"的大境界。因为,后者的如水之平淡,包孕着"一(如水)生二、二生三"(淡水而能调百味,美食烹调学如是说)的无穷内容……

思路决定出路。我用"美图秀秀"里同样的"笔触素描"处理的九张光线条件很好的午后拍摄的荻港美图,上传微信,得到的反响也蛮热烈。我在作如此图像的处理,意欲用这样的"火力侦察"方式探寻市场价值取向,同时,自然而然,我写下这样一段话。

对行摄荻港作文化反刍,我蓦然觉得,小镇古村的知性之美,固然可以借温馨夕阳的光雕来铸就(如我昨天上传的一组彩照),更可以"清水出芙蓉,天然去雕饰"的凸显方式来传导。西塘之夜色为灯光所妆点不失为美,设若不用人造光,走"道法自然"的路线呢?如果荻港以"洗尽铅华"的素颜面世,或许,这正暗合"不著一字,尽得风流"的返璞归真之古典美学境界?!于是,我将这手机摄下的荻港影像之色彩去除,集辑上传奉献给能懂她的你……

顺理成章,我萌发了非常强烈的回归本真与符号象征的"乡愁"记忆之念头。

2017年2月15日,我在微信当中读这篇介绍"水舍"设计的文章:水舍酒店(water house)由如恩设计研究室设计,当年便获得台湾奖金最高的建筑奖"远东建筑奖"。水舍的门脸低调到即便你路过,可能都会错过,因为在对这幢废旧建筑进行改造的时候,设计师最大程度地保留了建筑粗粝的本来面貌,这也是给人最震撼的地方。

当时,沪上的文创设计机构"思纳"年轻有为的设计师韩龙作点评:这个好,最大程度保留本来面目的同时,为客人提供舒适方便且美的住宿体验。

我接着这样说:其实,当年上海新天地横空出世,诀窍之一,就是运用如此套路:外立面保持本真面貌(让人产生"似曾相识"的熟悉感),但内空间作功能性与审美性相结合的创新设计(激活受众"人生面不熟"的探究欲,且促成舒心惬意的旅居体验)。如今已经成为社会热词的"乡愁",从文化心理解析上审视,与人类群体的过去(历史)记忆有关。当曾经的日常生活"随云而去",逐渐变成"远逝地平线"上渐行渐远的模糊景象,持有"远距离崇拜"情结的人们,就会因为失却而怀旧。这时候,任何一点能够真实地展示在眼前与通常人们的记忆相联系的民俗元素、本真细节,都有可能基于内心共鸣而产生极大的感官系统的冲击力量。

笔者曾经不止一次著文,满怀深情地提及获港的"一元茶馆",并对其所潜藏的文化人类学意义上的精神价值予以发掘和阐发。2017年2月12日的田野调查,我发现,茶馆的门口,已经有了以往未曾见到的装饰,很喜庆的红花布制作的门帘和门楣,边上的墙上,也新增了一块经过设计的文字铭牌。当我的视线穿过门帘,发现内里的一切照旧……于是,我有一种重温旧梦的满足。将近两周之后(2月23日),我又一次随队前往获港考察,再一次掀起"一元茶馆"红花布门帘,我蓦然发现内里充满历史感的图景之聊解"乡愁"的那种难以言尽的美。我所尊敬的老潘师傅正在为顾客理发,并不宽敞的茶馆兼理发室里,长枪短炮的摄影师,镜头对着老潘,呈半圆形的摄影队列。只听到,"咔嚓咔嚓"记录历史的相机快门声音。这回,我那端着单反相机的手没有发痒,怕打扰这尽在不言中的美妙情境,只用卡片机悄悄录了一段相,然后掩上门帘默默离开。我在想,不正是"乡愁"在驱遣着这些摄影师们,来到这几近历史文物的"一元茶馆"吗?大都市的美发厅(茶吧)是美的,当这洋溢着乡里乡亲浓情的"一元茶馆",不也正因为已经成为乡愁的"符号",因而成为本真民俗的一种"象征"吗?

当时,已经获批成为4A景区的获港,据称很快就要作为围栏式景区问世了。值得我们好好做筹划的是,这"一元茶馆"是原封不动地作为"生活着的"民俗文化图景做保护性的展示呢,还是需要做点什么"更上一层楼"的创意设计? 这老潘如今工作的环境,按照有的受众看来,有点"脏乱差",设若对此按照市面上的理发厅(茶吧)做整治,当下足以吸引人们(尤其是文化旅游者,比如那些民俗摄影师们)眼球、召唤人们心灵的本真铺子将要"旧貌换新颜",如此推陈出新注定是"一元茶馆"的未来归宿吗? 这些年,间或到获港,一次又一次,眼看着老潘渐显老相,这位心地善良、理发技艺精湛的长者,终有干不动的这一天。如何让"一元茶馆"薪火相传,从"一生二、二生三,三生万物"的意义上,把昭示人际间亲和关系的精气神,从软件和硬件相结合的知性古村旅游(休闲)吸引物打造着手,得到与综合效益相关的有效传承呢?

"蓦然回首,那人却在,灯火阑珊处"。由上述田野考察以及相关网络讨论给我留下的后续探索话题还包括:从注意力经济视角切入,如何让古村落的外立面图式,保留与薪火相传的本土文化元素,而将大刀阔斧进行创意设计的功夫用在内空间的再创造上? 这样做的结果,是否可以达到当年别林斯基留给艺术理论界的一个经典命题"熟悉的陌生人"之境界? 由此,从注意力经济提升和转型到体验经济? 于是,"看得见山,望得见水"的自然生态与"记得住乡愁"的社会生态之生态文明的合题,至少在我国古村以怎样的状貌面世这个问题的解决上,开始获得如今大行其道的文化经济学证明……

通过上述田野调查笔记的回顾,我们可以更为真切且具象地感悟到,作为"有价值的乐感对象",其所激活和诱发的三个层级的审美心理反应,都有其相对应的载体化休闲产品形态——

悦耳悦目,与"本我"相关的食色娱乐、肉身快慰:音乐疗法;大快朵颐的美食养眼的形式美欣赏;健美操、舒筋活血的广场舞,尤其是世界知名的法国巴黎红磨坊的艳舞,如此等等。

悦心悦意,与"自我"相关的怡情养性、情愫陶养：轻音乐欣赏；当然,广场舞也有相当的愉性情作用；显现青春生命力量的徒步登泰山之旅,适合性情陶养的小镇的风景、风物和风情之云游,比如在欧洲奥地利萨尔茨堡的世界最美小镇哈尔斯塔特以及据称是"乐仙"莫扎特外婆家的沃尔冈湖畔的吉尔庚,如此等等。

悦志悦神,与"超我"相关的意想妙悟、思想沉醉：读书休闲；创意发散的神仙群以及思想风暴会；从对艺术美接受者的修养要求上看,比之于轻音乐,被称为严肃音乐(譬如主题交响乐之类)的欣赏,由于其所包含的宏大的叙事空间和深远的思想意义,能将沉醉其中的个中人,引向理性元素非常充分的"神游"和"沉思"境界,由此生发开去,中国西部"天路之旅"中的诸多神山名寺的朝圣,"痛"并"快乐"着的不无自虐意味的各种探险之旅,如此等等。

如上所述,对作为"有价值的乐感对象"的各种休闲方式,我们采取的,不无外科手术意味的条理分析而后归档的方法；但在人文社会科学当中,尤其是在对于与艺术以及艺术化的审美人生做解构分析时,势必会遭遇"七宝楼台,拆碎不成片断"的问题。即,作为"宇宙之精华,万物之灵长"的人,构成要素繁复、结构方式精密,其实是一个在"混沌"中见"有序"的作为生命有机体。就其生命存在方式的整体认知而言是"混沌"的；就对整体的细化解构所产生的规律性认识而言是"有序"的。鲜生生的人类休闲图景本身,用将此提升的三分法来解析,其实就已经落入机械唯物论的窠臼。因此,浑然一体的知性分析应运而生。

我们对休闲与知性的相关性还缺乏足够的认识。的确,休闲在人类文明进化的历史中具有重要的文化价值,是人类精神的一种境界。但是需要指出的是,回归生活美学境界的当代休闲,一个突出的特征,就是不再仅仅是过去时代多少文人墨客所钦羡形而上的理想追求,而是如同形神兼备的意象,成为美好理想不落痕迹地溶解在感性生活状态当中的知性体验过程。

就这样,祁志祥教授的"乐感美学"说,经过"悦耳悦耳"之"欢"—"悦心悦意"之"乐"—"悦志悦神"之"颂"的休闲生活三级递进,把形上之思(理性)和形下之学(感性)结合起来。于是,我们来到了知性休闲的天地之间。

4　时间转换为空间的知性审美化休闲活动

所谓"时间转换为空间",意思是说,休闲时代的文化在历时性的过程性生成过程中,逐渐被建构起来,作为影响所致,以其逻辑性的结构方式,于瞬间被激活,转而落到实处,变为当下空间的知性化审美的休闲活动。

我们知道,作为传统形上之学的哲学,在观照世界时通常采取分解的思维方式,即,作为实体的世界是被二分构成主体与客体的统一体。后形而上学视野中的思想景观,则直接追索现象自身构成的原由(胡塞尔的现象学),或者高举"存在先于本质"的旗帜,以人类生存活动中的自由选择作为生命自我实现与自我超越的凭借(萨特存在主义哲学)。这样的思想取向使得原本正襟危坐状态的哲学走向诗化；而诗化的人生世界,不能单纯跟着感觉走,也不能落入纯理性分析的教条主义窠臼,应运而生的就是调和感性和理性的知性分析。

关于知性分析,笔者曾结合正红火的特色小镇建设,著有专文做过初步的知性美学理论探索：设若存有这样一种小镇(古村),她能超逸于作为感性语境的城镇化洪流,不无世外桃源的"天堂"意味,但与尽善尽美的天堂般理性语境相比,又洋溢着平凡但并不平庸的生活美之氤氲。我们认为,这就体现出一种饱含人生智慧的知性之美。

在对"知性"概念进行文献综述之后,笔者给出的理解是：知性介于感性和理性的中间,指的是那种比来自生活现象的纯感性多一层内在底蕴,隐含理性深度；对照来自形而上的天国理性,则又多一层人间烟火味,使得家常亲切的柴米油盐酱醋茶,能够洋溢着或朴实淡薄或娴雅逍遥的生活气息。也许可以这样来做注解：在经度(纵轴)上"不偏不倚"的知性美,足以体现了人生纬度的褒义"中庸"。

笔者认为,包括知性小镇(古村)在内,知性化产品必须首先顺应大众旅游趋势,但其主要为正在崛起的中国中产阶级准备的。这样的研判尚需留待后续研究和阐释。本文期待完成的理论叙事任务是,用文字表述向人们展开一幅情景交融、感性与理性交织、感官快感与精神愉悦交汇的生成性休闲图卷。

"上承天意,下接地气"的知性休闲文化,根据笔者理解,其三昧首先在于"自由"(西方)与"逍遥"(东方)的联袂。曾经听到一种说法,叫做"跟着酒店去旅行"(驴妈妈),意思是说,以酒店预订作为出游平台制定旅行计划。这是很多走南闯北经验丰富的旅游者在"自由行"时的选择。在主体性高度崛起的时代,从消费文化心理学上,去解读生活溶解在人们心灵中的秘密,就可以发现,对于一个成熟的旅游者而言,更具有主导性的原则是"跟着心态去旅游"。"随心所欲而不逾矩",充满自由感的"说走就走"的旅行,就是一种基本上以性情取向为基准的生活态度,哪怕是要离家远行,也是这样,完全听凭一己心灵之召唤。如此心态和性情,经常以"不偏不倚"的知性方式出现。其与过度理性化决然不同,个中人不会生活在令人厌倦的条条框框指挥之下;但,与过度的感性化也不一样,感性过头而步入庸俗猥琐、婆婆妈妈和低级趣味,也令个中人所极度不屑。如此知性选择,摒弃"玩物丧志"的传统说教,但又不屑与"弱爆了的"低品位为伍,坚持以品质生活为取向,情景交融,听凭非凡心态和高傲性情,在天国和大地之间的思绪中空游荡。

休闲的知性审美之要义,大致上可以从三个方面来理解。首先,具有音乐艺术的时间性,表现为自由与逍遥的沉浸式体验。其次,具有绘画艺术的空间性,表现为苍穹与大地间云游时的感同身受濡染。第三,于时空交汇的过程性审美中感觉与体验中"乐活"(LOHAS, Lifestyles of Health and Sustainability 的缩写)生态。统而观之,知性休闲作为一种尚待更近一层细化解析的人生审美心理现象,主要表现为时间流程于情景交融的瞬间以"乐活"的状态被触发而使得个中人沉醉其中,不能自己!所谓"人,诗意地栖居在大地上","诗意"犹如天外神助的曼妙情思,但个中人并不感到空洞,并不觉得抽象,因为,自己足踏大地,并不脱离感性生活状态,关键是,此时此刻处于极度的自由逍遥之心理状态。

有关休闲的知性审美叙事,笔者想通过 2019 年夏天近两个月的欧洲之旅中的一个时段回顾作为形而上阐发的形而下依据。

作为人类生活存在方式的休闲,其文化内涵在于其过程性。我的微信游记,以图文并茂的方式,适时记录着彼时彼地自己的真情实感。

从柏林出发,到纽伦堡—雷根斯堡—帕绍—萨尔茨堡—克鲁姆洛夫—布拉格,十八天转一圈回柏林,身闲心在忙,又在跟着单位同事"英伦行"图文并茂的纪游观览天下,因此而触发一点思考。

我们从创造一个新世界的宏大叙事场景中走过来,突然发现,辛苦一场,面前的环境与外面的精彩存有巨大的隔膜与反差。改革和开放,让普通的中国人,开始有了世界观的宽度和深度。外面的世界真精彩,超越终隔一层的媒体,走出围城,通过环球行旅,让我们获得感同身受于异样文化场域的机缘。但,我们作为出境旅游者,在开初,即便来到被认为是"精彩"的异域,仅仅作为"看客"而存在;人家其实也不太拿我们当回事。别人怎么看倒在其次,关键是出了国享受的人生,只不过比没出来的多了点实地亲眼看西洋镜的经历。这就有点太亏待自己了。

当然,有"看"(观光)的机会,还要会"玩",有份度假的闲心,还需有足够撑鼓的腰包。这就非常人所都能为了。更关键的是,当看着别人在海滩裸身晒太阳,看着别人在春暖花开之时面朝大海静享天籁,看别人在川流不息的河边桥头酒吧抚桌凭栏坐享美食……之际,一股脑儿忙着取景照相,压根儿没去想,我是否也应该如此安享人生,这就不是个小问题了。

在等级渐次提升的人生价值交付与获取的场域,我们能为仅仅作为"看客"而自鸣得意吗?"玩"物而不丧志是否可以作为人生常态而存在?我等都已经退休了,还在做"看客",是否有点傻,是否要赶紧做点"亡羊补牢"的事情?人家老年人有足够条件于人生第二春季中让休闲之花怒放,我们在忙啥呢?其实,"穷游"也能"网"出一片新天地。关键是,我们的美学层面上的生命意识是否已经觉醒、已经被激活……

我们的知性休闲意识是否处于待唤醒状态?也许还真是如此。中国人真的很忙?其实,理论上可以供支配的休息时间不少,年均休假超过 100 天。但实际情形是,往往"休"而不"闲"!即便知道休闲的重要性,实际上也玩掉了不少时间,但到头来又发现少了点什么真正能够提神的东西。我们的时间消费,有时与知性人生严重背离：要么太高蹈(学者的寒窗苦读，为功利所累，觉得了无趣味)，要么太世俗(百姓的"斗地主"、搓麻将，过于沉湎于此，以至于觉得"伤不起")。因此，需要纠偏：向过度理性化和过度感性化果断说声"再见"！

落到实处的知性休闲，可以是身体美学(美容、美食等)，可以使器物体验(驾驶、游戏等)，无论形而下的生活世界我们怎样玩，作为生命的消费，总要有点"意义"在，这"意义"层面的追求，就和文化有关。以喝茶为例，与追求格调的欢聚品茗相比，单纯为口渴饮茶，两者完全不在一个文化档次。再以职业生涯为例，单纯为五斗米折腰的劳作，与将兴趣与工作融为一体，也是两种不同的人生境界。因此，即便为芸芸众生，也可以活出一番惬意的境界。关键是，如何给心灵松绑，自由与逍遥，从自己的胸臆气韵的酝酿做起；然后，适情顺性地在哪怕非常"柴米油盐酱醋茶"的日常生活境地，找到天(理性)与地(感性)的知性交接之点，从中寻找休闲的乐趣。

2019年11月5日，我正在琢磨眼下的这篇文章。因闲赋在家，我部分担负起原本多少年里一股脑儿推给太太的家务，用游戏的态度，整备居家必不可少的饮品，这回没泡茶，在做咖啡。手磨咖啡机，在转圈圈的机械动作进程中，脑海如那年在崇明东滩大清早在水一方准备迎接东升旭日，忽地闪现一片来自太阳系里最珍贵的光芒，文思泉涌，于是乎，手机微信随"笔"写下这段后来配图上传的文字。

"远方"的"诗"性解读/感想：慢慢走，欣赏啊……

跨文化交融的时代，喝茶的"命"，偏赶上喝咖啡的"运"，20世纪90年代初，出国访学二年，捧惯茶壶的我，见异思迁喜欢上了咖啡。

我的这段历史是要从喝速溶咖啡开始算起的。那时，总算把"雀巢咖啡(＋伴侣)，味道好极好了"的广告语，给"知行合一"了。

后来发现，与速溶咖啡同样方便快捷，咖啡胶囊(机)的味道更好！

今年七月游欧洲，在儿子居所便享用既方便又美味的胶囊咖啡；出游奥地利萨尔茨堡州莫扎特的外婆家吉尔庚，入住民宿，还忘不了付费自助，用胶囊机做了杯香气扑鼻的咖啡。

其实，因早就不满意速溶咖啡，近年来我都买中意的咖啡豆，在家打磨成粉冲泡成香喷喷的咖啡喝的。

蓦然回首，我觉得自己如在家"神游"，刹那间奔向远方，找到了久违了的属于远方的"诗"……

年轻时，读美学大师朱光潜的名著《谈美书简》，爱不释手，最感兴趣的书中内容之一，便是先生说起，他当年游阿尔卑斯山，那里竖着一块告示，上面写着：慢慢走，欣赏啊！

几十年了，我也从年轻教师变成退休人员，对"慢慢走，欣赏啊"的理解也逐渐加深。

如果说，现代化热潮中的当下是快节奏的"只争朝夕"，那么，慢生活便是与现实有点距离的"远方"。

如此"远方"的"诗"，在"牧童短笛"中，在阿尔卑斯山下的莫扎特外婆家，这是乘坐高铁或飞机所体会不到的……

在这则微信最后，我写道：

易北河两岸，繁华城市的右岸，如上海浦西外滩滨江边的休闲平台上，几位游客闲坐面河的长椅上，目光瞅着左岸；

如上海浦东作为四十五公里休闲长廊组成部分的南浦大桥至东方明珠陆家嘴区段，易北河左岸，却是一片天然河滩，就像中国国画的"留白"，用地紧张的城市德累斯顿，在此没有在自然形成的滨河地貌上大动干戈、大兴土木，而是在卵石滩和青青草地上，辟出一条并未作精心硬化的沿河休闲步行和车行两用道。

其时，我几近匍匐在地，用低视角，摄下西东走向在我眼前一闪而过的骑士，一辆又一辆自行车，自西向东迎着朝阳，自东向西，飞驶钻入桥洞，这是近景，远景则是德累斯顿左岸滨河的地标建筑，一如上海黄浦江左岸浦西外滩的那排建筑地标。沐浴在夏天清晨的阳光里，静静地，我在这德累斯顿易北河右岸河来回踱步打量端详，耳边传来自东向西的流水声，潺潺的、绵绵的，乐不思归，足足有大半个时辰。

实际发生着的知性化休闲，作为"有价值的乐感对象"，在当时，渐次递进，情理交融地显现于我亲身经历的如此域外休闲的游历当中。从好看到耐看,从欣慰到启迪,从音乐化的时间性沉浸陶醉,到绘画般的空间性美妙感触,再到由表及里的"乐活"感悟,这是一次不无偶然际遇意味的相对完整的知性审美过程。

在"历史和逻辑相统一"的方法论意义上,我们也许可以这样认为,人类休闲文化本质的总体(宏观)历史演变进程,渗入这样个例性质的德累斯顿易北河畔逍遥过程之中,演变成为一种或许能够以小见大、通过个别体现一段的人生休闲美学之"逻辑"。

如此逻辑的典型意义足以引发我们作举一反三的休闲旅游业提升和转型的思考。在"知行合一"的旅游资源开发和规划过程当中,我逐渐感悟到,作为旅游的三个阶段:观光、休闲和度假,彼此并不完全呈现由低级向高级的顺序排列,同时,三个概念也不完全是按前后顺序渐次提升的递进关系。在地方旅游业的实操当中,从世界性的经验上审视,一个更为睿智的取向是,以休闲为主干,提升观光(由景点留影、点卯即走,到情景交融、相看两不厌的深度观光)、助推度假(一个优质的休闲环境,本身理应具有土著和访客共享的全域性;如是,则具备让远方的客人留下来的高度可能性)。更进一层,设若我们的旅游地能够提供知性休闲审美的上佳品质,这样的地方,就有可能成为游客纷至沓来的观光乃至于度假旅游目的地。以知性化的休闲为主干,提升观光和助推度假,把一般般的旅游地发展到真正让游客心驰神往的旅游目的地,这是我们的旅游业提升和转型工作重心。

不妨以笔者参与的一项旅游咨询活动为例来印证如上探索性认知。2016 年 6 月,我应邀前往安徽,参加《广德县十三五旅游产业发展规划》评审会。当时,我对已经通过评审的该规划的落地实施,提出盘活存量、巧做增量的建议。该建议围绕着广德环城山野游憩(休闲)圈构建所展开。回到上海不出一个月,我自说自话地写了一份咨询建议书,传给地方旅游主管部门。这份建议书的基本内容如下:

> 受吴必虎教授肇始于 1998 年的有关"环城游憩带(ReBAM)"研究的启发(参见附录),2000 年前后,我在主持编制《滁州市旅游发展总体规划》时,在实地踏勘走访、细致解析本土"三脉"(地脉、文脉和人脉)的基础之上,秉承将最滁州的《醉翁亭记》进行到底的理念,从欧阳修这篇千古妙文中的那句"环滁皆山也"生发开去,产生环滁 80 公里游憩带的规划设想。惜乎,因为种种原因,此设想没能得到实施。

> 这次到广德,参加县十三五旅游发展规划评审,结合当地旅游资源结构、布局及秉赋的认知,又产生关于广德环城山水游憩带构建的想法。

> 广德县域地块,呈花生米状,北偏东—南偏西的立轴布局。存量资源的开发表现出东向集聚、西部偏冷的现状。

> 据介绍,县里有打造东(亭)卢(村)旅游集聚区的设想。作为"十三五"力推的项目组团抓手,此设想不失为明智之举。此旨在做增量的本县东南部旅游集聚区与已经成为"明星"存量的东北部太极洞旅游区汇合,构成东线旅游走廊。

> 广德西部的旅游崭露头角的是位于誓节镇的宣木瓜山庄。设想一下,以该山庄为主核,作北上和南下逆向拓展,则可构成西线纵向主干。

> 如上拟定中的东西两条纵轴线采取三管齐下的联袂取向。

> 首先是以县城为主核,左右两头沿高速、国道连接东、西线。

> 其次是通过北部连线和南部连线,使广德环城山野生态游憩带构筑成型。

> 其实,这次由规划团队编制的《广德县十三五旅游产业发展规划》当中,有一张图已经大致画出如上所说的游憩带之大尺度环城闭合架构,只不过,此图的环线是作为"公共服务体系图"而配置的,在概念上完全可以做得更大气些。

> 另外,睿智的团队已经在规划当中,提出了环城游憩带的概念,只不过,范围仅涉及广德县城所在地(桃州镇)及周边,尺寸有点小;本建议是做全域拓展的放大设计。

> 广开山水门,德迎天下客。如此环城游憩带落到实处,必须借力于"全域旅游"发展战略。这就说来话长,另作细议。

　　本建议书传出之后,便如"泥牛入海无消息",看来当地旅游主管部门并不以为然。于是乎,我的后续设想——希冀将于时间中生成的知性化审美之休闲,脚踏实地落实到广德旅游的空间大框架当中,也随之胎死腹中。也许,时空一体的乐活感悟,以如此知性审美境界作为区域性游憩/休闲廊道打造的顶层设计,这样做太过理想主义? 作为认真且执着的笔者,的确不无迷茫。尽管此类挫折不止遇到一次,但仍然"痴心不改"。因为,按照"路径依赖"原理,一旦历史演化中的积淀动能渐成大势,终而至于形成"殊途同归"的主流"路径",到那时,你不跟着走,就死定了。但,到那时,你跟着走,未必能赢,因为,失去先知先觉的先机,等到时代大潮涌起,扎堆想做冲浪儿的就太多了。这是题外话,休闲文化的启蒙,我们在路上!

　　陈伯海先生在论及"形上之思"与传统形而上学的区别时指出,传统形而上学作为由人的终极关怀所引发的终极思考,由于找错了思考目标、采用不合适的思考方法,终于不能避免被"终结"的命运;而调整思考目标、转换思考方式的方向,在于抛弃实体主义的本原论,转向生成论(或曰生命论)的根本理念,即,"不再考虑以哪个实体充当世界的本根,却要将整个世界如是理解为一个自我生成与自我发展着的无始无终的活动过程"。同样,整个时代的休闲作为超稳定结构的实体本原,是不存在的,把休闲当作人类不无自恋意味的自我"终极关怀",也是不存在的。从来就没有什么固态化的休闲本体等待人们的解构分析。因此,从动态发展眼光来看,时代向"休闲"转型的"生成"过程,其实是与人类的生命境界的自由升华过程相同步的。只不过,本文的休闲生成论,重点是从过程视角切入,解析作为人生存在方式的休闲的发生和发展机理;鉴于人类休闲的发生、发展机理与人类生命形式演化、生命内容充盈相同,势必需要将休闲生成论解析和休闲生命论阐释结合起来。在现象形态表现出新陈代谢特征的生命,就其本质属性而言,也是一个过程。笔者计划在后续论文当中,侧重于对"生命的休闲"做静态框架的梳理分析及其意义的发掘。

参考文献

［1］ (德)马克思.1844年经济学哲学手稿[M].中共中央马克思恩格斯列宁斯大林著作编译局编译.北京：人民出版社,2002.

［2］ (美)奥萨利文.休闲与游憩：一个多层级的供递系统[M].张梦,主译.北京：中国旅游出版社,2010.

［3］ 庄志民.当代休闲文化透视[J].社会,1995(9)：18－21.

［4］ 葛兆光.禅宗与中国文化[M].上海：上海人民出版社,1986.

［5］ 南怀瑾.禅宗与道家[M].上海：复旦大学出版社,1991.

［6］ 祁志祥.中国佛教美学史[M].北京：北京大学出版社,2010.

［7］ 陈江凤.天人合一观念与华夏文化传统[M].北京：生活·读书·新知三联书店,1996.

［8］ 朱良志.中国艺术的生命精神[M].合肥：安徽教育出版社,1995.

［9］ 庄志民.旅游经济文化研究[M].上海：立信会计出版社,2005：138－143.

［10］ (美)甘哈曼.第四次浪潮[M].林怀卿,译.北京：中国友谊出版社,1984.

［11］ 祁志祥.乐感美学[M].北京：北京大学出版社,2016.

［12］ 杨恩寰.美学教程[M].北京：中国社会科学出版社,1987.

［13］ 庄志民.旅游民宿体验的乐感美学解析[G]//载于朱立元,祁志祥.美学与远方.上海：上海人民出版社,2017：90－94.

［14］ 杨恩寰.美学教程[M].北京：中国社会科学出版社,1987.

［15］ 陈伯海.回归生命本原——后形而上学视野中的"形上之思"[J].中文自学指导,2009：205(3)：3－8.

［16］ 庄志民,2018.小镇(古村)知性美学品格初探——基于田野调查的思考[J].旅游科学(1).

［17］ 陈伯海.回归生命本原[M].北京：商务印书馆,2012：17.

全域旅游视角下上海城市运动休闲旅游产业研究①

庞　骏[1]　张　杰[2]

（1. 上海对外经贸大学旅游管理系，上海；2. 华东理工大学景观设计系，上海）

摘要： 全域旅游是以旅游业为优势产业，提供整合区域社会经济资源，以旅游业带动和促进经济社会协调发展的一种新理念。从上海全域旅游视角探讨全时空、全民性运动休闲旅游产业竞争力的提升，力争创建国际一流的旅游目的地。从上海城市运动休闲消费与产业互动关系入手，通过刺激上海市民运动休闲需求，增加城市运动休闲政策供给，优化城市运动休闲消费结构，培育城市型运动休闲产品市场，激活城市运动休闲社群互动等方式来实现全域旅游。促进上海城市运动休闲旅游产业结构转型，提升上海城市文化生活品质，早日将上海建成卓越全球城市。

关键词： 全域旅游；运动休闲旅游；产业竞争；消费结构

1　引论

上海作为我国的国家级中心城市，世界新晋第六大国际大城市，在建立全球卓越的国际大城市的战略转型中，如何实现上海城市运动休闲旅游产业的快速发展，值得当代学者进一步探索和思考。

全域旅游是指社会各行业积极融入其中，各部门齐抓共管，全城居民共同参与，充分利用目的地的吸引物要素，为游客提供全过程、全时空的旅游体验产品，从而全面地满足游客的全方位体验需求的旅游方式。全域旅游是一种全新的区域协调发展的理念和模式，它以旅游业为优势产业，对区域内经济社会资源，尤其是旅游资源、相关产业、公共服务、生态环境、政策法规、体制机制、文明素质等进行系统化、全方位的优化提升。通过全域旅游模式可促进城市经济发展、激活消费、传承城市文化，实现城市基础设施与城市人文环境的改善，使城市成为宜居、宜游、宜业的全域旅游目的地，倡导"城市即旅游，旅游即生活"的全新城市发展理念。

城市运动休闲旅游是指城市居民在市区或市区周边开展的运动休闲活动或旅游活动，它是大众旅游、度假休闲时代发展的产物，以其活动的经常性和贴近性把旅游、休闲、生活紧密结合起来。我国当代城市建设需要以"全域旅游"的运作方式开展，整合各种资源，优化公共服务，使游客和居民共同具有城市宜居宜游的双获得感。国内海南省三亚市是较早的全域旅游实践城市之一，张家界市、洛阳市、桐乡市等也相继打造全域旅游景区景点旅游项目，这些城市旅游业因此也取得了快速发展。

城市运动休闲旅游产业作为一种价值多元化的世界性新兴产业，它在城市社会经济发展中具有重要作用和重大意义。主要体现在对城市经济产业发展的变革和促进，对人们社会生活方式的影响、对国民健康的引导培育等方面。近年来国内外城市运动休闲旅游产业发展飞速，体现在一些高度城市化的城市在自身生产和发展中的新探索。对运动休闲旅游产业竞争力和可持续发展的研究是建立在产业竞争力理论之上的。目前，对产业竞争力较为全面的研究有 20 世纪 80 年代以来 M·波特的《竞争优势》《竞争论》等的系列研究[1-4]；Barney，Brown，Rainer Anderdassen，Marc J. Melitz 等人对服务业、新兴产业、消费需求等的研究[5-9]。国内对产业竞争力和可持续发展的研究主要集中在以下几个方面。一是产业竞争力形成来源和评

---

①　基金项目：上海市设计学IV类高峰学科资助项目（DB19303）

价体系。对该类问题比较一致的看法是产业竞争力的来源包括两个方面，一方面是产业内部效率形成的竞争力，另一方面是由环境左右形成的竞争力。在开放经济的条件下，产业竞争力是指一国特定产业通过在国际市场上销售其产品而反映出来的生产力。张剑渝，祝莉对体育消费、体育市场与体育产业的研究[10]；黄祖辉，张昱对产业竞争力的评价从静态竞争力评价、竞争力潜在变动趋势估计以及竞争力影响因素对竞争力变动的贡献三个层面展开分析[11]。二是产业融合与产业竞争力方面的研究。何立胜对产业转移、产业承接、产业升级角度的研究；程一辉对 WTO 背景下提高体育产业国际竞争力的对策分析等[12]。陈小英，周良君对中外国际大城市运动休闲旅游产业竞争力的比较研究中指出上海的国际产业竞争力不足[13]；何立胜，周云涛等人对体育用品产业升级的调研分析[14][15]。产业竞争力研究的其他视角，如产业竞争力与产业安全研究。三是，运动休闲消费和运动休闲产品属性的研究。运动休闲消费对整个运动休闲旅游产业具有指向作用，居民收入、运动休闲商品价格、人口结构以及消费心理等因素通过消费结构来影响运动休闲旅游产业的发展[16-18]。丁蕾，吴小根，丁洁等对城市旅游竞争力评价指标体系的构建；马晓龙，张洪对我国主要城市旅游竞争力分析也有助于本问题的宏观研究[19-21]。

2　全域旅游与上海城市运动休闲旅游产业发展的关系

2.1　上海城市旅游建设成为全域旅游目的地的重要性

现代城市因拥有丰富的人文和自然景观资源、现代化的旅游交通枢纽及旅游综合服务等而成为重要的旅游目的地、度假休闲地。上海城市旅游发展推行全域旅游的重要意义在于：① 推进全域旅游是贯彻落实上海"五个中心"目标的现实要求，也是全面建设小康社会的客观要求；② 推行全城旅游是推进上海旅游产业融合、转型和可持续发展的必然选择；③ 推行全域旅游是顺应全民旅游、自助游、休闲度假消费结构转变的要求；④ 推行全城旅游是全面提升上海旅游国际竞争力的目标使然。

2.2　上海城市旅游建设成为全域旅游目的地的可行性

全域旅游目的地是一个旅游相关要素配置完备、能够全面满足游客体验需求的综合性旅游目的地、开放式旅游目的地，是一个能够全面动员（资源）、全面创新（产品）、全面满足（消费需求）的旅游目的地。

推进全域旅游是上海城市旅游发展战略的再定位，也是一场具有深远意义的变革。改变传统的景点—门票旅游模式，推行全域运动休闲旅游模式，具体表现如下。

（1）城市旅游从单一景点景区建设和管理到综合旅游目的地统筹发展。破除景点景区内外的体制壁垒和管理围墙，实行多规合一、公共服务一体化、旅游监管全覆盖，实现产品营销与目的地推广的有效结合。旅游基础设施和公共服务建设从景点景区拓展到全域。

（2）城市旅游从旅游门票经济转向休闲产业经济。实行分类改革，公益性景区要实行低价或免费开放制度，市场性投资开发的景点景区门票价格也要限高，遏制景点景区门票价格上涨过快势头，打击乱涨价和价格欺诈行为，从旅游过度依赖门票收入的阶段走出来。

（3）城市旅游从旅游企业单打独享到社会全民共建共享。充分调动各方发展旅游的积极性，以旅游为导向整合资源，强化企业社会责任，推动建立旅游发展共建共享机制。

（4）城市旅游从封闭的旅游自循环向开放的"旅游＋"产业融合发展方式转变。加大旅游与工业、商贸、金融、文化、体育、传媒、医药等产业的融合力度，从而形成综合新产能。

3　上海城市运动休闲旅游产业发展概述

3.1　运动休闲旅游产业概念

运动休闲旅游产业是涉及多行业、产业链关系复杂的新兴产业，它以竞技运动休闲行业为核心，由此涉及与运动休闲活动相关的其他行业及经济行为，涵盖所有与竞赛夺标和文体表演活动相关的产品供给、消费服务主体，因而该产业是包括与运动休闲活动直接和间接关联的诸多企业群的集合[22]。运动休闲旅游产业的边界和内部结构包括硬件和软件两部分。在运动休闲旅游产业中，竞技运动休闲是核心和软件，竞赛、表演场馆设施是载体和硬件,传媒、广告、中介经纪及部分生产和流通企业属于相关行业。因此,运动休闲旅游产业是以第三产业为主要领域,同时又涉及部分第一、二产业的综合性产业,在定义运动休闲旅游产业的边界时存在一定的难度。本文根据国家体育主管部门的划分和部分国家经济统计中的行业分类标准,将运动休闲产业主要分为以下五类。

3.1.1 运动健身休闲业

人们由于自身健身娱乐的需要,以及竞技表演活动对公众参与这类运动休闲活动的兴趣引导,运动健身、娱乐健身和休闲健身的大众化和商业性同时并存,因此为人们的健身活动提供场馆、器械和专门服务的服务业应运而生,它与文化消费服务业相似,成为现代生活服务业的重要组成部分。

3.1.2 运动场馆投资经营业

除国家运动休闲公共设施和专用资产投资建设外,部分运动场馆由运动休闲或房地产商等投资经营,用来为运动休闲赛事或健身活动服务。

3.1.3 中介服务业

这一行业包括与竞技体育、运动休闲有关的交易中介、票务服务、场馆租赁、赛事安排和运动员转会等。

3.1.4 体育运动赛事报道与传媒业

由于竞技运动和休闲的社会功能日益彰显,信息产业的发展以及信息传播业与运动休闲旅游产业的相互推动,一部分报纸、期刊、电视与广播频道专门从事体育活动、竞技赛事、文娱表演的宣传报道并拥有相对固定的受众群体,因而在信息报道和传播中形成了一个相对独立的产业分支[23]。

3.1.5 运动休闲科技教育业

培养训练竞技表演人才,研究提升竞技表演技能,辅导培训非职业运动员等活动是这个行业的主要功能。在现有经济体制下,该行业中相当一部分机构是非官方的,部分机构以盈利为目的直接以法人企业登记注册。

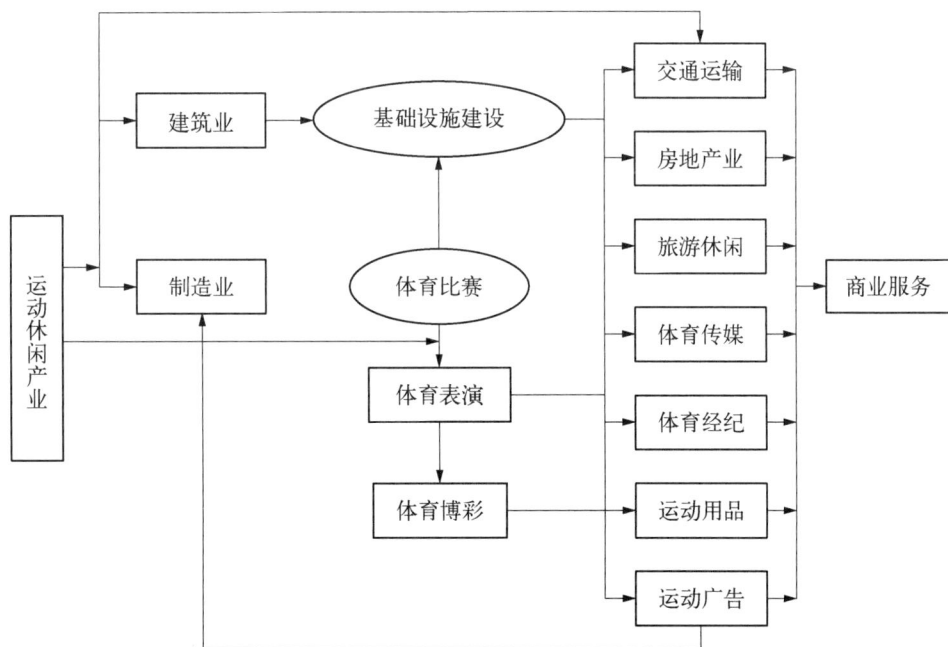

图 1　当代运动休闲产业业态关联示意图

3.2　运动休闲旅游产业竞争

当代运动休闲旅游产业,诸如职业比赛、休闲业、健身业、运动休闲设施、媒体报道、影视产业、运动休闲产品的设计和生产以及专业人才的培养等方面都形成了一定的产业规模和体系。随着中国竞技运动和全民健身运动休闲水平的不断提高,运动休闲旅游产业已成为国民经济新的增长点,对于扩大内需、拉动消费、刺激经济、提供社会就业起着其他产业不可替代的特殊作用。不过,从产业经济本身的发展规律来看,中国的运动休闲旅游产业整体上仍然处在起步阶段,存在巨大上升空间的同时也面临产业内外的激烈竞争,特别是来自国际运动休闲市场的巨大竞争压力。

运动休闲旅游产业竞争包括产业内竞争和产业外竞争,其中产业内竞争是指两个或两个以上的运动休闲企业或集团为了占有同一运动休闲市场和追求发展目标而进行的竞争;产业外竞争即运动休闲旅游产业的国际竞争,是指一国运动休闲旅游产业在开放的市场经济条件下经受国际同行竞争考验占领国际市场份额的经济能力。限于篇幅,本文所讨论的运动休闲旅游产业竞争主要指运动休闲旅游产业的国际竞争。运动休闲旅游产业竞争具有以下几个明显特点。

3.2.1　运动休闲旅游产业竞争是商品、劳务、技术、资本的双向竞争

运动休闲旅游产业竞争不仅表现在出口商品、输出劳务、出口技术、境外引资等方面,同时也表现在进口物资、技术、输入劳务和引进国外资本来提高竞争力等方面。运动休闲旅游产业资源的这种双向流动,一方面有利于一国优势生产要素的扩张,另一方面有利于弥补一国运动休闲领域短缺的资源,从而实现资源的合理配置。

3.2.2　运动休闲旅游产业竞争极大依赖客户市场消费和消费结构

与传统产业不同,运动休闲旅游产业与消费者在其产业链的各个环节上发生"接触",即"点对点"的接触。这就决定了运动休闲旅游产业参与竞争的前提条件必定是拥有忠实的、结构合理的消费群体。此外,与旅游等消费行业不同的是运动休闲旅游产业的消费是非常"连续"的,多数人的需求都具有相对的稳定性,这一特殊性也决定了运动休闲旅游产业对消费依赖的长期性。

3.2.3　运动休闲旅游产业竞争应是选择性的竞争

由于各国、各地区的经济结构、消费结构、资源优势等实情不同,任何国家在发展运动休闲旅游产业时不可能使所有商品、劳务、技术都成为竞争力最强的,而应选择能够发挥本国本土特色和优势、发展前景广阔的产业来提高其产业竞争力。

3.2.4　运动休闲旅游产业竞争是综合性的竞争

一国运动休闲旅游产业竞争力在国际上的表现是该国运动休闲旅游产业中各个企业竞争力的综合表现,而非运动休闲旅游产业领域内各个企业竞争力的简单叠加,它是许多个别竞争力综合形成的竞争力,是复杂的"耦合"过程。这一点从运动休闲旅游产业的构成中可以得到证实。这种综合性竞争力不仅表现为市场竞争中现实的产业实力,也表现为未来可预见的发展潜力。

上海作为我国的经济中心城市,运动休闲产业的发展情况主要表现在四个领域:① 竞赛表演业,如F1赛车、上海国际田径黄金大奖赛、网球大师杯赛等重大赛事;② 健身娱乐业;③ 体育用品制造业;④ 体育彩票发行。

当前,上海休闲体育产业发展尚处于起步阶段。2018 年上海制定了《关于加快本市体育产业创新发展的若干意见》,明确了加快本市体育产业发展的五个重点:一是加快国际体育赛事之都建设;二是提升健身休闲产业等级;三是完善体育服务产业体系;四是打造国际体育贸易中心;五是增强体育装备研发制造能力。据此可知,上海市政府已提出促进上海休闲体育产业的发展战略。

3.3　影响城市运动休闲旅游产业竞争力的主要因素

与其他产业一样,影响城市运动休闲旅游产业竞争力的因素非常多,以下几个因素需要重点关注。

3.3.1　城市运动休闲市场占有率

该指标直接反映运动休闲旅游产业或产品国际竞争力的现实状态。具体来讲,该指标是指在开放经济条件下,运动休闲产品销售额占世界市场上同类产品总销售额的比重。

3.3.2　城市消费市场需求变化

随着国民经济的增长,国民的消费观念和消费结构也在发生巨大变化,人们开始关注环境品质和个体

生活质量。运动休闲旅游产业则是提高民众生活质量的绿色产业,它能给人们带来健康、欢愉和享受。但是当前群众性运动休闲消费意识不强,运动休闲消费的总体水平普遍不高,现实的需求状况还达不到运动休闲旅游产业发展的要求。中国运动休闲物质产品和服务产品仍以低科技含量和低附加值产品的产出为主,其产业竞争力突出地体现在劳动密集型产品的生产经营上。这是中国运动休闲旅游产业在整体上缺乏竞争力的原因之一。

3.3.3 城市政府引导、政策供给

目前政府在政策上和在财政上对体育支持的力度不断加大,广大民众的体育意识也不断提高,并带动了庞大的体育消费。民众的经济收入不断提高也足以支持持续的体育消费。随着大众运动休闲的市场化和产业化,政府的引导职能进一步发生作用,但城市政府职能转变还远远没有到位。如在宏观方面,相对于国外运动休闲旅游产业发展的规模和成熟程度,上海的运动休闲旅游产业尚处于初级产业阶段,这无疑需要政府在产业政策的制定和实施上发挥决定性作用。

3.3.4 衡量指标

城市相关企业和产业,特别是企业规模和企业市场战略是产业竞争力的重要衡量指标。一般来讲,企业规模越大,可以增强本企业产品市场竞争的综合实力,企业在市场上的竞争策略选择范围就越大。一国运动休闲旅游产业的企业规模大型化,也可增强该国运动休闲旅游产业的国际竞争能力。但是,企业规模经济在不同的行业中标准不同,不同行业的适度规模标准也不同。如上海2018年出台的《关于加快本市体育产业创新发展的若干意见》(简称"体育产业30条")就提出建设以竞赛表演业和健身休闲业为引领的两大产业体系。

4 上海城市运动休闲消费行为特征分析

城市运动休闲消费在运动休闲旅游产业的发展过程中起到决定性的作用,它是一个城市运动休闲旅游产业能否持续发展的重要保证,二者之间的关系尤为密切。运动休闲消费是运动休闲旅游产业发展前提和基础,运动休闲旅游产业可以对消费有一定的引导作用。一方面,运动休闲消费作为运动休闲旅游产业的出发点和归宿,它既是生产、分配和交换的结构,同时又反过来影响交换、分配和生产,这就要求运动休闲旅游产业必须时刻围绕运动休闲消费的要求,以运动休闲消费为轴心,如果没有运动休闲消费,运动休闲旅游产业将无以生存和发展。所以说运动休闲消费是前提和基础,它为运动休闲消费提供了可能,并在一定程度上满足了消费者的物质和精神需求。另一方面,运动休闲旅游产业又是消费的重要推动力,所以运动休闲旅游产业的兴起可以大大促进运动休闲消费的增长,而运动休闲消费的扩大又可以加快运动休闲旅游产业的发展,引导运动休闲消费由实物型向非实物型转变。

4.1 城市运动休闲消费行为概念

城市运动休闲消费行为是现代城市生活消费的一部分,是指人们参与运动和观赏运动竞赛而对消费资料的使用和消费。在现代商品经济、市场条件下,人们是通过支付货币来购买运动休闲消费所需的消费资料而实现运动休闲消费的。运动休闲消费包括广义和狭义的运动休闲消费。广义的运动休闲消费不但包含直接运动休闲消费,还包括间接运动休闲消费,即为参加运动休闲活动或观察比赛而需外出旅行支付的各种费用。狭义的运动休闲消费是人们在参与运动休闲活动与观赏运动竞赛过程中对运动休闲服务产品,以及与运动休闲直接有关的实物产品、精神产品的消费,如购买比赛门票、运动休闲俱乐部会员费等。运动休闲总需求是指反映在一定时期国家范围内的有支付能力的对运动休闲消费实际和潜在数量的总和,主要受到国家政治环境和经济环境的影响。

城市运动休闲消费具有以下特征:① 非迫切性;② 能力差异性;③ 需求冲动性;④ 不均衡性;⑤ 与经济增长的相关联性;⑥ 城市文明进步性[23]。人们消费水平提高的具体形式,就是消费结构的演进和转化。所谓消费结构,是指在一定的社会经济条件下,人们在消费过程中所消费的各种不同类型的消费资料(包括劳务)的比例关系[24]。运动休闲消费结构是对消费结构的引申和具体化。运动休闲消费结构是指在一定时

期的运动休闲消费过程中对运动休闲物质产品和运动休闲服务产品进行消费的构成和数量的比例。居民运动休闲消费结构是反映运动休闲消费水平的重要指标，运动休闲旅游产业的持续发展必须建立在合理的消费结构和相当规模的消费群体之上。

4.2　上海城市运动休闲消费市场的发展特点

当前，上海城市运动休闲消费市场发展非常迅速，顺应了国家对上海经济发展转型的需求。运动休闲旅游产业是城市现代服务业的重要产业，既使市民群众受益，也使城市更宜居宜游。就上海而言，其运动休闲消费市场发展特点如下。

第一，城市运动休闲消费结构进一步优化，进而推动相关产业发展和结构优化。随着人们收入的增加、对自身健康的重视以及对运动休闲赛事的了解，参与型特别是现场参与型的运动休闲消费会大幅度提升，这又进一步拉动了其他服务业（如公共交通、休闲公园、体育经纪、餐饮和场馆建设等）的发展和结构优化，2008奥运后北京城市公共设施的改善和服务质量的提高都充分验证这一结论。

第二，运动休闲旅游产业自身的服务质量的提高。运动休闲旅游产业的规模、服务质量、经营管理水平、竞争能力将不断得到提高，不断创造出更多的运动休闲品牌。竞赛市场的人才交流，无形资产的开发将会更加规范化。

第三，运动休闲健身行业将是运动休闲旅游产业中优先升级的领域之一。休闲健身娱乐业已经逐步具备了优先发展的条件——民众切身需求，加之民众生活方式的改变为休闲健身娱乐业的发展提供了动力。此外，随着老龄化社会到来，养老和医疗的经济和心理压力也加速了运动休闲健身行业的扩张。这一趋势可以从表1"个体每周参加健身运动休闲的时间"项中得到验证，80%以上的被调查者都会经常参加健身类的运动休闲锻炼。

第四，由大众运动休闲消费所带动的消费可能在相当长的时间里还是处在比较低的水平。如表1所示，消费者购买运动休闲类服装、杂志以及观看比赛的支出在100元以下的平均占到63.3%以上，而且与消费增加一倍的群体比率几乎也相差一倍以上。在考虑到收入等因素，大众运动休闲消费的提升将是运动休闲旅游产业发展的主要制约瓶颈。表1中的数据是对2018年上半年3 500个消费者的问卷调查，收到有效问卷3 250份，并对此做了一个简单的上海市民消费个体偏好分布情况统计。

表1　上海市民运动休闲消费个体偏好调查表

基　本　项		总　　数	占　比
个体每周会参加健身类运动休闲运动（　）小时	4小时以上	497	15.3%
	2～3小时	1 001	30.8%
	1小时左右	907	27.9%
	不足半小时	601	18.5%
	从不	264	7.5%
个体至少（　）进行一次竞技类运动	每周	497	15.3%
	每2周	442	13.6%
	每个月	744	22.9%
	一个月以上	1 566	48.2%
个体至少（　）进行一次休闲类运动	每周	985	30.3%
	每2周	663	20.4%
	每个月	728	22.4%
	一个月以上	874	26.9%

（续表）

基　本　项		总　数	占　比
个体平均每月花在健身类运动的消费金额支出（以 12 个月计算，下同）	100 元以下	2 057	63.3%
	101～300 元	803	24.7%
	301～500 元	289	8.9%
	501 元以上	101	3.1%
个体平均每月购买运动服饰（包括鞋类）的消费金额支出	100 元以下	1 534	47.2%
	101～200 元	861	26.5%
	201～300 元	471	14.5%
	301～400 元	254	7.8%
	401～500 元	71	2.2%
	501 元以上	59	1.8%
个体平均每月购买（订、购）运动休闲杂志或报刊的消费金额支出	50 元以下	2 275	70.0%
	51～100 元	507	15.6%
	101 元及以上	468	14.4%
个体平均每月观看运动休闲比赛的消费金额支出（包括现场观看、电视等的估计数）	100 元以下	2 529	77.8%
	101～200 元	497	15.3%
	201～300 元	166	5.1%
	301 元以上	58	1.8%

4.3　上海城市运动休闲消费市场的发展存在的问题

从表 1 可以发现，上海城市运动休闲消费市场的发展还存在一些问题，例如：城市人均运动消费时间较短，个体每周会参加健身类运动休闲运动时间严重不足，远未达到每天一小时的运动时间；城市人均运动消费使用空间狭窄，说明城市运动休闲空间用地紧张，反映出市民运动休闲活动开展不够；从个体平均每月观看运动休闲比赛的消费金额支出看，消费水平较低，城市运动休闲产品推广不够等。

究其原因主要有两点具体如下。

其一，上海经过近现代工业文明的洗礼，现代工业对产业工人的纪律、勤奋等要求一定程度上形成了市民勤俭、守纪、休闲观念较保守的特点。国际上全新的健康信念、运动休闲观念仍需广泛宣传。健康信念理论最初主要应用于卫生检查和疾病预防行为上，后来广泛应用于健康饮食、健康教育、体育运动等健康相关领域。健康信念直接影响人们对阳光体育运动的参与意愿[26]，将健康信念模式引入城市运动休闲旅游中十分必要。

其二，运动休闲旅游发展与全域旅游结合不够。全域旅游理念下，城市是一个全方位、全开放的场所，市民也是游客，旅游休闲即生活，应加大培育城市运动休闲社群。例如成立马拉松社群、广场舞社群、骑行社群、电竞社群等，可以某种特定的运动为载体，吸引对该主题感兴趣的社会成员参与其中，传递健康生活理念以及积极人生态度，形成积极的社会导向。

5　推进上海城市运动休闲旅游产业发展的建议

5.1　提高上海城市运动休闲旅游产业竞争力

产业竞争力的培育被认为是产业持续发展的核心，是产业发展的必要条件。产业竞争力，是一国或地区的产业在世界市场上均衡地生产出比竞争对手更多财富的能力，在经济全球化的发展背景下，表现为一国生产特定产品的能力、占领国际市场和获取利润的能力。具体来讲,产业竞争力是指某一产业或整体产业通过对生产要素和资源的高效配置及转换,稳定持续地生产出比竞争对手更多财富的能力,体现的是在市场竞争中的比较关系,表现为相关市场上如产品价格、成本、质量、服务、品牌和差异化等方面比竞争对手所具有的差异化能力。在开放经济条件下,产业竞争力还表现在产业的出口和进口替代能力上。从产业组织角度看,产业竞争力是指该特定产业范围内所有企业的综合竞争力;从产业结构和布局角度讲,产业竞争力是指特定产业的由各种宏观经济因素所决定的产业在国际市场的地位。产业竞争力不仅表现为市场竞争中现实的产业实力,而且还表现为未来可预见的发展潜力,这是产业的生产特征所决定的。1990 年,波特在《竞争优势》一书提出了解释国家在市场上取得竞争优势的"钻石模型"。该模型回答了一个国家在某个特定的产业如何获得长久的国际竞争力。波特认为,一个国家的国内经济环境对企业开发自身的竞争潜能有很大的影响,其中影响最大、最直接的因素有六项:生产要素、需求因素、相关产业和辅助产业、企业的战略、组织结构和竞争状态、机遇及政府行为。其中,前四项是决定产业国际竞争力的决定性因素,机遇及政府行为也对产业国际竞争力产生重大影响。在一国的许多产业中,最有可能在国际竞争力中取得胜利的是对上述因素特别有利的产业[25]。此外,产业形态和区位条件也会对产业竞争力产生很大影响。

建立健全运动休闲法律法规,加强运动休闲旅游产业的规划和法制化管理是运动休闲旅游产业发展的重要保证条件。运动休闲旅游产业还属于一个比较新兴的行业,必须要有相应的政策来扶持,即政策供给。运动休闲旅游产业政策的制定和完善对运动休闲旅游产业的良性发展、推动运动休闲旅游产业法制化都起着非常重要的作用。特别是应对现行的运动休闲娱乐健身市场,以及运动休闲设施与场馆经营管理中的混乱局面进行整顿,在整顿中不断健全相应的法规。辖区各级运动休闲行政管理部门,要因地制宜,确定通用性运动休闲旅游产业发展重点,制定运动休闲旅游产业发展规划。要尽可能使运动休闲发展产业的投资、信贷、就业、用地等列入城乡整体规划中,使本区的运动休闲旅游产业与社会经济同步发展。其次要加强法制建设,依法保护运动休闲旅游产业投资者的合法权益;要通过立法,制定和完善运动休闲旅游产业发展的政策和有关法规,使政府和企业行为规范化,促进运动休闲旅游产业有序发展。调动社会各方面的积极性,形成多层次、多渠道、全社会办体育、休闲运动的新局面。

5.2　提升上海城市运动休闲旅游产业核心能力和持续竞争优势

产业竞争力的形成和发展是企业生产经营中一个从积累到释放的动态过程。借鉴世界经济论坛和瑞士洛桑管理与发展学院国家竞争力模型的合理思路,从产业竞争力来源的系统分析出发,可以提出产业竞争力的形成过程模型为

$$产业竞争力 = 竞争力资产 \times 竞争力环境 \times 竞争力过程^{[27]}$$

该式表明产业竞争力是竞争力资产、竞争力过程和竞争力环境的统一,任何一方面的缺乏或不足都会产生负面的影响。必须明确指出的是,在产业竞争力形成过程中企业起到了转化和再生的作用。竞争力资产和环境在某种程度上属于产业竞争力形成的客观条件,而竞争力的形成和维系恰恰是产业中核心企业"软实力"的体现。因此,在竞争力资产和竞争力环境一定的条件下,提升产业竞争力的关键在于通过持续的技术创新和制度创新,建立核心能力和持续竞争优势。产业竞争力是可变的,也是可长期维持的。通过竞争力资产、竞争力环境和竞争力过程的组合,国家或地区的特定产业可以从竞争优势变为竞争劣势,也可以从竞争劣势转变为竞争优势,甚至长期保持竞争优势。

5.3　加强上海城市运动休闲产品市场建设

群众运动休闲健身需求的扩大,必然对运动休闲用品的消费增加,运动休闲产品成为消费链中的重要环节,要保证群众运动休闲消费的合理性,开发运动休闲产品市场也是重要工作之一。运动休闲无形资产经营市场是运动休闲经济的支柱市场之一,具有丰富的资源和广阔的发展空间,成功经营好运动休闲无形资产是提高市场运作水平,实现运动休闲经济快速增长的必然要求。培育和开发运动休闲培训、咨询市场,向广大群众宣传和提供运动休闲技术、健身方法、运动休闲知识培训和咨询服务;充分认识运动休闲商业价

值的形成特点,激励和引导长期性的投资经济行为;重点培育若干相对成熟的运动休闲子市场,有效利用有效运动休闲资源;同时整合运动休闲相关行业的资源,凸显产业链各环节的商业价值;拓展国际合作范围,促成运动休闲商业价值的广域性提升。

5.4 构建城市运动休闲与相关行业的合作机制与共享平台

全域旅游是以旅游业为优势产业,提供整合诸如城市、乡镇等特定区域社会经济资源,以旅游业带动和促进经济社会协调发展的一种新理念。全域旅游将一个城市作为旅游吸引物来规划建设,通过对城市旅游资源、相关产业、生态环境、公共服务、文明素质等资源进行优化配置,对旅游质量及生活品质进行提升,形成"全游客""全产业"的休闲度假旅游目的地建设模式。为此,上海城市运动休闲旅游产业应该尽早构建起信息交流平台,利用网络、电子商务等技术手段扩展商务交流合作平台,争取更多的市场机会和创造更多地商业价值。以伦敦传媒业为例,伦敦拥有1 850个出版企业和7 000个学术杂志社。伦敦城的舰队街曾是英国报业的集中地,有《泰晤士报》《金融时报》《每日电讯报》《卫报》《观察家报》《周刊》等,英国广播公司(BBC)和路透社也设于此[28]。在体育经纪业方面,伦敦拥有目前世界第三大体育营销公司Octagon,该公司对伦敦甚至英国体育产业的发展起到了重要作用。美国洛杉矶AEG公司是美国主要的体育赛事、娱乐演出活动的制作人、筹办者和承办人,在开发、拥有和经营美国、欧洲及世界重要的体育场馆、经营职业球队等方面居世界领先地位[29]。日本东京的体育经纪业也非常发达,博报堂和电通公司世界闻名。反观中国,政府对体育资源垄断依然较严重,体育市场化程度低,一定程度上制约了我国城市体育经纪业的发展。因此,要实现上海城市运动休闲旅游产业的可持续发展就必须彻底地改变旧观念,改善运动休闲旅游产业的发展环境,努力培育市民休闲市场,提高运动休闲市场的商业价值和文化价值,全面推进全民健身、全民参与的新埋念。

当前,国际上的大众体育理念正被"积极生活"(Active Living)概念接受和取代[30]。积极生活概念强调创造物质、社会和文化环境,以提高人们参加体育活动的能力和动机,"积极生活"将健身活动和休闲运动包括在体育活动之中,并认为运动的快乐和益处可以在不同的社区环境中实现,如学校、游戏场、休闲与体育设施以及家庭和工作单位。积极创造条件,鼓励城市民众参加简便易行的身体运动,建设共趣互动社群,促进人们在休闲活动中的交流互动,使健身活动成为市民日常生活的重要组成部分。

参考文献

[1] Porter M E. Competitive Strategy: Techniques for Analyzing Industries and Competitors[M]. New York: Free Press, 1980.

[2] Porter M E. The Competitive Advantage: Creating and Sustaining Superior Performance[M]. New York: Free Press, 1985.

[3] Porter M E. The Competitive Advantage of Nations[M]. New York: Free Press, 1990.

[4] Porter M E. Clusters and New Economics of Competition[J]. Harvard Business Review, 1998(11): 77 - 90.

[5] Barney L. Firm Resources and Sustained Competitive Advantage[J]. Journal of Management, 1991(17): 99 - 120.

[6] Davis Duane. Business Research for Decision Making, California: Wadsworth Publishing Co., 1996: 294.

[7] Brown S L and Eisenhardt K M. The Art of Continuous Change: Linking Complexity Theory and Time-paced Evolution in Relentlessly Shifting Organizations[J]. Administrative Science Quarterly, 1997(42): 1 - 34.

[8] Rainer Anderdassen, Franco Nardini. Endogenous Innovation Waves and Economic Growth[J]. Structural Change and Economic Dynamics, 2005(3): 1 - 18.

[9] Marc J Melitz. When and How Should Infant Industries Be Protected? [J]. Journal of International Economics, 2005(66): 177 - 196.

[10] 张剑渝,祝莉.体育消费、体育市场与体育产业[J].财经科学,2001(4): 99 - 101.

[11] 黄祖辉,张昱.产业竞争力的测评方法:指标与模型[J].浙江大学学报(人文社会科学版),2002(4): 147 - 152.

[12] 程一辉.加入WTO后提高我国体育产业国际竞争力的对策分析[J].体育与科学,2005(3): 45 - 47.

［13］　陈小英,周良君.中外国际大城市运动休闲旅游产业竞争力的比较研究[J].西安运动休闲学院学报,2010(4)：390-395.

［14］　何立胜.产业转移、产业承接、产业升级[J].当代经济,2005(6)：6-8.

［15］　周云涛,储建新,白震.全球价值链视角下体育用品产业升级的调研分析[J].武汉体育学院学报,2010(7)：55-57.

［16］　涂志远.关于中国体育消费的研究[J].南阳师范大学学报(自然科学版),2004(5)：870-873.

［17］　张家喜,曹宣广.体育产业国际竞争力综合评价指标体系和评价方法研究[J].河北体育学院学报,2005(3)：63-65.

［18］　伍华佳.长三角区域产业知识创新与核心竞争力——基于默会知识的思考[J].社会科学,2008(1)：56-65.

［19］　丁蕾,吴小根,丁洁.城市旅游竞争力评价指标体系的构建及应用[J].经济地理,2006,26(3)：511-515.

［20］　马晓龙.城市旅游竞争力：基于58个中国主要城市的比较研究[M].天津：南开大学出版社,2009.

［21］　张洪.城市旅游业竞争力研究：基于区域与产业复合竞争背景[M].南京：南京大学出版社,2012.

［22］　赵春艳,陈美爱.突围与重构：城市休闲供给优化的理念走向[J].学术论坛,2016(4)：73-77.

［23］　史晓红,周德铨.新媒体环境下健身文化传播的研究[J].湖北体育科技,2016(7)：565-568.

［24］　M・波特.国家竞争优势[M].北京：华夏出版社,2002.

［25］　田小琴.健康信念及价值感知对青少年阳光体育运动参与的影响研究[D].重庆：西南大学,2015.

［26］　朱春奎.产业竞争力的理论研究[J].生产力研究,2003(6)：182-183.

［27］　陈伟源.“舰队街”的末日[J].传媒评论,1989(11)：48.

［28］　Terry Nichols Clark. The City as an Entertainment Machine：Research in Urban Policy USA[M]. Amsterdam：Elsevier JAI Press，2004.

［29］　林显鹏.国际大众体育现状及发展趋势[M].国家体育总局体育信息研究所发行,2001：222-226.

有机更新背景下城市公园游憩空间优化发展研究

赖泓宇　金云峰

（同济大学建筑与城市规划学院，上海　200092）

摘要： 本文论述了城市公园游憩空间优化提升的三条途径：一是城市有机发展。在公园城市发展模式下，城市公园作为城市生命体促使游憩空间形态与城市融为一体，城市公园与三生空间统筹复合相融。二是功能品质提升。在城市双修引导下，游憩环境修复，存量空间品质升级，利用公园内系统要素进行功能环境的渐进式小范围修补。三是需求人本主义。以提高市民的生活品质为有机更新优化的目标，对市民的游憩意愿应充分尊重及不同层次的满足，从空间物质需求和心理精神需求两方面得到渐进改善。强调分布式、精细化和人性化，塑造可以享受和体验的城市绿色空间。

关键词： 城市公园有机更新；公园城市；城市双修；游憩体验

1　城市公园游憩环境空间发展的矛盾与问题

上海在 2010 年世博会前对 80 余个建于 20 世纪 80 年代以前的老公园进行了改造，取得了良好的效果与反映，从此在全国掀起了老公园改造的热潮。而城市公园随着城市的发展和社会时代进步，原有的建成环境和游憩空间已不能满足社会发展的需要和人民群众对游憩需求增长和变化的需求。城市公园自身也在对其空间环境进行更新改造，但传统公园的更新改造停留在物质空间的改造，缺少对精神空间和社会空间的深入渗透[1]。这样的更新表现为缺乏对城市公园整体和局部的把握，只是小打小闹，缺乏长远的更新规划，"应急性更新""表层性更新"，而有的还出现了虽然更新改造注重了时代特性的变化，但是却缺乏个性的特色，丧失了公园原有良好的自然基底和历史积淀，形成"盲目跟风""万园一面"[2]。同时城市公园自身由于数量和分布的不均衡、不公平或游憩环境空间品质参差不齐，不少城市公园受政府意志的影响，存在政府、公园管理者、规划设计者主观意志领导下的更新改造现象，往往呈现公园面积很大，更重视景观形象，对居民的休闲游憩需求考虑不足，改造后的公园并没有满足居民的游憩需求。此外，城市公园为了追求精致化和绅士化目标，其游憩环境空间并非能够满足所有居民的需求，对于部分低收入或中等收入的弱势群体的游憩需求被忽视。有的城市虽有大型城市公园，但由于大公园的分布位置离居民生活范围较远，游憩环境简单粗放，缺乏足够的吸引力并不能给市民带来良好的游憩体验，即使市民有闲暇时间也不愿花费时间在城市公园进行游憩休闲活动，导致城市公园目前的主要人群和活动时段呈现出明显的两极化特征。而这些问题使得城市公园的游憩环境并没有得到明显的改善，缺乏对人民群众真正游憩需求的公众参与环节的深入了解，从而降低市民在城市公园游憩过程中的游憩体验，没有切实提高人民群众的生活品质。

同时目前国内城市公园建设中，虽然大部分满足了数量和面积指标上的供给需求，其类型、品质、特色仍需要提高，仍然无法满足人民群众日益增长的游憩活动的需求。一味地追逐指标化的发展，忽视了人群内部的差异性。即使人均公共绿地面积达到了一定的标准，但是要意识到达到标准并不意味着就完成了目标、满足了需求，跟国际化大都市比起来存在明显的差距。上海的人均公园绿地面积 2017 年达到 7.8 平方米，2012—2017 年五年间每年新建公园绿地超过 500 公顷，但早在 2006 年，纽约市的人均绿地面积就已经突破 25 平方米。城市公园作为公园绿地不仅要为人民群众提供更多的公共开放空间做大数量，也要提升城市公园内游憩环境品质，提高游憩体验增强吸引力做好质量，这样才能应对目前城市公园所存在的游憩问题。

公园与开放空间经常是塑造开发、营造居住环境、保护地产价值的基本组成元素。虽然单靠公园以及其他形式的开放空间并不能完全解决城市问题,但是它们对我们的城市生活质量和健康都至关重要。我们应当认识到公园与开放空间在构造21世纪城市中所起的作用[3]。有活力、可居住的城市必定将自然元素与吸引人们来此生活与工作的空间融为一体。

2　城市公园有机更新理念内涵的阐释和原则

公园有机更新是城市有机更新在城市公园深入的具体表现,是有机更新这一理念在城市公园这一城市公共开放空间实践主体的延伸和拓展,具有有机更新的基本内涵和外延。有机更新下城市公园的目标和方向,既要符合有机更新理论的基本核心和原则,又要有城市公园独特的特性。

学者刘源把有机更新引入了公园绿地的范畴,将有机更新的内涵从传统的历史文化遗产延展到城市公园系统,定义了城市公园绿地有机更新的概念。这个概念描述为:公园绿地有机更新秉承"尊重自然、顺应自然、保护自然"和"天人合一,人与天调"的生态文明理念,以长远规划、整体谋划、特色塑造、生态恢复、人与自然双赢等原则为关键抓手,妥善处理当下与未来的关系,遵循城市公园绿地内在发展规律,顺应城市肌理,延续并发展城市公园绿地的个性特色,以期实现城市公园绿地的可持续性、整体性、特色性、生态性、双赢性发展[2]。苏丽萍提出:城市公园有机更新改造的原则:尊重现状的保护性原则,尊重自然规律的生态性原则,功能互动与和谐共生的复合型原则,传承与共生的文化性原则[4]。本文将有机更新背景下城市公园绿地的更新原则总结为:功能和结构和谐的整体性,渐进式可持续性,突出特色性,恢复生态性几大原则。

功能和结构的整体性原则。公园绿地的空间格局是结构和功能的统一体,也是结构的外在空间分布关系和功能的内在相互作用的有机结合体。公园城市的城市绿地系统游憩空间格局应当是以游人为服务对象,以外在的各种类型的游憩绿地分布构成和以内在的精细分异和精准特化的游憩功能共同作用"双轮共生"形成的网络体系。

渐进式可持续性。城市公园有机更新并非是一蹴而就的过程。公园的建成与运行是随着时代发展而不断改进和适应其变化,而这种变化是逐步的、局部性的动态调整。

特色性。每一个城市公园都是城市公园场所精神的体现,有着公园成长发展的历史基因的沉淀,也是城市公园和游憩者联系的纽带。

恢复生态性。城市公园是城市中典型的绿色空间,拥有集中的绿地,可以支持城市本地的植物和动物的生存,在城市基底上进行着微气候的小范围的人性化改善,是构建和完善城市生态系统中重要的一环。

目前城市公园更新的紧迫性还没有得到普遍认识,但已经出现了公园衰败化的趋势。如何使得城市公园重新成为城市中游憩活力空间,提高市民的游憩体验是亟待解决的问题。对城市公园游憩空间的优化提升则是当下解决矛盾的突破口。

3　城市公园游憩空间优化提升的三条途径

3.1　城市有机发展——存量时代下公园与城市共生

目前中国的城市化进程,逐渐由追求数量增长的快速扩张、野蛮生长的"增量规划"阶段向追求质量提升的内向优化、精耕细作、效率提升的"存量规划"阶段转变。过去的以增量开发所产生的"大跃进"式旧改、牺牲居民利益的绅士化倾向等问题亟待解决。而"存量规划"就是以城市更新等方式对"存量用地"进行规划设计,调整优化功能,提升利用效率。在城市用地逐渐摒弃"摊大饼"的增量规划阶段,城市公园也面临着不再以高速增加其绝对数量为服务根本,而是转向以提高服务质量、创造优质游憩空间环境为导向。城市公园的发展融入到城市的发展,两者同步进行,有机共融、共享、共建。城市公园也不再是孤立于城市的伊甸园,而是作为城市整体有机体的一个个细胞,以城市公园游憩空间搭建起城市开放空间和游憩系统的重要骨架网络,城市公园与城市共生发展。

3.2 功能品质提升——城市双修与城市绿地有机更新

城市发展到一定阶段和水平后,伴随产生如追求大的马路和广场,带来了交通拥堵、环境恶化、秩序紊乱、生活品质下降等一系列的"城市病",面临着有机更新的需求。2015 年 12 月召开的中央城市工作会议明确提出,通过实施城市修补,解决老城区环境品质下降、空间秩序混乱等问题,恢复老城区的功能和活力,住建部随即启动了城市"双修"试点工作。城市双修指的是生态修复和城市修补。一系列措施有机更新城市生态环境、空间环境、文化环境、视觉环境、游憩环境,实现了生态环境修复、城市功能提升、历史风貌特色保护、城市公共空间增加、交通出行便利度提升等。城市更新面临的挑战是一旦增加公共绿地,新建设施严格的建设用地指标将会成为其制约因素。在存量规划时代,靠数量的增加来更新不太现实,只有做好品质的提高,才是目前解决城市公园绿地有机更新的方向。

学者金云峰则认为:绿地的生态功能修补,可以有效提高城市治理能力,改善城市病,有助于实现城市的可持续发展,对城市有机更新具有重要意义。以往大拆大建,推倒重来的更新方式导致城市功能结构、社会肌理和环境氛围的不协调,要利用城市内系统要素进行功能环境的修补是有机更新的重点。修补强调小范围小动作,根据特定问题进行最小干扰规划,再进行旧事物的修缮或者新事物的补充,经过时间磨合及触媒式反应,再进行针对性的规划与行动,从而达到有机更新的发展目标[5]。而杨毅栋则以杭州为例,按照分类更新、分区更新、点状更新的方法进行城市有机更新[6]。

3.3 需求人本主义——满足不同人群的精细化体验式绿色空间

国务院于 2014 年 3 月正式发布《国家新型城镇化规划(2014—2020 年)》,从国家战略上提出了全面提高城镇化质量的新要求,强调以人为本的原则,推进以人为核心的城镇化。提升生活品质是城市更新的最终目的,以人为本的重要思想是提升城市内在素质,把努力提高市民的生活品质作为城市发展、更新的目标,形成城市发展的良好循环,提升城市品质,提升城市服务水平和宜居宜业的城市活力[7]。有机更新关注人的行为体验,力求实现城市对人的行为意愿的充分尊重(体现了公平)和满足(体现了差异化、高标准和时代的进步性),在高层次上引导城市使用者的行为特征和行为习惯,从而促进城市发展方式与居民良好互动[8]。从日常游憩行为和体验的角度来识别真正生活质量上的弱势,或者行为可达性方面的弱势,人们的工作时间变少,但是加班时间增多,休闲时间变短,活动距离增加,游憩空间质量变差。而以人为本的城市公园的有机更新更加关注可获得性、体验和品质,则需要了解人们对城市公园和游憩的多层次、多方位的需求。1943 年,美国心理学家马斯洛(Abraham·Harold·Maslow)在《人类激励理论》一书中,将人类需求像金字塔一样从低到高按层次分为五种,分别是生理需求,安全需求,社交需求,尊重需求和自我实现需求。城市居民在城市公园的游憩需求则主要表现为自然生理需求、社交需求两个层次。

城市有机更新需要塑造可以感知和体验的城市,而城市公园有机更新应摒弃以前大绿地大水面的做法,强调分布式、精细化和人性化,塑造可以感知和享受的绿色空间。当周围的环境呈现青翠的绿意,悦耳的音乐,孩子们的奔跑嬉戏,水流的潺潺凉意,都将人对生活和城市的体验提升到新的境界;而如果周围的环境都是千篇一律的钢筋水泥或者围墙,则城市向城市使用者发出冰冷的、不欢迎的信号。

4 结语

在有机更新背景下城市公园作为城市中重要的绿色开放空间,伴随着城市共同成长发展。作为满足市民游憩需求的重要开放空间,在时代变迁的过程中要不断优化和提升,需满足市民日益增长的游憩需求。因此把握住城市公园的"乡愁",留得住公园活力,提升游憩空间的舒适度和满意度,提升市民在城市公园的游憩体验才是提高城市居民生活品质的重要途径。

参考文献

[1] 吴钰宾,金云峰,钱翀.有机更新背景下对城市公园历史重塑的更新改造探索——以上海醉白池公园为例[G]//中国风景园林学会.中国风景园林学会 2018 年论文集.北京:中国建筑工业出版社,2018:272-278.

［2］ 刘源,王浩.城市公园绿地有机更新的思考［J］.中国园林,2014(12)：87-90.

［3］ 亚历山大·加文,盖尔·贝伦斯,等.城市公园与开放空间规划设计［M］.李明,胡迅,译.北京：中国建筑工业出版社,
2006.

［4］ 苏丽萍.城市公园绿地有机更新改造设计的探讨——以榆次火车站广场更新改造设计为例［J］.中外建筑,2015(11)：
105-107.

［5］ 金云峰,蒋祎.有机更新发展理念下城市线性绿地的功能修补研究［J］.中国城市林业,2018(2)：22-26.

［6］ 杨毅栋,洪田芬.城市双修背景下杭州城市有机更新规划体系构建与实践［J］.上海城市规划,2017(12)：35-39.

［7］ 孙跃,李伟庆.杭州城市发展和有机更新实践研究［J］.现代城市,2009(6)：7-13.

［8］ 秦迪,王悦,何东全.城市有机更新中以人为本的设计理念与方法［J］.城市发展研究,2019(2)：36-40.

城市夜间休闲系统建设与管理策略研究
——以上海新天地为例

孙逸洲[1]　胡啸坤[2]　苏　浩[3]

(1.上海师范大学人文学院,上海　200234;2.上海师范大学环境与地理科学学院,
上海　200234;3.上海大学新闻传播学院,上海　200070)

摘要：本文从休闲城市的发展角度出发,探索夜间经济下休闲城市的建设与管理策略,提升城市的文化内涵和市民的生活质量,提高目的地的特色性、知名度,进一步改善旅游者的体验。本文以上海新天地为例,通过实地考察与调研,得出以下结论:新天地夜间经济圈与周围原有商圈形成互补,各具特色;夜间经济圈基础设施与运营管理较为完善;夜间经济圈对周边居民区影响较小;多种商业模式能够满足城市居民和旅游者的多元需求。但是与此同时也存在可持续发展的夜间经济、夜间休闲项目同质化等问题。由此本文提出城市建设应顺应潮流,创新发展理念,突出城市特色,加强多元化城市夜间休闲系统建设与管理,充分发挥城市夜间经济活力的建议。

关键词：夜间经济;休闲城市;城市建设

引言

2019年8月27日,国务院办公厅印发《关于加快发展流通促进商业消费的意见》,明确指出,各地区、各部门要活跃夜间商业和市场,"夜间经济"这个概念顿时变得炙手可热。事实上,早在计划经济时代,夜间经济的萌芽就已经在部分地区产生。而到了20世纪80年代改革开放开始之后,全国各大城市都掀起了夜市热潮,如广州西湖路夜市、上海彭浦夜市等都闻名全国。随着时代发展,夜间经济已由早期的灯光市场发展到今天的夜间经济圈。但近年来,各地的环境整治行动导致了众多夜市被关停,这不能不说是对夜间经济的打击。如何在合理的范围以适当方式发展夜间休闲系统,是一个极富现实意义的重要问题。

1　城市夜间休闲系统建设研究

随着我国人民生活水平的不断提高,旅游行业获得了高速发展,我国人民的旅游需求也发生了升级。目前,"物质性"消费已难以满足当下特别是城市中产阶级的旅游消费需求,旅游市场受众更多愿意选择"体验性""享受性"旅游消费。在这种情况下,当前的旅游市场供给迫切地需要产品升级,满足新的消费需求。除此之外,对于城市,尤其是对一线城市中白领群体而言,在结束一天的工作后,需要有一个除了家庭场景之外的既满足"温饱需求"、又满足"精神需求"的消费场景。故而建设一个完善的城市夜间休闲系统成为了一个城市提升休闲程度、旅游品质和居民生活质量的重要方面。同时,不断提升的夜间公共交通便捷度也使得人们减少了休闲之后返回住处不便的担忧,而治安状况的不断改善也给人民的夜间出行提供了有力的安全保障。因此城市夜间休闲系统无论是对外来游客还是本地居民来说,都有着十分重要的意义。

1.1　城市夜间休闲系统要素

1.1.1　消费场景与产品

相较于传统城市综合体,城市夜间休闲系统的消费场景更具有开放性与体验性特征。较于传统综合体

单一的动线设计,更自由多样的商业场景布局,能更好地满足城市工作消费者的休闲消费需求。

此外,在城市夜间休闲系统的消费产品供给方面,在满足日间日常消费的同时,更体现夜间的"心灵慰藉"的特征。酒吧、咖啡店、书店等城市夜间休闲商业业态,都能够更好地满足城市居民和外来游客的沉浸式、体验式消费需求。

1.1.2　交通通达度

休闲系统所在的地理位置交通便捷与否,直接影响着夜间休闲群体的积极性。以夜间休闲的重要去处之一的商业综合体为例,近年来,一些地处城市边缘的大型商业综合体门可罗雀乃至关门歇业的新闻屡见不鲜,而区位不佳是其客流惨淡的一个重要因素。就目前国内发展现状来看,城市夜间,特别是 22:00 之后的非常住人口聚集区大多分布在综合交通枢纽地区,这与交通区位的分布有密切的关系。增加夜间非常住人口聚集程度,需要强有力的交通支撑。即便是位于上海主城区的商业综合体,到最近的地铁站的距离以及该地铁站是否是多线换乘站,也对商业综合体的客流起着至关重要的作用。因此,在城市夜间休闲系统的建设过程中,必须综合考虑休闲系统在时间和空间上的交通通达度。

1.1.3　风格独特性

对于外来旅游者,在目的地城市体验与家乡完全不同的风土人情,是其旅游的一个重要目的之一。而对于当地的居民而言,如果夜间休闲系统与日间的大同小异,那么对其来说也无法构成有效而长期的吸引力。因此,在设计新的夜间休闲系统时,就必须要考虑到如何避免与已有的休闲系统在功能与特色上过度重合,体现地区间和地区内的特色性,优化经济效益与游客体验,促进夜间休闲系统的可持续发展。

1.1.4　环境影响

城市休闲系统大都位于公共场所,其周边往往已存在固有居住区。休闲系统带来的人流集聚效应通常会对周边居民的固有的生活形态产生一定的影响,而夜间正是大部分居民休息的时间。所以,如何在保障周边居民生活质量的情况下建设夜间休闲系统,成为一个重要问题。

城市夜间休闲系统影响周边居民的主要因素包含噪声、交通、环境等。城市中心居民密度高,在日间普通噪声结束后的夜晚,夜间休闲系统发出的噪声就显得更为喧闹。除此之外,部分城市道路本身并不宽阔,交通压力大,而人流的夜间集聚更加剧了交通的拥挤程度。而对于在休闲系统中占据重要地位的餐饮业,其产生的气味与垃圾也会对周边居民产生影响。因此,城市夜间休闲系统的建设必须要兼顾原有居民、设施的情况下,进行合理的规划与设计。

2　城市夜间休闲系统管理策略研究

2.1　开发上利用周边优势地理要素

对于夜间休闲系统来说,依靠周边已有的优势地理要素发展,是一个非常值得注意的方面。在一个人气不佳、商业氛围不成熟、本地居民认可度低的地区附近发展夜间休闲系统,将很难获得理想的人气和效果。而在较为成熟的商业街区附近发展夜间休闲系统,不但可以在人流量方面有一定的保证,还可以增加原有商业街区服务上的多元性,形成规模集聚效应。

2.2　开发与管理上城市的多部门协作与合理商业化开发

传统意义上的旅游景区,其经营主体一般是各类旅游发展公司,而主管部门则往往为各地区旅游局、文旅局等政府机构。而城市夜间休闲系统不属于传统的售票进门式景区,其经营权、管理权归属较为复杂,期间涉及了城市管理方、物业服务方、商业运营方、市政服务方等多个机构。因此,需要相关部门之间进行良好协作,避免出现管理混乱的局面。

在开发与管理的过程中,另一个重点是如何避免过度商业化。近年来,在国内各地的许多景点,往往能获得相似的旅游经历,体验相似的旅游产品。追本溯源,原因是源于旅游景点的过度商业化。过度的商业化开发,追求经济效益,带来的不仅是产品上的同质化,而且游客会对于旅游景点产生审美疲劳,降低游客的旅游和消费意愿。利用文旅融合、会展服务等手段,使旅游产品多元化、旅游体验特色化,是一个重要措施。

2.3 运营上保持特色性和新鲜度

随着时代发展与变化,消费者对老旧产品的"耐受性"不断增强,因此运营者需要不断地利用新的消费产品,刺激消费者消费意愿与需求。在这种情况下,可以在保持特色性的情况下引入一些区域外地方性的项目活动,以增加消费的新鲜感;同时不断更新本区域内业态布局,丰富市场供给,满足消费需求。

2.4 提升社区参与

夜间休闲系统不仅仅是属于来访者的,它更是一个地区的公共空间。一个休闲系统的建设,需要周边社区的支持,更需要周边居民的参与。利用好社区资源,让周边居民参与到夜间休闲系统的服务中来,让夜间休闲系统不仅仅成为一个来访者的旅游消费区域,还能够成为一个社区特色的展示舞台,能够更加提升其特色性,促进可持续发展。

3 上海新天地街区夜间休闲系统研究

3.1 上海新天地街区简介

上海新天地街区的改造始于2001年,是由原卢湾区(现属黄浦区)太平桥地区的石库门里弄改造而来。其范围北至太仓路,东至黄陂南路,南至自忠路,西至马当路。其内部以兴业路为界,划分为南北两里。总占地面积约三万平方米,建筑面积约六万平方米。目前街区内部不但有众多知名商业品牌门面,也有中共一大会址这样的红色旅游景区。

3.2 新天地街区发展夜间休闲系统的优势

3.2.1 多元化的商业模式

作为一个拥有两千万人口大都市中心区域的商业休闲区,新天地街区不仅要让外来旅游者感受到上海独特的吸引力,也要满足本地上班族的休闲需求。目前,新天地街区内最著名的景点——中共一大会址吸引着世界各地到来的游客。而这些游客在游览完红色景点之余,能够被新天地街区的商业氛围所吸引,独特的品牌以及高端"网红"经济功不可没。此外,对于讲究品质的高端消费者来说,新天地街区内环境优雅的酒吧和高端餐饮,也能形成较强的消费黏度。

3.2.2 与周边商圈的良好互补关系

新天地街区地处上海浦西繁华地段,周边有多个商圈分布,如果与周边的商圈风格雷同、业态相同,不但会不利于自身的发展,而且会形成"双输"局面。但是如果能够在功能上形成互补,在服务人群定位上形成一定差异的情况下,反而可以和周边商圈一起形成规模化效应,相互带动,协同发展。通过对新天地及周边商圈的实地调查,对比分析(见表1)发现:新天地街区商业业态能够吸引具有较高消费能力的高品质消费人群,同时与周边商圈形成良性互补竞争关系。

表1 新天地街区与周边商圈服务人群与业态比较

商圈名称	服务人群	主营或特色业态
新天地	中产消费者	奢侈品业、酒吧业、高端餐饮业
南京东路步行街	外地游客	海派特色旅游
南京西路	中产消费者	奢侈品业、高端餐饮业、会展业
淮海路	普通消费者、外地游客	海派特色旅游
打浦桥	一般消费者	普通百货业、普通餐饮业
豫园	外地旅游者	海派特色旅游

3.2.3 较为完善的基础设施

在基础设施的服务上,新天地街区可以说是一个较为成功的典范。无论是洗手间、无障碍设施的分布,都显得较为合理,基本可以满足到访者的需求。此外,在新天地街区的东侧有太平桥公园,绿植软景观的布设增加了街区的亲和度。各类设施的完善,给夜间休闲系统的建设打下了良好的基础。

3.2.4　便捷度极高的夜间交通

在交通便捷度上,新天地的优势也非常明显。目前,新天地街区周边分布有1、10、13三条地铁线以及诸多干线公交线路。此外延安路高架、南北高架以及内环高架南线也离新天地比较近,强大的交通枢纽网络使其发挥了巨大的虹吸效应,辐射范围甚至可以达到浦东地区。尤其是地铁1、10、13号线均已实现节假日常态化延时运营,这为新天地地区的夜间客流出行提供有力保障。同时,新天地街区在其区域内商场中配备有多个停车场,便捷的地面交通为消费人群提供了出行保障。

3.2.5　与周边居民区的良性共存

新天地街区早在建设伊始,其建设性质便并不是一个完全的商业街区,其东南侧的翠湖天地御苑小区就属于纯商品房住宅。因此早在建设之初,就必须面临着如何与周围居民良好相处的问题。但就目前情况来看,这一问题尚未对居民的正常生活构成较大不良影响,新天地商圈的居民区集中在其东侧和东南侧,而这两侧有太平桥公园作为缓冲区,高大的树木和适当的距离很大程度上减少了人流聚集带来的噪声污染。此外交警对周边道路的管制已经常态化,一定程度上也保证了交通的有序性。

4　上海新天地街区发展夜间休闲系统面临的挑战与对策

4.1　可持续发展动力不足

作为一个国际化大都市,上海的夜间休闲系统已经走在了全国前列。南京路步行街、外滩、城隍庙等,已经成为外地游客在上海夜游的热门去处。而上海迪士尼乐园的开业,也使得入园游客往往要在园区停留整整一天时间,在当天很难再有其他的旅游计划。因此,新天地街区在夜间并不容易吸引外来游客进入本区域。而上海市区的人口数量近年来已经接近零增长,再从本地人口中发掘新的客源也并非易事。因此,新天地街区可持续发展的动力面临较大挑战。

作为新天地街区中最为核心的景区,中共一大会址在日间承接了大量的外地客流,而中共一大会址能否借鉴故宫、上海博物馆等景区经验,开发夜游产品,使外地游客更切身体验中国共产党的诞生情境,在提升社会价值的同时也增加了新天地街区的商业价值。

4.2　夜间休闲项目同质化

新天地的夜间休闲项目以酒吧、高端餐饮、高端商铺为主。但对于本地上班族来说,新天地的酒吧、高端餐饮并非无可替代,上海诸多酒吧街也对新天地的地位构成了挑战。此外,受限于有限的规模,新天地内部的商业体量无法与南京路、淮海路等大型商业街相比。提升夜间休闲项目的多元性、地区间和地区内的特色性,成为促进其可持续发展的关键。

5　上海新天地街区发展夜间休闲系统的普适性价值

第一,新天地街区除中共一大会址主管机构为政府部门外,其余的商业店铺均属私营企业主所有。体制上,新天地地区公私沟通尚不通畅,如若两者之间能形成一条良好的沟通渠道,将会对在科学论证的基础上探索出新的发展模式,从而避免同质化建设起到一定作用。

而在文化的层面上,新天地地区汇聚有红色文化与海派文化,两种文化间的互动较少。如何通过商业这一新天地地区最为重要的耦合剂来促成新天地地区的文化交融,是新天地地区未来升级发展的方向。因此对于我国其他开发城市夜间休闲系统来说,当地政府与业主之间如何实现良性的互动沟通、如何实现多种文化的交融互动,是未来城市夜间经济发展的重要课题。

第二,在经过前期详细准备和各方论证的基础上,以新天地为舞台,和知名机构及媒体合作,举办具有一定层次和影响力的夜间大型活动,进一步扩大新天地知名度,提高街区的夜间人气。因此,在夜间街区中举办音乐会、情景剧等形式多样的文化活动,在极大吸引人流的同时,也提高着街区的消费品位与亲和度。

第三,在不对环境造成超负载影响的情况下,在规定的范围内进一步打造具有本土特色的夜市,以"记忆中的烟火气"为亮点,恢复原有的夜间经济活力,提升街区人气。

6 总结与启示

新天地商圈的良好运行并非偶然,它不但依靠着得天独厚的地理与城市优势,同时也在市场需求的不断变化中保持自身模式前进的步伐。作为新时代打造的商业街区,新天地能难能可贵地维持着较高的人气,成为上海商业街中一棵"常青树"。

发展夜间休闲,需要多管齐下,拓宽思维。在打造新的夜间休闲区域时以"不良影响最小化、发展模式可持续化、经济收入最大化"为指导思想,进行前期科学论证规划,同时合理使用搭配已有市政资源和旅游资源,协调各利益相关方,打造出闪亮的夜间名片,最终方能达到理想效果。

参考文献

［1］ 刘印河.文旅融合下的夜间旅游经济开发[N].中国旅游报,2019-10-22(003).

［2］ 毛中根.夜间经济为成都发展注入澎湃新动能[N].成都日报,2019-08-21(006).

［3］ 句超.发展城市夜间旅游的思考与对策——以天津市为例[J].花炮科技与市场,2019(03):7-8.

［4］ 王雨菲.上海打造"夜上海"[J].宁波经济(财经视点),2019(08):16-17.

［5］ 王雨菲.又见夜上海——市场主导、政府引导,合力做大"夜间经济"[J].中国经济周刊,2019(14):14-21+112.

［6］ 李欣.中国夜旅游创新发展研究[D].上海:复旦大学,2014.

［7］ 魏云刚.城市夜间经济发展问题研究[J].泰山学院学报,2010,32(04):117-121.

镇江大运河文化带休闲 SWOT 研究[①]

朱迅华

（江苏科技大学体育学院，镇江　212003）

摘要：本文采用文献资料法、专家访谈法、问卷调查法、数理统计法对镇江大运河文化带休闲旅游发展优势、弱势、机会、威胁等方面进行 SWOT 分析，找出制约其发展的瓶颈所在，以促进镇江大运河文化带休闲旅游的可持续发展。

关键词：镇江大运河文化带；休闲；SWOT 研究

1　引言

大运河作为沟通南北交通的漕运时代已经终结，但作为中国传统文化"活化"之河的时代悄然开启。2017 年 6 月，习近平总书记作出批示，强调"大运河是祖先留给我们的宝贵遗产，是流动的文化，要统筹保护好、传承好、利用好"。[1]镇江大运河两岸目前共有 90 余处文化遗产，包括大运河镇江段、宋元粮仓遗址、昭关石塔、镇江英国领事馆旧址等 6 处全国重点文物保护单位和冷遹旧居、新四军指挥部、练湖闸等 20 余处市县文保单位。不少文化遗迹具有珍贵的历史价值，如形态各异的虎踞桥与开泰桥等古桥展示着江河交汇文化。镇江市旅游委和市统计局联合统计，2018 年国庆假期 7 天内，镇江市接待游客约 666 万人次，同比增长 10.8%，旅游总收入约 81.56 亿元，同比增长 13.9%[2]。镇江休闲旅游业已进入了黄金发展时期。本研究对大运河文化带休闲资源和建设现状进行调研，并对大运河文化带休闲旅游在优势、弱势、机会、威胁等方面进行 SWOT 分析，找出制约其发展的瓶颈，以促进镇江大运河文化带休闲的可持续发展。

2　研究方法

2.1　文献资料法

课题组所在单位江苏科技大学图书馆有丰富的有关大运河文化的纸质和电子期刊资料，并利用网络资源现代技术查阅了大量与大运河文化带有关的中英文资料。

2.2　专家访谈法

由于大运河文化带休闲旅游涉及的专业性很强，需要具有一定经营开发经验和从事这一研究的专家对大运河文化带休闲旅游资源开发提出自己的看法和建议，以便对数据和资料进行深入的分析、研究。所以，本研究将对镇江市旅游发展委员会管理人员、江苏科技大学旅游管理专家和休闲体育专家进行电话访谈或当面访谈。

2.3　问卷调查法

根据研究的目的和任务，初步制定、设计问卷的基本内容。对镇江旅游发展委员会管理人员、大运河文化带休闲旅游工作人员、大运河文化带休闲旅游参与人员发放问卷，更深入地了解镇江市大运河文化带休闲旅游开发的瓶颈和策略。

2.4　数理统计法

运用 SPSS19.0 软件对所得数据进行数理统计。

---

① 基金项目：江苏省高校哲学社会科学研究课题（2019SJA1919）、镇江市社科应用研究课题大运河文化带建设专项（2019DYH07）

3 镇江大运河文化带休闲旅游发展 SWOT 分析

3.1 镇江大运河文化带休闲旅游发展的优势

3.1.1 地位显著,镇江是大运河上重要的节点城市

镇江作为大运河上重要的节点城市,境内河段始于秦始皇派三千赫衣囚徒凿京砚山通丹徒水道,是京杭大运河最早开凿的河段之一。穿境而过的运河不仅促进了城市发展和经济繁荣,也为镇江塑造了独特的"京江文化"。

3.1.2 资源丰富,镇江市大运河文化带休闲旅游底蕴深厚

镇江大运河两岸目前共有 90 余处文化遗产,包括大运河镇江段、宋元粮仓遗址、昭关石塔、镇江英国领事馆旧址等 6 处全国重点文物保护单位和冷遹旧居、新四军江南指挥部旧址、练湖闸等 20 余处市县文保单位。不少文化遗迹具有珍贵的历史价值,如形态各异的虎踞桥与开泰桥等古桥展示着江河交汇文化。

3.1.3 重视科研,成立了镇江市大运河文化带建设研究中心

2018 年 12 月 27 日下午,镇江市大运河文化带建设研究中心成立仪式在镇江高等专科学校举行[3]。镇江市委常委、宣传部长孙晓南在成立仪式上讲话,孙部长从战略高度阐述了大运河文化带建设的时代背景和重大意义,分析了镇江市大运河文化带建设面临的新形势、新任务,并从切实担当起这项政治任务、把握好研究方向和重点、加强自身建设三个方面为研究中心下一步工作指明方向、点出路径。

3.1.4 注重宣传,扩建镇江古运河历史文化展示室

扩建了镇江古运河历史文化展示室,更新了布展内容,展室面积 100 多平方米,设有 17 块展板,图片 50 余张。展览上篇为"源远流长古运河",重点介绍了古运河的概况及历史文化;下篇为"古河换新颜",主要介绍了近现代古运河整治过程与面貌。

3.2 镇江大运河文化带休闲旅游发展的劣势

3.2.1 许多运河文化遗迹损坏

运河段落的旅游资源,由于历经了岁月沧桑,许多文化遗产损坏、旅游资源遭到破坏,已经难以修复,需要投入巨资才能加以实现。但是运河处于城郊结合处,功能单一,旅游吸引力不强,因此投入的巨资不能和它的收入成正比,会导致投入资源的浪费,滞后镇江市经济发展。

3.2.2 旅游开发未形成品牌效应

镇江市大运河旅游开发既没有规划,也没有计划,整体上还处在相对较低的水平。相对运河周边城市你追我赶、竞相发力,镇江市还没有创造出响亮的大运河品牌,不能与其他各路段大运河相比。

3.2.3 管理制度不顺

在镇江市大运河开发过程中,政府的投入力度不够,在据称耗费巨资的基础上,大运河文化带并没有想象中建设得那么好,因为在这背后所用的巨资不知是否真的都花在这个建设上面,也有可能政府的侧重点不在这上面,而是在其他的发展上面。

3.2.4 遗产保护和新建的建筑和谐程度不高

遗产保护在旅游开发中是最高的原则和第一战略就是保持历史的文化遗存,保护历史原貌,新建的建筑不能够破坏运河的整体环境风貌,这对休闲旅游的开发来说是一项难以解决的问题,是一个重要的障碍物。

3.2.5 运河周边的水质下降

良好的水生态是运河旅游之本,碧水绿树给游客带来放松和美感,有助于休闲、体验性旅游项目的开展。长期以来,排污设施不完善,监管不到位导致了运河周边的水质下降,影响了运河的吸引力。

3.3 镇江大运河文化带休闲旅游发展的机遇

3.3.1 镇江大运河发展机遇

2014 年 6 月 22 日,卡塔尔首都多哈召开的第 38 届世界遗产大会上宣布:中国大运河项目成功入选世界文化遗产名录,成为中国第 46 个世界遗产项目[4]。从南到北全长 1 794 公里的大运河,穿越北京、天津、

河北、山东、江苏、浙江、安徽等省市,亦是世界上最长的人工河道。

3.3.2　江苏省大运河(镇江)文旅发展基金设立

2019年1月4日,江苏省大运河(镇江)文旅发展基金设立,目标规模5亿元。江苏省大运河(镇江)文旅发展基金由省、市、县区三级相关部门出资成立,首期规模拟筹资2.6亿元。后期将吸纳社会资本进入,目标规模5亿元,主要用于镇江市大运河文旅项目建设、IP内容开发、文化消费服务、文旅园区经营和文创产品经营等。

3.4　镇江大运河文化带休闲旅游发展的威胁

3.4.1　镇江大运河文化带休闲旅游整体发展层次不高

或许"名片"太多,抑或还没有真正找准城市特质,镇江市在再塑城市特质的路上遭遇不少坎坷,走了不少弯路。比如早年坊间戏谑的"东有世纪臭蛋、西有三国鬼城",再如后来的"宋元粮仓""运河之母雕塑"等。从一定意义上说,这些事件都或多或少对镇江自然特质或正面特质进行了"建设性破坏",其中"宋元粮仓"事件的负面影响尤甚。当央视公益广告"城市建设不能破坏文物"中频繁出现"宋元粮仓被毁"字样、全国各类媒体的批评之声如滔滔江水,这不仅让生活在这座城市里的人蒙羞,还让之前和随后一段时间里所有城市正面形象宣传的努力打了折扣,甚至作为首批参与申遗的城市最后却只能吞下"申遗不带镇江"、中国运河网的简易地图上没有"镇江"的苦果。

3.4.2　镇江大运河文化带休闲旅游管理职能交叉,政策体系有待进一步完善

镇江大运河文化带休闲旅游管理职能交叉涉及旅游、文化、水利等部门,不利于协调。正如镇江金山、焦山、北固山管理涉及旅旅、宗教、交通等部门,镇江市成立了三山管委会统一协调管理。

参考文献

[1]　施雨岑,吴晶,胡浩.以习近平同志为核心的党中央关心文化和自然遗产保护工作纪实[N].人民日报,2019-06-10(01).

[2]　万凌云.大运河文化带建设中心成立[EB/OL].中国江苏网.(2018-12-29).http://gjzx.jschina.com.cn/20382/201812/t20181229_5980905.shtml

上海市购物中心的休闲功能研究

吴 钰 马剑瑜

(上海师范大学旅游学院,上海 200234)

摘要:购物与休闲的融合现已成为大势所趋,而购物中心的休闲功能主要体现在它的业态结构和休闲空间上。本文运用网络爬虫和Arcgis软件分析了上海市购物中心的空间分布状况,以徐家汇商圈为例,分析了上海市购物中心目前的主要不同业态结构占比和休闲空间建设情况。研究发现娱乐休闲业态占比低,娱乐业态的样式雷同,且休闲空间的建设还存在一些不足,难以从精神上满足消费者日益增长的、独特的休闲需求和心理特征。

关键词:上海购物中心;休闲功能;休闲空间;休闲业态

1 引言

购物中心的产生与社会进步和时代发展密切相关,当下购物中心作为城市商业区最主要的一个部分,它不仅能够体现一个地方的商业发展、经营模式,更能体现当地独特的城市文化。伴随人们生活水平和文化素养的提升,当今消费者的需求越来越趋向于多元化和个性化,他们不再只满足于购物需求,而是希望在购物的同时,也能放松身心、带来身心的愉悦和精神上的满足,在购物中享受生活的乐趣,即"购物+休闲"的有机融合[1]。而购物中心的经营者们为了适应新的消费需求的转变,不断调整购物中心的业态布局和所占比例,并且在购物中心里面增加了许多休闲空间。这种消费需求和经营方式的转变,使得购物与休闲的融合逐渐成为一种新的生活方式和商业模式。当今时代的购物中心除了具有独特的商业价值外,更体现着人们的休闲观念与需求变化,它分担着城市的休闲职能[2]。

2 文献综述

2.1 购物中心的概念

购物中心发展至今,许多学者和组织都对其赋予了不同的定义,他们的侧重点不尽相同,目前尚未有统一的看法和标准。

美国购物中心协会给出的定义是:"购物中心应当由他们的开发商来规划、建设和统一管理,为了能够满足消费者的日常消费需求和维持商业活动的经营,应当具备多种多样的商品、多个大型主力店和充足车位的停车场。"[3]

日本购物中心协会认为,购物中心作为一个社交场所,它适应消费者需要的同时,也承担了一部分城市的功能。作为一个集合了多种商业服务设施的综合体,应当由一个单位有计划地进行开发、规划和管理运营,无论是选址、客群定位还是规模,都应当具有便利性和多元性[4]。

根据中国商务部的定义,众多零售商店和服务设施集中在一起,并且能够满足消费者多元性、综合性需求的商业综合体,我们把它称之为购物中心,其业态多种多样,涉及各方各面[4]。

学者何静认为,除了购物和消费之外,购物中心应当营造有趣、具有吸引力的主题和氛围,致力于给消费者带来更多休闲化、生活化、娱乐化的增值服务,发挥它的购物消费和休闲娱乐功能[5]。

在此基础上,本文将购物中心定义为:统一管理、分散经营,拥有不同指标定位多元客群,并且能够按照消费者需求划分功能业态,重视空间设计与经营的商业集合体。

2.2　休闲功能

休闲功能就是指人们所参加的休闲活动或者所处的休闲娱乐环境中所涉及的各种因素给人们身体和精神所带来的作用与价值,它强调精神上的愉悦,有助于人的全面发展。关于休闲的功能,目前普遍采用Joffer Dumazier 的理论[21],他认为,休闲的主要功能包括休息功能、心情转换功能和自我实现功能[6]。在此基础上,高立又补充了两项功能:教育功能和社会交往功能[7](见表1)。

表1　休 闲 功 能

功　能	描　述
休息功能	从日常和劳动中解放出来,消除身心疲劳,恢复体力
心情转换功能	通过参与休闲活动获得精神上的愉悦与满足,使工作生活中的负面情绪得到缓解和消除
自我实现功能	自由选择他们感兴趣的活动,在活动过程中展现自我、并得到自我满足,获得自身的发展
教育功能	在休闲活动中扩展视野、陶冶品性,扩充相关知识,促使参与者主动学习
社会交往功能	在休闲活动中建立社会关系,促进人际交往与社会互助

购物中心的休闲功能主要体现在它的休闲业态组合以及休闲空间布局上。

2.2.1　业态休闲功能

购物中心的业态主要包括零售、餐饮、娱乐休闲。零售虽然是购物中心最主要的商业业态,购物本身是不能成为休闲活动的,但是在购物的过程中,消费者所处的购物环境、服务态度和质量等各方面的因素都能给消费者带来主观上的愉悦和轻松感受[1]。"一站式"的购物模式,可以节省时间、减少疲劳,让购物也成为一种休闲方式甚至生活方式。

餐饮业态极大地提升了购物中心的休闲功能,尤其是现在的购物中心,非常注重餐饮业态,因为一站式的模式会延长消费者的购物时长,他们需要一些可以让他们驻足和休息的地方。同时,有些餐饮场所也可以进行私人聚会、商业宴请等活动,还可以满足他们的社交需求[8]。

娱乐休闲业态包罗万象,主要包括娱乐、文化、运动康体三大类,具体有:电影院、健身房、美容美发、SPA、儿童天地、儿童教育、书店、KTV、溜冰场、宠物馆、花店等(见表2)。娱乐休闲业态最能体现一个购物中心休闲功能的强弱,功能是否齐全、形式是否丰富决定了购物中心能否满足市民的休闲需要。

表2　娱乐休闲业态

分　类	具体形式	休闲功能
娱　乐	电玩城 KTV 儿童天地 电影院	心情转换 社会交往
文　化	书店 儿童教育	自我实现 教育
康体健身	健身房 溜冰场	自我实现 心情转换
生　活	宠物店 花店 美容美发	休息 心情转换

2.2.2　休闲空间

购物中心越来越趋向于向休闲娱乐化发展的主要依托就是休闲空间。休闲空间就是人们除了购物之外,还能开展休闲活动、娱乐活动、放松身心的一个场所和空间,在这里他们可以自由选择参与娱乐健身、开展社会交往、休息、学习教育等活动[9]。休闲空间的范围非常广泛,既包括绿地景观空间、中庭空间、购物空间休息区等非盈利空间,也包括游乐场、电影院、书店等盈利空间[10]。购物中心非常重视休闲空间的设计与布局,有关购物中心空间设计的研究也越来越多,例如杨雅琦基于人因工程的视角出发,她认为休闲空间应当抓住室内景观和环境两个关键点[11];李莉等认为,休闲空间的设计也要以人为本,关心、尊重每一位消费者,并且多融入绿化植物景观,增强生态性的同时也增强了视觉体验[9]。

3 上海购物中心发展现状

城市经济和社会的发展是购物中心成长的重要因素。上海作为国家经济中心和一线城市,购物中心的发展尤为迅猛。2018 年上海市政府打响"四大品牌"建设以及上海进口博览会的举办,更有效扩大了上海购物中心的影响力。

3.1 购物中心发展宏观环境

3.1.1 经济环境

近年来,上海市经济发展总体上保持平稳增长,从图 1 可以看出,上海市 GDP 从 2014 年的 23 567.7 亿元增长到 2018 年的 32 679.87 亿元,每年均表现出较稳定的增长趋势,为购物中心的发展奠定了较好的经济发展基础。在上海市三大产业中,第三产业的增加值始终远远超过其他两个产业(见图 2),可以推断第三产业始终是上海市经济发展最主要的推动力。经济总体情况保持稳定增长,第三产业成为经济增长主要推动力,占据绝大多数比重,无疑为购物中心的发展提供了坚实的基础。

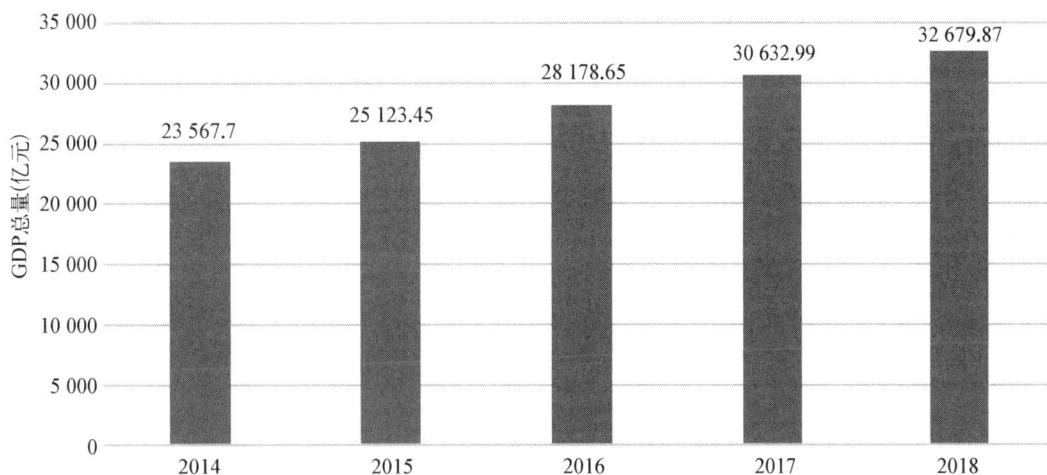

图 1 上海 2014—2018 年 GDP 增长情况

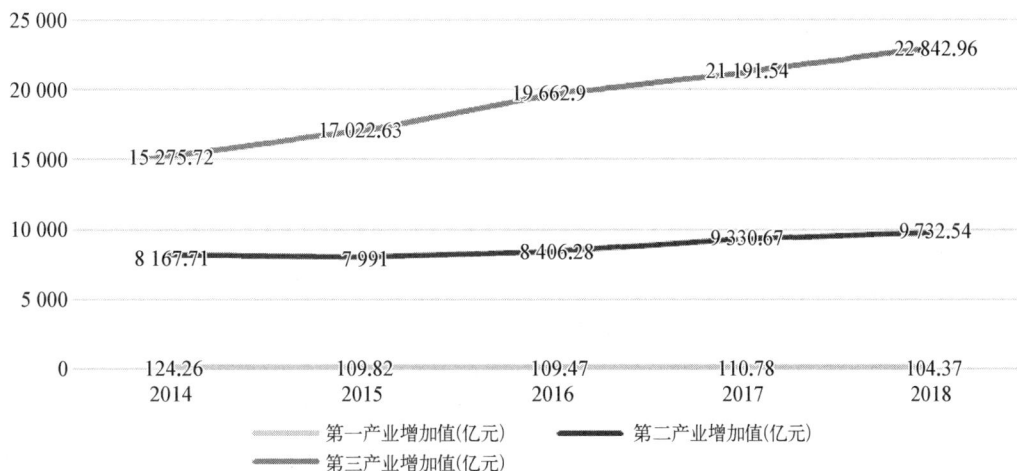

图 2 上海市三大产业增长情况

3.1.2　消费水平

上海的经济发展趋势使得居民的收入得到了增加，同时也使得他们的消费能力和消费水平得到了提升。从图3可以看出，近年来上海市的人均可支配收入和消费水平都呈增长趋势，可见居民的消费能力和购买力也在不断提升。

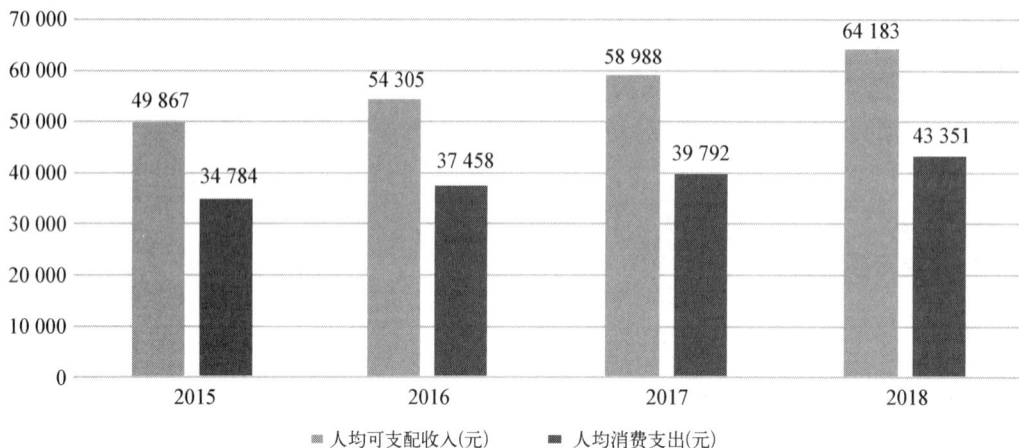

图3　上海市人均可支配收入和消费水平

3.2　上海购物中心建设情况

2018年全国购物中心指数和消费力指数显示，上海排名稳居第一。据《中国经济日报》统计，上海购物中心中的首店、新开业项目、存量改造项目数量也均为全国第一。

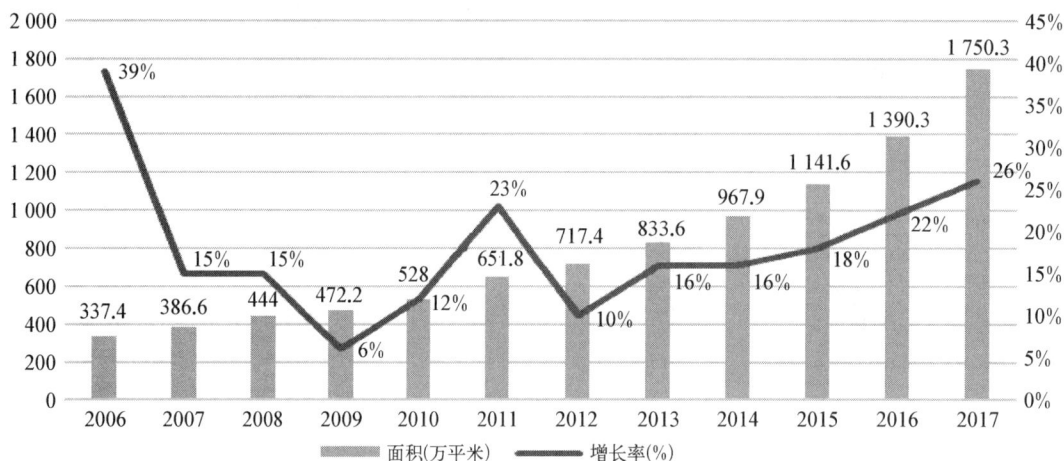

图4　上海市购物中心面积和增长率

由图4可以看出，上海市购物中心面积从2006年起就开始逐年增长，2014年后开始大幅度增长，现在上海已成为全国购物中心面积最大的城市。伴随着购物中心面积的增长，上海市购物中心的数量也在逐渐增加（见图5），新开的购物中心则呈现出大型化、多业态的发展趋势。

3.3　上海购物中心空间分布

作者用八爪鱼爬虫软件从百度地图获取了上海市购物中心的经纬度坐标，以"上海""购物中心"为两个关键词爬取到192条记录。随后进行了数据整理：① 删除带有"区""座""期"等字符的数据；② 剔除重复项；③ 剔除了带有"商厦""百货""商场"等字符的数据，最终共151条有效数据。将这151条数据导入Arcgis软件中生成了上海购物中心空间分布图（见图6）和核密度图（见图7）。可以看出，上海市购物中心主要集中分布在黄浦、静安、虹口、徐汇区、杨浦区等中心城区和交通枢纽大学城周边等，边远地区较少，但也有不少新的购物中心在边远地区进行了规划选址。

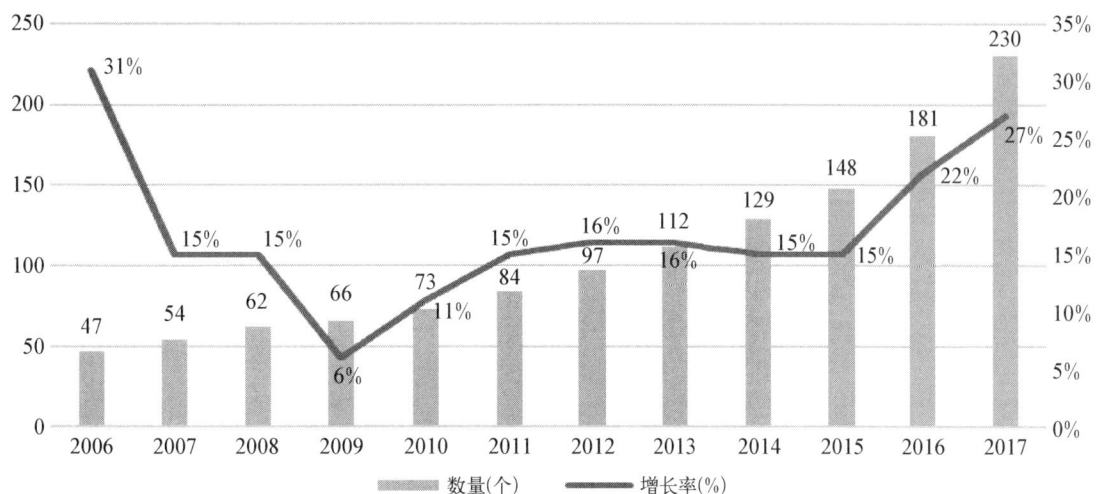

图 5　上海市购物中心数量

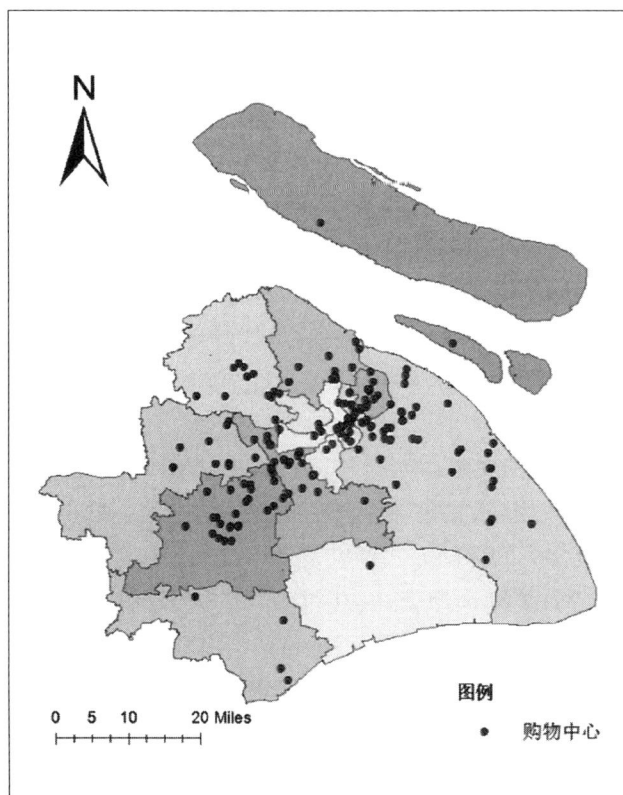

图 6　上海市购物中心空间分布图

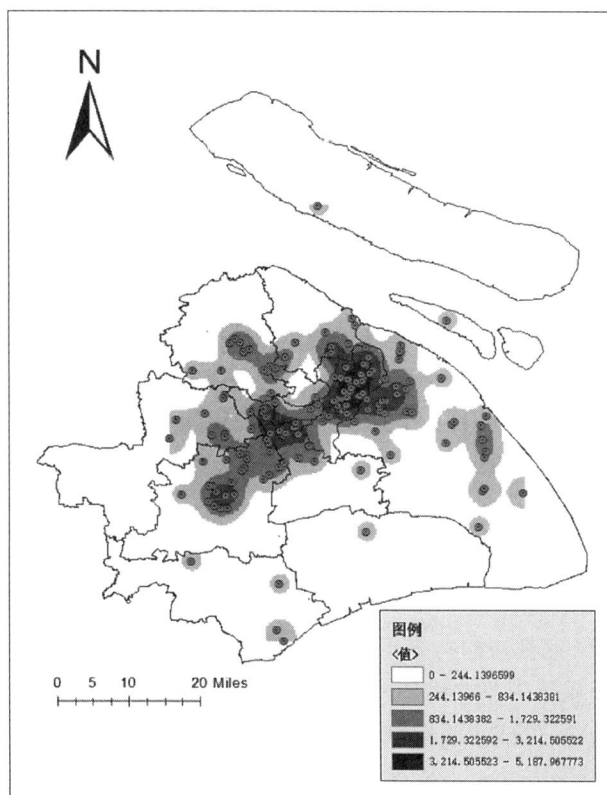

图 7　购物中心核密度图

总体来看,上海市经济发展环境优良,居民收入和购买力持续增长,目前购物中心仍然集中于中心城区,但也有向郊区扩散的趋势。

4　上海购物中心休闲功能分析

4.1　业态休闲功能分析

4.1.1　零售业态休闲功能分析

当今购物中心主打"一站式"购物模式,消费者可以在一家购物中心买到他所需要的任何商品,避免在不同商场之间来回奔走,减少路程和耗费的时间,让购物也能成为一种休闲方式。上海近几年新开的大型购物中心中,零售商品种类越来越多元化、综合化。尤其是选址在人口较为集中的地区,如静安大融城、万象城等,涵盖服装鞋帽、家居家电、珠宝美妆、图书、食品等各类品种,既有国际高端品牌又有大众消费品牌,高中档次合理分配布局,既满足周边居民各式需求又顾及到不同阶级的消费水平。

购物是人们为满足他们的各种需要购买产品和服务的一个过程,王林等的研究表明,购物环境、服务环境等客观环境也能够影响消费者在购物过程中的主观感受[12]。因此,如果消费者所处的客观环境能够给他们的精神、心灵带来愉悦、快乐、放松,帮助他们减轻疲劳、放松心情,那么就可以说购物是一种休闲方式。零售业态往往通过增强消费体验来增强它的休闲功能。例如,上海正大广场的喜眠睡衣体验店,产品均使用智能衣架系统,只要消费者把衣服从衣架上拿下,就可以在电子显示屏上看到详细的商品信息与设计理念。中庭展示区运用一系列技术和实物展示方法将衣服材质和它的原理向消费者生动形象地展示出来,将商品展示和店铺环境相结合,凸显情景性,增强互动性,给消费者强烈的心理体验,让购物这一过程增加更多的休闲性和娱乐性。

4.1.2　餐饮业态休闲功能分析

上海的餐厅数量和密度都是全国第一,同时作为全国购物中心最多的城市,上海市餐饮业在购物中心业态配比中的比例也是最高的,已经超过了30%。原因主要有以下两点。

首先,餐饮业态搭配一站式的零售模式,可以很好地与零售业态互补,大幅度提升购物中心的休闲功能。一站式购物延长了消费者在某一个购物中心的停留时间,那么在停留时期内,消费者们需要一个可以休息、停留场所,或者也有用餐的需求。因此,餐饮业态的引入不仅能让消费者在购物过程中缓解疲劳、休息放松,还可以满足消费者对美食的追求。

其次,中国人的社交与吃饭有着密不可分的联系。例如,亲朋聚会、生日宴请、商务聚餐等,很多社会活动都离不开餐饮。当今消费形势的变化出现了越来越多各具特色的餐厅,而新兴一代的消费群体则喜欢把餐厅当作他们休闲与社交的新场所,如胡桃里音乐餐厅、花园餐厅等。

4.1.3　娱乐休闲业态休闲功能分析

上海市购物中心的娱乐休闲业态是休闲供给的主要组成,主要包括电影院、书店、儿童乐园、儿童教育、舞蹈工作室、KTV、电玩城、美容美发、健身房、溜冰场等,涵盖娱乐、文化、健身和生活四大类,其中最主要的还是电影院。《小康》杂志联合清华大学开展的一项国民最常见的休闲方式调查发现[22],除了上网和看电视外,看电影排在了第三位。作者在百度地图上以"电影院"为关键词搜索,共获得150条记录,统计发现有124家都在购物中心里,有的购物中心甚至还有2家及以上不同的电影院。此外,目前上海购物中心引进的娱乐休闲业态都是较为知名的品牌,比如好乐迪、梵音、大众书局、上影、海马体、舒适堡、凯撒、华尔街、沐良诚等,保证了购物中心业态的品质,丰富了其功能。

4.1.4　上海购物中心业态布局

起初购物中心最适宜的零售、餐饮、休闲业态比例是6:2:2,后来发展至4:4:3,现在甚至有1:1:1。为了研究上海市购物中心目前的业态分布,作者选取了徐家汇商圈内的购物中心,分别分析了它们的业态分布。由于徐家汇是上海的四大副城市中心又是十大商业中心,故认为分析徐家汇购物中心的业态分布并以此推出上海市购物中心的业态占比能够具有较好的说服力。

根据上海市总体规划来看,徐家汇地区东至宛平路,西至宜山路,北至广元路,南至零陵路,共4.04平方公里,区域内有美罗城、星游城、港汇恒隆、腾飞PLAZA、飞洲国际广场、光启城共6家购物中心(见图8)。作者分别调查了这6家购物中心的业态布局和商店情况(见表3),徐家汇商圈内的购物中心零售店铺420家,餐饮211家,娱乐休闲类的店铺107家。综合来看,零售、餐饮、娱乐休闲业态比例约为4:2:1,但每个购物中心的业态配比都各不一样,普遍还是以零售和餐饮居多。

图 8　徐家汇商圈 6 家购物中心

表 3　徐家汇购物中心业态统计

	零　售	餐　饮	娱乐休闲
美罗城	23	31	11
星游城	17	39	22
港汇恒隆	186	28	6
飞洲国际广场	104	26	4
腾飞 PLAZA	12	15	24
光启城	78	82	40
合计	420	211	107

4.2　休闲空间现状分析

　　购物中心的休闲空间很大程度上依托于购物中心的空间形式,因此会受该购物中心的整体风格、设计理念以及城市文化环境的影响,能够体现购物中心的商业文化与环境,形成高度的衔接。例如以欧式建筑为特色的环球港,秉持"商业＋文化"的理念,购物中心里分别设置了三个穹顶广场,欧式穹顶与廊道设计相结合,显得宏伟宽阔,具有高度视觉协调性,且建筑风格一致[18]。

　　其次,现在越来越强调人的作用,购物中心的休闲空间也更关注人们的生理需求和心理习惯。当城市生活和环境质量越来越受到关注的今天,作为公共休闲空间的购物中心也开始考虑绿色生活这一问题[19]。例如上海 K11 购物中心,秉持"艺术＋人文＋自然"的核心理念,把人文艺术、体验消费和景观绿化相融合,33 米高空飞泻而下的人工水景瀑布,伴随着逼真的水流声、鸟叫声,让人仿佛置身都市丛林。都市农庄的加入,让生活在城市的人们也可以在这里体验到种植瓜果蔬菜的乐趣,在短暂的时间里,卸下疲惫,体验回归自然的乐趣。

　　当物质需求都得到满足之后,人们开始追求精神上的需求,现今他们更愿意为服务、体验、环境、情感买单[20]。购物中心的经营者们也开始打体验牌，调整空间布局和业态。上海大悦城的艺术街区摩坊166和屋顶摩天轮开启了屋顶空间场景化休闲体验的新格局，把特色化的场景和体验业态搬到了屋顶上，木工手作、绘画体验、皮具及银器制作等体验式业态内容交错、没有重复，通过特色化的场景吸引人流的同时又迎合了年轻人追求独特的玩乐需求，增强消费者的黏性。

纵观现今上海购物中心的休闲空间建设，主要是依托购物中心的整体风格与理念，关注人们的身心需求并融入独特创意而形成各具风格的公共空间。

5　上海购物中心休闲功能发展建议

5.1　业态优化

零售、餐饮和休闲娱乐业态的比例可以基于市场调查和消费偏好的变化来确定[13]。尤其是休闲娱乐业态的形式不能局限在传统的电影院、KTV、电玩等，未来应当考虑小型剧场、展览馆、美术馆、剧院等体现高端品位和文化特色的业态形式，休闲、文化要与生活高度融合。

此外，根据所处区位的不同，购物中心可以自主选择主要的业态组合。例如金山、青浦等地区的购物中心可以多提供一些满足居民日常性的休闲娱乐业态，如电影院、健身房、儿童天地等。而在市区，尤其是主城区的购物中心，由于周边消费者多是中产阶级家庭、时尚青年，他们的消费水平较高，娱乐休闲业态应以高品质和高体验度的时尚休闲为主，如都市农庄、艺术馆、文艺展览、VR体验、健康服务等。

5.2　空间优化

休闲空间的融入可以为购物中心的消费环境增添情调，人们缓解压力的同时愉悦心情、享受生活，成为一种精神寄托的场所。未来购物中心应塑造主题化、场景化的休闲空间，可以是主题化的故事，也可以是景观设计等，一一渗透到环境、布局、氛围中去[14]。例如K11购物中心，以文化艺术为主题，并不仅仅是在购物中心里面摆上几件艺术品，而是把整个购物中心当成一件艺术品来布置，将文化艺术理念融入到购物中心的建筑外观设计、空间布局、业态等，营造舒适、轻松的环境氛围。但K11还存在一些不足之处，这提醒我们让休闲空间真正地融入、渗透到购物中心的整体格局中还有很多地方需要我们思考。

6　结论与不足

随着上海经济环境的发展和居民消费水平的提高，购物中心已经成为消费者进行日常休闲放松的场所，越来越承担起城市休闲的功能。上海市的购物中心数量和面积每年都在不断增长，在全国城市中一直排名第一。在空间分布上主要集中在黄浦、静安、虹口、徐汇等主城区和虹桥交通枢纽、松江大学城等人口密集或人流量大的地方。

购物中心能够成为城市居民进行日常休闲的场所，主要是因为购物中心的主要业态如零售、餐饮、娱乐休闲业态等具有休闲功能或者说已经成为居民的日常休闲活动，以及购物中心的某些空间也能让消费者进行娱乐、休闲活动。从业态来看，上海市各个购物中心的业态占比都各不相同。作者选取了代表性较强的徐家汇商圈内的6家购物中心进行了业态比例分析，零售、餐饮、休闲娱乐三项业态比约为4：2：1。虽然零售和餐饮业态也具有休闲功能，但是，休闲娱乐业态的比例相比而言却非常低。而且现在消费者的休闲需求越来越多样化、高品质化，传统的休闲娱乐业态如电影院、健身房已经显得有些传统，无法适应新的休闲偏好的变化。

同样作为购物中心一个部分的休闲空间，仅靠目前一些休闲座椅、沙发等硬件或绿化景观、建筑设计也难以满足消费者日益多元的休闲需求，他们更需要的是精神上的满足。因此，未来可以将一些场景化、主题化、沉浸式的空间形式融入到购物中心，从五感上带消费者迅速走进一个能让他们触景生情的环境，引起心灵和情感上的共鸣，让消费者觉得自己的心理、情感需求得到了充分重视。

本文从购物中心业态的休闲功能和休闲空间分析了上海市购物中心的休闲功能情况，但还存在一些不足。由于作者理论水平和实际经验有限，对文中涉及的一些概念和研究分析不够深入，有待在今后不断进一步加强。

参考文献

［1］ 胡晓会.直面新常态,购物中心新趋势[J].房地产导刊,2016(09)：78－81.

［2］ 国际.浅析城市商圈与购物中心的关系[J].上海商业,2018(09)：22－23.

［3］ 王真.购物中心向生活方式中心转化的价值取向及实现方式[J].北京工商大学学报(社会科学版),2013,28(06)：34－41.

［4］ 俞稚玉.修订中国购物中心的定义与分类的建议[J].上海商业,2007(07)：30－35.

［5］ 何静.消费转型下的购物中心与消费者行为研究——以服装行业为例[J].浙江纺织服装职业技术学院学报,2015,14(03)：54－57.

［6］ 巴蓉,任志翔.浅析休闲体验式购物中心[J].建筑技艺,2013(03)：232－235.

［7］ 高立.济南市大型购物中心休闲功能研究[D].济南：山东师范大学,2014.

［8］ 田欣,徐艺倩,曼弗雷德·曼弗雷德尼,等.当代超级购物中心"市民性"和"异质性"的空间特性初探[J].新建筑,2019(03)：76－81.

［9］ 李莉,朱晓冬,黄小娜.谈购物中心休闲空间的设计[J].山西建筑,2014,40(21)：13－14.

［10］ 董美玉,赵伟韬,刘丽.浅谈购物中心休闲空间景观[J].黑龙江农业科学,2013(05)：94－95＋106.

［11］ 杨雅琦.浅析购物中心休闲空间的设计[J].工业设计,2016(04)：89＋91.

［12］ 王林,刘艳梅.购物环境对大型购物中心聚客力影响实证研究——以重庆市主城区为例[J].中国房地产,2018(21)：62－72.

［13］ 江杭迅,常明.杭州市购物中心的区域分布情况调查[J].现代商业,2019(05)：18－19.

［14］ 马燕娇,史珍珍.购物中心如何实现弯道超越[J].城市开发,2019(04)：42－44.

［18］ 章丹音,朱钟炎.从"非场所"到"场所"——以上海月星·环球港的商业空间生产为例[J].住宅科技,2014(3)：1－5.

［19］ Goss J. The magic of the mall：form and function in the retail built environment[J]. Annals of the Association of American Geographers,1993(83)：18－47.

［20］ Bowlby R. Just Looking：Consumer Culture in Dreiser,Gissing,and Zola[M]. New York：Methuen,1985：9－23.

［21］ Meethan K. Tourism in global society：Place,culture,consumption[M]. Basingstoke：Palgrave,2002：37.

［22］ 姚雪婵.文化旅游项目策划视域下休闲文化建设的思考[J].管理观察,2018,38(12)：70－71.

西北地区城市休闲化水平差异研究[①]

胡莉莉　李翠林

（新疆财经大学旅游学院,乌鲁木齐　830012）

摘要: 以西北地区四省的省会城市为研究对象,构建 2017 年城市休闲化的评价指标体系,对西安、乌鲁木齐、兰州和银川 4 个城市进行实证研究。研究结果表明:从横向看,西北地区的四个代表城市休闲化水平存在着显著的差异,并且发展不平衡;从纵向看,休闲服务与接待指标对西北城市休闲化水平影响最大,休闲空间与环境指标的重要性最低。基于上述结论,文中提出应大力发展经济、提高居民休闲消费能力、制定城市休闲化发展策略、优化休闲空间与环境以及加强区域合作等建议,以期缩小西北地区各城市休闲化差异,提升区域休闲化水平,以实现西北各城市休闲化水平的协调发展。

关键词: 西北地区;城市休闲化;差异

1　引言

随着我国人民生活水平的提高和闲暇时间的增加,人们的生活方式发生了重大的改变,休闲消费成为人们社会支出中重要的组成部分。2017 年 10 月,习近平主席在十九大讲话中指出:"中国特色社会主义进入新时代,我国社会主要矛盾已转化为人民日益增长的美好生活需要和不平衡、不充分的发展之间的矛盾。"[1] 2019 年 8 月,在最新发布的《休闲绿皮书》中也指出,休闲在人民生活、家庭关系、社会经济结构中的作用越来越大,休闲发展应成为国家战略、文化与民生发展的一部分[2]。

2018 年,中国对世界经济增长的贡献率已达到 30% 以上,其中,第三产业对我国 GDP 增长的增长率达到 59.7%,已超过第二产业,占据领先位置。我国城乡居民的恩格尔系数降低至 30%,休闲产业逐步成为推动中国城市发展的重要动力。因此,本文以西北四省的省会城市为例,通过对不发达地区的城市休闲化水平差异的研究,深入了解西北地区各城市休闲化发展现状,探讨城市之间休闲化水平差异,从而实现西北地区休闲城市的全面发展。

2　文献综述

随着人民生活水平的提高,休闲城市的研究逐步成为热门话题,越来越多的学者加入到休闲城市的研究中。结合国内外学者们对城市休闲化的研究,把研究内容归类为以下三方面。

2.1　关于城市休闲经济和产业的研究

Geoffrey(2006)认为休闲产业是一个综合性的经济产业,内容非常广泛,并没有清楚的产业和规模界限[3];Cleber(2011)通过对巴西城市休闲与城镇化发展之间的关系进行实证研究,认为休闲经济是推动城镇化发展的重要因素[4]。徐爱萍等(2019)以上海为例,发现上海城镇化与休闲经济发展呈现出显著的协调发展关系[5]。粟郁(2019)运用主成分分析法,对我国城市休闲产业发展进行研究,发现休闲产业发展中的问题[6]。

2.2　关于城市居民休闲时间和方式的研究

Chen LF(2010)认为积极、健康的休闲时间有益于经济的长期增长,其内在作用机理是休闲活动可以有效促进身体健康和教育效果[7]。王鹏飞、魏翔(2018)从城市层面出发,研究了居民休闲时间、人力资本质量

---

①　基金项目:国家社科基金"乡村振兴战略下的民族地区文化创意产业与旅游业融合机制、模式与路径"(19XMZ077);新疆维吾尔自治区社科基金项目"新疆文化创意产业和旅游业融合发展研究"(17BJL103);新疆自治区高校社科基金项目"以乡村旅游推动新疆乡村振兴的演进机制与发展路径研究"(XJEDU2019SI008)

与经济效率之间的关系[8]。胡荣、龚灿林(2018)基于调查数据对我国城乡居民的休闲方式现状、差异以及影响因素进行研究[9]。

2.3 关于休闲对城市发展的影响研究

Dias(2011)以巴西为例,通过对休闲与城市化发展关系的分析,发现城市空间的发展会产生新的休闲方式。同时,居民的休闲时间增多和游客的旅游活动,也进一步促进了城市的休闲发展和政府相关休闲政策的制定[10]。张广海、刘金宏(2014)通过构建沿海地区休闲化发展指标体系,运用物元分析法对我国沿海地区休闲化发展水平的时间和空间特征进行分析[11]。李丽梅、楼嘉军等(2016)通过 2009—2012 年中国 36 个城市数据的研究,发现中国城市休闲化处于中低水平且分布不均[12]。

综上所述,国内外学者对城市休闲化的研究涉及各个方面,国内学者对中国城市休闲化的定量研究比较丰富,但大多集中在对中国发达城市以及东中西部区域差异的研究,而专门针对西北地区的研究较少。本文以乌鲁木齐市、西安市、银川市和兰州市为研究对象(由于西宁市数据不全未列入研究对象),通过构建城市休闲化评价指标体系,研究西北地区代表城市的休闲化发展水平以及差异,为西北地区休闲城市建设提供一些理论借鉴。

3 指标体系和模型构建

3.1 构建指标体系

本文通过借鉴国内学者李丽梅、楼嘉军等提出的指标体系[13-14],并根据 2017 年《中国城市统计年鉴》《乌鲁木齐统计年鉴》《西安统计年鉴》等权威统计数据,选取了 5 个一级指标、41 个二级指标,构建了 2017 年西北地区城市休闲化的评价指标体系。

表 1　西北地区城市休闲化评价指标体系

一级指标	二级指标	单位	变量
经济与产业环境	地区生产总值	亿元	X1
	人均生产总值	元	X2
	城市化率	%	X3
	第三产业占 GDP 比重	%	X4
	第三产业就业人数占全部就业人数的比重	%	X5
	社会消费品零售总额	亿元	X6
	住宿和餐饮业零售总额	亿元	X7
	限额以上批发、零售、住宿和餐饮业从业人数	人	X8
	限额以上批发、零售、住宿和餐饮业企业个数	个	X9
休闲服务与接待	博物馆数量	个	X10
	公共图书馆数量	个	X11
	文化馆数量	个	X12
	剧场、影剧院个数	个	X13
	国家重点文物保护单位数量	个	X14
	旅行社数量	个	X15
	星级饭店数量	个	X16
	公园个数	个	X17
	国内旅游人数	万人次	X18
	入境旅游人数	万人次	X19

（续表）

一级指标	二级指标	单 位	变 量
交通承载与安全	公共汽车、电车客运量	万人次	X20
	公路运输客运量	万人次	X21
	铁路运输客运量	万人次	X22
	民用航空旅客客运量	万人次	X23
	交通事故死亡人数	人	X24
休闲空间与环境	市区人均居住面积	平方米	X25
	城市（建成区）绿化覆盖率	％	X26
	城市绿地面积	平方米	X27
	城市人均公共绿地面积	公顷	X28
	空气质量达到及好于二级的天数	天	X29
	国控主要城市区域环境噪声	等级声效	X30
休闲生活与消费	城镇居民家庭恩格尔系数	％	X31
	城市居民人均可支配收入	元	X32
	城市居民消费价格指数（以上一年为100）	％	X33
	城市居民家庭人均消费性支出	元	X34
	城市居民人均生活用品及服务消费支出	元	X35
	城市居民人均医疗保健消费支出	元	X36
	城市居民人均交通通信消费支出	元	X37
	城市居民人均教育文化娱乐服务消费支出	元	X38
	每百户城市居民家庭年末彩色电视机拥有量	台	X39
	每百户城市居民家庭年末家用电脑拥有量	台	X40
	入境过夜旅游者人均花费	美元/人	X41

3.2　城市休闲化测度模型

3.2.1　指标赋权方法

第一，根据评价的要求，把所有指标分为正向指标和逆向指标。把所有的逆向指标通过公式（1）转化为正向指标，使本文中的所有指标保持一致性。

$$X_{ij} = 1/x \,(x > 1) \tag{1}$$

第二，为了保证城市休闲化水平差异的客观性和真实性，本文采用客观分析法进行分析，并运用差异驱动原理，对西北地区四个城市的所有休闲指标进行权重赋值，将指标权重记为：

$$\lambda_j = V_j \Big/ \sum_{j=1}^{41} V_j \qquad V_j = S_j / \bar{X}_J \tag{2}$$

其中 $\bar{X}_J = 1/4 \sum_{i=1}^{4} X_j$，$S_j = \sqrt{1/4 \sum_{i=1}^{4} (x_{ig} - \bar{X}_J)^2}$（$i = 1, 2, 3, 4$；$j = 1, 2, 3, \cdots, 41$）。

第三，由于各指标含义不同且量纲处理差异比较大，所以不能直接使用各指标数据进行评价，本文通过运用最大元素基准法，对41个指标进行无量纲化处理，即：

$$Y_{ij} = X_{ij} / \max_{1 \leqslant i \leqslant 4}^{1 \leqslant j \leqslant 41} [X_{ij}] \times 100 \,(i = 1, 2, 3, 4; \ j = 1, 2, 3, \cdots, 41) \tag{3}$$

3.2.2 综合评价模型

城市休闲化评价指标体系(简称 URI)是根据独立变量自身以及其间产生的集聚效应而形成的[15]。城市休闲化综合评价模型的公式为:

$$URI_i = \Pi_{j=1}^{9} Y_{ij}^{a} \Pi_{j=10}^{19} Y_{ij}^{b} \Pi_{j=20}^{24} Y_{ij}^{c} \Pi_{j=25}^{30} Y_{ij}^{d} \Pi_{j=31}^{41} Y_{ij}^{e} \tag{4}$$

其中,a、b、c、d、e 分别表示经济与产业环境、休闲服务与接待、交通承载与安全、休闲空间、环境和休闲生活与消费的偏弹性系数;Y_{ij} 表示 i 城市 j 指标的数值。

4 实证分析

4.1 城市休闲化权重指数差异分析

根据公式(2)计算得到乌鲁木齐、西安、兰州与银川这四大城市休闲化的权重指数,由表2可知:休闲服务与接待指标所占的比重最大,为43.74%,休闲空间与环境指标所占比重最少,为8.5%,这表明休闲服务与接待指标对西北地区城市的休闲化水平影响是最大的,休闲空间与环境指标对西北地区城市的休闲仅水平影响最小。

表2　2017 年西北四城市休闲化指标权重

一级指标	二级指标	子权重	总权重
经济与产业环境	地区生产总值	0.035 3	0.215 9
	人均生产总值	0.003 8	
	城市化率	0.005 4	
	第三产业占 GDP 比重	0.007 9	
	第三产业就业人数占全部就业人数的比重	0.007 2	
	社会消费品零售总额	0.043 0	
	住宿和餐饮业零售总额	0.031 0	
	限额以上批发、零售、住宿和餐饮业从业人数	0.048 5	
	限额以上批发、零售、住宿和餐饮业企业个数	0.033 7	
休闲服务与接待	博物馆数量	0.079 5	0.437 4
	公共图书馆数量	0.014 9	
	文化馆数量	0.012 7	
	剧场、影剧院个数	0.056 8	
	国家重点文物保护单位数量	0.057 3	
	旅行社数量	0.028 0	
	星级饭店数量	0.019 8	
	公园个数	0.039 8	
	国内旅游人数	0.052 6	
	入境旅游人数	0.076 0	
交通承载与安全	公共汽车、电车客运量	0.025 1	0.205 8
	公路运输客运量	0.052 7	
	铁路运输客运量	0.040 7	
	民用航空旅客客运量	0.048 2	
	交通事故死亡人数	0.039 2	

（续表）

一级指标	二级指标	子权重	总权重
休闲空间与环境	市区人均居住面积	0.003 2	0.055 8
	城市(建成区)绿化覆盖率	0.007 5	
	城市绿地面积	0.029 0	
	城市人均公共绿地面积	0.008 4	
	空气质量达到及好于二级的天数	0.006 4	
	国控主要城市区域环境噪声	0.001 4	
休闲生活与消费	城镇居民家庭恩格尔系数	0.002 4	0.085 0
	城市居民人均可支配收入	0.004 3	
	城市居民消费价格指数(以上一年为100)	0.000 3	
	城市居民家庭人均消费性支出	0.007 1	
	城市居民人均生活用品及服务消费支出	0.008 9	
	城市居民人均医疗保健消费支出	0.008 3	
	城市居民人均交通通信消费支出	0.010 2	
	城市居民人均教育文化娱乐服务消费支出	0.006 1	
	每百户城市居民家庭年末彩色电视机拥有量	0.003 1	
	每百户城市居民家庭年末家用电脑拥有量	0.004 1	
	入境过夜旅游者人均花费	0.030 2	

4.2　城市休闲化综合指数差异分析

根据公式(4)计算得到2017年西北四个代表城市休闲化的综合指数,由表3可以看出,西安是西北地区城市休闲化水平最高的城市,且休闲服务与接待指数水平很高,说明西安作为历史古都和旅游名城,具有较为完善的休闲产业链,拥有良好的休闲服务意识。而乌鲁木齐市、兰州市的城市休闲化水平比较相近,银川市的城市休闲化指数最低,表明银川与其他城市相比,其休闲化程度的差异较大。

表3　西北地区四城市休闲化指数

指标指数	乌鲁木齐	西　安	银　川	兰　州
经济与产业环境指数	2.21	2.69	1.85	2.23
休闲服务与接待指数	3.08	6.72	2.90	3.40
交通承载与安全指数	2.03	2.38	1.80	2.06
休闲空间与环境指数	1.29	1.29	1.25	1.24
休闲生活与消费指数	1.48	1.43	1.42	1.39
城市休闲化指数	26.25	79.56	17.23	26.96
排序	3	1	4	2

从5个一级指标指数可以看出,西北地区这四个城市的休闲服务与接待的指标指数最高,休闲空间与环境指标指数最低。在经济与产业环境指数方面,西安>兰州>乌鲁木齐>银川;休闲服务于接待指数方面,西安>兰州>乌鲁木齐>银川;交通承载与安全指数方面,西安>兰州>乌鲁木齐>银川;休闲空间与环境指数方面,西安=乌鲁木齐>银川>兰州;休闲生活与消费指数方面,乌鲁木齐>西安>银川>兰州。

4.3 城市休闲化分项指数差异分析

4.3.1 经济与产业环境指数差异

由图1可知,在经济与产业环境的指标中,西北地区的四个城市差异较明显的指标主要是社会消费品零售总额(X6)和限额以上批发、零售、住宿和餐饮业从业人数(X8)两个方面。从社会消费品零售总额看,西安的分值最高,为1.219,银川的分值最低,为1.117 5;从限额以上批发、零售、住宿和餐饮业从业人数看,西安的分值最高,为1.250 5,银川的分值最低,为1.112 2。

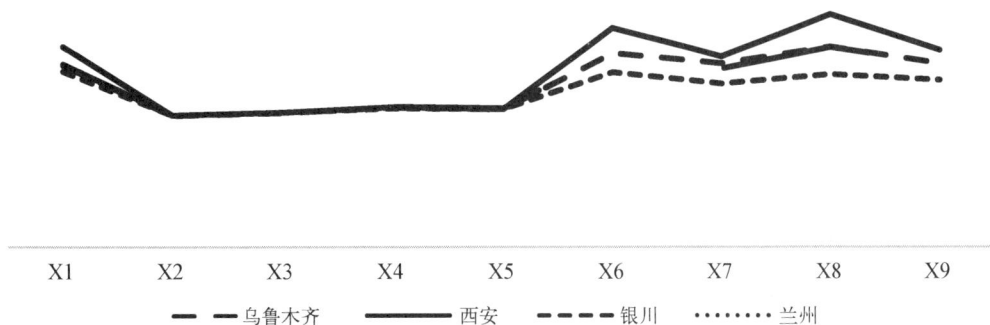

图1 西北地区城市经济与产业环境指数差异

西安的旅游资源禀赋和历史文化底蕴为其吸引了成千上万的国内外游客,促进国内游和入境游的迅速发展。伴随着旅游业的蓬勃发展,西安的住宿业与餐饮业从业人数逐步扩大,推动第三产业迅速发展。而银川作为宁夏的省会城市,虽然也是西北的中心城市之一,但与其他三个城市相比,经济发展水平相对滞后,无法有效带动消费市场发展,导致社会消费品零售额与第三产业发展速度远远落后于其他三个城市。

4.3.2 休闲服务与接待指数差异

由图2可知,在城市休闲服务与接待方面,西北地区城市的主要差异包括博物馆数量(X10)、剧场、京剧院个数(X13)和国家重点文物保护单位数量(X14)三个方面。西安作为十三朝古都,拥有非常丰富的文化历史遗产,因此在博物馆数量和重点文物保护单位数量上比较突出。而乌鲁木齐在休闲文化产业方面相比其他城市发展较缓慢,博物馆、国家重点文物保护单位数量相较于其他三城市处于落后地位。在剧场、京剧院方面,兰州分值最高,为1.299,可以看出兰州政府在文化基础设施建设方面较为完善,不仅有利于满足兰州居民和外来游客的多样化休闲方式的需求,而且也有利于提高居民休闲消费水平。其他三个城市在剧场数量上分配比较平均,差异并不十分明显。

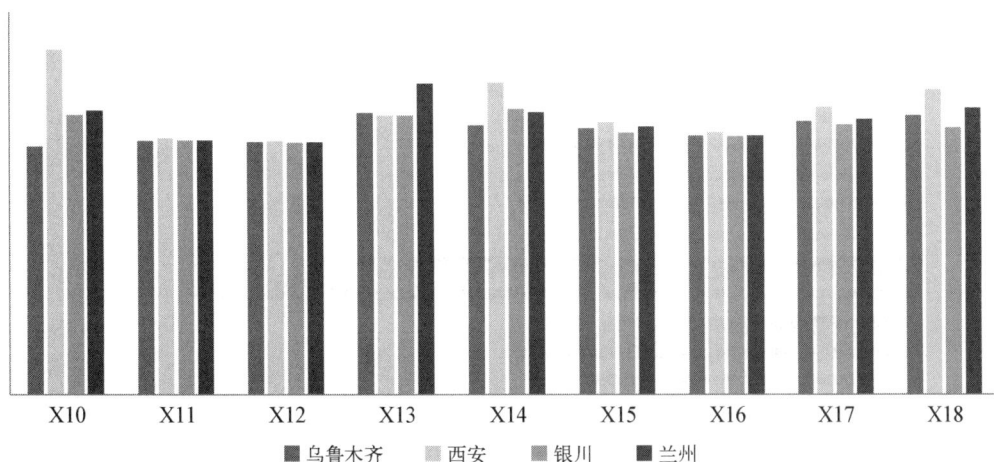

图2 西北地区城市休闲服务与接待指数差异

4.3.3 交通承载与安全指数差异

由图3可知,四个城市在公共汽车、电车客运量(X20)与交通事故死亡人数(X24)两个方面差异不是很大，但在公路(X21)、铁路(X22)以及民用航空(X23)客运量方面，西安遥遥领先，尤其在公路客运量方面，与乌鲁木齐的差异指数达到0.15。城市交通作为一个城市发展的重要动力，是影响城市休闲化发展的一个重要指标。西安的三大交通的客运量超过其他三城市客运量的总和，说明西安城市客运量规模较大，旅游产业繁荣，有利于城市休闲化发展。兰州在交通承载力方面处于中间水平，得益于甘肃省"十三五"综合交通发展规划的推进，交通运输业在不断完善。乌鲁木齐在公路、铁路和民航客运量指数差异较小，但高铁的不够普及以及交通设施水平低下制约了其城市发展。而银川在交通方面相对发展较慢，尤其在铁路运输客运量和民用航空旅客客运量两个方面，需要政府加快银川交通体系的完善。

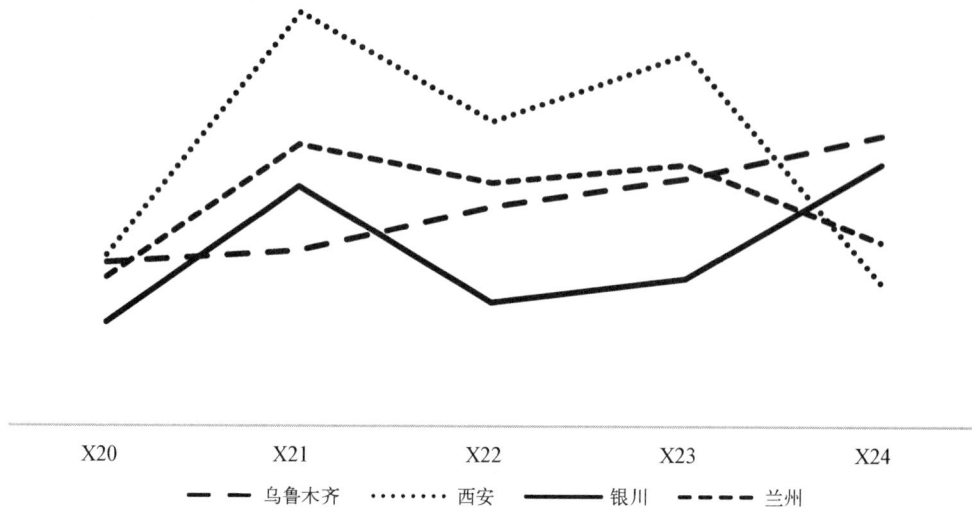

图3 西北地区城市交通承载与安全指数差异

4.3.4 休闲空间与环境指数差异

由图4可知，在休闲空间与环境的二级指标中，差异最大的是城市绿地面积(X27)。绿地面积是一个城市景观风貌的体现，也是城市居民休闲环境的需要。在四个城市中，西安分值最高，为1.143，乌鲁木齐分值为1.141，位居第二，可以看出这两个城市的绿地面积较大，有利于城市休闲空间和环境打造，用以满足居民日常休闲活动以及游客出行的需要。其他四个指标指数差异不是很大，说明西北地区的城市在城市绿化建设、城市空气质量与噪声控制方面都比较平均。总体来说，休闲空间与环境指数所占比重不大，但依旧不可忽视，需要政府相关部门加大城市环境建设，扩大城市绿地面积，加大整治空气质量和噪声污染的力度，加强城市环境保护，为城市休闲化发展创造良好的环境。

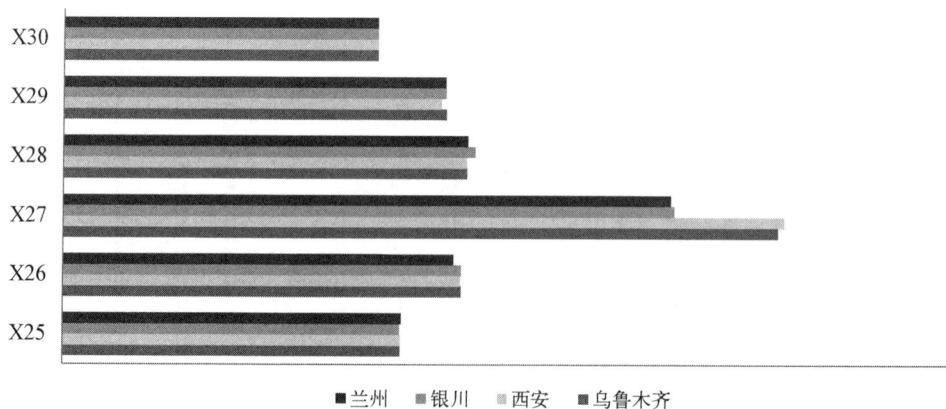

图4 西北地区城市休闲空间与环境指数差异

4.3.5 休闲消费与生活指数差异

由图5可知，西北地区城市休闲消费与生活指数差异主要体现在入境过夜旅游者人均花费方面，乌鲁木齐的分值最高,为1.149,兰州的分值最低,为1.096。新疆是一个与八个国家相接壤的地区,乌鲁木齐作为新疆的省会,依托其地理位置的优势,有更多的国外游客来乌鲁木齐旅游和消费,同时2017年乌鲁木齐的物价在全国排名第三,也使旅游者人均消费比其他城市更高。

四个城市在休闲消费与生活的其他二级指标指数差异不大,可以看出作为不发达地区的代表城市,居民可支配收入和休闲消费支出水平比较相近。总体来说,在休闲消费与生活指数方面,乌鲁木齐所占分值相对较高,有利于休闲城市的进一步发展。

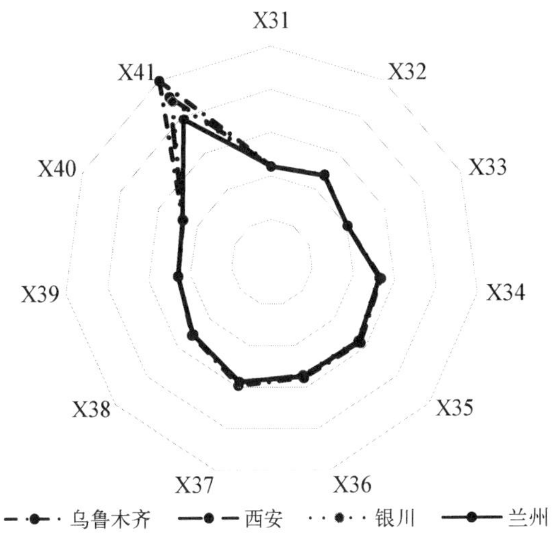

图5　西北地区城市休闲消费与生活指数差异

5　结论与启示

5.1　结论

从横向来看,西北地区的四个代表城市休闲化水平存在着显著的差异,并且发展不平衡。西安的休闲评价指数是其他三个城市的总和,城市休闲化水平最高。西安、兰州以经济与产业环境、休闲服务与接待、交通承载与安全三个指标发展休闲水平为主,而乌鲁木齐、银川以休闲空间与环境、休闲生活与消费指标发展休闲水平为主。

从纵向来看,休闲服务与接待指标对西北城市休闲化水平影响最大,休闲空间与环境指标对西北城市休闲化水平影响最小。这表明休闲产业的发展是推动一个城市休闲化水平提高的重要因素之一。城市可以依托现有的休闲资源与设施,开发各具特色的休闲产品,促进产业的多样化发展,从而优化城市的产业结构,提高城市休闲化水平。虽然休闲空间与环境指标对城市休闲化发展的影响最小,但也不可忽视外部休闲空间与环境的打造。中国经济进入新常态,政府应通过政策和法规加强对居民休闲生活的引导,以提供更加有利的发展环境。

5.2　启示

休闲的发展,既是满足人民美好生活的需要,也是经济新常态下实现高质量发展的需要。因此,城市在休闲化发展进程中,既要考虑本地居民的休闲需求,提高居民的生活质量水平,也要满足旅游者的相关需求,吸引更多的游客,进一步拉动城市经济增长,提升城市知名度,保证城市休闲化发展的全面性。

5.2.1　经济水平是带动城市休闲化发展的基石

西安、乌鲁木齐等作为西北地区代表城市,应积极把握西部大开发与丝绸之路经济带所带来的发展机遇,依托现有的特色资源,大力发展休闲产业,满足人民日益增长的休闲生活需求,实现城市经济的蓬勃发展。同时应加强休闲产品开发,发挥城市特色,树立城市形象,促进旅游业的发展,确保城市休闲化水平与社会经济发展相适应,以避免城市超前或滞后发展。

5.2.2　提升居民休闲消费水平

从上述分析可以看出,西北地区四个城市的休闲生活与消费指数明显低于经济与产业环境指数、休闲服务与接待指数、交通承载与安全指数。这表明城市的休闲生产与消费发展不协调,存在供过于求的现象。因此,城市在休闲化进程中,一方面应积极引导居民进行休闲消费,同时提高休闲产品的供给质量,完成休闲消费结构转型,提高居民休闲产品的购买力。另一方面,应大力发展旅游产业,加强线上线下宣传力度,提高游客购买力,拉动内需,从而促进休闲经济的快速发展,实现城市休闲化水平的提高。

5.2.3　制定城市化休闲发展战略

城市休闲化发展应从实际出发,根据城市自身发展情况,制定城市休闲化发展战略。对于休闲化水平高的城市,依托现有的休闲产业以及休闲设施和服务,寻找阻碍城市休闲化发展的短板,优化休闲空间与环境,消除要素短板带来的阻碍。同时带动周边城市的休闲化水平,形成良好的休闲产业链,带动休闲城市区域化发展。对于休闲化水平较低的城市,应认识到其中的差异,不盲目模仿跟随,寻找自身城市发展的潜力,集中力量发展优势指标,加速推进供给侧结构性改革,根据城市休闲化发展的现状,因地制宜,制定符合自身城市发展的休闲化道路战略。

5.2.4　协调发展提升区域休闲化水平

区域城市休闲化发展的差异较大,发展不平衡比较突出,是未来城市休闲化发展的重要挑战。虽然适当的城市休闲化差异可以激励各城市的休闲化发展,但不能差异太大,否则易造成社会发展的不稳定。因此,政府应不断优化城市休闲体系,扩大西北地区的休闲产业和休闲设施的投入,同时加强西北区域合作,促进休闲产业区域化和集群化发展,提升区域休闲化水平,以实现西北各城市休闲化水平的协调发展。

参考文献

[1] 习近平.决胜全面建成小康社会夺取新时代中国特色社会主义伟大胜利——在中国共产党第十九次全国代表大会上的报告[M].北京：人民出版社,2017.

[2] 宋瑞,金准,李为人等.2018—2019年中国休闲发展报告[M].北京：社会科学文献出版社,2019.

[3] GEOFFREY G. Leisure and Leisure Services in the 21st Century: Toward Mid Century[M]. Pennsylvania: State College Pennsylvania Venture Publishing Inc, 2006: 112 - 114.

[4] 徐爱萍,楼嘉军.城镇化与休闲经济协调发展研究——以上海为例[J].商业经济研究,2019(07)：157 - 160.

[5] 粟郁.基于主成分分析法的城市休闲产业发展评价[J].统计与决策,2019,35(01)：62 - 66.

[6] Chen LF. Leisure Time, Human Capital and Economic Growth — A Model Containing Education and Health[J]. Journalof Guangdong Peizheng College, 2010(2): 34 - 39.

[7] 王鹏飞,魏翔.居民休闲时间对城市生产率的影响[J].城市问题,2018(10)：53 - 61.

[8] 胡荣,龚灿林.城乡居民休闲方式的差异及其影响因素[J].贵州师范大学学报(社会科学版),2018(02)：41 - 49.

[9] Dias C, Victor de Andrade Melo. Leisure and urbanization in Brazil from the 1950s to the 1970s[J]. Leisure Studies, 2011, 30(3): 33 - 34.

[10] 张广海,刘金宏.我国沿海地区休闲化发展水平测度及时空分异特征研究[J].北京第二外国语学院学报,2014,36(09)：62 - 73.

[11] 李丽梅,楼嘉军,王慧敏.我国城市休闲化水平综合测度与区域差异研究[J].当代经济理,2016,38(04)：62 - 67.

[12] 李丽梅,楼嘉军,肖伟伟.苏南地区城市休闲化差异研究[J].世界地理研究,2014,23(04)：107 - 116.

[13] 徐爱萍,楼嘉军.中国西部城市休闲化协调发展特点及差异研究[J].现代城市研究,2019(01)：103 - 110.

[14] 郑胜华,刘嘉龙.城市休闲发展评估指标体系研究[J].自然辩证法研究,2006(3)：96 - 101.

滨江健身休闲带游憩功能开发现状调查及对策研究①

程小康　梁志华

（上海旅游高等专科学校，上海　201418）

摘要：本文通过现场实证、访谈、问卷等形式对滨江建设休闲带游憩功能开发现状进行调查，以受访者性别、年龄、职业背景、学历背景、游憩目的、交通工具、游憩频率、市民居住地、到达时间长短9个指标交叉分析，探析较为显著的影响因素，并就此对滨江健身休闲带的游憩功能的提升建设与完善提出建议。

关键词：滨江；健身休闲带；游憩功能；调查研究

1　引言

随着人们生活质量的提高与城市的转型发展，上海滨江健身休闲带作为城市重要的公共休闲空间，成为城市规划中的一项重要内容。在上海打造国际大都市的背景下，浦江两岸要打造成为"世界级公共开放休闲空间"，必须要对居民、游客的健身休闲情况进行充分调研，明确现阶段发展中存在的主要问题。关注滨江健身休闲带游憩者的需求，才能更加合理、高效地开发滨江公共空间，真正实现"还江于民"。本文构建了滨江健身休闲带游憩的不同测量维度进行问卷调查，明确目前滨江健身休闲带游憩者的人口统计学特征、行为特征等，全面了解该地区游憩者对于两岸开发现状的意见，发现并归纳现阶段滨江公共空间在改造和开发中存在的问题，从而为滨江两岸健身休闲带的规划设计提供必要的理论性支撑和科学参考，进一步提高滨江休闲游憩带游憩者的满意度，带动黄浦江滨水公共空间的人气和活力，实现"城市，让生活更美好"的发展主题。

2　研究对象基本情况

在222份有效问卷中，从受访者性别来看，男性受访者为83人，占比37.4％，女性受访者为139人，占比62.6％；从年龄结构来看，18～25岁占41％，26～40岁占37％，这两个年龄阶段较为集中；从学历来看，多数受访者的学历相对集中在大专以上，游憩者的文化水平偏高；从职业来看，企事业单位、公司职业与学生所占的比例较高，分别为48.2％、21.6％和22.5％；从受访者的收入水平来看，收入水平在5 000元以下以及5 000～8 000元比例相对较高；从目前的居住地来看，居住地为上海的有216人，占比97.3％，几乎为本地游憩者。调查对象基本上在各方面做到了平衡，由于研究的是上海当地游憩带，调查对象上海当地人员占比多也符合实情，研究结果可信。

3　调查结果及分析

3.1　游憩者在各选项上的分布情况

从图1中可以看出，整体上看，调查对象对于滨江健身休闲带游憩功能开发现状持满意态度，满意度达到85％左右。这表明滨江健身休闲带游憩功能得到了较好的开发，产生了良好的社会效应。

―――――――――――――

①　项目基金：上海市体育社会科学研究一般课题"滨江健身休闲带游憩功能开发对策研究"（TYSKYJ201934）

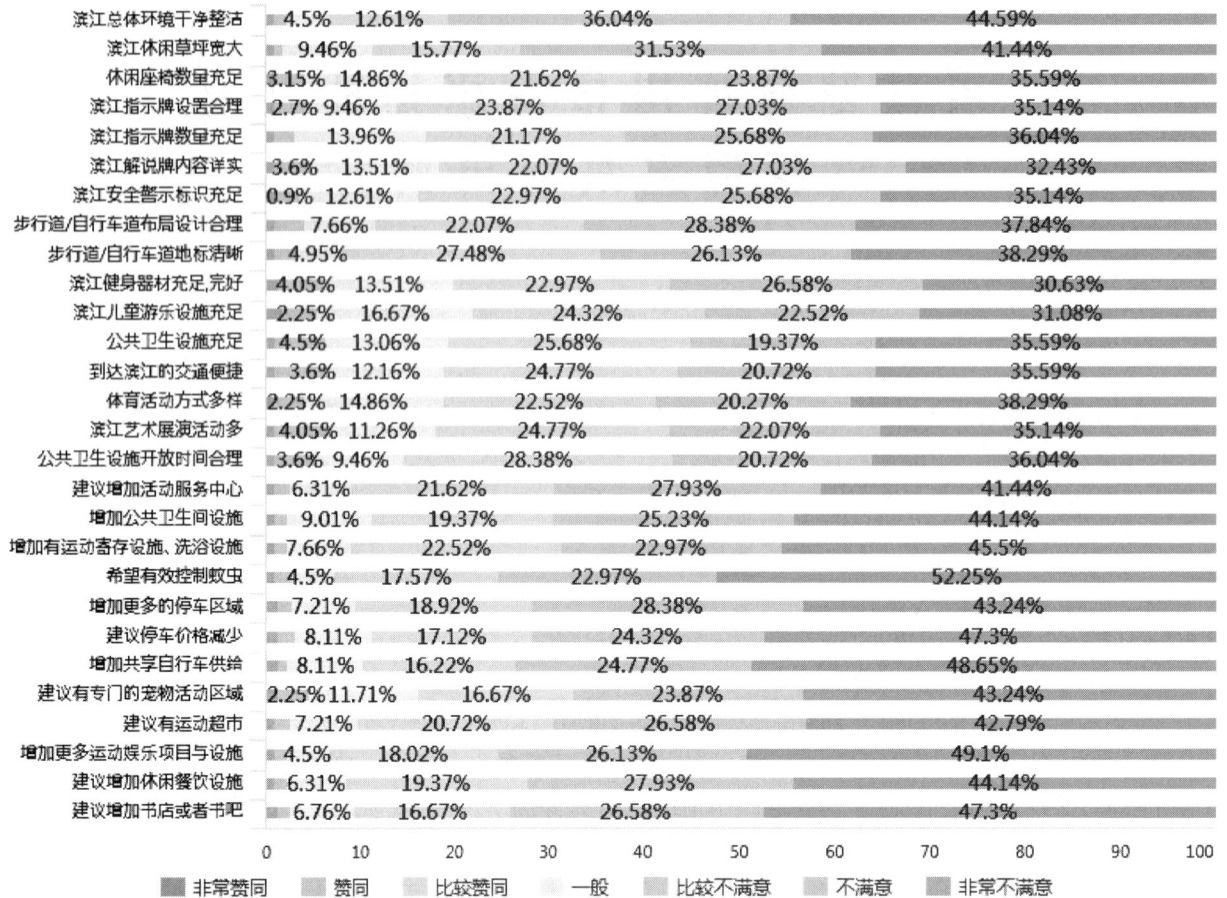

图 1　游憩者在各题目上作答分布情况

3.2　游憩者在不同选择上的差异性分析

3.2.1　不同性别游憩者在滨江健身休闲带功能认识上的情况分析

从表1中可以看出,调查对象在滨江总体环境干净整洁、滨江指示牌设置合理、滨江指示牌数量充足、到达滨江的交通便捷、建议有运动超市5个方面存在差异性。女性比较注重环境、交通便捷方面,男性比较注重指示牌数量、设置和运动超市方面。

表 1　不同性别游憩者差异性

		平 方 和	df	均　方	F	显著性
滨江总体环境干净整洁	组间	9.364	1	9.364	8.694	0.004
滨江指示牌设置合理	组间	14.360	1	14.360	9.749	0.002
滨江指示牌数量充足	组间	15.837	1	15.837	10.986	0.001
到达滨江的交通便捷	组间	19.520	1	19.520	10.933	0.001
建议有运动超市	组间	10.926	1	10.926	8.386	0.004

3.2.2　不同职业背景游憩者在滨江健身休闲带功能认识上的情况分析

从表2中可以看出,不同职业背景的游憩者在休闲座椅数量、滨江指示牌设置合理、数量充足、解说牌内容翔实、滨江安全警示标识、公共卫生设施等方面存在显著差异。

3.2.3　关于不同年龄段游憩者在滨江健身休闲带功能认识上的情况分析

从表3中可以看出,不同年龄阶段的游憩者在到达滨江的交通便捷、体育活动方式多样上存在显著差异。年龄越大的游憩者越注重交通的便捷性,年轻的游憩者则注重体育活动方式的多样性。

表 2　不同职业背景的游憩者差异性

		平方和	df	均　方	F	显著性
休闲座椅数量充足	组间	38.67	6	6.446	4.415	0.000
滨江指示牌设置合理	组间	30.417	6	5.069	3.538	0.002
滨江指示牌数量充足	组间	35.006	6	5.834	4.209	0.000
滨江解说牌内容翔实	组间	40.194	6	6.699	4.590	0.000
滨江安全警示标识充足	组间	35.431	6	5.905	4.210	0.000
滨江儿童游乐设施充足	组间	39.414	6	6.569	3.772	0.001
公共卫生设施充足	组间	46.436	6	7.739	4.808	0.000
到达滨江的交通便捷	组间	44.492	6	7.415	4.333	0.000
体育活动方式多样	组间	37.115	6	6.186	3.929	0.001
公共卫生设施开放时间合理	组间	32.652	6	5.442	3.564	0.002

表 3　不同年龄段游憩者差异性

		平方和	df	均　方	F	显著性
到达滨江的交通便捷	组间	33.012	4	8.253	4.721	0.001
体育活动方式多样	组间	27.696	4	6.924	4.319	0.002

3.2.4　关于不同学历的游憩者在滨江健身休闲带功能认识上的情况分析

从表 4 中可以看出,不同学历游憩者在休闲座椅数量充足、滨江指示牌设置合理、滨江指示牌数量充足、滨江解说牌内容翔实、滨江安全警示标识充足、步行道自行车道地标清晰、滨江儿童游乐设施充足、公共卫生设施充足、到达滨江的交通便捷、体育活动方式多样、滨江艺术展演活动多、公共卫生设施开放时间合理、建议增加书店或者书吧等方面存在差异。学历层次越高的游憩者更加关注解说牌内容翔实、艺术展演活动、增加书店或者书吧等体现游憩内涵的方面。

表 4　不同学历游憩者差异性

		平方和	df	均　方	F	显著性
滨江休闲草坪宽大	组间	21.478	3	7.159	6.065	0.001
休闲座椅数量充足	组间	37.791	3	12.597	8.723	0.000
滨江指示牌设置合理	组间	35.873	3	11.958	8.614	0.000
滨江指示牌数量充足	组间	39.688	3	13.229	9.830	0.000
滨江解说牌内容翔实	组间	52.350	3	17.450	12.608	0.000
滨江安全警示标识充足	组间	47.633	3	15.878	11.957	0.000
步行道自行车道布局设计合理	组间	33.090	3	11.030	8.284	0.000
步行道自行车道地标清晰	组间	31.257	3	10.419	8.797	0.000
滨江健身器材充足完好	组间	23.568	3	7.856	4.695	0.003
滨江儿童游乐设施充足	组间	48.599	3	16.200	9.668	0.000
公共卫生设施充足	组间	44.944	3	14.981	9.397	0.000
到达滨江的交通便捷	组间	52.953	3	17.651	10.703	0.000

		平方和	df	均　方	F	显著性
体育活动方式多样	组间	60.950	3	20.317	14.069	0.000
滨江艺术展演活动多	组间	52.149	3	17.383	10.912	0.000
公共卫生设施开放时间合理	组间	42.458	3	14.153	9.685	0.000
建议有专门的宠物活动区域	组间	27.028	3	9.009	5.205	0.002
建议有运动超市	组间	18.114	3	6.038	4.710	0.003
建议增加书店或者书吧	组间	19.174	3	6.391	4.914	0.003

3.2.5　关于不同收入水平的游憩者在滨江健身休闲带功能认识上的情况分析

调查发现，不同收入水平的游憩者在体育活动方式多样、滨江艺术展演活动多、公共卫生设施开发时间合理等方面存在着差异。收入水平高的游憩者较为关注游憩内涵和娱乐方式的展现。

3.2.6　游憩者去滨江健身休闲带游憩目的情况分析

关于到达滨江健身休闲带游憩者的目的主要集中在四个方面：慕名而来、运动健身、陪伴家人、参观/宴会/活动。对资源设施的要求显著性主要包括滨江休闲活动的草坪资源、公共卫生设施、运动娱乐项目与设施、休闲书店以及有效控制蚊虫等。

表 5　游憩者目的的差异性分析

	Levene 统计量	df1	df2	显著性
滨江休闲草坪宽大	4.406	5	216	0.001
增加公共卫生间设施	4.277	5	216	0.001
希望有效控制蚊虫	13.257	5	216	0.000
增加更多运动娱乐项目与设施	4.060	5	216	0.002
建议增加书店或者书吧	4.216	5	216	0.001

3.2.7　滨江健身休闲带出行工具差异性分析

游憩者出行的工具主要是以公共交通出行为主，其次是自行车/电瓶车与自驾车的交通方式，特别关注滨江健身休闲带的草坪宽大、公共卫生设施与休闲书店设施的数量的增加，同时在有效控制蚊虫方面有较显著性的差异。

表 6　游憩者出行工具的差异性分析

	Levene 统计量	df1	df2	显著性
滨江休闲草坪宽大	4.406	5	216	0.001
增加公共卫生间设施	4.277	5	216	0.001
希望有效控制蚊虫	13.257	5	216	0.000
建议增加书店或者书吧	4.216	5	216	0.001

3.2.8　游憩活动频率差异性分析

问卷调研出行频率主要分每周、每个月、每个季度、每年去滨江健身休闲带游憩的频率，特别关注滨江健身休闲带的草坪宽大、公共卫生设施与休闲书店设施的数量的增加，同时在增加更多的运动娱乐项目与设施方面有较显著性的差异。

表7　游憩活动频率的差异性分析

	Levene 统计量	df1	df2	显著性
滨江休闲草坪宽大	4.406	5	216	0.001
增加公共卫生间设施	4.277	5	216	0.001
增加更多运动娱乐项目与设施	4.060	5	216	0.002
建议增加书店或者书吧	4.216	5	216	0.001

4　结论与建议

通过对滨江健身休闲带游憩功能开发对策研究的实地访谈调研以及问卷调查,发现游憩者在滨江总体环境干净整洁、滨江指示牌设置合理、滨江指示牌数量充足、到达滨江的交通便捷、建议有运动超市、滨江解说牌内容翔实、体育活动方式多样、滨江艺术展演活动多、公共卫生设施开放时间合理、建议增加书店或者书吧等方面存在较大差异,不同程度地影响滨江健身休闲带服务于民的功能,为此提出建议如下。

4.1　滨江健身休闲带环境建设方面

在现有基础上,进一步改善黄浦江的水体环境以及沿岸的自然景观建设。首先应该增加滨江沿岸的绿化面积,其次保持沿岸公共环境的干净整洁,再注意水体质量的进一步提升和改善;特别需要分段增加像游客服务中心一样的便民场所,解决遮风避雨的问题;同时在增加绿化植被时应当考虑到驱赶蚊虫的植被,更有利于改善游憩环境,重视与江边环境、景观的协调性,将滨江两岸公共空间打造成为人与自然和谐的城市休闲游憩带。

4.2　滨江健身休闲带硬件设施方面

对公共设施如游憩厕所、休闲座椅、标识标牌等提出改进建议,应在后续建设中需得到充分重视;同时更多考虑到不同年龄阶段的游憩者对于滨江健身休闲带服务和设施的需求,增加科普教学场馆等设施,使滨江地区的休闲游憩更具人性化,更有温度。

4.3　滨江健身休闲带软件建设方面

进一步挖掘的元素包括黄浦江的文化底蕴、沿岸的老建筑和工业遗产以及上海过去的历史文化。目前滨江两岸的老码头、老厂房等陆续开始改造,与创意文化产业结合,实现功能置换。如徐汇北漂码头、黄浦老码头等,为滨江地区游憩者提供了休闲新区域。在后续的建设中,应实现多样化的改造。如转型成为各类文化主题公园、文化主题广场、博物馆等,丰富游憩者的游览形式和体验。另外,不同年龄段、不同受教育程度,甚至不同地区的游憩者对于黄浦江的文化感兴趣点存在一定的差异,因而在后续的开发中,应注重多元素、多主题的文化挖掘,营造本土文化与海外风情相结合的特色,在细节上更人性化的发展,跑步道、自行车道的建设标识标牌更加清晰可见,为运动者提供寄存物品的场所,提供运动超市与运动指导服务,提供运动型自行车的租赁业务,有偿提供洗浴场所,为周边商务上班族提供游憩运动的便利。

4.4　活动项目与赛事方面

活动项目与赛事对带动滨江健身休闲带的活力具有重要的作用,是实现游憩者与环境之间进行互动、吸引眼球、聚集人气的有效方式。因而滨江健身休闲带的建设应该充分考虑不同游憩者的需求,加强宣传力度,根据不同季节打造相关的品牌活动、品牌赛事,丰富适合儿童的游乐项目,增加适合中青年的健身场所和活动项目,打造青少年环境、爱国主义等主题的教育培训基地,发展适合单位、企业进行团建的公共空间,增加有趣味性的一些活动项目或表演,提高游憩者的参与性,增加市民的来源半径,辐射更多的上海居民,从而使滨江健身休闲带成为本地居民家庭出游、个人休闲的最佳选择。

参考文献

[1]　刘佳.重庆市城市公共空间的游憩功能研究[D].重庆:重庆大学,2007.

［2］（加）史蒂芬 L,J 史密斯.游憩地理学［M］.高等教育出版社,1992.

［3］成敏董.亚运背景下广州城市健身游憩空间规划研究［D］.广州：华南理工大学,2010.

［4］王晶.常德江北城区街旁绿地游憩空间设计研究［D］.湖南：湖南农业大学,2011.

［5］肖宁玲.特色化的城市慢行空间景观规划设计研究［D］.武汉：华中科技大学,2012.

［6］马晶晶.城市公园散步道系统人性化设计研究——以湖南烈士公园为例［D］：中南林业科技大学,2013.

［7］肖伟君,李峰.绿道建设对居民休闲健身行为影响初探——以梅州城区为例［J］.综述,2013,3(27)：147-148.

［8］李亚辉,张斌.城市滨水运动休闲空间研究——以广州、苏州、杭州为例［J］.体育研究与教育,2014,29(1)：7-10.

［9］徐永健,阎小培.北美城市滨水区开发的经验及启示［J］.现代城市研究,2000(3)：23-25.

［10］周永广,阮芳施,沈旭炜.中外滨水区游憩空间研究比较［J］.城市问题,2013(10)：51-57.

［11］张环宙,吴茂英.休闲游憩导向的国外城市历史滨水地段复兴研究［J］.人文地理,2010(4)：132-136.

［12］张环宙,吴茂英,沈旭炜.城市滨水 RBD 开发研究：让滨水回归生活［J］.经济地理,2013,33(6)：73-78.

［13］吴必虎,贾佳.城市滨水区旅游·游憩功能开发研究——以武汉市为例［J］.地理信息科学,2002,18(2)：99-102.

主题公园综合竞争力评价指标体系构建与评价方法

宋长海

(上海电子信息职业技术学院,上海　201411)

摘要: 历经 30 年发展的我国主题公园正在由重数量发展向重质量发展转型,主题公园综合竞争力评价指标体系的构建既是贯彻落实习近平新时代中国特色社会主义思想在高质量发展方面的有效举措,更可以为主题公园提升综合竞争力提供强有力的决策依据。鉴于此,结合主题公园发展的自身规律,文章从区位竞争力、规模竞争力、项目吸引力、商业和服务设施竞争力、发展能力和社会声誉六个方面构建了一个较为科学的主题公园综合竞争力评价指标体系,并提出了具体的评价思路和方法。

关键词: 主题公园;综合竞争力;评价指标体系;评价方法

1 引言

主题公园是指以营利为目的而兴建的,占地、投资达到一定规模,实行封闭管理,具有一个或多个特定文化旅游主题,为游客有偿提供休闲体验、文化娱乐产品或服务的园区,主要包括以大型游乐设施为主体的游乐园,大型微缩景观公园,以及提供情景模拟、环境体验为主要内容的各类影视城、动漫城等园区。需要补充的是,政府建设的各类公益性的城镇公园、动植物园等不属于主题公园。主题公园按照规模大小可划分为特大型、大型和中小型三个等级[1]。

从 1989 年中国港中旅集团公司投资的"锦绣中华"开业算起[2],2019 年正好迎来我国主题公园发展的30 周年。据不完全统计,截至 2018 年底,我国已经投入运营的主题公园数量达 202 家。其中大型和特大型主题公园 92 家,占比约 45.5%。在建或即将建的主题公园还有近 70 家。由此可见,主题公园已成为城市休闲旅游格局的重要组成部分,并正在由高速度增长向高质量发展转型。就主题公园的现有研究成果来看,主要聚焦在发展现状及存在问题、发展演变、规划开发、经验借鉴、市场开发、主题打造、品牌创建等方面[3-5],针对主题公园综合竞争力评价的系统性研究尚且较为薄弱,难以为主题公园的转型发展提供科学的理论指导。

2 评价指标体系构建

主题公园综合竞争力是指主题公园通过整合内外部资源参与市场竞争的综合能力,具体体现为由区位、规模、核心吸引物及配套服务、自身发展和社会声誉等诸多因素综合形成的竞争优势。

2.1 指标选取的依据

指标选取的依据主要来自两个方面:一是相关文件,比如《关于规范主题公园建设发展的指导意见》《旅游景区质量等级的划分与评定》等;二是相关研究成果,比如钟士恩等对中国主题公园发展的回顾、评价与展望[5],马波对我国主题公园发展的战略性探讨[6],以及曾建明和吴总建对主题公园核心竞争力的分析[7]等。

2.2 指标选取的原则

2.2.1 系统性与独立性原则

首先,评价体系必须系统考虑各个方面,既要考虑到主题公园综合竞争力评价的自身资源优势,又要考虑到主题公园外围一定区域的资源禀赋情况。其次,独立性要求各指标之间相关性较弱,且不能够相互替代。

2.2.2　导向性与可操作性原则

导向性是指该指标体系既要能够对主题公园的现有竞争力进行科学评价，又要能够发现薄弱环节，通过改善薄弱环节以提升主题公园的综合竞争力。可操作性主要指相关指标统计资料和数据的可获得性、连续性和可比性。

2.2.3　主导性与层次性原则

主导性要求所选指标必须是衡量主题公园综合竞争力的关键指标，通过这些指标能够把握主题公园综合竞争力的总体状况。层次性则力求使每个指标都能够反映主题公园综合竞争力某方面的本质特征。

2.3　指标体系构建与解释

在借鉴参考与广泛阅读相关文件的基础上，初步构建了主题公园综合竞争力评价指标体系（第一轮），其中一级指标 6 个、二级指标 17 个和三级指标 40 个。为了确保指标体系的科学性和可行性，通过邀请行业专家论证和会议论证等五轮的修正，最终确立了由区位竞争力、规模竞争力、项目吸引力、商业和服务设施竞争力、发展能力和社会声誉 6 个一级指标、17 个二级指标和 28 个三级指标组成的主题公园综合竞争力评价指标体系，详见表 1。

表 1　中国主题公园竞争力指数指标体系

一 级 指 标	二 级 指 标	三 级 指 标	
区位竞争力	所在城市级别	人均国内生产总值	X1
		所在城市的常住人口数	X2
	通达性	直达地铁数量	X3
		直达公交数量	X4
		周边 1 千米范围内停车位数量	X5
规模竞争力	面积	占地面积	X6
	员工规模	员工数量	X7
	投资规模	总投资额	X8
	园区容量	园区人数最大核载量	X9
	营业时长	全年开园天数	X10
	游客接待量	年游客接待人次	X11
		游客平均逗留时间	X12
项目吸引力	项目数量	主题（区域）数	X13
		单体项目数	X14
		演艺场馆数	X15
	项目开放时间	项目累计开放时间	X16
商业和服务设施竞争力	主题公园内商业设施	餐饮店数量	X17
		购物商场数量	X18
	主题公园周边住宿设施（限定 3 千米范围内）	四星级（含）以上酒店数	X19
		四星级（含）以上酒店床位数	X20
		三星级（含）以下及其他酒店数	X21
		三星级（含）以下及其他酒店床位数	X22
	主题公园内厕所配置	主题公园内厕所数量	X23
	园区生态环境	园区绿化率	X24

（续表）

一 级 指 标	二 级 指 标	三 级 指 标	
发展能力	盈利能力	营业总收入	X25
		门票收入占营业总收入的比例	X26
	可持续性	开业年数	X27
社会声誉	美誉度	国家 A 级旅游景区等级	X28

资料来源：综合相关研究成果整理而成。

2.3.1　区位竞争力及其主要衡量指标

区位竞争力是指所在城市为主题公园的发展提供资源保障，为其争夺市场的能力。主题公园选址的已有研究成果表明[8]，主题公园不仅有利于推动所在城市的社会、经济和文化发展，城市的区位优势和资源禀赋更为主题公园的发展提供了强有力的支撑和保障。结合主题公园的自身发展规律和城市发展的相关理论，区位竞争力主要体现在所在城市的级别和交通通达性方面，具体可通过人均国内生产总值、所在城市的常住人口数、直达地铁数量、直达公交数量和周边 1 千米范围内停车位数量等指标进行衡量。

2.3.2　规模竞争力及其主要衡量指标

规模竞争力是指主题公园在占地面积、投资规模、游客接待量等方面形成规模效应以抢占市场份额的能力。结合主题公园的自身发展规律，规模竞争力具体可通过占地面积、员工数量、总投资额、园区人数最大核载量、全年开园天数、年游客接待人次和游客平均逗留时间等指标进行衡量。

2.3.3　项目吸引力及其主要衡量指标

项目吸引力是指主题公园依托拥有的休闲娱乐设施等项目最大程度地满足游客休闲娱乐消费的能力。结合主题公园的自身发展规律，项目吸引力可主要通过主题（区域）数、单体项目数、演艺场馆数和项目累计开放时间等指标进行衡量。

2.3.4　商业和服务设施竞争力及其主要衡量指标

商业和服务设施竞争力是指主题公园通过园区内配置的，以及周边一定区域范围内拥有的旨在满足游客住宿、餐饮、购物等附加消费的商业和服务设施，提升游客休闲消费体验满意度并赢取市场份额的综合实力。结合主题公园的自身发展规律，商业和服务设施竞争力可主要通过园区内的餐饮店数量、购物商场数量、厕所数量、园区绿化率，以及园区周边二千米范围内四星级（含）以上酒店数、四星级（含）以上酒店床位数、三星级（含）以下及其他酒店数和三星级（含）以下及其他酒店床位数等指标进行衡量。

2.3.5　发展能力及其主要衡量指标

发展能力通常又称为成长能力，是指主题公园通过不断整合和优化自身资源，并充分利用外部有利条件，使综合竞争力获得可持续性增强的潜在能力。结合主题公园的自身发展规律，发展能力主要体现在盈利能力和可持续性两个方面，具体可通过营业总收入、门票收入占营业总收入的比例和开业年数等指标进行衡量。

2.3.6　社会声誉及其主要衡量指标

社会声誉又称为美誉度，是指主题公园通过长期积累在社会公众视野中形成的整体印象。鉴于主题公园属于特殊形态的景区，社会声誉可通过主题公园获得的景区质量等级进行衡量。

3　评价方法

3.1　指标权重赋值方法

主观判断法和客观分析法是权重计算时通用的两种方法，二者各有利弊。其中前者主要通过对专家的评分结果进行量化分析从而实现定性到定量的转化，因此对先验理论有很强的依赖性，通常会使指标权重在确定过程中带有较大的主观性和随意性，进而降低评价结果的科学性；后者则主要从评价指标数据中提取和分析客观信息以计算权重大小。客观性尽管较强,但无法体现专家经验的重要性。

综合主观判断法和客观分析法的优点,同时充分考虑本文研究对象指标多且信息量大等特点,本文主要基于客观数据分析中的"差异驱动"原理,对我国主题公园综合竞争力的相关指标进行赋权,旨在尽可能提高评价结果的科学性,如下将指标权重记为

$$\lambda_i = V_j \bigg/ \sum_{j=1}^{28} V_j \tag{1}$$

其中 $V_j = S_j / \bar{X}_j$, $\bar{X}_j = \dfrac{1}{N} \sum_{i=1}^{N} X_{ij}$, $S_j = \sqrt{\dfrac{1}{N} \sum_{i=1}^{N} (X_{ij} - \bar{X}_j)^2}$ ($i = 1, 2, 3, \cdots, N$; $j = 1, 2, 3, \cdots, 28$; N 代表被纳入评价的主题公园样本数量)。

3.2　综合评价模型构建

变量集聚是简化主题公园综合竞争力评价指标体系(Theme Park Comprehensive Competitiveness Index,简称 TPI)的有效方法,即指数大小同时兼顾独立指标的作用和各指标间形成的集聚效应。非线性机制整体效应客观上促使区位竞争力(LC)、规模竞争力(SC)、项目吸引力(PA)、商业和服务设施竞争力(BC)、发展能力(DC)和社会声誉(SR)产生协同效应。

根据柯布道格拉斯函数式构建如下评价模型

$$TPI_j = LC_j^a SC_j^b PA_j^c BC_j^d DC_j^e SR_j^f \tag{2}$$

其中,a、b、c、d、e、f 依次代表区位竞争力、规模竞争力、项目吸引力、商业和服务设施竞争力、发展能力和社会声誉的偏弹性系数。

式(2)中函数体现的首先是各指标间的非线性集聚机制,进一步强调了 6 个一级指标协调发展的重要性。

从数据处理的角度来看,评价指标含义不同会造成各指标量纲处理的差异会比较大。因此本文基于最大元素基准法对指标数据实施无量纲处理,以实现数据具有可比性,即:

$$Y_{ij} = (X_{ij} / \max_{1 \leqslant i \leqslant N}^{1 \leqslant j \leqslant 28} [X_{ij}])$$

其中 N 表示被纳入评价的主题公园样本数量。经过处理后的主题公园综合竞争力评价模型可表达为

$$TPI_i = \prod_{j=1}^{5} Y_{ij}^a \prod_{j=6}^{12} Y_{ij}^b \prod_{j=13}^{16} Y_{ij}^c \prod_{j=17}^{24} Y_{ij}^d \prod_{j=25}^{27} Y_{ij}^e \prod_{j=28}^{28} Y_{ij}^f \tag{3}$$

根据非线性组合评价法的特点,从式(3)可以看出:首先,更加凸显了各指标间的相关性和交互性;其次,更加强调了较弱指标的约束作用,充分体现了综合竞争力水平的"短板效应";再则,指数形式的采用使得指标权重的作用比线性评价法更为敏感。

3.3　数据收集与处理

本文构建的主题公园综合竞争力评价指标体系中的所有三级指标的口径概念尽可能与国家统计局或国家文化和旅游部制定的统计制度保持一致,并且尽可能避免了主观指标,以保证评价结果的客观公正性。本文的所有指标均为正向指标,即指标数据越大,评价结果越好。

因此,主题公园综合竞争力评价指标的数据可通过以下途径获取。

首先,可通过国家统计局编制的《中国统计年鉴》,或由各地方统计部门编制的《统计年鉴》,或由国家文化和旅游部编制的《旅游统计年鉴》,或由各地方旅游主管部门编制的《旅游统计年鉴》等获取,比如城市人均国内生产总值和城市的常住人口数等指标数据。

其次,可通过主题公园的官方宣传资料,如主题公园导览图等,或者相关的协会组织编纂的报告等,如主题娱乐协会 TEA(Themed Entertainment Association)编纂的《全球主题公园调查报告》,或者主题公园的年度报告等获取相关指标数据,如单体项目数、年游客接待人次、园区内餐饮店数量、购物商场数量等指

标数据。

第三,可以借助网络大数据平台获取相关指标数据,如直达地铁数量、直达公交数量、周边1千米范围内停车位数量、主题公园周边(限定3千米范围内)酒店数量等指标数据。

同时,为了保证指标数据的客观、真实和准确,除了尽可能运用"统计年鉴""专题报告"或"年度报告"等权威资料来源外,还可以借助来自不同渠道数据的相互比对,进行相互检验。

4 结论与讨论

本文基于主题公园的自身发展规律,从主题公园综合竞争力的概念界定出发,遵循系统性与独立性、导向性与可操作性、主导性与层次性原则,从区位竞争力、规模竞争力、项目吸引力、商业和服务设施竞争力、发展能力和社会声誉六个方面选取指标构建了主题公园综合竞争力评价指标体系。本指标体系既可用于横向对比不同主题公园的综合竞争力水平,也可纵向测评某一主题公园综合竞争力的变化情况,找出制约因素,为针对性改善薄弱环节,提升主题公园综合竞争力提供科学依据。

同时也发现该指标体系尚存在以下局限:首先,本研究构建的指标体系主要从6个一级指标、17个二级指标和28个三级指标进行测度,且全部为客观指标,评价结果对现实指导价值的普遍适用性有待进一步验证;其次,从指标数据的获取来看,有些指标数据的获取仍依赖于主题公园经营方,属于非公开数据,可能会影响指标数据的真实性,进而影响评价结果的客观性。

因此,本文构建的主题公园综合竞争力评价指标体系还需经过实践检验后不断予以完善,在指标选取上除了要考虑反映主题公园自身竞争力的指标,还应考虑为主题公园发展提供支撑的更多反映外部竞争力的指标。还可以通过替换部分指标,探索构建可用于横向比较国内外主题公园综合竞争力的指标体系。

参考文献

［1］ 国家发展改革委国土资源部,环境保护,等.关于规范主题公园建设发展的指导意见(发改社会规〔2018〕400号)[EB/OL].(2018-4-9).http://so.ndrc.gov.cn/.

［2］ 陈文杰,梁增贤.新时期中国主题公园的理性发展:回顾、反思与展望[J].旅游学刊,2015(12):125-126.

［3］ 徐菊凤.中国主题公园及其文娱表演研讨会综述[J].旅游学刊,1998(5):20-22.

［4］ 文立玲等.主题公园走向何方[J].旅游学刊,2002(4):36-38.

［5］ 钟士恩等.中国主题公园发展的回顾、评价与展望[J].旅游学刊,2015(8):42-44.

［6］ 马波.我国主题公园发展三论[J].社会科学家,1999(1):18-20.

［7］ 曾建明,吴总建.关于主题公园核心竞争力的分析[J].天府新论,2011(1):21-23.

［8］ 薛凯,洪再生.基于城市视角的主题公园选址研究[J].天津大学学报(社会科学版),2011(1):18-19.

长尾理论下博物馆 IP 建设与形象建构
——以故宫博物馆为例

张 静[1] 卢 松[2]

（1. 上海师范大学旅游学院，上海 200234；

2. 上海师范大学环境与地理科学学院，上海 200234）

摘要： 近年来，为了适应国家对博物馆的投资方式的改革，越来越多的博物馆开始在市场营销方面探寻新出路，尝试各种营销策略以形成自己独特的 IP，扩大 IP 影响力并推动博物馆的形象建构。博物馆营销的代表——故宫原本的客群主体定位在 35 岁到 50 岁的男性，自从 2003 年以来，故宫注意到体量庞大的年轻群体，针对 20～30 岁的女性群体开发设计文创产品，推出影视作品，逐步形成故宫超级大 IP。本文以故宫博物院为例，借助长尾理论来梳理故宫 IP 的成长历程，明确 IP 营销对于博物馆这一特殊营销主体的积极意义，探讨故宫文化 IP 如何通过文化内核与营销平台两个方面来建构，以实现 IP 建设和形象建构的双赢。

关键词： 博物馆营销；IP 营销；故宫博物院；长尾理论

1 引言

我国的博物馆营销起步较晚、发展较慢。改革开放以前，博物馆事业基本不需要考虑经济效益，对国家的财政拨款有较强的依赖性，博物馆营销主要通过报纸、广播、电视台等传统媒介传播。随着市场经济的不断发展，博物馆经营开始面对资金不足的挑战。直到 2015 年国务院出台了《博物馆条例》，才为博物馆事业的商业化发展打开了缺口，允许博物馆进行商业性质的营销活动以自给自足获得综合发展。互联网以及社交媒体的发展与普及为博物馆文化传播提供了新路径，博物馆开始借用新媒体来传播文化，博物馆营销的竞争力逐步聚焦于文化内核的挖掘与打造，将有形的博物馆转化为一个文化品牌，即一个无形的 IP。这样的文化 IP 具备带动流量和推广自己的能力，结合互联网的特点以及受众的定位，通过与受众的互动来传递和再创作自身的形象，这就是博物馆 IP 营销。

北京故宫博物院作为博物馆营销的典型代表，它的营销之路也经历了一个探索的过程。一开始故宫将自己客群的主要受众定位在 35 岁到 50 岁的男性，推出的产品大多是一些观赏性的绘画和瓷器，整体营销风格较为传统，无法带动消费。而年轻群体，特别是女性群体具有消费能力强、基数大、互联网依赖度高等特征，属于故宫客群的长尾市场，关注到这一群体的同时，故宫的营销做出了一系列的调整，开始推出满足年轻群体需求的产品：服装首饰、创意彩妆等，注重功能上的实用性，与受众的生活对接，使得产品覆盖到整个长尾市场，并且不断开拓 H5、微博、微信、淘宝等各大社交媒体平台，成了博物馆大 IP。故宫博物院的 IP 是否能够复制？本文结合时代背景，从长尾理论这一新经济学的视角切入，与博物馆营销相结合，分析故宫博物院 IP 建构的现状，探索 IP 营销和形象建构的路径。

2 文献综述

2.1 长尾理论在营销学中的应用

长尾理论诞生于互联网快速发展时期，2004 年美国《连线》杂志主编克里斯·安德森最早在其博客中提出长尾（The long tail）这一现象，用来形容亚马逊等商业网站上面占据整个长尾大部需求不旺或是销量不佳但占据大量市场份额的产品，这些原本冷门的商品可以通过利基市场创造出惊人的销量。安德森经过系统研究,最终将长尾现象完善为长尾理论(见图 1)[1]。随着长尾理论的兴起,一些学者就长尾营销开展了相关理论与运用研究,其中包括:邮政营销领域的长尾现象[2]、互联网金融领域[3]的长尾理论、新媒体[4]下的长尾理论应用使得传统媒体与新媒体的传播终端相互融合的趋势更加明显等。综合来看,国内关于长尾理论的实践研究主要集中于在线交易平台,如淘宝网、当当网等,与旅游业的结合研究甚少,细化到博物馆营销方面的成果更是寥寥无几。

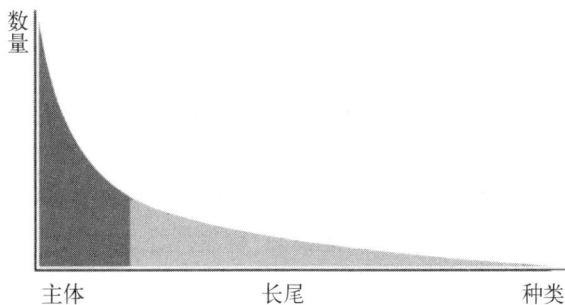

图 1　长尾理论模型

2.2　博物馆营销

在互联网时代,博物馆已经不再局限于有形的建筑空间实体,更是一种文化载体,可以转化为一定的符号以向社会大众广泛传播它所承载的文化。全球化背景下,博物馆也是我国物质精神文明的展示馆,承担着向世界传播中华文明、塑造国家形象功能[5],因此新时代更需关注应用营销学理论对博物馆进行有效管理。

西方的博物馆营销始于 20 世纪末,经典的营销案例之一是古根海姆博物馆,它采用连锁营销模式来实现独立的博物馆之间的交流合作、资源共享[6]。而我国针对博物馆营销的研究起步较晚,21 世纪才逐渐引起人们的关注。数字化营销时代的到来对博物馆等文化教育类综合体带来了更多的发展机遇,博物馆的功能外延不断扩展,博物馆为社会提供的产品不仅取决于其深厚的文化内涵,还取决于能否建立起自身独特的形象。角色经济[7]的逐步成熟为博物馆转型提供了新的思路,国内外越来越多的博物馆开始开发自己的博物馆角色,产生了以"观复猫"为代表的众多优秀营销案例。总之,博物馆等文化类主体的市场营销与其他营销不同,应该注重体现博物馆文化内核,注重传统文化的有效传承,保持在公众心中的良好形象并不断提高吸引力,保证博物馆的可持续发展,文化 IP 的开发则是博物馆扩大自身影响力和融入社会潮流的最直接的方式[8]。

2.3　中外博物馆 IP 的开发

IP(Intellectual Property)是一种创意性知识产权,具有高专注度、大影响力并且可以被再生产、再创造的特征。博物馆 IP 特指具有文化和商业双重属性的文化元素,文化 IP 的塑造和孵化有多种途径,既不能对文物表象符号进行简单的移植,也不能离开文物背后所承载的历史背景、精神内核和文化积淀。当代语境的新的博物馆 IP 符号开发主要依靠用户大数据、体验反馈,经过提炼、概括和跨媒介转化[9]。

欧美博物馆营销很早就进行了 IP 开发的实践,如大英博物馆依托文化认同度高的博物馆资源进行原创性开发。其中,罗塞塔石碑系列文创产品设计就是将罗塞塔石碑上的文字作为 IP 符号植入产品造型[9]。又如,美国某航空航天博物馆推出的爱因斯坦相对论手表,这块手表以表盘运动引起时间的改变,出售时配有一张出品书讲述背后承载的 IP 故事。据统计,大都会博物馆、大英博物馆开发的 IP 开发带来了巨额的文创收入,成就了文创产业的繁荣。我国博物馆营销一直在探索有效的 IP 营销模式,国家博物馆提出"文创中国"的 IP 授权模式,即博物馆作为 IP 资源的提供方,包括馆藏文物的高清分析成像图、视频影像资料、三维解构、文物背后的历史文化等,依托高校进行品牌产品以及自有版权图库的设计,通过阿里巴巴等平台针对其线上营销资源、营销渠道进行整合,打开了传统文化结合品牌营销的新思路[11]。

3　长尾理论下故宫博物院文化 IP 建设路径探究

故宫博物馆的文化 IP 在形成初始就已经拥有了一定的知名度,其本身的内容价值及其所传递的精神是内核[13]。故宫 IP 能成长为现在的超级大 IP 主要依托于具有消费能力强、基数大、互联网依赖度高等特征的年轻群体,针对该长尾市场的营销从年轻群体的关注点和需求出发,利用 IP 文化内核结合年轻市场关注的综艺、咖啡店、彩妆等,并利用社交平台进行营销推广,使得产品覆盖到整个长尾市场。然后,长尾市场变成了故宫的潜在推广营销者，对核心内容与价值进行再生产，即在原有 IP 内核的基础上进行二次创作。

3.1　故宫 IP 成长历程与形象变化

故宫的旅游形象在改革开放 40 年中经历了一些变化。改革开放初期，作为中国文化的典型代表，故宫博物馆具有丰富的典藏、悠久的历史和雄伟的建筑，对国内外游客都极具吸引力；2011 年，故宫失窃事件以及此后的"拍卖门""逃税门"等事件让故宫的公信力急速下降，故宫形象也蒙上了阴影；2013 年，故宫将客群市场定位至年轻群体，开始运营微信公众号，早期故宫推出的文章风格比较平实，构建起相对严肃的故宫形象；2014 年，官方公众号发布的一篇名为《雍正：感觉自己萌萌哒》的文章吸引了年轻群体的关注与二次创作，雍正成了故宫第一个 IP，故宫形象变得亲民；2015 年，故宫的文创收入首次突破 10 亿元；2016 年，豆瓣高分纪录片《我在故宫修文物》使得故宫文物与工作人员以更加亲民的方式讲述文物背后的故事，社会上掀起一股"故宫热"。在互联网营销时代，故宫成功利用 IP 营销成为中国文创新晋网红，严肃庄重的故宫形象转为亲民、年轻化的形象，让这个快 600 岁高龄的古老 IP，忽然焕发了新生（见表 1）[12]。

表 1　故宫 IP 成长历程

年　份	事　　件
2013 年	台北故宫推出的"朕知道了"胶带获得互联网关注 上线 APP：胤禛美人图
2014 年	微信公众号发布文章《雍正：感觉自己萌萌哒》，雍正成了故宫第一个 IP 上线 APP：紫禁城祥瑞、皇帝的一天。极具趣味，吸引了众多用户的关注
2016 年	故宫开设门票、文创、出版三大旗舰店 与腾讯合作 H5《穿越故宫来看你》，鲜活、年轻化的故宫 IP 真正意义上进入大众视野 推出《我在故宫修文物》纪录片
2017 年	与《时尚芭莎》打造"故宫·芭莎红"项链套餐，与"奇迹暖暖"合作推出故宫系列套装 联合稻香村推出"鞠水月在手"中秋礼盒
2018 年	与 Kindle 推出 2018 新年限量款礼盒；与黎贝卡的异想世界再次推出"异想 2018 手账" 故宫角楼咖啡开业 《国家宝藏 1》《国家宝藏 2》《上新了·故宫》三档综艺节目 推出故宫睡衣、故宫彩妆
2019 年	元宵"紫禁城上元之夜"引发微博热搜；故宫火锅，引发争议

3.2　针对利基市场打造故宫 IP 的内核（超级 IP 与子 IP）

故宫是中国古代宫殿楼宇发展史上现存的唯一实例和最高典范，是世界上极少数同时具备艺术博物馆、建筑博物馆、历史博物馆、宫廷文化博物馆等功能的博物馆，见证了五千多年的中华文明史诗，是极具文化底蕴的大 IP。对故宫 IP 的塑造，直接影响文创产品的生命力。互联网时代赋予了故宫以新的活力，博物馆的实体与商业相结合，诞生了故宫超级 IP。故宫超级 IP 下包括工艺设计品、图书出版物、演艺娱乐产品、手机 APP、动漫游戏产品、电影电视产品、跨界融合产品等子 IP 或者关联 IP（见图 2）。每一个子 IP 都是小的切入口，对应特定的内容和细分目标人群。

博物馆的藏品与文物是静态的，是庄严的，其附属产品给大众留下的刻板印象是昂贵、缺乏创意和实用性。故宫 IP 能获得不断地成长离不开其对于长尾市场的认识与开发，年轻受众更倾向于原创性、个性化的文化产品，因此故宫 IP 在传播形态、传播渠道、形象塑造和呈现空间上都紧紧贴近年轻一代的生活状态与需求，与年轻人的审美偏好保持一致。通过使用年轻一代熟悉的表达习惯、价值符号、流行用语等展现故宫文化 IP 的亲和力和年轻化趋势。在 2018 年年末，故宫旗下的两家官方机构"故宫淘宝"（见图 3）和"故宫文创"（见图 4）均推出口红彩妆，成了故宫新晋网红子 IP。

图 2　故宫超级 IP 及子 IP

图 3　故宫淘宝

图 4　故宫文创——口红

3.3　拓宽故宫 IP 在长尾市场中传播的平台

随着互联网技术的发展,社交平台的广泛使用使受众获取和传递信息的途径发生了巨大变化。故宫作为中国传统文化的象征,其文化传播需要具备时代性,台北故宫的"朕知道了"封箱带带来了故宫 IP 化的时代。2018 年度故宫淘宝微信号文章阅读量篇篇超 10 万,《我在故宫修文物》B 站观看量 445 万,《上新了,故宫》发售 4 期栏目同款,筹款 1 387 万元,参与人次 2 808 人次。故宫作为一种超级 IP,凭借丰富的文化内核,就能挣脱单一平台的束缚,在多个平台上获得推广,其核心内容通过以下几个主要平台传播至受众,通过文化内核、创新开发、平台运营、信息反馈等步骤后形成一种抽象符号。

3.3.1　社交平台

故宫作为一个无形的文化 IP,具备带动流量、营销自己的能力。而社交平台具有良好的互动性和广泛的传播性,其传播范围没有固定的边界,对互联网信息反应速度快,对公众话语的走向有较大的主动权和话语权,潜在受众可以通过其他平台用户转发或点赞内容来获取信息,并通过互动交流共同完成故宫 IP 的建构。故宫 IP 主要通过微博、微信等新兴的信息传播媒介,来使潜在受众通过互动交流加深对故宫 IP 的了解并建构起自己对故宫形象的认知[14]。其中,微信公众号"微故宫"定位于北京故宫文化品牌的推广与公共服务,"故宫淘宝"以营销功能为主,是故宫博物院原创文化产品的展示交流平台。微博"故宫博物院"属政府政务微博,风格内容较为严肃,受众广,兼具历史文化传播功能。微博"故宫淘宝"风格活泼,以互动和营销功能为主,注重运用年轻一代的语言叙述风格。例如,2016 年 11 月 20 日故宫官方微博发出了一条故宫雪景的微博,迅速引发受众的热烈讨论(见图 5),随后,微博意见领袖(包括《人民日报》《央视财报》和《环球时报》等)陆续转发,进一步拓宽传播范围,加速"故宫初雪"在受众心中的意义建构[14]。

3.3.2　影视

从纪录片到综艺节目,故宫共推出了包括《我在故宫修文物》等五部豆瓣高分纪录片、三部豆瓣高分综

380天，终于盼来了#紫禁城的初雪# ♥

4.2万　　　1.3万　　　7.7万

图5　故宫博物院新浪微博博文截图

艺，具有良好的口碑效应，获得了年轻一代的追捧。这些作品不仅展示了故宫藏品的美轮美奂，更在于表达和发扬文物背后的"匠人精神""创新精神"、和"文化魅力"。例如，《我在故宫修文物》借助文物修复师的角色展示故宫以及故宫文物许多不为人知的生活及秘密，故宫不仅有了像雍正这样的古人IP，还有了接地气的工匠"网红"，也引起了一场故宫旅游及怀旧大潮。《国家宝藏》系列，则是在明星、综艺的双重加持下，成功挖掘出了故宫IP下更多潜力巨大的子IP，是价值连城的文物古董IP，也是文物背后古人的IP。

3.3.3　移动应用

在移动互联时代，移动应用是一种便捷高效的信息传播方式，集文化传播和娱乐功能于一身的APP的推出又进一步深化了北京故宫的年轻化IP的呈现。自2016年起，故宫与腾讯在社交、游戏、动漫、音乐等十大领域展开合作，全方位推进故宫数字化。北京故宫与中央美院等合作方联合开发和推广了几款故宫系列APP。其中，"每日故宫"是2015年上线的一款专注于介绍故宫藏品与文化的APP，以日历形式介绍故宫珍宝，处处都是设计的用心，既介绍知识，又能触碰到用户的新鲜点，尤其是年轻用户，打开之后往往会被极具中国传统工笔画风格的画面风格所吸引，在不知不觉中吸收了北京故宫IP背后蕴含的文化内涵。

3.3.4　合作平台

2016年，一则《穿越故宫来看你》H5在朋友圈中刷屏，同样通过反差人设进行卖萌，让鲜活、年轻化的故宫IP真正意义上进入大众视野。这支H5其实是腾讯与故宫的一次跨界合作，从此打开了故宫IP跨界营销的序幕，卡地亚、kindle、QQ音乐、抖音、小米、百雀羚等品牌相继联合故宫IP推出新产品。另外，故宫IP的传播不只局限于传统渠道。例如，《我在故宫修文物》在中央直属的传统媒体下传播外，还同时与两家视频网站(爱奇艺和芒果TV)达成合作，还有一个深受年轻人喜爱的弹幕视频网站哔哩哔哩也获得了正式版权，该视频网站集聚了大量90后和00后用户，这部纪录片在该网站上收获了358.1万的播放量和8.8万弹幕数。合作平台的年轻化使北京故宫这一文化IP得到年轻观众的强烈关注和喜爱，众多的品牌联合，覆盖了几乎全长尾市场的客群，成功展现了一个历史悠久、但又活力迸发的新故宫IP。

4　结论

4.1　博物馆IP建设路径

博物馆IP的建设路径是在内容层面丰富IP的内核，在传播渠道上向受众精准打造并输出超级IP的途径。故宫超级IP的建设之路，便是通过"故事传播＋互联网＋粉丝"一体化实现的。赋予文物历史文化底蕴并凸显其中的故事性，再与各大平台合作，利用新媒体的传播优势，故宫IP的价值在传播中被不断放大。

首先，故宫IP注重文化内核的创意化与娱乐化，其中创意最为重要，通过历史改编，给传统庄严的文物、古人形象加入了萌化、趣味化的元素以及表现方式，形成反差感创意；其次，通过用户驱动，在新媒体渠道中，用年轻一代熟悉的语言风格与用户交流，激发用户创意；最后，通过IP授权，与多品牌跨界联合，通过不同的品牌组合，碰撞出更多创意产品，覆盖更多不同的群体、持续制造话题热点及影响力。这种信息传播方式属于IP建设路径，其示意图见图6。用户互动参与了IP的建构，呈现出一个闭环式的双向过程。值得注意的是，在IP内核传播过程中，新的子IP很可能会在用户的互动中产生，随着用户对原有IP认识的加深或再创作，新的子IP又会为故宫IP创造出新的宣传抓手。

IP内核 $\xrightarrow[\text{娱乐化}]{\text{创意化}}$ 超级IP $\xleftarrow[\text{再创作}]{\text{平台与社交}}$ 粉丝以及潜在受众

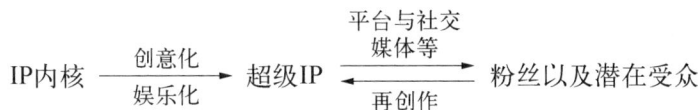

图 6　故宫超级 IP 建设路径

4.2　IP 与品牌形象塑造

故宫 IP 突破了博物馆严肃风格的局限,以创意化、娱乐化的风格重新塑造了故宫诙谐而有内涵的品牌形象。运用博物馆 IP 进行系列营销,除了能有效提升产品价值,也有助于品牌贴近年轻受众——这一往往是博物馆等文化艺术主题长尾市场的群体。

北京故宫不仅在 IP 内核,即研发文物和历史本身上展现"萌"的特征,在 IP 的传播平台以及社会化媒体上也开始"卖萌"沟通和营销,故宫博物院有着庄严肃穆的历史感,但品牌将庄严厚重的历史感和可爱诙谐的"萌"感巧妙结合,有效地激起了很多年轻人的兴趣,进行 IP 的二次创作。故宫淘宝网站的成功,故宫文化品牌的走红离不开背后对于品牌形象的重塑[15]。在故宫 IP 的塑造和推广过程中,故宫一直坚持原创性和创新性,"故宫出品,必属精品"也获得了公众的认可。在故宫 IP 的逐渐成长过程中,故宫形象的年轻化主要体现在以下三个方面。首先,品牌受众的年轻化。在公众的认知中故宫具有生机勃勃的活力,品牌文化氛围积极向上,社会影响力特别是对年轻群体的影响力大。其次,传播渠道的年轻化。随着传媒产业的不断发展,故宫文化 IP 的传播更加关注媒介融合,借助新媒体的广泛影响力和强大渗透力来达到传播目的。最后,表现形式的年轻化。故宫文化 IP 在相关的文案、图片、视频以及空间的设计和呈现上符合年轻人的审美倾向,并借助年轻人热衷的流行用语、价值符号等展现品牌的活力和亲和力。

5　结语

故宫博物馆的走红,是中国文创史上一个具有转折意义的事件。作为一个拥有近 600 年的历史符号,国人自古就对故宫充满了强烈的民族自豪感和文化认同感。故宫是一个巨大的 IP 宝藏,同时也是个 IP 综合体,拥有着数量众多的子 IP,而在每个历史人物以及文物背后,都能延展出无数动人故事与巨大商业价值。故宫 IP 凭借一系列文综类综艺节目和故宫文创的影响力,将自带"天生骄傲"光环的故宫 IP 打造成为当下最具中国特色的 IP 营销,故宫淘宝也已然成为爆款 IP。通过 IP 授权,与多品牌跨界联合,通过不同的品牌组合,碰撞出更多创意产品,满足不同兴趣群体的需求。新媒体时代,故宫还可以利用多种新媒体、新平台进行全新的故宫形象建构[16]。

未来故宫博物馆 IP 将会在子 IP 发掘、衍生品打造上继续创新拓展,同时在文化内容方面不断输出,既需要传统的文化内容,也需要根据时代变化,输出新的内容,更多地对故宫官方网站进行升级,讲好故宫故事。另外,针对国外具有影响力的新媒体如 Facebook、Twitter 等社交平台,存在大量的潜在消费者,利用互动营销等手段,让这个 600 岁的 IP 不断保持活力,在全球化时代获得独特的营销优势。博物馆文物本身就是一个文化 IP,可借此设计出衍生产品,或者跨界联合营销,打造以授权为核心的文物衍生产品生态链,促进博物馆文化内容的 IP 化[17],故宫博物馆 IP 营销作为一个成功案例,其 IP 挖掘与成长的历程值得其他博物馆学习与借鉴。

参考文献

[1]　(美) 安德森著.长尾理论[M].乔江涛,译.北京:中信出版社,2006.

[2]　吴汾芳.邮政营销中的"长尾理论"[N].中国邮政报,2016 - 01 - 09(008).

[3]　XING GAN. Long Tail Theory and Internet Finance: A Case Study of Yu'E Bao[C].2014 管理工程国际会议,2014:8.

[4]　Olmedilla M, Martínez-Torres M R 1, Toral S L. Examining the power-law distribution among eWOM communities: a characterisation approach of the Long Tail[J]. Technology Analysis & Strategic Management,2016,28(5):601 - 613.

［5］　余怡婷.博物馆文创与国家形象构建的关系——以北京故宫博物馆为例［J］.卫星电视与宽带多媒体,2019(09)：49－50.

［6］　西尔克·哈里奇,比阿特丽斯·普拉萨,焦怡雪.创意毕尔巴鄂：古根海姆效应［J］.国际城市规划,2012,27(03)：11－16.

［7］　李昕.博物馆与角色经济［J］.人文天下,2018(19)：54－59.

［8］　杨帆.浅议博物馆文化产品的开发及营销——以大英博物馆和卢浮宫博物馆为例［J］.故宫博物院院刊,2013(04)：20－28＋159.

［9］　邓楚君."IP重塑"下的博物馆文创产品设计［J］.美术大观,2019(04)：126－127.

［10］　Pope R，Corbos R I Museums，Marketing，Tourism And Urban Development. The British Museum-A Successful Model For Romanian Museums［J］. Management and Marketing，2011，9(2)：303－314.

［11］　李皇孜.传统文化IP的营销思路［J］.现代企业文化(上旬),2018(04)：48－49.

［12］　王晓阳.现代经济视域下故宫旅游形象40年变化探析［J］.现代营销(经营版),2019(05)：52.

［13］　赵文晶,崔凌志.融合文化环境下IP品牌形象塑造模式研究［J］.中国出版,2017(06)：48－51.

［14］　周欣琪,郝小斐.故宫的雪：官方微博传播路径与旅游吸引物建构研究［J］.旅游学刊,2018,33(10)：51－62.

［15］　杜颖.传统文化品牌的年轻化呈现——以北京故宫为例［J］.新闻研究导刊,2018,9(16)：215－216.

［16］　冯捷蕴,皇甫俊凯.故宫旅游形象的新媒体研究——基于TripAdvisor在线游记的话语分析［J］.现代传播(中国传媒大学学报),2017,39(05)：137－143.

［17］　张立波,张奎."互联网＋"背景下博物馆文物衍生产品创新的路径与方法［J］.中国海洋大学学报(社会科学版),2017(05)：72－77.

城郊乡村休闲文化创意街区开发研究[①]

焦敬华

（山西财经大学文化旅游学院，太原　030006）

摘要： 本文以城郊乡村为休闲文化创意街区开发对象，根据城郊乡村的资源禀赋和文化场，构建城郊乡村创意资源综合评价指标体系。针对不同类型的城郊乡村，采用不同的休闲文化创意街区开发模式，主要有文化观光旅游模式、历史文化街区更新模式、民俗节庆模式、参与型休闲农业模式和旅游综合体开发模式等。运用乡土特色文化的营造、休闲街区环境的整体性架构、休闲旅游综合体的布局、空间符号的提取和创意人才的培养等策略，开发城郊乡村休闲文化创意街区，打造城郊乡村创意生态和文化穴位，创建城郊乡村休闲文化创意街区式的旅游综合体，从而培育出适合旅游者游憩活动的城市开放性公共空间，最终达到城郊乡村休闲文化创意街区与城市文化旅游业融合、共赢发展。

关键词： 城郊乡村；休闲文化创意街区；模式；策略

1 引言

随着旅游体验时代的到来，人们不再满足于传统观光旅游，而是追求独特深刻的体验式休闲旅游，文化创意街区作为文化创意与旅游相结合的产物，成为新兴的体验式旅游产品。文化创意街区已成为当今城市建设的重要组成部分，城郊乡村独有的地缘优势与乡土资源成为新的休闲好去处的首选。因而，建设城郊乡村休闲文化创意街区，既能有效保留乡村的历史文化记忆，也能借助城市的创意发展重新激发城郊乡村的生机与活力。

休闲文化创意街区是指融休闲文化与创意商品展示于一体的文化街区，具有参观、游览、休闲和购物等特征，集文化脉络、创意产业、艺术聚集、业态经营、旅游观光和环境塑造于一身的极具地域特色的创意街区。本文以城郊乡村为休闲文化创意街区开发对象，根据城郊乡村的资源禀赋和文化场，构建城郊乡村创意资源综合评价指标体系。针对不同类型的城郊乡村，采用不同的休闲文化创意街区开发模式，运用多种开发策略打造城郊乡村创意生态和文化穴位，培育出适合旅游者游憩活动的城市开放性公共空间，最终达到城郊乡村休闲文化创意街区与城市文化旅游业融合、共赢发展。

2 城郊乡村创意资源综合评价指标体系

快节奏工作的压力、生活品质的提高、精神文化的追逐和闲暇时间的充裕促使人们追求多样化文化体验活动，具有地域特色和传统文化底蕴的城郊乡村给都市人的休闲体验需求提供了文化空间，促进城郊乡村休闲文创街区的建设。休闲文创街区因其独特的地缘优势和乡土文化，成为都市民众游憩的休闲好去处。休闲活动虽然需要物质资料的支撑，但美感舒适体验才是休闲活动的终极目的和意义所在。城郊乡村资源开发以文化与创意为核心，成立休闲文创街区建设小组，由建筑师、城市规划师和景观设计师、艺术史专家、考古学专家、人类学专家、社会学专家和当地居民等组成，对乡土特色构成要素、区域特征要素、文创街区建设的动力因素等进行分析，构建城郊乡村创意资源综合评价指标体系。

2.1 乡土特色构成要素分析

（1）自然环境要素：自然景观、地形地貌、水系、植被、树林等。

---

①　基金项目：山西省高等学校哲学社会科学研究项目"山西省乡村文化创意街区开发研究"（2019W092）

（2）农业环境要素：田地、田埂、种植作物等。

（3）聚落和建筑要素：公共空间（广场、街巷）、乡土建筑物（纪念建筑、宗教建筑、商业建筑、民居、牌楼、祠堂等）、乡土构筑物（井、埠头、水车、水闸、粮仓等）、遗址等。

研究小组与当地居民重新审视房屋、农场、文物建筑及人文景观，除了对以上要素的观察与定位外，还需对空间进行历史分析，理解建筑群落与公共空间和周边景观间的空间组织关系。

2.2　区域特征要素的分析

（1）农耕文化与农业景观特征。

（2）自然环境与人工环境的关系特征。

（3）乡村聚落形态和建筑特征。

大的自然背景、聚落空间的人工环境和与农耕生活息息相关的各要素共同构成了乡土环境的整体，这也是构成乡土特色的成因。有文物建筑的城郊乡村，不仅要考虑文物建筑及其与环境的关系，还需考虑建筑肌理、文化空间、文物遗址、村落形态等独特景观因素，明确哪些可以开发、限制性开发或不可开发，确立不同的街区开发模式。

2.3　文创街区建设的动力因素分析

（1）街区区位与文化资源。

（2）核心竞争力与政策制度。

（3）消费认知的改变与休闲旅游的兴起。

（4）休闲、创意与体验。

创意街区的核心要素包括物质设施、地域文化、生活氛围、商业氛围及创意元素。物质设施是创意街区的物质基础，地域文化是创意街区的精神资源，生活氛围与商业氛围形成街区独有的社会情境，创意元素通过街区内的产品、商店、工作室、建筑物及精神载体传递出来，同时又自然地融于物质设施、地域文化、生活氛围及商业氛围中。各核心要素良性互动、和谐共存，形成一种兼顾创意生活、创意工作及创意商业的开放式文化创意街区。

休闲是从文化环境和物质环境的外在压力中解脱出来的一种相对自由的生活方式，它使个体能够以自己所喜爱的、本能地感到有价值的方式，在内心之爱的驱动下行动，并为信仰提供一个基础。景观作为休闲文化的组成部分，为休闲文化与休闲思想的实现提供了环境条件与具体场所。景观是运用艺术的敏感去设计、建造艺术品殿堂，富含创意色彩、具有创意趣味、体现创造精神，使观者获得休闲与审美体验。基于尊重历史遗产、注重文化传承、崇尚时尚氛围、提倡创意手段的设计原则，设计出具有美感、时尚感和艺术感的休闲景观环境空间，进而探索旅游者、街区景观与文化创意街区之间的内在联系，打造适应旅游者心理需求的休闲文化创意街区的景观设计之路。

3　城郊乡村休闲文化创意街区开发模式

城郊乡村文化创意街区因城市文化和本地乡土文化的不同而有着不同的开发模式，主要有文化观光旅游模式、历史文化街区更新模式、民俗节庆模式、参与型休闲农业模式和旅游综合体开发模式。自然名胜观光、建筑遗产群、民俗风情体验、农事活动体验、农家乐、手工艺文创产品以及特色民宿等，集中展示了乡村休闲街区的魅力所在。

3.1　文化观光旅游模式

文化观光旅游模式开发的城郊乡村一般依山傍水，附近拥有温泉、森林、湖泊等具有养生度假价值的生态资源，街区生态环境良好；街区内部空间尺度适宜，街区氛围闲适宜居，拥有大量品质较好的民居建筑以及特色鲜明的民风民俗，具有较高的居住价值和游憩、休闲价值。富有特色的民居建筑，清新情调的乡村韵味，明晰的旅游参观路径，将特定乡土文化、旅游观光融合成为一个整体，通过主题景观设计和街区历史风物复原，优化街区游赏环境，打造以观光为核心的文化游赏空间。

部分城郊乡村紧邻开发较为成熟的旅游景区,在文化脉络、生态肌理、乡土记忆等方面,与所依托的景区有着密切联系,且地处城市重要的旅游发展片区范围之内,地理区位和交通区位较为优越,拥有良好的旅游开发条件,能为游客提供与景区静态游赏型产品互补的有差异性的旅游体验产品,可以作为景区资源补充和范围延伸,丰富景区旅游产品谱系。基于街区与景区的资源互补关系,系统分析景区到访客流构成及主要需求,重点进行游客规模预测、游客偏好分析、游客停留时间分析、主要消费需求分析等,作为街区规划与设计的核心载体,进而形成景街共兴、景街一体化的休闲文创街区。

3.2 历史文化街区更新模式

历史文化街区更新模式开发的城郊乡村,在相对较长的历史时期内未经大的变动与损坏,保存有规模宏大的建筑遗产群落,相对完好的历史建筑、公共建筑、历史遗迹、民居、城墙、街道及街区空间格局等,有清晰完整的历经千百年而形成的乡村文化肌理和连续不断的地域文化脉络。城郊乡村内的生活文化与生活场景保存着传统地域特色,并由于本地居民的世代延续,传统的生活文化在其间得以不间断地传承与延续。民间生活所蕴含的各类非物质文化遗产具有典型的区域代表性,并与物质遗产空间共同构成城郊乡村街区文化保护的主体。

在保护的基础上,将城郊乡村与城市的环境协调区在空间上连为一体,以保护城郊乡村与城市历史环境的关联性。合理利用历史文化资源,将城郊乡村与城市的开发相结合,以"文物＋环境"的开发原则,建构城郊乡村休闲文创街区。具有保护价值的民居、非物质文化遗产等低强度开发类资源,主要开发高品位的文化游赏设施和高端旅游服务设施;不具有特别保护价值的现代建筑、仿古建筑、商业设施等高强度开发类资源,主要开发大众化旅游产品。由此,让古村落在文创街区的开发过程中焕发新机。

3.3 民俗节庆模式

民俗节庆模式开发的城郊乡村,一般与故事传说、民俗艺术、重要历史事件、传统手工技艺等非物质文化资源密切相关,拥有特色鲜明的街区文化意象,代表着所在城市或区域的文化性格。但相比于非物质文化资源,街区可视性历史遗存较少,一般以节事形态存在,资源品级较低,无法直接转化为具有较高吸引力的旅游产品,需要通过文化意象附加和创意性开发,形成主要的游赏体验载体。充分放大地方和民族特色传统节日的品牌效应,集中展示地域特色文化资源,着力激发传统村落的持续发展能力。

围绕乡村节事文化主题关键词,策划重要文化游赏节点与节事品牌,采用以民族习俗体验空间、主题演出剧目、主题节庆活动等多种形式,将文化主题在创意街区建设过程中进行全方位的演绎。配合街区重点项目的策划,围绕文化主题,设计街区主题景观体系;将文化主题转化为各种可视的文化符号,并融入雕塑小品、路灯路牌、休息座椅、沿街商铺店面等设计之中,提升街区景观品质,最终形成特色突出的休闲节事旅游产品谱系。

3.4 参与型休闲农业模式

紧张、雾霾式的都市生活迫使都市人向往"慢生活"式的田园生活,城郊乡村独特的资源与地缘优势成为都市人的休闲好去处。参与型休闲农业模式开发的城郊乡村以旅游功能的介入为契机,系统整理乡村农业的自然资源与人文资源,推动农业资源的旅游化利用,打造观光休闲农业园。围绕休闲农业园的文化个性,设计街区主题景观体系,包括街景雕塑、绿地空间、艺术墙绘等,增强街区环境品质,优化街区氛围,构建农业景观游赏体系;构建农家乐主题餐饮、乡间民宿、农业采摘活动、农田种植活动等休闲街区服务设施体系;突出街区当地的休闲文化特色,得休闲之臻义。如在茶乡设置采茶体验园,并与有机茶农合作设计小包装茶叶,做成游客的伴手礼;通过长期包租式的农田种植体验项目,让都市人群体味劳动艰辛,并收获绿色食品。

3.5 旅游综合体开发模式

旅游综合体模式开发的城郊乡村,建构集观光、休闲、娱乐、购物、运动、餐饮、教育、民宿等为一体的旅游综合体,提供多元化的人性服务,如文化展览室、阅读书屋、创意咖啡屋、DIY 创意店等文创空间,各类会议与座谈会、全包式草地婚礼等文创场所,销售手纸地图、老建筑摄影明信片、乡土文化特色书签、手机挂件、家装摆件等文创商品,建设以街区历史文化为核心的主题餐厅、特色民宿、露营区和露营服务,对夜景照明的手法、光色和灯具形式进行设计,形成观赏性灯景,呈现"东风夜放花千树"般独具意蕴的夜景,构建完善的游赏体系。增强街区服务功能,吸引游客留宿,变一日游为两日游,形成融工作、生活、商业、旅游于一体的休闲文化创意街区。创意街区的旅游功能决定了旅游目的地的知名度和游客满意度,旅游综合体开发既能让文创街区与城郊乡村休闲文化共生,又能极大地提高街区的生命力与游客的激情。加强创意街区商业配套设施体验的管理力度,提供亲情化的、细致入微的人性化服务,用优质服务吸引游客再次消费。

对于传统文化环境消失殆尽、历史文化缺乏适当物质载体的城郊乡村,系统研究街区历史发展进程,梳理出街区历史文化发展主线,找出最具复原价值的历史时段,结合街区的经济、产业、旅游开发的基础现状,复原街区的核心文化景观,构建文创街区核心吸引力;对街区重要的历史建筑物、标志景观进行原址复原,将街区历史文化进行标示性再现,形成创意景观节点;对街区重要的街道段落、特色居住片区、重要节庆活动和民俗文化等,进行复原与再造,将街区历史文化与创意旅游项目相结合;建设特色商业景观,以老字号保护、传统手工技艺传承与振兴、土特产品牌化经营、旅游节庆策划为中心,塑造本地品牌,为游客提供文化体验、时尚休闲类旅游产品,由此打造休闲街区旅游综合体。

基于不同的资源与文化,城郊休闲文创街区的开发模式日益多元化,除以上开发模式外,红色文化资源丰富的城郊区可开发研学教育模式、离城区较近且交通发达的城郊乡村可开发商贸业态模式等。在街区开发运营过程中,开展丰富多彩的文化展览、创意市集或节事活动,塑造一村一品牌,形成可持续性的、兼顾街区旅游发展与文化保护的运营机制,实现休闲农业与旅游业、创意产业的共赢发展。

4　城郊乡村休闲文化创意街区开发策略

城郊乡村休闲文化创意街区是当今城市功能分化、城市拓展建设、城市休闲文化多样化中的重要组成部分,在城郊乡村休闲文创街区中融入旅游功能,在休闲街区环境的整体性架构基础上,建构休闲旅游综合体,加强原有的乡土特色文化建设、增强地域空间符号的提取和创意人才的培养,从而激活城郊乡村的生机和活力,既满足当地人对现代生活的追求,又能科学合理地保护珍贵的乡村历史文化。

4.1　乡土特色文化的营造

有城市文化地理学者根据中医的针灸理论提出建构良性街区和城市创意发展与联系的"城市穴位—经络"理论,这一理论同样适用于城郊乡村休闲文创街区的建构,使乡村文创街区与乡村文化旅游业互补融合发展。把每一个乡村看作一个有机的生命体,文创街区则是拉动周边经济发展和文化繁荣的增长极,这些增长极即是具有推动性的经济体,成为乡村的"穴位",增长其所聚合的产业能量沿着业务流程扩散,其溢出扩散的途径就是乡村的"经络"。文创街区流动的信息和物品是为"气",所构成的乡村文化和经济力量是为"神",由此构建休闲创意街区生态。

城郊乡村拥有丰富多态的、极具休闲特色的地域性文化创意资源,休闲文化创意街区的建设,既能充分开发当地的文化资源,也能最大限度地调动村民的广泛参与。文化创意街区需要"文化符号",将最能表现出地域特色和休闲精神特质的内容提炼出来,创意开发文化资源,最大限度还原历史,契合时代特质,打造成一个具有特定内涵或意义的地理标识,有效表达当地文化的独特性,成为文化创意街区的独有主题和灵魂。地域文化的构成要素有显性的地理位置、街道结构、建筑造型、景观特色、标识特征等,也有隐性的民间文化、民间艺术、历史典故、风俗习惯等。对显性要素进行可行性保护和节点性再造,突出地域空间特征;对隐性要素进行艺术化再现,体现其文化典型特质。对当地乡村文化给予足够尊重和最大化合理保留,营造出具有当地文化精神和地方特色的休闲街区文化特征景观,唤起本地居民的归属感和城市游客的认同感,通过文化的融入构建特色街区,形成休闲文化旅游新体验。

4.2　休闲街区环境的整体性架构

城郊乡村休闲文创街区作为都市人们缓解压力的休闲好去处,其整体街区环境包括实体环境和虚拟环境。建筑所围合的街道、广场和室内空间为实体环境,附着在实体空间上的"文化场"为虚拟环境,包括人文主体、居民和文化参与、文化传统和地方文脉等。休闲文化创意街区建设的核心问题是文化资源的创意开发，为实现创意街区的特色主题化发展，其建设要强调对老建筑的整体保护、艺术化改造以及人性化的景观环境设计。

分布在城市周边的中国历史文化名村是人类文明的结晶，具有丰富的文化底蕴、独特的民风民俗，延续着乡村文脉，是不可代替的历史文化遗产。在中国历史文化名村中建设休闲文创街区，一要保护村落整体空间格局，二要保护村落农耕文化、宗族制度、乡村艺术、民俗风情等非物质文化遗产，三要保护村落生态环境，三位一体的整体性保护是进行文创街区开发的前提。如通过叙事化的旅游线路设计，使游客的休闲体验犹如讲故事一般，起承转合，体验多元的、有条理的文化和消费过程。让中国历史文化名村借休闲文化创意街区融入现代文明，注重传统文化与时代精神共鸣，赋予历史文化名村以新的生机与活力。

4.3 休闲旅游综合体的布局

城郊乡村休闲文创街区的整体布局是一个综合度高、专业性强、与城市地域文化发展密切相关的一项系统工程，地域特色文化、景观资源的整合以及人性化的创意设计使休闲街区吸引游客纷至沓来。根据城郊乡村定位、文化资源、自然资源、游客文化消费层次等，建构城郊乡村休闲旅游综合体，开发一些富有趣味性、参与性的极具文化内涵的旅游项目，如大小型主题商演娱乐活动、节庆活动、亲子项目、情侣项目、极限运动体验、现代农业种植体验等，突出文创街区的休闲风格，塑造休闲旅游文化新品牌，最大限度满足不同兴趣爱好的游客在购物、餐饮、文化、娱乐、观光等多方面需求；将创意化景观、中华老字号、本土味名特产品、互动体验项目等与街区空间相融合，共同建构独一无二的体验式休闲旅游综合体空间，打造独具创意的休闲文化品牌，大量增加游客的停驻时间。

城郊乡村文创街区的开发一是为城市市民提供新型的休闲好去处，二是带动城郊乡村整体发展，形成独特的"逸生活"城郊乡村生态创意景观。为聚集在创意街区的创业者、投资者、艺术家等创意人才提供舒适优美的居住环境，形成一个和谐共生的生态文化圈。

4.4 空间符号的提取

城郊休闲文化创意街区的发展，需凝练乡村典型文化特征和空间符号，经由设计语言进行抽象化再现，以此作为文创街区特色定位的主题表达。在此基础上，结合乡村地域文化特征和传统风貌特色进行相关衍生品的拓展，依据文创街区的业态布局，进行相应的抽象主题符号表达和具象衍生品的展示，形成整体品牌空间感知。运用符号化语言对城郊乡村文化进行剖析与提炼，最大限度地向游客展示乡村的历史内涵和文化底蕴，让游客认同休闲文化街区的整体品质，并提升村民的文化自信。

4.5 创意人才的培养

建设城郊乡村文创街区必须一手打造宜居环境，一手哺育和留住创新人才。建立青年创业中心，提供办公空间、相关技术支持和人力支持、优惠的投融资政策等，尽可能降低青年创业者的风险，吸引更多的年轻人回乡创业。依托互联网平台、集聚大众智慧与创意的众包模式，休闲街区管理者或经营者（发包商）通过统一管理的在线平台发布相应的创意竞赛任务并设置一定的物质或精神奖励，相关设计人员或普通公众（接包方）选择参与自己感兴趣的任务并提交自己的解决方案，最后通过在线平台的投票机制选出获胜方案。这样一种大众创造模式利用分散的群体性智慧，实现创意的聚集和高端创意人才的培育。保持开放性的心态刺激创意人员进行跨界头脑风暴，开发合适的文创产品，并进一步刺激二次、三次创新，让休闲街区作为一个文化空间和商业空间，可以最大程度地满足各类旅游者的需求。

5 结语

文化以创意而呈现生机，创意因文化而富有活力。通过文创街区让人们更好地了解街区所在乡村意象，而乡村也借助文创街区的建设突显自身文化品位和价值，与城市共赢发展。休闲文化创意街区是传承、发展和传播乡土文化的重要形式，有效解决村落内生发展动力不足的问题，唤起村民的文化认同感与自信。城郊乡村休闲文创街区凸显城市文化符号与乡村休闲品格，让城市市民感受到在城市中体会不到的乡风、乡情与乡韵；以乡村独特的田园风光为基础，以地域文化为内涵，以民间传统习俗为载体，开发休闲创意产品；充分运用现代信息技术，以乡村休闲文化旅游网站、微信、电子商务平台和手机 APP 为支撑，提高城郊乡村休闲文化旅游的信息化水平，推动智慧乡村休闲文化旅游建设；城郊乡村休闲文化创意街区将城市文化性格融入乡村文化创意街区建设中，创建了城郊个性时尚休闲新高地。

参考文献

［1］　（美）杰弗瑞·戈比.你生命中的休闲［M］.康筝,译.昆明：云南人民出版社,2000：14.

［2］　江浩.休闲文化与创意景观［J］.湖南社会科学,2017(6)：163.

［3］　Lerner, Jaime. Urban Acupuncture Celebrating Pinpricks of Change that Enrich City Life［M］. Washington D C：Island Press, 2014：3 - 47.

［4］　陈能军.城市创意文化生态社区：创意街区升级转型的资本路径［J］.深圳大学学报,2017(11)：48.

第三篇　旅游目的地建设与产品开发

全域旅游发展理念的思考与研究
——以新疆莎车县为例[①]

李振环　冯学钢　王亚玲

（华东师范大学经济与管理学部工商管理学院，上海　200241）

摘要：当前，旅游业正从景区游览型向休闲度假型转变，全域旅游在这种背景下应运而生。全域旅游是现阶段的一个研究热点，而集中于西部地区特别是少数民族边疆地区的研究相对较少。文章在梳理、分析全域旅游相关文献的基础上，总结出全域旅游的 4 种主要发展理念。通过对莎车县旅游业进行 SWOT 分析，明确莎车县未来发展方向，并引入生态系统理论对莎车县发展全域旅游进行了要素分析并提出了具体的发展意见。

关键词：全域旅游；发展理念；莎车县

1　引言

全域旅游是一个相对较新的概念，是由中国首先提出来的。从全域旅游研究文献的数量上来看，进入 2016 年后呈现出爆发式增长的态势，表明全域旅游研究在国家政策的指引下，已引起了多方的高度重视，逐渐成为现阶段研究的一个热点。文章在分析大量文献的基础上主要从研究内容、研究方法、研究区域三个方面对全域旅游研究进行概述。

一是，研究内容方面主要包括概念内涵、理念模式、规划路径等。厉新建、吕俊芳等对全域旅游的概念进行了全面深入的解读，认为全域旅游是多种资源重新整合、各类行业积极融合、多部门共同管理、居民游客共同参与体验的全过程、全时空、全方位的旅游形式[1-2]。这是在学术研究中最先对全域旅游基本内涵的阐述。在此之后，张辉从"域"的视角对全域旅游的概念进行了新的解释，进一步深化了全域旅游的概念研究[3]。郭毓洁和陈怡宁依托旅游发展模式[4]、杨振之结合钻石理论及区位理论[5]、石培华基于创新发展[6]等又进一步对全域旅游的内涵进行了补充。从理念模式和规划路径上来说，大部分学者结合全域旅游的理念对城镇旅游、乡村旅游、特色小镇、旅游目的地等的体系构建、发展模式、提升路径等进行了重新审视[7-13]。

二是，现阶段全域旅游的研究方法较为单一，以定性探讨内涵和应用案例分析为主，基于经济学、管理学和地理学等不同学科的定量分析极少。

三是，目前对省域、市域、县域、乡村等不同的空间尺度都有研究。随着研究区域的扩大，地域格局逐渐被打破，并呈现出要突破行政界限框定的格局。同时研究区域也由最初的东中部地区开始转向西部地区，由旅游资源富集区转向旅游资源非优区，并在全国范围内应用。

综上所述，对全域旅游的研究仍存在以下不足。首先研究多重视实践发展分析，理论研究严重滞后，质性研究范围较窄且研究层次不深；其次以某个区域发展或创建全域旅游为研究对象，重点从发展现状、存在问题、对策建议等方面进行简单分析，前期科学合理的实证分析不足；最后对研究区域选择种类过于简单，对其独特性缺乏具体分析，对县域层面旅游资源非优区的研究也相对较少。

全域旅游实质上是一种以旅游业带动和促进经济社会协调发展的理念与模式，是一种全新的发展思维。作为喀什地区的人口大县、南部交通中心和旅游资源富集区，莎车县无疑是喀什地区建设国际旅游

---

①　基金项目：华东师范大学优秀博士学术创新能力提升计划项目（YBNLTS2019－045）

中心城市和世界级旅游目的地的重要一环。基于此,文章以新疆维吾尔自治区莎车县为例,结合前期旅游市场及资源的实地调研并依托政府相关规划文件对全域旅游发展进行深入分析,这不仅有助于莎车县旅游业的"二次创业"和高速发展,而且有助于为南疆地区乃至整个新疆发展全域旅游提供一种新的理念思考。

2　全域旅游发展理念

旅游发展理念就是指对在某一阶段、某一区域影响或决定旅游发展方向或问题解决的主要变量之间的规律性关系的描述[14]。全域旅游是指在一定区域内,以旅游业为优势产业,通过对区域内经济社会资源尤其是旅游资源、相关产业、生态环境、公共服务、体制机制、政策法规、文明素质等进行全方位、系统化的优化提升,实现区域资源有机整合、产业融合发展、社会共建共享,以旅游业带动和促进经济社会协调发展的一种新的区域协调发展理念和模式[15]。

2.1　全域旅游"双层"发展理念

全域旅游"双层"发展理念是指由引领层及操作层组成,引领层是核心、操作层是外延,在旅游目的地建设过程中引领层指引着操作层落地实施如图1所示。从核心引领层面上来说,全域旅游是"新资源观、新产品观、新产业观、新市场观"的旅游。新的资源观即旅游吸引物从自然、人文旅游资源逐步扩展到社会吸引物,各类吸引物与当地环境、文化的融合进一步深化;新的产品观包括吸引物、吸引物所处的环境和环境中的居民,既体现在物质形态上也表现于精神文明中;新的产业观即旅游在产业融合中共同发展,相互交叉、渗透,聚变反应创造新的业态;新的市场观即存在于旅游目的地建设中各市场主体相关利益的协调[1]。全域旅游是"新品牌观、新体制观、新空间观"的旅游。新品牌观即旅游目的地的整体包装提升,以旅游目的地整体作为品牌形象;新体制观即旅游管理全域化、全过程优化,构建全社会大旅游综合管理体制;新空间观即旅游目的地作为一个多种功能叠加、多重价值衍生的复合空间整体改善[15]。从外延操作层面上来说,全域旅游是将整个旅游目的地一切可利用的要素作为吸引物加以打造,是旅游业与各相关产业间的融合互动发展,提升产业附加值、延伸产业链,共同推动旅游目的地经济发展,是游客从进入旅游目的地到离开旅游目的地全时空、全方位的体验过程,是最广大的人民群众参与获益及最广泛投资者参与获利的主要有效手段,是旅游目的地各相关部门体制突破、机制创新的重要突破口[1]。全域旅游处在景观景点优化、服务质量提升、配套设施完备、整体环境明显好转的重要机遇期[15]。

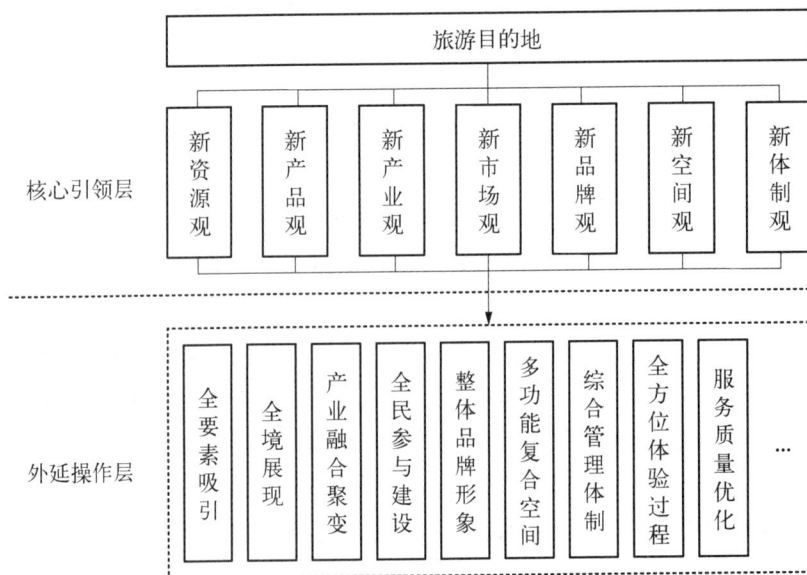

图1　全域旅游"双层"发展理念

资料来源：作者绘制

2.2　全域旅游"域变"发展理念

全域旅游从"域"的角度解释为"域的旅游完备",即空间域、产业域、要素域和管理域的完备[16]。就空间域而言,全域旅游是旅游目的地从以景区单一空间形态建设向多重旅游功能区复合空间系统建设的转变,旅游目的地休闲与体验空间逐步增大;就产业域而言,全域旅游是旅游目的地从以旅游产业为主导的单一结构向"旅游＋其他产业"的复合结构转变,产业融合不断深化,新兴业态、产品不断涌现;就要素域而言,全域旅游是旅游目的地从以单一旅游资源吸引物为核心的开发向全域要素吸引物的综合开发转变,旅游资源开发向旅游环境建设转型;就管理域而言,全域旅游是旅游目的地从部门行业体系建设向社会管理体系建设的转变,引发目的地旅游管理内涵及管理机制的创新变革[16]。另外,从时间域来看,旅游目的地游览时长、游览自由度、旅游管理与服务时间的"域面"均会拓展与拉长;从价值域来看,旅游目的地居民与外来游客的价值理念、消费习惯、生活习俗都有所不同,主客冲突在所难免,协调各利益主体关系至关重要;从体验域来看,旅游目的地体验类型及体验价值不断提升,"休闲式、度假式"旅游成为主流[17],这也是未来旅游建设的主要方向(见图2)。

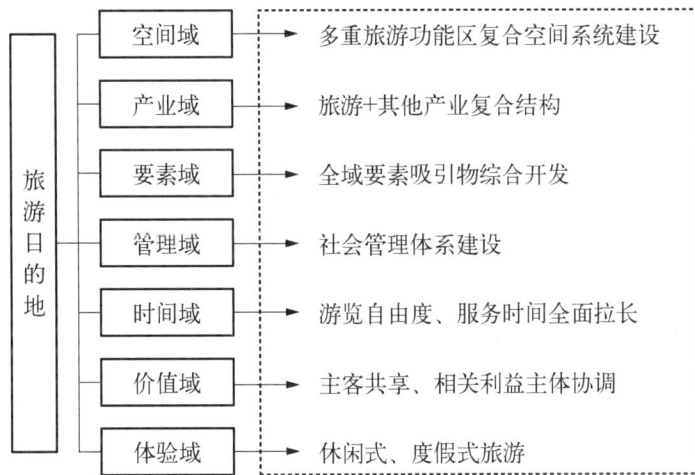

图2　全域旅游"域变"发展理念

资料来源: 作者绘制

2.3　全域旅游"空间经济"发展理念

全域旅游"空间经济"发展理念是在空间经济系统的基础上明确旅游产业的空间分布特点及其所依托的空间域,将旅游业的认识从产业层面扩展到空间层面。它进一步强调以旅游消费为平台,以游客在客源地与目的地的空间流动为纽带,布局旅游开发和要素配置,促进旅游产业从封闭的点线空间,向开放的、以目的地为依托的区块旅游空间体系转变[4],如图3所示。

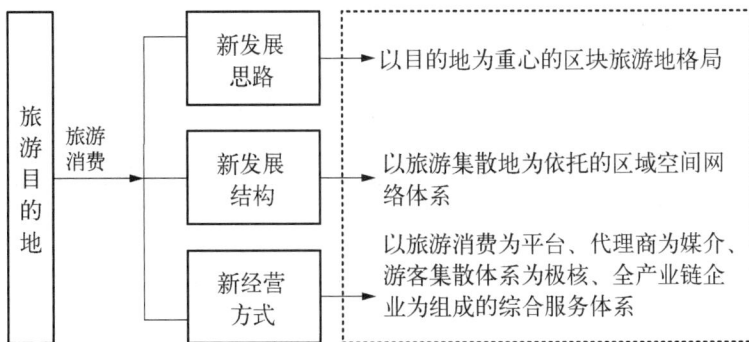

图3　全域旅游"空间经济"发展理念

资料来源: 作者绘制

2.4 全域旅游"科技创新"发展理念

推动全域旅游发展重视科技创新理念有助于激活旅游目的地资源存量、开发旅游目的地资源增量、串联旅游目的地吸引要素、打通旅游目的地交通体系、清除旅游目的地信息障碍、完善旅游目的地管理系统[18]。新兴科技创新理念及现代化技术手段的引进对旅游目的地资源要素的品位及价值都有放大效应,游客体验感显著提升;信息数据化分析为旅游目的地进一步规划开发提供智力支持;移动互联网技术将旅游目的地分散的资源要素串联、排列、整合分类,增强全域吸引力;先进交通工具的改良及科学个性化交通路线的优化有效改善了旅游目的地交通状况,为实现全域旅游"最后一公里进入"成为必然(见图4)。

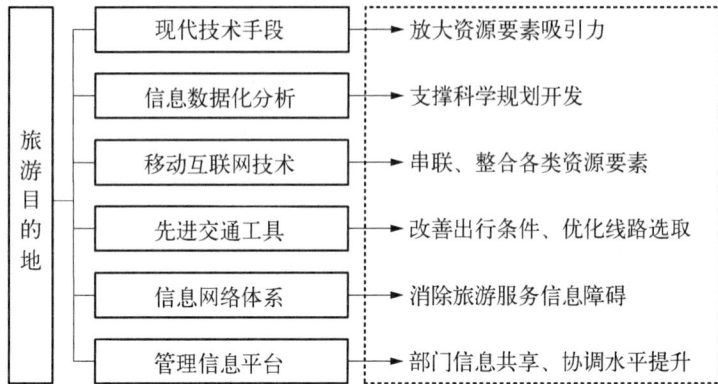

图 4   全域旅游"科技创新"发展理念

资料来源：作者绘制

3 莎车县发展全域旅游的 SWOT 分析

3.1 莎车县旅游业发展概况

莎车县拥有丰富的自然旅游资源和人文旅游资源,文化底蕴深厚,是南疆地区少有融合度较高的综合旅游大县。莎车县是喀什地区人口大县,本地旅游市场潜力较大,旅游接待人数和收入近几年上升明显(见图5),全域旅游基础条件基本完善,有着开展民俗旅游、观光旅游、休闲度假旅游、互动参与旅游、自驾旅游的有利条件。自 2016 年起莎车县提出以"文化塑县、旅游活县"为发展要求,以旅游精品项目为龙头,高品位、高起点地进行深层次旅游产品开发和组合设计,旅游业迎来重要发展机遇期。

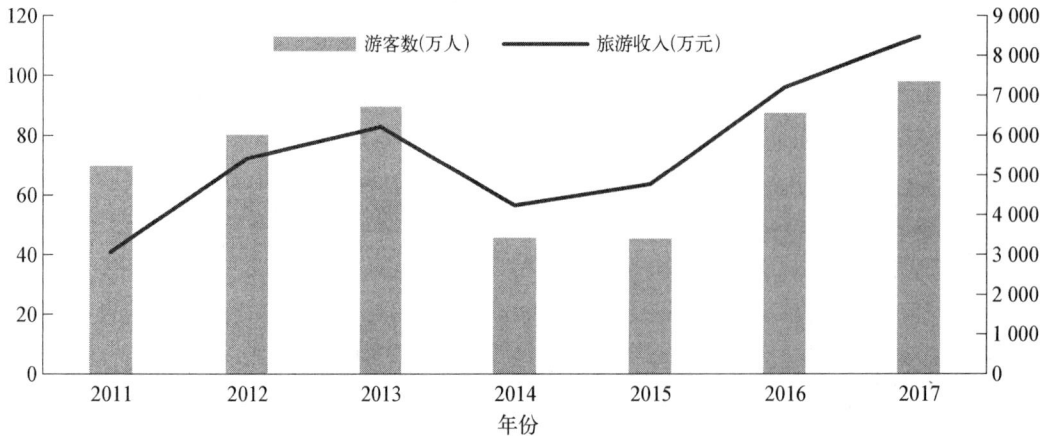

图 5   莎车游客人数及旅游收入(2011—2017 年)

3.2 SWOT 分析

3.2.1 优势

良好的自然条件和农林资源。莎车县位于叶尔羌河冲积扇平原中上游,河流纵横,水源充沛,南部冰雪融水和山麓带丰富的地下水为全县农业开发提供了良好的水源保障。全县日照充足,无霜期长,昼夜温差大,粮食、棉花、果蔬和牲畜资源优势明显。莎车县地貌类型较为齐全,这为旅游开发提供了多样的自然环境,对于满足当地、周边及外地休闲度假需求有着资源基础优势。

丰富的民族文化。莎车县是多民族聚居融合之地,有维吾尔、汉、回、塔吉克等20多个民族,少数民族占总人口的96.3%,发展民族特色旅游基础较好。三千多年的历史也使得莎车县拥有广阔的历史人文旅游开发前景。

地缘交通优势突出。莎车县位于中国新疆西南边陲,地缘优势突出。自古以来就是"丝绸之路"南道上的枢纽、重镇,并且是"丝绸之路"南道与中道支线的交汇点,是一座集中亚文化与西域文化为一体的历史文化名城。莎车是喀什南四县的商贸中心、叶河流域的中心城市。

3.2.2 劣势

旅游距离过大。莎车县地处祖国西部边陲,远离东部经济发达地区主要客源市场,遥远的空间距离造成旅游时间成本的加大和出游费用的提高。

要素投入短缺。莎车县的经济发展处于较低水平,县财政经济基础较为薄弱,难以支撑旅游业发展需要的各种要素的投入及旅游产品的开发。社会对旅游业支撑力度有限,缺乏旅游业发展必要的前期资金投入。例如,产业要素的服务质量基本满足不了游客食、宿、行、游、购、娱的需求。

资源转换成产品能力有限。受资金、产业、技术、规划等因素的影响,区域内除个别旅游景区得到一定程度开发和少数景区景点得到初级开发外,绝大多数旅游资源尚处于未开发状态。

旅游形象模糊,营销宣传手段匮乏。全县旅游主题宣传口号不明确,尚不能对客户群构成吸引力,受资金、人才等方面的制约,莎车县旅游业大多停留在对旅游资源的简单展示和初级开发层面上。

3.2.3 机遇

战略机遇。"一带一路"倡议中明确提出要发挥新疆独特的区位优势和向西开放的重要窗口作用,重点打造丝绸之路旅游带,加快培育沙漠探险旅游带,加快新疆旅游目的地建设。新一轮西部大开发战略为新疆旅游发展提供了更加明确的方向和抓手。对口援疆战略为新疆带来了丰富的"资金流、人才流、信息流、技术流"等生产要素,有效推动了当地旅游产业的发展。

政策机遇。随着新疆旅游收入比重的不断增加,全疆各级地方政府越来越重视旅游业的发展,各类国际旅游会议不断召开,专门针对旅游业发展的规划文件加快出台。例如,2016年出台的《中国"十三五"旅游业发展规划》明确指出,"推动南疆自驾车旅游廊道规划建设,建设国际著名的丝绸之路文化旅游目的地"。

3.2.4 威胁

周边旅游地区同质性的竞争。现阶段全国旅游业发展势头良好,相邻区域间的竞争日益激烈。在南疆范围内,莎车县的旅游资源优势在于其历史文化风貌及生态旅游特色,现阶段莎车县的旅游发展会被以喀什市为主要集散地和泽普金胡杨景区的旅游发展形象所遮蔽。

中国出境游发展带来的挑战。随着我国人均可支配收入的不断上升,出境旅游越来越热,目前我国出境旅游人数和境外旅游支出均居世界首位,国外旅游目的地为吸引中国游客前往旅游消费,不断提升旅游综合竞争力以及出台便捷的旅游签证政策,这些都给国内旅游业发展带来了巨大的压力和冲击。

鉴于上述分析可知,莎车县旅游业的发展态势是:发展机遇大于挑战,优势与劣势并存。莎车县文化底蕴深厚,但是文化内生动力不强、文旅融合水平不高、文化主题不突出、文化吸引力不强,因而要深挖文化内涵、提炼文化要素和主题符号、树立文化旅游新形象;莎车县有着丰富的自然、人文旅游资源,资源的丰度、组合度及体验性均较好,有开展民俗旅游、观光旅游、休闲度假的有利条件,但是受地域空间大、交通基础差等因素影响,各类要素总体协调性差、空间集聚效应较弱、功能主体不明确,另外受资金不足、技术落后等因素影响,旅游产品开发水平较低,基本上停留在观光旅游的阶段,缺乏能打动游客的深度体验性旅游产品;受喀什经济特区的设立、援疆扶持政策机遇,以及莎车县的区位、资源、人口优势等影响旅游产业具有一定发展优势,但是产业互动水平较差。还需要注意的是莎车旅游主题形象模糊,旅游品牌传播缺乏整合、创新、高效的手段，全县优势资源迟迟得不到宣传，而且缺少适应市场的综合服务能力。

4　基于生态系统理论的莎车全域旅游发展理念

生态系统理论（ecological systems theory）是由美国心理学家布朗芬布伦纳（U Bronfenbrenner）在1979年《人类发展生态学》一书中提出。它是生态发展观和系统发展观的融合，是一种个体发展模型，强调发展个体嵌套于相互影响的一系列环境系统之中，在这些系统中，系统与个体相互作用并影响着个体发展[20]。在此借鉴行动系统的四个组成部分并结合文章第一部分全域旅游发展理念对莎车县全域旅游发展进行概述（见图6）。

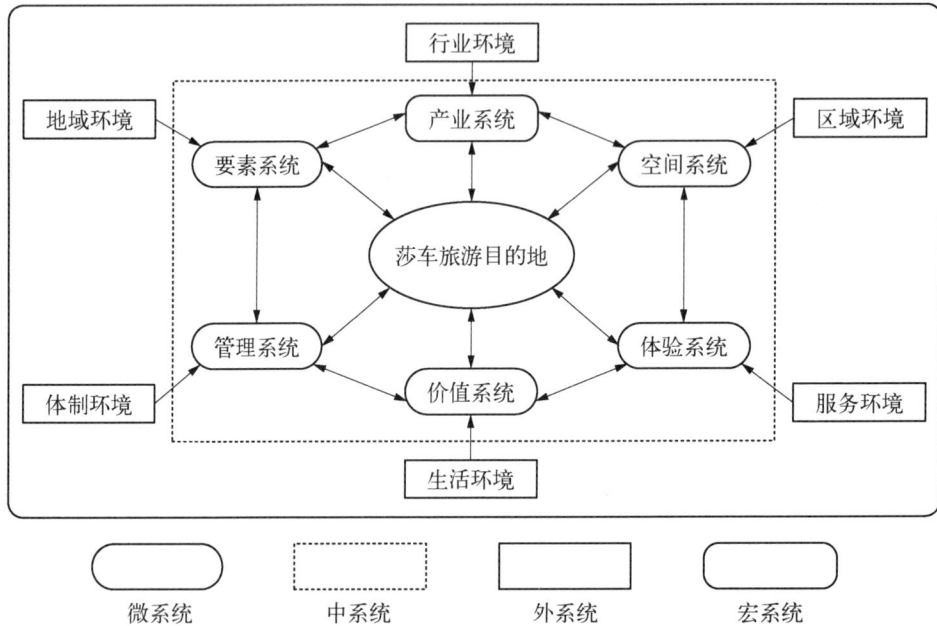

图6　基于生态系统理论莎车县全域旅游发展理念

资料来源：作者绘制

4.1　微观系统

微观系统是指个体活动和交往的直接环境，这个环境是不断变化和发展的，是环境系统的最里层。从微观系统上来说，莎车全域旅游的发展应积极发挥自身各类资源优势，推进重点旅游项目的落地实施，加快培育地方特色产业，树立旅游品牌新形象，建立多元互动管理平台。一是基于县域地理文化特点和旅游资源要素，重点开发古城文化体验游、绿色产业休闲游、昆仑奇观观光游、沙漠乡村户外游、湿地生态度假游等，并依托莎车交通区位优势开展包机旅游。二是注重"旅游+文化""旅游+农业""旅游+体育""旅游+交通"等方面互动融合，在"文旅融合"方面重点实施玉石文化创意、文化遗产保护、十二木卡姆文化升级等工程，在"农旅融合"方面突出乡村旅游示范基地创意化、农业旅游产品精品化和农业种植景观化。三是构建以莎车古城为核心，向北围绕叶尔羌河下游打造绿洲农业生态休闲区、向东围绕塔克拉玛干沙漠打造大漠乡村户外旅游区、向南围绕昆仑山打造昆仑魅力景观游览区的"一个中心地、三个增长极"的空间格局，同时配合三区发展打造叶尔羌河湿地风景带、东部沙漠越野景观廊线、北部花样绿洲景观廊线、西南昆仑地质景观廊线，通过四条风景道串联"一核三区"，全面联动县域旅游发展。四是构建莎车全域旅游工作机制和管理机制：一个牵头单位+两大工作机制+两大发展主体+N个支撑体系。五是以特色化、规范化为核心打造特色美食品牌，完善区域外部大交通、构建内部快捷道路格局、完善自驾游服务体系等旅游交通体系，推进莎车旅游交通标识系统建设，统一风格、突出主题，构建辐射莎车全域的"1+3+N"旅游集散体系和智慧旅游体系格局。

4.2　中观系统

中观系统是指各微系统之间的联系或相互关系。从中观系统上来说,莎车全域旅游的发展应注重旅游目的地建设与要素系统、产业系统、空间系统、管理系统、体验系统、价值系统等的相互作用。一是既要利用莎车县境内的自然、人文旅游资源,同时还要尽可能地利用各类社会吸引物,实现全域要素吸引物的综合开发。二是坚持产业融合,以"旅游＋、＋旅游"的思路实施吃、住、行、游、购、娱六要素配套完善,使旅游业带动和促进生态农业、工艺产品加工业、休闲娱乐业、文化事业等相关产业的发展。三是将莎车县作为一个旅游目的地进行打造,突破以景区为主要结构的旅游空间体系,构建起以旅游核心区、旅游主题功能区、旅游廊道及风景道、旅游功能小镇、旅游露营地、旅游购物区、旅游休闲度假区、文化展示区等的旅游目的地空间系统。四是率先建立全域旅游投资,建设与运营管理平台,整合优势旅游资源,吸引第三方力量,推动精品景区、精品线路、精品节事、精品特产的发展,打造一批旅游品牌。五是不断提升旅游目的地体验类型及体验价值,促使"休闲式、度假式"旅游成为主流。六是协调处理好各利益主体关系,合理应对旅游目的地居民与外来游客的价值理念、消费习惯、生活习俗等。

4.3　外层系统

外层系统是指个体并未直接参与但却对个体的发展产生影响的系统。从外层系统上来说,莎车全域旅游的发展要注重地域环境、产业环境、区域环境、体制环境、服务环境、生活环境等的协调发展。一是要注重旅游要素、产业要素的跨行业、跨区域配置,运用新兴技术等手段将其融入全域旅游建设中。二是进一步改善投资环境,扩大招商引资,促进工商业和其他服务业入驻,使旅游经济促进区域经济协调发展,提升产业水平和整体竞争力。三是要依托喀什地区甚至南疆整体的发展,与周边县区建立良好的合作关系,实现资源互补、客源共享,共同做大南疆旅游市场,实现多变的共赢。四是处理好县域政府与地区政府或是更高层面政府机构之间的关系,加强各部门间的协作,改善行政体制环境。五是加强县域内现有资源要素全面整合和重新优化配置。

4.4　宏观系统

宏观系统指的是存在于以上 3 个系统中的文化、亚文化和社会环境,实际上是一个广阔的意识形态。从宏观系统上来说,莎车全域旅游的发展应该是意识理念的新认知,即全域旅游是一种发展新模式新战略、新的复合型空间、新的发展趋势和方向等。一是莎车县要按景区标准规划建设,要整体优化环境、优美景观,推进全域景区化理念认识。二是促进相关要素和产业在空间上集聚,推进各种产品、业态和产业的融合发展,构建新的产业生态系统。三是形成以目的地为重心的区块旅游地格局新思路,构建一个多种功能叠加、多重价值衍生的复合型空间系统。四是要构建大旅游综合管理治理体制机制,实现旅游业与经济社会相互促进、相互提升。五是要提升旅游要素和服务全域覆盖,注重公共服务的系统配置,旅游要素配置全域化,统筹建设旅游目的地。六是要形成共建共享的旅游发展大格局,共建共享美好生活、基础设施、公共服务、生态环境,实现旅游成果全民共享。

5　结语

全域旅游作为一种新的发展理念在实践中不断丰富与深化,不同旅游目的地有着不同的资源禀赋,因地制宜地选择适宜本地区旅游发展的模式是全域旅游发展理念的进一步延伸。文章通过梳理全域旅游及全域旅游发展理念的现有研究,概括总结出四种全域旅游发展理念,补充和完善了关于全域旅游理念的理论研究。随后,文章运用 SWOT 分析法分析了莎车县发展全域旅游的优势和劣势、面临的机遇和挑战,总结出莎车县旅游业未来开发的方向。最后,文章引入生态系统理论从微观系统、中观系统、外层系统、宏观系统对莎车县发展全域旅游进行了要素分析并提出了具体的发展对策,这也为全域旅游理念的发展提供了一条新思路。

参考文献

[1]　厉新建,张凌云,崔莉.全域旅游:建设世界一流旅游目的地的理念创新——以北京为例[J].人文地理,2013,28(03):

130 - 134.

［2］　吕俊芳.辽宁沿海经济带"全域旅游"发展研究[J].经济研究参考,2013(29)：52 - 56＋64.

［3］　张辉.中国旅游发展笔谈——全域旅游(一)[J].旅游学刊,2016,31(09)：15.

［4］　郭毓洁,陈怡宁.全域旅游的旅游空间经济视角[J].旅游学刊,2016(9)：28 - 29.

［5］　杨振之.全域旅游的内涵及其发展阶段[J].旅游学刊,2016(12)：1 - 3.

［6］　石培华.新时代旅游理论创新的路径模式——兼论全域旅游的科学原理与理论体系[J].南开管理评论,2018,21(02)，
222 - 224.

［7］　孟秋莉,邓爱民.全域旅游视阈下乡村旅游产品体系构建[J].社会科学家,2016(10)：85 - 89.

［8］　刘棟子.乡村振兴战略的全域旅游：一个分析框架[J].改革,2017(12)：80 - 92.

［9］　唐烨.全域旅游视角下我国乡村旅游发展研究[J].中国农业资源与区划,2017,38(7)：207 - 212.

［10］　任耘.全域旅游背景下旅游特色小镇发展路径[J].社会科学家,2018(8)：80 - 85.

［11］　陈瑾.发展民宿经济与提升乡村旅游品质研究——以江西省为例[J].企业经济,2017,36(8)：142 - 147.

［12］　宋晓丽,周金泉,陈丽琴.全域旅游视域下旅游小镇发展策略探析[J].经济问题,2017(6)：103 - 107.

［13］　马勇,刘军.丝绸之路旅游文化经济带全球发展战略研究[J].世界地理研究,2014(2)：151 - 158.

［14］　何建民.旅游发展的理念与模式研究：兼论全域旅游发展的理念与模式[J].旅游学刊,2016,31(12)：3 - 5.

［15］　李金早.从景点旅游模式走向全域旅游模式[J].紫光阁,2016(03)：42.

［16］　张辉,岳燕祥.全域旅游的理性思考[J].旅游学刊,2016,31(09)：15 - 17.

［17］　皮常玲,郑向敏.基于域变视角的全域旅游安全管理体系研究[J].河南大学学报(社会科学版),2018,58(01)：37 - 44.

［18］　邢剑华,石培华.从理念到实践——重视以科技创新推动落实全域旅游发展[J].旅游学刊,2016,31(12)：5 - 7.

［19］　晋军,季康先,吕本富,赵红,许健.全域旅游商业模式选择及要素分析——以新疆昭苏县为例[J].科技促进发展,2018,
14(09)：871 - 878.

［20］　谢明琼.流动青年的地方依恋[D].南京：南京大学,2019.

经济发展—生态环境—旅游产业综合水平测度及耦合协调发展分析
——基于黄河流域 9 省区的实证①

马红涛　楼嘉军

（华东师范大学工商管理学院,上海　200062）

摘要：经济、环境和旅游协调发展是黄河流域高质量发展的关键。以黄河流域 9 省区为研究对象,通过分析经济、环境和旅游业互动关系,构建经济发展—生态环境—旅游产业综合评价指标体系,并借用耦合协调度模型进行实证分析。研究发现：2000—2017 年黄河流域三大系统综合水平存在明显的空间分异现象,三大系统的空间格局不尽相同;三大系统耦合协调度水平基本保持稳定或稍微提升,但个别省份出现了下降的趋势;中下游地区省份耦合协调度明显高于上游省区,限制各省区耦合协调发展的因素有所差异。

关键字：黄河流域;生态环境;旅游产业;耦合协调度

　　随着西部开发和中部崛起战略的实施,我国社会经济发展和生态环境的东西部差距不断缩小,但是南北分化问题开始凸显。黄河流域省区大多处于北方地区,黄河流域的生态保护和高质量发展能够很大程度上缓解我国南北社会经济发展差距扩大的趋势。随着人们可支配收入的提高,旅游成为人们日常生活的重要选择,旅游业逐渐成为我国的战略支柱产业。2018 年,我国国内外旅游人数达到了 58 亿,旅游收入为 5.97 万亿元,占 GDP 总量的 11.04%,旅游业就业人口占全国就业总人口的 10.29%②。区域经济的发展为旅游景区、配套设施的建造提供了资金支持,但是过度的"商业化"会造成旅游体验的下降,并影响旅游业的可持续发展。旅游业最初被认为是"朝阳产业"和"无烟工业",但是随着旅游业的发展,旅游对环境资源的依赖和消耗逐渐浮出水面[1]。经济和旅游业的快速发展提升了人们的生活水平、幸福感和获得感,但也可能会带来空气污染、水污染和植被破坏等生态环境问题,并制约经济和旅游业的长远发展。因此,如何协调好经济发展、生态环境保护和旅游开发的关系,发挥三者之间互为依托、相互促进的作用,最大限度地降低三者间的相互制约和可能带来的副作用,成了学界和业界关注的焦点问题。

　　国外关于经济发展、生态环境和旅游产业系统间互动关系的研究开始较早。艾哈迈德（Ahmed）认为经济发展和生态环境是一个共轭演进的过程,他们之间存在一种倒"U"型关系,被称为库兹涅茨曲线[2],两个系统协调发展涉及面广、内在关系复杂[3]。沃尔和莱特（Wall,Wright）较早探究了户外休闲游憩活动对环境的影响[4],旅游业对目的地的生态环境具有积极和消极双重作用[5]。希尔（Hill）通过对澳大利亚科修斯科山游步道检测,发现游客活动对植被破坏明显[6]。旅游与经济之间存在着"旅游导向型经济增长假说（Tourism-led Growth Hypothesis,TLGH）"[7]。查依尔（Ghail）[8]、马丁（Martin）[9]等学者认为旅游业发展能够很好地促进经济的发展,同时经济的发展也能够带动旅游产业的增长[10]。但是,也有学者持有不同的观点,认为发展旅游消耗的资源过多可能会影响经济的长期发展[11],并导致社会福利水平的下降[12]。国内有关经济、生态环境和旅游业协调发展的研究开始较晚,但也取得了一定的研究成果。经济和环境的耦合协调发展是可持续发展的核心,环境是经济增长的重要因素和载体,两者之间协调发展的内涵是相互促进、耦合

---

①　基金项目：教育部人文社科青年项目（17YJC630088）

②　中国文化和旅游部.中华人民共和国文化和旅游部 2018 年文化和旅游发展统计公报[EB/OL].http://www.sach.gov.cn/art/2019/5/30/art_1027_155240.html.

协同[13]。江红莉[14]、杨丽花[15]和王维[16]等分别就江苏、松花江流域和长江经济带的区域经济和生态保护耦合协调发展进行了实证研究。环境质量与旅游业发展之间存在着相互影响、共同发展的协同关系[17]，环境的好坏直接影响游客对旅游产品的体验和感知[18]。章锦河等引入了旅游生态足迹模型对黄山市游客的生态足迹及其效应进行了实证分析[19]。容贤标[20]、程慧[21]等分别就旅游业和生态环境之间的耦合协调关系进行了实证分析。旅游业是我国国民经济的重要组成部分，一般认为旅游消费能够促进经济增长，同时经济增长对旅游业具有刺激效应[22]。赵磊运用省级面板平衡数据印证了我国的旅游发展对经济增长具有显著正向影响效应[23]。而杨勇通过运用两变量向量自回归模型（VAR）发现中国旅游业和经济增长之间并不存在稳定的因果关系[24]。生延超[25]、余洁[26]、姜嫣[27]、刘丹丽[28]等分别从省域、区域和国家层面对经济与旅游产业的耦合协调关系进行了实证分析。刘定惠[29]、周成[30-31]等对区域经济、生态环境和旅游产业三个系统的耦合协调发展关系进行了实证分析，并运用 TOPSIS 方法就未来发展趋势进行了预测。通过对国内外相关文献的梳理可以发现，目前有关研究主要聚焦于经济、生态环境和旅游业两两之间的相互作用，并就两个系统间的耦合协调发展情况进行了实证研究，但是将三个系统纳入统一的模型进行耦合协调度分析的研究较少。同时，以往的研究样本多为单个国家、省区或城市，而基于时空双视角对一个区域内多个单元的横向比较和纵向演化相结合的比较研究相对薄弱。基于此，本研究通过构建经济发展—生态环境—旅游产业综合评价指标体系和模型，以黄河流域 9 个省区为研究对象，从时空两大维度探究三大系统的发展水平和耦合协调关系，识别限制各省区耦合协调发展的关键因素，以期助力黄河流域的高质量发展和生态环境保护。

1　区域概况、指标体系和数据来源

1.1　区域概况

黄河全长约 5 464 千米，是中华民族的母亲河和发祥地。黄河流域覆盖我国青海、四川、甘肃、宁夏、内蒙古、陕西、山西、河南和山东 9 个省区，总面积约 75.2 万平方千米，占全国的 7.84％。截至 2018 年底，流域人口达 4.2 亿，占全国总人口的 30.11％，所流经区域地区生产总值约为 23.9 万亿元，占全国总面积的 26.55％，在我国生态安全和经济发展中具有重要的全局性和战略性作用。黄河流域还是我国文化旅游业发展较好的地区之一，2017 年底，共有旅游景区 3 497 家、旅行社 7 230 家、星级饭店 2 603 家，约占全国的比重分别为 24.45％、25.88％和 32.36％，在我国旅游版图中占有重要地位。然而，黄河流域经济和旅游产业快速发展的背后隐藏较为严重的环境危机，水沙关系不协调、生态环境承载力低、生态环境退化和生态系统失衡等问题制约了区域的长远发展。同时，黄河流域横跨我国东、中、西部三大区域，省区之间经济和旅游业发展不平衡，生态环境压力和治理力度存在着明显差异。2019 年 9 月，习近平同志将黄河流域生态保护和高质量发展提升为重大国家战略，如何加强黄河流域的生态环境治理、促进全流域高质量发展、改善人民群众生活成了未来一段时期理论研究和实践关注的重点。因此，识别和建立黄河流域经济发展—环境保护—旅游产业综合评价指标体系，运用科学的研究方法测度其发展水平，分析系统之间的耦合协调关系，探究黄河流域经济、环境和旅游业发展特征和存在的问题，推动黄河流域向着资源优势互补、产业特色彰显、业态彼此融合、省区有机联动的方向健康发展，对黄河流域的可持续发展具有重要意义。

1.2　指标体系构建

经济发展—生态环境—旅游产业是一个具有高度复杂性、不确定性和多层次的开放系统，构建全面、系统、科学的评价体系是测度三个系统水平和耦合协调关系的前提。因此，在遵循代表性、可比性和可得性原则的基础上，借鉴已有研究成果[29,30]，确定了包含经济发展、生态环境和旅游产业 3 个一级指标，经济规模、经济结构、经济活力、经济建设、生态资源禀赋、生态环境污染、生态环境治理、旅游市场、旅游要素和旅游人才 10 个二级指标、35 个三级指标的经济发展—生态环境—旅游产业耦合协调度评价指标体系及权重（见表 1）。在测度和评价耦合协调关系时，需要特别注意以下两点：第一，由于旅游产业是国民经济的重要组成部分，隶属于第三产业，在确定三个系统权重和分析系统间相互关系时要特别注意；第二，城镇登记失业人数、失业率、人均废水排放量、人均废气排放量和人均固体废弃物排放量等指标为逆向指标，对系统具有一定的抑制作用，指标数值越大得分越低。

表1　经济发展—生态环境—旅游产业耦合协调度评价指标体系及权重

耦合系统	二级指标	三级指标	单　位	权　重
区域经济	经济规模	地区生产总值	亿元	0.114
		人均生产总值	元	0.037
		地方财政收入	万元	0.105
		社会消费品零售总额	万元	0.118
	经济结构	第三产业增加值	亿元	0.109
		第三产业占GDP比重	%	0.011
		居民可支配收入	元	0.013
		城镇登记失业人数⁻	万人	0.084
	经济活力	城镇人口失业率⁻	%	0.018
		GDP增长率	%	0.019
		人均客运量	次/人	0.042
		人均货运量	吨/人	0.065
	经济建设	建成区面积	平方千米	0.100
		城市道路面积	平方米	0.129
		人均拥有道路面积	平方米/人	0.037
生态子系统	生态资源禀赋	自然保护区面积	公顷	0.151
		自然保护区占辖区比重	‰	0.096
		城市园林绿地面积	公顷	0.126
		人均公园绿地面积	平方米/人	0.032
	生态环境污染	人均工业废水排放量⁻	吨/人	0.062
		人均工业废气排放量⁻	标准立方米/人	0.078
		人均工业固体废弃物排放量⁻	吨/人	0.106
	生态环境治理	污染治理项目年度投资额	万元	0.133
		城市污水处理量	亿万立方米	0.125
		生活垃圾清运量	万吨	0.090
旅游子系统	旅游市场	入境旅游人数	万人次	0.107
		旅游外汇收入	万美元	0.128
		国内旅游人数	万人	0.103
		国内旅游收入	万元	0.118
		旅游收入占GDP比重	%	0.047
	旅游要素	地区星级饭店数	家	0.076
		旅行社数	家	0.094
		旅游景区数	家	0.102
	旅游人才	旅游就业人数	人	0.096
		旅游院校大学生人数	人	0.129

注：表中带"⁻"指标为逆向指标。

1.3　数据来源

本研究的时间段为 2000—2017 年，为保证研究的科学性和客观性，其所涉及的数据均来源于 2001—2018 年《中国统计年鉴》《中国环境年鉴》《中国旅游年鉴》《中国区域经济统计年鉴》和相关省区的统计年鉴、统计公报，以及国家、省区公开出版和官方网站发布的数据。个别缺失数据采用移动平均法进行填补。

2　研究方法

2.1　熵值法

确定指标权重的方法可分为主观赋权法和客观赋权法。主观赋权法主要有德尔菲法（Delphi）和层次分析法（AHP），由于主观赋权法具有很强的个人主观性，根据专家和操作人的经验来确定指标的权重，往往具有明显的倾向性。客观赋权法中最被学者认可、应用最为广泛的是熵值法，熵值法的原理是根据指标的离散程度来确定其权重，即离散程度越大，指标权重越大，对综合评价的影响越大。为了尽量用数据反映问题，确保测度结果的客观性和科学性，本文采用客观赋权法中的熵值法来确定指标的权重。具体操作步骤如下。

首先，为消除数据量纲带来的影响，运用极差法对数据进行标准化处理：

$$X_j = \frac{x_j - \min x_j}{\max x_j - \min x_j} \tag{1}$$

$$X_j = \frac{\max x_j - x_j}{\max x_j - \min x_j} \tag{2}$$

其中式（1）为正向指标标准化处理方法，式（2）为逆向指标标准化方法，x_{ij} 为原始数据，$\max x_j$、$\min x_j$ 分别为第 j 项指标的最大值、最小值。

根据标准化结果，确定指标权重：

$$V_j = S_j / \bar{X}_j \tag{3}$$

其中，

$$\bar{X}_j = \sum_{i=1}^{9} X_{ij} / 9 \quad (i = 1, 2 \cdots 9) \tag{4}$$

$$S_j = \sqrt{\frac{1}{9} \sum_{i=1}^{9} (X_{ij} - \bar{X}_j)^2} \quad (i = 1, 2 \cdots 9) \tag{5}$$

式（3）（4）（5）中 i 代表黄河流域省区的数量，j 代表经济发展子系统中指标的数量，V_j 表示第 j 项指标的变异系数，$\bar{X}_j$ 为第 j 项指标的均值，S_j 表示第 j 项指标的标准差。该指标的权重 λ_j 则为式（6）所示：

$$\lambda_j = \frac{V_j}{\sum_{j=1}^{j} V_j} \tag{6}$$

根据计算的指标权重，运用柯布道格拉斯函数测度每项指标的具体得分和经济发展综合评价结果，具体为：

$$S_j = X_j \cdot \lambda_j \quad (j = 1, 2 \cdots 15) \tag{7}$$

$$f(x) = \sum_{1}^{15} S_j \quad (j = 1, 2 \cdots 15) \tag{8}$$

式（7）（8）中 S_j 为第 j 项指标的得分，$f(x)$ 为经济发展综合评价函数。同理，得出 $g(y)$、$k(z)$ 分别为的生态环境和旅游产业综合评价函数。$f(x)$、$g(y)$、$k(z)$ 分别代表三个子系统的发展水平，其数值越大，发展水平越高。

2.2　耦合协调模型

耦合最早应用于物理学中，以表示两个或两个以上系统或运动形式通过相互作用而彼此影响的现

象[32]。根据效益理论和公平理论,建立经济发展—生态环境—旅游产业三个系统耦合协调模型:

$$C = \left\{ \frac{f(x) \times g(y) \times k(z)}{\{[f(x) + g(y) + k(z)]/3\}^3} \right\}^{\frac{1}{3}} \tag{9}$$

式(9)中 C 代表系统之间的耦合度, C 取值[0, 1]。 C 值越大,说明三个系统相互影响越强,耦合强调越大; C 值越小,表明三个系统向无序发展,耦合强度越弱。

耦合度反应系统和要素间相互影响程度的大小,但是无法识别系统间相互作用的好坏,即当子系统发展水平均较高或均较低时,其耦合程度都很强,但耦合的内涵却不一样。而协调度是用来测度系统或要素间配合得当、和谐一致、良性循环的关系,能够体现系统间是良性耦合还是恶性耦合。

$$D = \sqrt{C \times T} \tag{10}$$

$$T = \alpha f(x) + \beta g(y) + \delta k(z) \tag{11}$$

式(10)(11)中, D 为耦合协调度, T 为经济发展—生态环境—旅游产业综合评价指数, α、β、δ 为待定系数,即三个子系统在综合评价系统中的重要程度。由于旅游产业是我国国民经济的重要组成部分,经济发展与旅游产业互相促进具有不对称性,旅游产业的转型升级能够带动经济发展,而地区经济发展则受多种因素的影响,旅游产业是其众多驱动力之一。生态环境在经济和旅游产业发展过程中均起到重要作用。在结合相关研究[29,31]的基础上,确定了本文的待定系数 α、β、δ 分别为 0.4、0.4 和 0.2。

D 取值为[0, 1],值越大协调度越好,反之越差。为了更好地刻画系统间的耦合协调度,借鉴相关成果[33],对三大子系统进行耦合协调度等级划分(见表2)。

表 2　耦合协调等级划分标准

耦合协调度	协调等级	耦合协调度	协调等级
0~0.09	极度失调	0.50~0.59	勉强协调
0.10~0.19	严重失调	0.60~0.69	初级协调
0.20~0.29	中度失调	0.70~0.79	中级协调
0.30~0.39	轻度失调	0.80~0.89	良好协调
0.40~0.49	濒临失调	0.90~1	优质协调

3　经济发展—生态环境—旅游产业发展水平分析

3.1　综合发展水平分析

根据上述方法,计算出 2000—2017 年黄河流域 9 个省区经济发展—生态环境—旅游产业发展水平综合评价指数,如图 1 所示。第一,黄河流域 9 个省区经济发展—生态环境—旅游产业综合发展水平存在明显的不平衡,呈现出分层现象。下游山东的综合发展水平明显高于流域的其他省区,独列第一梯队;中下游的河南和上游的四川综合发展水平较山东有一定的差距,但明显高于其他省区,处于第二梯队;陕西、内蒙古、山西、甘肃、青海和宁夏 6 个省区经济发展—生态环境—旅游产业综合指数水平较低,且与第一、二梯队差距较大,均处于第三梯队。主要原因是我国存在较为明显的区域差异问题,地区之间发展不平衡,东部地区的山东无论在经济水平、生态环境还是旅游产业上相对于黄河流域的中、西部地区均具有明显优势。第二,黄河流域 9 个省区经济发展—生态环境—旅游产业综合发展存在突出的不充分问题,尤其是上游的宁夏,其综合指数长期处于较低水平,值在 0.165~0.209 之间徘徊,属于低水平;陕西、内蒙古、山西、甘肃和青海等省区的综合评价指数均处于 0.4 以下,属于较低水平。第三,从发展态势来看,虽然黄河流域经济发展—环境保护—旅游产业综合水平整体呈现缓慢提升的趋势,但在未来一段时期内,黄河流域上、中、下游发展态势差

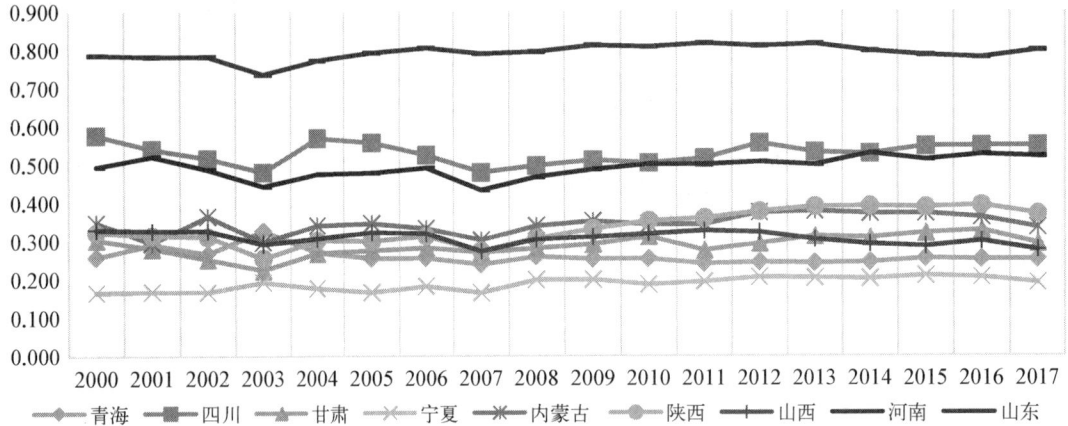

图 1　2000—2017 年黄河流域各省区经济发展—生态环境—旅游产业综合评价值

异较大的局面仍将长期维持,黄河流域生态环境保护和高质量发展面临的困难仍然较大。今后黄河流域的经济、旅游业的发展及环境的保护,应坚持统筹兼顾、协同发展的格局,坚持环境保护优先的发展理念,促进流域省区的新旧动能转化和产业升级,提升综合发展水平。

3.2　三大子系统发展水平分析

由于区位条件、资源环境、历史因素和国家政治等方面的原因,黄河流域三大子系统的发展水平和特征存在明显差异。如图 2 所示,经济发展子系统主要表现出以下三个特征。

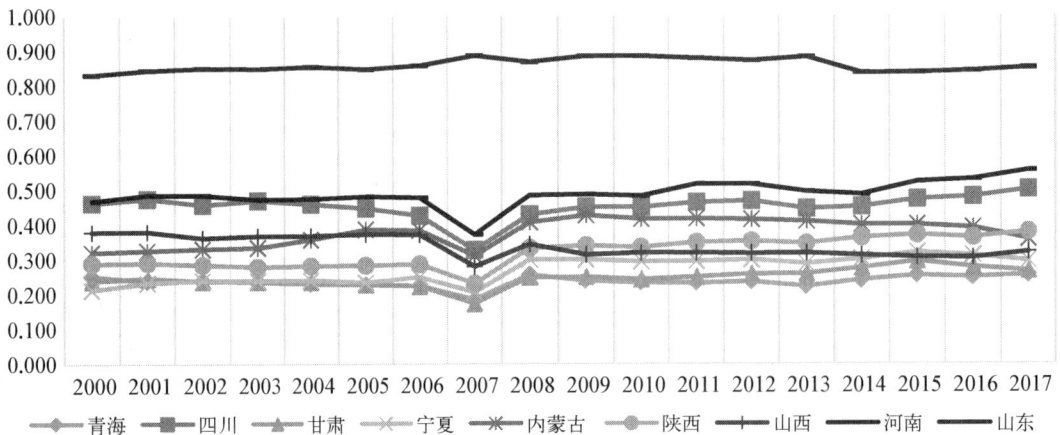

图 2　2000—2017 年黄河流域各省区经济发展系统评价值

第一,黄河流域的经济发展系统呈现"单极格局",山东的经济发展综合水平远远领先于黄河流域的其他省区。2000—2017 年间,山东的经济发展子系统综合评价值在 0.832~0.886 之间,是排名第二的河南(0.372~0.555)的 2 倍左右,是青海(0.185~0.256)、甘肃(0.174~0.295)和宁夏(0.213~0.321)的 3~4 倍。

第二,流域省区经济发展整体呈现上升趋势,上游省区经济系统综合水平提高明显。但是需要特别注意的是,由于煤炭、钢铁等主导产业产能过剩,对资源的过度依赖和环保压力的增大,山西的经济发展面临着严重的转型阵痛和下行压力,经济发展系统水平与身前的河南和四川的差距逐渐扩大,并被陕西赶超。以 2014—2016 年 GDP 增长率为例,其值分别为 4.9%、3.1% 和 4.5%,同年份整个黄河流域 GDP 平均增长率分别为 8.7%、8.1% 和 7.7%,差距明显。今后山西应牢固树立生态优先的发展理念,制定与资源型经济转型发展相匹配的支持政策,增强经济转型的创新驱动力,促进经济的转型升级和高质量发展。

第三,黄河流域省区经济系统综合水平区域差异呈缓慢缩小的态势。一方面,由于近年来山东进入由高速度向高质量发展的新旧动能转换"空笼期",出现了改革任务推介力度不强、营商环境不优、开放层次不高和发展后劲不足等问题,经济发展速度放缓;另一方面,四川、河南和陕西等中西部省份产业转型升级、营商环境优化、国家政策扶持和工作机制的完善,经济发展质量明显提高,因此经济系统的综合指数与山东的差距逐渐缩小。

由图3可知,黄河流域生态环境格局与经济发展明显不同。主要表现以下三个特征。

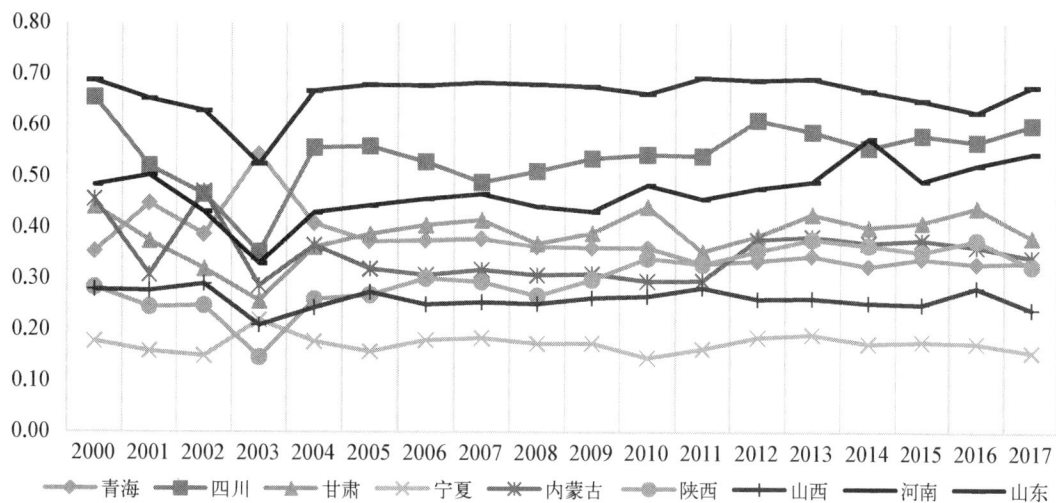

图3　2000—2017年黄河流域各省区生态环境系统评价值

第一,黄河流域生态环境综合水平整体处于较低水平,但呈现波动中提升的趋势。尤其是2008年以后,四川、河南、陕西和内蒙古等省区生态环境明显改善,生态环境保护和建设取得了一定的成果,生态系统综合得分稳步提升。

第二,山东的生态系统综合得分仍处于第一位,但相较于经济发展和旅游产业系统,领先优势较小。系统间比较,山东生态环境综合得分平均得分为0.663,远低于经济发展系统均值0.859和旅游产业系统的0.918;城市间比较,山东生态系统平均得分领先第二名的四川0.120分,但远低于经济发展的领先优势0.407。

第三,宁夏、山西等省区环境保护压力较大,生态环境状况不容乐观。宁夏的生态环境综合得分长期徘徊在0.2以下,处于极低的水平,环境保护面临大气污染排放总量大、水环境改善不容乐观、环境风险隐患逐步凸显、绿色发展水平不高四大挑战。同时,虽然山西全力推进“蓝天碧水工程”,但是环境污染和生态破坏的状况还没有得到根本好转,2018年全省11个重点城市环境空气质量均未达到国家二级标准。

黄河是中华民族的摇篮,为沿河流域带来了特色鲜明的自然景观,也孕育了众多人文景观,黄河流域的旅游产业发展如图4所示。

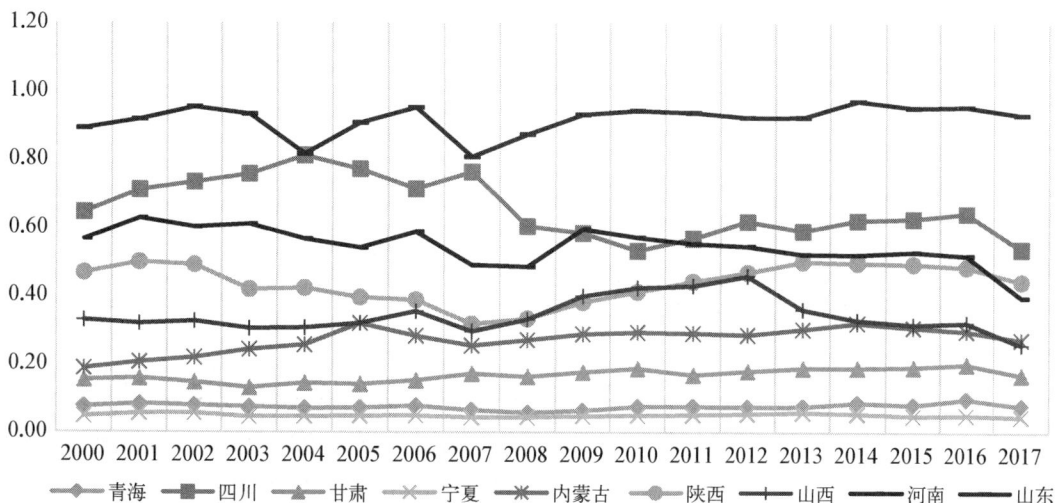

图4　2000—2017年黄河流域各省区旅游发展系统评价值

　　第一，黄河流域旅游产业发展存在明显的区域差异，山东、四川综合水平稳居前两位，而相对较低的是宁夏和青海等省区。2018年，山东、四川旅游总收入为1.046万亿和1.01万亿元，排名全国第三和第四位，而甘肃、青海和宁夏三省区排名全国最后三位，与山东、四川的差距十分明显。

　　第二，流域省区旅游业发展趋势呈分异现象，陕西、四川等省份旅游产业发展水平稳步提升，而山西则出现下滑的趋势。一方面，陕西省被誉为"天然的历史博物馆"，依托秦始皇陵兵马俑等底蕴深厚的人文景观和西岳华山、黄河壶口瀑布等自然景观，旅游发展走到了全国前列。旅游人数从2012年的2.3亿人次增长到2018年的6.3亿人次，年均复合增长率为18.03%；旅游收入从2012年的不足2 000亿元，到2018年近6 000亿元，七年间翻了3倍，年均复合增长率为23.21%，无论是旅游人次还是旅游收入增长均十分迅速。另一方面，由于品牌旅游景点相对较少，酒店、旅行社等配套服务设施水平有待提升，空气、水资源等环境质量较差等原因，山西旅游产业的规模化、集团化、市场化、特色化发展程度较低，旅游资源开发相对不足，旅游业发展水平在全国的排名一直徘徊不前，甚至逐渐被身后的河北、云南等省赶超。

4　经济发展—生态系统—旅游产业耦合协调发展时空分析

4.1　耦合协调度时序分析

　　将黄河流域经济发展、生态系统和旅游产业子系统的评价值分别代入耦合度和耦合协调度计算公式（式9、10），得出经济发展—生态系统—旅游产业耦合协调指数，如表3所示。

表3　黄河流域省区经济发展—生态环境—旅游产业耦合协调度时间演化

年份	青海	四川	甘肃	宁夏	内蒙古	陕西	山西	河南	山东	均值
2000	0.463	0.755	0.525	0.371	0.572	0.560	0.572	0.702	0.884	**0.600**
2001	0.484	0.730	0.514	0.378	0.538	0.548	0.569	0.720	0.880	**0.596**
2002	0.469	0.710	0.490	0.376	0.590	0.546	0.570	0.695	0.878	**0.592**
2003	0.493	0.676	0.463	0.390	0.543	0.483	0.533	0.656	0.845	**0.565**
2004	0.462	0.744	0.500	0.378	0.580	0.543	0.550	0.687	0.876	**0.591**
2005	0.455	0.737	0.502	0.370	0.587	0.544	0.566	0.690	0.887	**0.593**
2006	0.460	0.716	0.510	0.384	0.575	0.557	0.561	0.699	0.893	**0.595**
2007	0.434	0.672	0.496	0.367	0.549	0.521	0.522	0.656	0.886	**0.567**
2008	0.448	0.702	0.515	0.389	0.579	0.552	0.549	0.683	0.888	**0.589**
2009	0.448	0.713	0.526	0.393	0.589	0.575	0.553	0.695	0.896	**0.599**
2010	0.458	0.709	0.540	0.383	0.582	0.593	0.560	0.706	0.894	**0.603**
2011	0.450	0.717	0.513	0.392	0.582	0.597	0.567	0.706	0.900	**0.603**
2012	0.452	0.742	0.528	0.406	0.608	0.611	0.561	0.711	0.896	**0.613**
2013	0.450	0.726	0.543	0.409	0.612	0.620	0.549	0.706	0.899	**0.613**
2014	0.460	0.723	0.543	0.402	0.609	0.622	0.539	0.726	0.887	**0.612**
2015	0.464	0.737	0.553	0.400	0.608	0.620	0.534	0.715	0.881	**0.612**
2016	0.472	0.738	0.557	0.400	0.599	0.624	0.547	0.725	0.876	**0.615**
2017	0.460	0.740	0.527	0.384	0.577	0.606	0.524	0.717	0.889	**0.603**

　　第一，黄河流域经济发展—生态系统—旅游产业耦合协调度水平大致处于勉强协调和初级协调阶段。2001—2009年九个省区耦合协调水平均值在0.567~0.599之间，处于勉强协调阶段，而2010—2017年均值超过了0.6，整体处于初级协调阶段。

第二,山东、青海、甘肃和四川四省份耦合协调度一直处于固定的区间,说明这些省份经济、环境和旅游耦合协调关系较为平稳。

第三,宁夏、内蒙古、陕西、和河南等省区耦合协调度均有一定的提高,分别从轻度失调、勉强耦合、勉强耦合和初级耦合提升到了濒临失调、初期耦合、初级耦合和中级耦合阶段,总体表现出稳中提升的发展态势。第四,山西耦合协调度水平均处于勉强耦合阶段,虽未发生档次的变化,但值却从2000年的0.572下降到2017年的0.524,快要跌入濒临失调阶段。今后山西应坚持以生态环境保护的根本出发点,大力发展以旅游业为代表的现代服务业,促进产业结构调整,促进经济发展—生态环境—旅游产业的耦合协调发展。

4.2 耦合协调度空间分异

为了研究黄河流域经济发展—生态环境—旅游产业系统耦合协调发展空间特征,计算出2000—2017年9省区三大系统水平及耦合协调度水平均值(见表4)。从耦合协调度均值上来看,黄河流域经济发展—生态环境—旅游产业系统耦合协调发展水平大致呈现东高西低的空间格局。其中位于下游的山东耦合协调发展程度最好,达到了良好协调;中下游的河南和上游的四川处于中级协调,山西、陕西、内蒙古和甘肃勉强协调,而上游的青海和宁夏分别是濒临失调和轻度失调。形成这种系统耦合协调度水平东强西弱、中下游强上游弱局面的主要因素是地处我国东部的中下游流域无论经济发展还是旅游产业水平均明显优于西部的上游流域。需要特别注意的是,四川虽处于上游地区,但其经济规模稳居全国前八,产业结构不断优化,同时具有丰富的自然和文化遗产,旅游业发展水平较高,其耦合协调水平仅次于山东,达到了中级协调。

表4 经济发展—生态环境—旅游产业耦合协调度均值比较

省 区	经济发展	生态环境	旅游产业	耦合度	综合评价	耦合协调度	协调类型	主要制约因素
青 海	0.236	0.372	0.075	0.822	0.222	0.460	濒临失调	旅游产业
四 川	0.452	0.543	0.657	0.984	0.548	0.721	中级协调	经济发展
甘 肃	0.247	0.387	0.167	0.940	0.262	0.519	勉强协调	旅游产业
宁 夏	0.270	0.174	0.049	0.803	0.162	0.387	轻度失调	旅游产业
内蒙古	0.378	0.348	0.272	0.985	0.331	0.582	勉强协调	旅游产业
陕 西	0.320	0.302	0.436	0.981	0.352	0.573	勉强协调	生态环境
山 西	0.337	0.261	0.343	0.989	0.314	0.551	勉强协调	生态环境
河 南	0.489	0.470	0.546	0.994	0.501	0.700	中级协调	生态环境
山 东	0.859	0.663	0.918	0.990	0.817	0.885	良好协调	生态环境

从子系统平均得分看,制约各省区耦合协调发展的主要因素不尽相同。首先,山东、河南、山西和陕西等省份的主要制约因素为生态环境,属于生态环境滞后型。改革开放以后,随着社会经济快速发展,其带来的负面影响日益凸显,尤其是生态环境问题,主要表现为工业三废排放量大、水气土污染严重、生态环境资源超载、生态多样性衰减及生态环境失衡等问题。今后的发展中要牢固树立"绿水青山就是金山银山"的发展理念,加强流域省区合作,建立协调发展机制,并以资源承载力为基础,淘汰高能耗、高污染产业,优化产业结构,减少污染的同时有序地开展生态恢复工作,确保黄河流域的生态安全。其次,青海、宁夏和甘肃的主要制约因素是旅游产业,同时经济发展水平较低也有一定的抑制作用,属于经济和旅游双滞后型。这些省份经济和旅游发展起步较晚,基础设施建设较为薄弱,服务意识和服务水平较差,发展观念较为保守,其经济和旅游产业发展水平较低,制约了耦合协调发展水平。此外,这些省份均属于黄河的水源涵养区,在确保黄河流域乃至全国生态安全的同时一定程度上牺牲了经济和旅游发展的机会。今后要继续坚持生态环境保护的红线,建立流域责任共担、利益共享机制,通过转移支付、生态补偿等多种方式加大对上游省区扶持的同时,坚持因地制宜,找出一条符合自身情况、适应今后趋势的经济和旅游发展道路。最后,由于四川持续绿化全川行动,加大生态环境保护力度,推动形成绿色发展方式和生活方式,其生态环境质量明显改

善;同时,四川还是我国文化和生态旅游资源最为丰富、旅游产业最为发达的省份,具有一批世界级的旅游产品,旅游服务和营销水平较高,旅游产业发展迅速。但是,与良好的生态环境和旅游产业相比,经济发展水平一定程度上限制了系统的耦合协调发展。

5　结论与讨论

经济发展、生态环境和旅游产业之间存在着相互影响、相互制约的互动耦合关系。生态环境是经济和旅游产业发展的基础和保障,而经济和旅游的不当发展则可能带来严重的环境问题,制约经济、旅游和生态环境的可持续发展。只有做到三个系统之间良性耦合、相互协调,才能确保经济发展—生态环境—旅游产业的高质量、可持续发展。本研究基于耦合协调视角,通过构建经济发展—生态环境—旅游产业评价体系和耦合协调度模型,对 2000—2017 年黄河流域 9 省区三大系统发展水平、耦合协调关系和制约因素进行了系统分析,研究发现:

第一,黄河流域经济发展、生态环境和旅游产业三大系统及综合水平稳步提升,但是空间分异现象明显。其中,综合水平表现出分层现象,分为明显的三个等级;经济发展子系统表现出“单极”的空间格局,山东经济发展水平具有较大优势;生态环境系统发展水平相对较低,但呈现稳步提升的态势;旅游发展水平区域差异十分明显,上游的青海、甘肃等省区虽具有丰富的自然和文化旅游资源,但是旅游业发展水平较低。

第二,从时间上看,黄河流域经济发展—生态环境—旅游产业耦合协调发展水平呈逐步提高的趋势,大致处于勉强协调和初级协调阶段。其中宁夏、内蒙古、陕西和河南等省区耦合协调度水平有了一定程度的提高,山东、四川和青海等省份变化不大,而山西耦合协调发展有弱化的趋势。

第三,从空间上看,黄河流域三大系统耦合协调度发展水平呈现东高西低、下游高上游低的空间分异格局。山东耦合协调度水平处于良好协调阶段,明显优于流域的其他省区;四川虽处于上游流域,但是由于社会经济和旅游产业发展较好,生态环境持续改善,耦合协调度水平仅次于山东。

第四,各省区协调发展类型有所不同,限制因素不尽相同。中下游的山东、河南、山西、陕西等省份属于环境滞后型,上游的青海、甘肃和宁夏属于经济和旅游双重滞后型,而内蒙古和四川分别属于旅游滞后型和经济滞后型。各省区要切实审视自身情况,找出经济、生态环境、旅游业中的差距,坚持生态环境保护优先的底线,补齐经济和旅游产业发展中的短板,走出一条符合自身情况的发展道路。

通过构建经济发展—生态环境—旅游产业综合评价体系和耦合协调度发展模型,探究黄河流域 9 省区三大系统综合发展水平和耦合协调发展情况,对于黄河流域经济、旅游产业高质量发展和生态保护具有重要的参考价值。文章虽找出了各省区三大系统协调发展的限制因素,但未从全流域层面考虑如何加强流域各省区的协同发展。今后的研究应重点关注如何从全流域出发,进行顶层设计,合理配置区域资源,优化产业空间布局,推进流域的协同发展。

参考文献

[1]　周振东.旅游业不是“无烟工业”——对旅游与环境关系的再认识[J].财经问题研究,2001(10):51-54.

[2]　Ahmed I, Doeleman J A. Beyond Rio: the environmental crisis and sustainable livelihoods in the Third World[J]. 1997, 31(4): 118-120.

[3]　Baumol W J, Oates W E. The Theory of Environmental Policy[J]. Cambridge Books, 1988, 27(1): 127-128.

[4]　Wall G, Wright C. The Environmental Impact of Outdoor Recreation[R]. Ontario: University of Waterloo, 1977.

[5]　Litvin S W, Ling S N S. The destination attribute management model: An empirical application to Bintan, Indonesia[J]. Tourism Management, 2001, 22(5): 481-492.

[6]　Hill W, Pickering C M. Vegetation associated with different walking track types in the Kosciuszko alpine area, Australia[J]. Journal of Environmental Management, 2006, 78(1): 24-34.

[7]　Shan J, Wilson K. Causality between trade and tourism: empirical evidence from China[J]. Applied Economics Letters, 2001, 8(4): 279-283.

［8 ］ Ghali，Moheb A. Tourism and Economic Growth：An Empirical Study［J］. Economic Development and Cultural Change，1976，24(3)：527 - 538.

［9 ］ Luis E M J，Martín Morales Noelia，Riccardo S. Tourism and Economic Growth in Latin American Countries：A Panel Data Approach［J］. SSRN Electronic Journal，2004.

［10］ Katircioglu，Salih. Tourism，trade and growth：the case of Cyprus［J］. Applied Economics，2009，41(21)：2741 - 2750.

［11］ Javier Capó，Jaume Rosselló Nadal. Dutch Disease in Tourism Economies：Evidence from the Balearics and the Canary Islands［J］. Journal of Sustainable Tourism，2007，15(6)：615 - 627.

［12］ Cardenas-Garcia P J，Sanchez-Rivero M，Pulido-Fernandez J I. Does Tourism Growth Influence Economic Development？ ［J］. Journal of Travel Research，2015，54(2)：206 - 221.

［13］ 吴玉鸣,张燕.中国区域经济增长与环境的耦合协调发展研究［J］.资源科学,2008(01)：27 - 32.

［14］ 杨丽花,佟连军.吉林省松花江流域经济发展与水环境质量的动态耦合及空间格局［J］.应用生态学报,2013,24(02)：503 - 510.

［15］ 王维.长江经济带生态保护与经济发展耦合协调发展格局研究［J］.湖北社会科学,2018(01)：73 - 80.

［16］ 王湘.论旅游地的旅游环境质量评价［J］.北京联合大学学报自然科学版,2001,15(2)：35 - 38.

［17］ 董亚娟,马耀峰,李振亭,高楠.西安入境旅游流与城市旅游环境耦合协调关系研究［J］.地域研究与开发,2013,32(1)：98 - 101.

［18］ 章锦河,张捷.旅游生态足迹模型及黄山市实证分析［J］.地理学报,2004(05)：125 - 133.

［19］ 容贤标,胡振华,熊曦.旅游业发展与生态文明建设耦合度的地区间差异［J］.经济地理,2016,36(08)：189 - 194.

［20］ 程慧,徐琼,郭尧琦.我国旅游资源开发与生态环境耦合协调发展的时空演变［J］.经济地理,2019,39(07)：233 - 240.

［21］ 贺小荣,胡强盛.湖南省旅游产业集群与区域经济的互动机制［J］.经济地理,2018,38(07)：209 - 216.

［22］ 赵磊,王佳.中国旅游发展与经济增长——基于省际面板数据的协整分析［J］.旅游科学,2015,29(1)：40 - 57.

［23］ 杨勇.旅游业与我国经济增长关系的实证分析［J］.旅游科学,2006(02)：44 - 50.

［24］ 生延超,钟志平.旅游产业与区域经济的耦合协调度研究——以湖南省为例［J］.旅游学刊,2009(08)：24 - 30.

［25］ 余洁.山东省旅游产业与区域经济协调度评价与优化［J］.中国人口·资源与环境,2014,24(04)：163 - 168.

［26］ 姜嫣,马耀峰,高楠,等.区域旅游产业与经济耦合协调度研究——以东部十省(市)为例［J］.华东经济管理,2012,26(11)：47 - 50.

［27］ 刘丹丽,汪侠,吴小根,等.全球贫困国家旅游竞争力与经济发展的耦合协调度及时空变化［J］.地理科学进展,2018,37(10)：1381 - 1391.

［28］ 刘定惠,杨永春.区域经济—旅游—生态环境耦合协调度研究——以安徽省为例［J］.长江流域资源与环境,2011(07)：121 - 125.

［29］ 周成,金川,赵彪,等.区域经济—生态—旅游耦合协调发展省际空间差异研究［J］.干旱区资源与环境,2016,30(07)：203 - 208.

［30］ 周成,冯学钢,唐睿.区域经济—生态环境—旅游产业耦合协调发展分析与预测——以长江经济带沿线各省市为例［J］.经济地理,2016,36(3)：186 - 193.

［31］ Vefie L. The Penguin Directionary of Physics［M］. Beijing：Foreign language Press，1996：92 - 93.

［32］ 廖重斌.环境与经济协调发展的定量评判及其分类体系——以珠江三角洲城市群为例［J］.热带地理,1999,19(2)：171 - 177.

特色小镇 IP 化建设体系的构建研究[①]

魏 薇 王爱鸟

(山东协和学院商学院,济南 250109)

摘要: 自 2016 年下半年开始,特色小镇在我国呈蓬勃发展的态势,各地都在通过投资、补贴、奖励等方式积极筹划特色小镇建设。面对特色小镇建设的热潮,无论是地方政府还是各类社会资本方,都要保持清醒的认识,避免小镇低水平建设、同质化竞争。目前,山东刚刚起步的特色小镇规划与建设面临理论支撑的困境,如何挖掘特色,如何做精做强特色产业,是亟待解决的问题。鉴于此,本研究将 IP 理念导入特色小镇的建设和运营中,构建了"IP 定位、IP 塑造、IP 推广的"特色小镇 IP 化建设体系,以期帮助特色小镇通过挖掘和发现 IP 属性,打造自身发展特色,推进特色小镇的建设和发展。

关键词: 特色小镇;IP 化建设;IP 定位;IP 塑造

1 特色小镇的 IP 化建设概述

对特色小镇而言,特色二字不是形容词,而是关键词,IP 就是特色小镇独特属性的标签。IP 其实就代表着小镇的核心吸引力和完善的产业链。核心吸引力指的是构成小镇 IP 品牌的主要内容,是形成品牌的基础。完善的产业链指特色小镇围绕其核心吸引力,挖掘和发现其独特的 IP 属性,确定核心主导产业,并在后续开发中不断延展,形成主导产业、相关产业、延伸产业、辅助产业协同发展的全产业链。核心主导产业是特色小镇灵魂产业的支撑,是发展特色小镇的根本所在。

特色小镇的 IP 化建设是指在对特色小镇地脉、文脉等各类资源以及市场调研分析的基础上,确定小镇在产业、文化、环境以及其他方面的独特优势,并将这些优势借助具体载体,通过一定的方式途径传递到目标市场,从而达到树立小镇主题,增加小镇的市场号召力和竞争力,从而促进经济发展和收入提高的目的。由此概念得出,特色小镇 IP 化建设包括三个主要的要素:IP 定位、IP 塑造、IP 推广。通过对特色小镇 IP 定位的分析,明确小镇特色优势和发展的主题理念;通过对 IP 的塑造,构成定位主题的有形载体和全产业链;通过对主题 IP 的推广策划,为小镇提升知名度、聚集人气。IP 定位、IP 塑造、IP 推广三个因素的关系如图 1 所示。

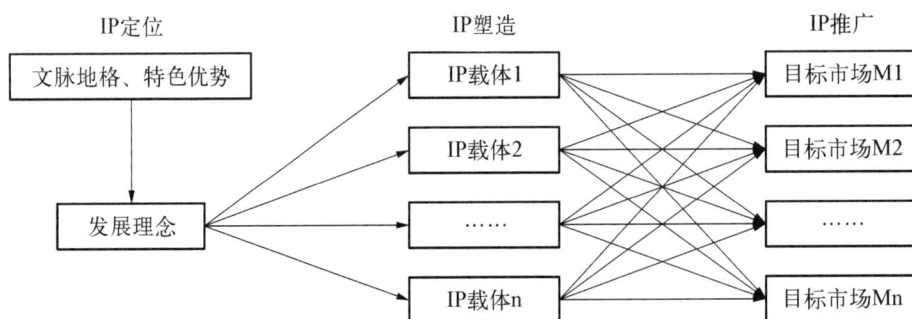

图 1 特色小镇 IP 化建设体系

① 基金项目:2018 年度山东省社会科学规划青年学者重点培养计划研究专项"山东省特色小镇的 IP 化建设研究"(18CQXJ36)

2 特色小镇的 IP 定位

2.1 IP 定位的影响因素

IP 定位就是发掘特色小镇之"特"的过程,明确其鲜明有特色的元素和符号,这是特色小镇建设的基础、核心和灵魂。特色小镇的 IP 定位受到三个因素的影响。

第一,特色小镇自身资源是指经过小镇历史发展中产生并保留下来的存量资源,通常以产业为主但不局限于产业,城镇格局、建设风貌、自然景观、历史文化、生态环境生活方式等都可能是小镇的特色所在。IP 定位是受小镇的资源条件制约的。很多情况下,IP 都是上百年、上千年的积淀形成的,长期的历史变化积淀和独特的产业优势对特色小镇的 IP 定位有非常重要的意义。

第二,受众感知是指人们对特色小镇所在地的政治、经济、文化、历史的知晓度以及对该地区的了解情况,也就是小镇 IP 定位之前人们对该地的"本底感知印象"。比如,一说起绍兴人们就会想起黄酒,提到乌镇人们会联想到休闲惬意的生活。特色小镇的 IP 定位原则上应该是与这种"本底感知印象相"符合。

第三,空间竞争指在一定地域范围内,由于资源相似性,导致小镇所在地进行 IP 定位时可能出现雷同,产生竞争。IP 应该是特色小镇独一无二的特色,能吸引粉丝或者相关产业的集聚,因此定位时需考虑其他小镇的定位情况,选择差异化的主题,避免雷同。其实对小镇而言,雷同或相似的主题定位,本身也很难发展为真正的 IP。

2.2 IP 定位的方法

IP 定位是指小镇从本身的资源入手,研究当地的地格文脉和产业体系,从而发掘 IP,并将 IP 名称和 IP 理念贯穿于小镇建设中。具体来讲,首先从小镇的自然条件、生态环境、历史文化、特色景观、传统民俗等资源入手,充分挖掘小镇在这些方面的特色和潜力,抓大放小、去粗存精,逐步筛选最终定位小镇最大的优势。如古北水镇,其本身具有悠久的历史文化,位于京郊密云县,同时还保留了司马台古长城、明清风格的山地四合院等级较高的旅游资源。通过梳理这些特点,发现古北水镇的区位优势和文化优势非常明显,故将其定位为京郊最具北方特色的度假小镇。其次,梳理小镇在产业、文化、风貌等方面的特色,从小镇传统产业、人文环境特色和特殊的文化底蕴等方向去凸显小镇独一无二的气质,立足产业强化特色和优势。小镇的特色产业和优势产业不一定非得是当地的支柱产业,但一定是有着品牌化潜力的产业,是当地的特色独有产业。

IP 定位有两种具体途径。第一,利用存量资源,直接导入 IP。例如,台湾新北市猴硐猫村,猫咪"IP"的导入,使原本已经猫群成灾的猴硐村成了网红,并且逐渐形成了以猫为主题的产业链条,如猫村咖啡等。猴硐猫村如今已成为全球六大赏猫目的地之一。第二,开发增量资源,设计新的 IP。例如,江苏无锡的灵山小镇·拈花湾,就是在原有佛教资源的基础上,结合市场需求创造性地设计了"禅文化"IP,从而延长了游客在灵山的停留时间,提高了住宿率和夜间附加消费,促使灵山从一个佛教观光型目的地逐渐演变为集休闲、度假、娱乐为一体的综合型目的地。

3 特色小镇的 IP 塑造

IP 塑造,也可称为 IP 培育,指的是通过各种有形的载体将特色小镇的 IP 展现出来并进行强化的过程。IP 塑造是特色小镇成败的关键,随着特色小镇建设的全面推进,有的地方滥用概念、名不副实,这其实反映的就是小镇 IP 塑造被忽视的问题。IP 塑造至少包含产业培育、宜居环境、文化氛围三个方面的专题研究和实施方案,才能保障特色发展。

3.1 产业培育

产业是特色小镇的立镇之本,特色小镇作为一种经济新形态,"特"在产业,因产而兴、因业而强。在我国经济转型的关键时期,特色小镇建设的宗旨是要将小镇培育成"产、城、人、文"四位一体的创新创业发展平台。真正成功的特色小镇,几乎都是具有坚实的当地产业作支撑。像被称为香水产业小镇的法国格拉斯,从 16 世纪起就从事花卉种植业和香水制造,有大量世代从事香水产业的技师以及相关的产业基础。再如德国著名的全球体育用品产业小镇,其中心历史城区、手工业发展传统都很悠久,拥有阿迪达斯、彪马和舍佛勒三家全球体育用品企业。诸如法国普罗旺斯的鲜花主题小镇,法国依云小镇,等等,无一不是具有强大的当地产业和当地人文资源基础的。

IP定位明确了小镇的产业,塑造阶段首先要考虑如何将这一产业做精、做大、做强。特色小镇的一个核心要素就是产业载体,特色小镇应该是优质产业的聚集区。产业的培育需要时间和运作,可以从以下几方面来进行。第一,提升产业品质;第二,延伸产业链条。通过IP定位确定小镇特色的核心主导产业后,就要开发相关的项目载体,通过产业的开发、培育、集聚从而形成产业集群。具体的措施有以下几个方面。一是促进优秀科研成果的转化,比如将国内外一些先进的研究应用于产业发展技术难题的突破,促进科研技术转化为产业生产力,还可以直接引进专家学者为产业发展储备智慧力量。二是发挥主导特色产业的带动作用,打破产业之间产品、技术、人才、管理等各个方面的壁垒,实现上下游产业之间的有效集聚,促进产业集群式发展,提高经济效益。

3.2　宜居环境

宜居环境的塑造有两点要求：一是设施功能完善,满足生活需要;二是整体风貌体现小镇IP特色。

产城融合是特色小镇的本质要求之一,产业的聚集离不开人的聚集,从江浙地区云栖小镇、物联网小镇等成功案例来看,特色小镇不同于产业园区。产业园区以产业为主体,是产业发展的工具和空间载体,而特色小镇是加入了文化、旅游和社区生活的考虑,具有多元功能、完善服务和社区认同的宜居综合体。特色小镇的宜居环境要求其各类基础设施和公共服务设施既要满足小镇社区生产生活的需要,还要符合智慧、节约、绿色、低碳的新理念。

宜居环境塑造要根据IP定位,一方面结合与借力当地的人文景观特色,另一方面提炼产业文化元素,在两者有机结合的基础上保持小镇整体调性的统一,格局要自然,风貌应统一。在建设施工过程中应体现工匠精神,小镇细节的营造应精致细腻,彰显小镇特色风格,在力求呈现小镇"高颜值"的基础上,保证小镇基础设施、建筑、公共空间、软性展现等方面的实用性和功能性。

3.3　文化氛围

无文化不特色。产业是特色小镇持续发展的动力,而产业蕴含的文化才是特色小镇的灵魂。产业可以实现人与空间、区域与区域之间的链接,而文化的凝聚力可以实现人与人、人与空间、群体与群体之间的交流互动。特色小镇要建设成让人流连忘返的地方,而不是一个空壳。因此,IP的塑造需要营造与IP定位相吻合的文化氛围,这要求特色小镇在规划、建设和经营过程中,注重对特色文化元素符号、材质的提炼和应用。

要实现这一点,可以借鉴企业管理中的CIS理论,也就是企业形象识别系统。CIS是将企业经营理念与精神文化统一设计,运用整体表达体系传达给企业内部与社会大众,并使其对企业产生一致的认同感和价值观,以形成良好的企业印象,最终促进企业产品和服务的销售。在CIS的三大构成中,其核心是理念识别(MI),它是整个CIS的最高决策层,给整个系统奠定了理论基础和行为准则,并通过行为识别(BI)与视觉识

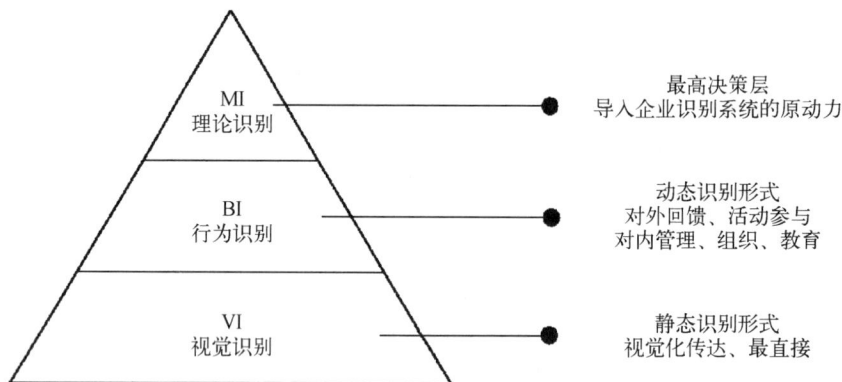

```
        /\
       /MI\        最高决策层
      /理论\       导入企业识别系统的原动力
     /识别  \
    /--------\
   /   BI     \    动态识别形式
  / 行为识别    \   对外回馈、活动参与
 /              \  对内管理、组织、教育
/----------------\
/      VI         \ 静态识别形式
/   视觉识别        \ 视觉化传达、最直接
/------------------\
```

图2　CIS企业形象识别系统

别(VI)表达出来。所有的行为活动与视觉设计都是围绕着 MI 这个中心展开的,成功的 BI 与 VI 就是将企业的独特精神准确表达出来。

在特色小镇 IP 塑造的过程中,MI 就是 IP 定位,决定了小镇的发展理念,是 IP 塑造的依据。VI 视觉元素可以利用美学设计来实现,大到总体的建筑设计,小到 LOGO、标准用字、标徽、色彩、造型等设计,都要体现小镇的 IP 定位,并反映在建筑、雕塑、小品、题匾、园林、商铺等各处地方。BI 行为活动可以是产业链延伸中形成的一些特色体验项目、特色服务和当地人的特色风貌等。比如,周窝村音乐小镇里所有居民都会一边工作一边哼唱各式乐曲;再比如,沃尔沃汽车小镇中定期举行汽车知识公益教育,等等。成功的文化氛围塑造就是让人从进入小镇的那一刻开始,一直到离开小镇的整个过程,见到的、听到的、想到的、感触到的都是同一个文化主题,能体验并沉浸在小镇的特色文化氛围中。比如在拈花湾小镇的塑造中,从建筑、景观、空间肌理、商业业态、旅游活动到生活方式,无不以禅文化为灵魂,高举禅的旗帜,打造禅文化的场景、情景、意境,让游客完全沉浸其中。再比如日本鸟取县的柯南小镇,是《名侦探柯南》作者青山刚昌老师的家乡。柯南小镇的大街小巷都展现了柯南的元素,大桥、侦探所、博士的车、柯南列车、柯南文具、柯南实物、柯南博物院等,所有的建筑与视觉呈现中的细节都刻上了柯南元素,就连井盖上都是柯南,是柯南迷必须朝圣的地方。这种浸润式体验环境的设计对于塑造特色小镇而言是至关重要的要素,也是构建起特色小镇 IP 与放大商业价值的有效途径。

4 特色小镇的 IP 推广

IP 推广的任务是通过利用一定的媒体和信息技术在不同的时间和区域、针对不同的对象传播小镇特色内涵和功能,达到吸引目标市场的目的。通俗来讲,IP 推广就是想尽办法让小镇能最大限度地引人关注、聚集人气。特色小镇 IP 推广的目标市场有两种:一是相关产业领域的专业人才包括专家、学者、管理人员、从业员工等;二是消费者粉丝,如经销商、产品购买者、旅游者等。找准目标群体并建立与目标人群的情感链接是特色小镇成功推广的前提,但这也是目前中国特色小镇发展建设的短板。利用新媒体平台,结合活动策划,可以有效建立小镇和目标人群的情感链接,增强推广效果。近两年,很多专家提出了"找途径""找爆点""找粉丝""做参与"的 IP 化运作方案,特色小镇完全可以借鉴。

特色小镇的 IP 定位、IP 塑造、IP 推广是一体的,在建设实践中很难将其明确的分成三个步骤,特色小镇的策划规划和建设之初,就应该对此三部分有全盘的考虑和设计。IP 化建设始于产业,最后也要落脚到产业,其建设是产业做精、做大、做强的过程,但在 IP 化建设的过程中离不开文化,IP 的内涵本质是人创造的文化,小镇 IP 化建设也应该以文化为本。

参考文献

[1] 陈琼.文旅 IP——特色小镇 IP 化运营策略与落地[M].北京:经济管理出版社,2018.
[2] 陈青松,任兵.特色小镇实操指南[M].北京:中国市场出版社,2018.
[3] 洪清华.旅游,得 IP 者得天下[M].北京:中国旅游出版社,2018.

上海旅游商品的市场现状与游客偏好分析

陈彦婷[1]　楼嘉军[1,2]

（1. 上海师范大学旅游学院，上海　200234；

2. 华东师范大学工商管理学院，上海　200241）

摘要： 旅游商品作为旅游产业链上重要的一环，是衡量城市旅游业发展质量与绩效的重要评价指标，在推动地方经济发展中作用显著。近年来，随着我国旅游市场的持续向好，以及对文化和旅游融合发展的重视，旅游商品市场规模也在不断扩大。上海是我国最大的城市旅游目的地之一，但旅游商品是其中的一块短板，仍然存在产品单一、雷同的问题，难以满足旅游者的不同需求。因此，本文采用问卷调查法获取一手资料，深入探究游客购买旅游商品的人口统计特征、消费行为特征、和潜在需求特征等，力求在数据统计与分析的基础上，归纳出上海旅游商品的市场现状及演变趋势，进而为上海旅游管理部门和旅游纪念品设计及生产企业提供决策依据。

关键词： 旅游商品；市场现状；游客偏好；上海

1　引言

旅游商品极具鲜明的地域文化特性，是城市或景区塑造自身旅游形象的"活名片"，也是传播地域文化的重要载体。近年来，随着我国文旅融合程度持续深化，促进旅游市场规模不断扩大，刺激客消费能力不断提升，为旅游商品市场转型升级发展提供了重要的前提条件。如最近几年成为游客追逐的故宫博物院的文创产品，就巧妙运营独特创意，研发了一大批深受大众喜爱的旅游商品，在线上与线下无不大受热捧。而上海是我国最大的城市旅游目的地之一，每年接待的国内外游客人数高达 3 亿人次以上。伴随着上海旅游业 40 余年的发展，上海旅游商品市场已经形成了相应的体系和相当的规模，成为推动上海旅游业可持续发展的重要动力。就上海旅游商品市场的发展现状而言，孕育着极其庞大的现实购买能力与潜在消费实力。

为了对国内旅游者在沪停留期间购买旅游商品的市场行为进行有效判断，进而为加速促进上海旅游商品市场健康有序发展，服务"上海购物"的城市品牌发展战略提供有针对性的对策建议，受上海文化和旅游局的委托，华东师范大学工商管理学院休闲研究中心与上海师范大学休闲与旅游研究中心共同承担了本次市场研究工作。在上海吉庆旅游经济发展中心的配合下，开展了 2019 年的旅游商品市场调研活动。本次市场调研以定量研究方法为主，主要采用问卷调查法获取一手资料，本研究报告主要包括以下三个部分。

2　样本人口学统计特征

课题组于 2019 年 6～8 月开展了问卷的发放和回收工作。共计发放问卷 400 份，回收问卷 362 份，回收率为 90.50%。其中有效问卷 305 份，有效率为 84.53%，样本的人口学统计特征如表 1 所示。

表 1　2019 年上海旅游商品市场调研样本人口学统计特征

变　量	标　签	样本量	百分比
性别 （N=260）	男	128	49%
	女	132	51%

（续表）

变　量	标　签	样本量	百分比
年龄 （N＝303）	18 岁以下	74	24％
	18～25 岁	71	24％
	26～35 岁	86	28％
	36～45 岁	43	14％
	45～60 岁	26	9％
	60 岁及以上	3	1％
婚姻 （N＝245）	已婚	97	40％
	未婚	148	60％
学历 （N＝299）	初中及以下	48	16％
	高中及中专、职校	92	31％
	本科/大专	130	43％
	硕士及以上	29	10％
职业 （N＝299）	公务员	24	8％
	企事业管理人员	42	14％
	工人	31	10％
	务农	5	2％
	自由职业者	41	14％
	学生	102	34％
	教育/卫生/科研/文化/体育等从业人员	25	8％
	个体户	17	6％
	其他	12	4％
收入 （N＝290）	1 500 元以下	49	17％
	1 500～3 000 元	17	6％
	3 001～5 000 元	58	20％
	5 001～8 000 元	73	25％
	8 001～10 000 元	43	15％
	10 001～15 000 元	17	6％
	15 001～20 000 元	12	4％
	20 000 元以上	21	7％

第一，关于性别。本次调研男性约占 49％，女性为 51％，性别大致相等。

第二，关于年龄群体。有效样本年龄主要集中在中青年群体。其中，18～35 岁群体约占样本总量 52％，该群体有相对稳定的固定工作，经济独立，收入较高，出游率高且具有比较大的消费购买能力，是旅游商品市场的购买主体。需要指出的是，18 岁以下的学生群体占比也接近 24％。主要原因是调研时间安排在 6～8 月，正值暑假，导致来沪旅游的学生群体进入市场旺季。

第三，关于婚姻。经统计，在受访者中，已婚人士约占 39.59％，未婚人士占 60.41％。

第四，关于教育程度。根据对本次市场调查数据的统计，在受访者中，学历为本科（或大专）及硕士以上者约占 53.18%，可见高学历受访者在本次调研中占比较大。从一个侧面说明游客整体教育水平的提升已经成为一种市场常态。

第五，关于职业。前五名分别是教育/卫生/科研/文化/体育等从业人员、自由职业者、学生、企事业管理人员、工人。

第六，关于收入。月收入在 5 000 元以上的受访者占比达到 57.24%，超过半数，说明收入水平较高的游客数逐渐增多。且月收入在 8 000 元以上的受访者占比高达 32.07%，可见高收入群体也在快速增长，占据了三分之一的市场份额，因此旅游商品市场仍然蕴含着极大的消费潜力，这对于上海纪念品市场的发展是一个重要的推动力。

3　旅游商品消费现状

3.1　旅游者购买行为分析

3.1.1　旅游者对旅游商品购买地点的选择能够反映出旅游者购买时的情境偏好

对该问题的研究能够指导管理者合理设置旅游商品销售点，形成合理与有序的空间分布状态，同时创造良好的旅游商品销售场所的氛围。

图 1 表明，旅游景区（点）、旅游纪念品专卖店及商业街、地摊销售点在旅游者购买旅游商品场所排名前三位。首先，选择在旅游景区（点）购买的人数最多，这是由于该地点是游客的必到之处，其具有得天独厚的地理优势，使得旅游者会在观光体验后驻足购买。其次，旅游纪念品专卖店这种集聚化购物模式将数量众多的纪念品种类集中在一起，具有很强的目的性和指向性，能够呈现给旅游者更多的购买选择。最后，上海是我国最大的商业城市，各式各样的商品琳琅满目，而与购物关系最密切的商业街、地摊销售点同样也是游客选择购买旅游商品的主要地点，需着重关注对这些场所的打造和管理。

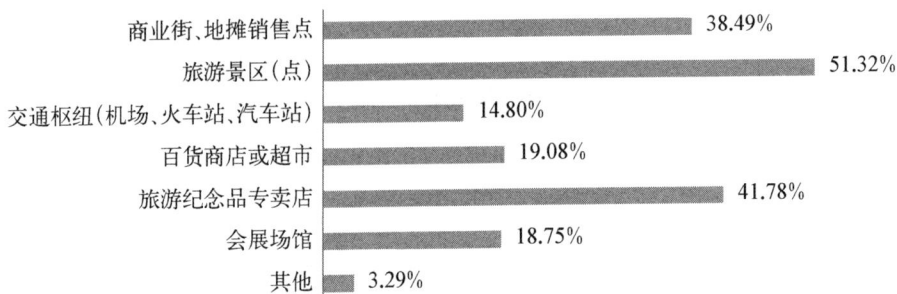

商业街、地摊销售点　38.49%
旅游景区（点）　51.32%
交通枢纽（机场、火车站、汽车站）　14.80%
百货商店或超市　19.08%
旅游纪念品专卖店　41.78%
会展场馆　18.75%
其他　3.29%

图 1　购买地点选择（N=304）

3.1.2　旅游者购买目的能够反映出购买动机，即需求产生的原因

对该问题的研究能够明确旅游商品对于旅游者的意义。从受访者的反馈数据统计看，"表示我曾经到过这个城市或景区（点）""自己使用""回忆旅游地点或某地的经历"是激发旅游者购买旅游商品动机的三大缘由。表明旅游者在注重旅游商品纪念意义的同时也越发重视它的实用性和功能性，更加突出旅游商品对旅游者本身的价值。

3.1.3　购买习惯与购买时间

购买习惯是消费者的一种主观行为特征，而购买时间则能很好反映出购物活动在整个旅游过程的环节分布。因此，两者均体现了旅游者在旅游活动中逐渐形成的、不易改变的购买旅游商品市的特性。

如图 2 所示，约有 63.91%的受访者表示"只在看到有特别意义的旅游纪念品才会购买"，在所有选项中遥遥领先，这说明当下绝大多数旅游者购买旅游商品时的行为是相对理性的。约有 16.23%的受访者表示"每到一处都会购买"，这说明购买旅游商品依旧是少数游客旅游活动中必不可少的环节之一。约有 12.25%的受访者表示"需要考虑赠送亲友或同事的情况下购买"，表明通过购买、赠送旅游商品，从而增强人际关系也是部分游客遵循的一种传统形式。同时，从购买时间这一维度上看，选择"说不定"购买时间的受访者占比约为 34.21％，居于首位。这一现象与上述的购买习惯相呼应，体现了游客在购买旅游商品时的既随意又理性。受访者选择"在旅游中途间隙购买"的占比约有 29.93％，位居第二，说明仍有三分之一的旅游者会因为旅游途中某个时刻美好的经历而购买旅游商品。

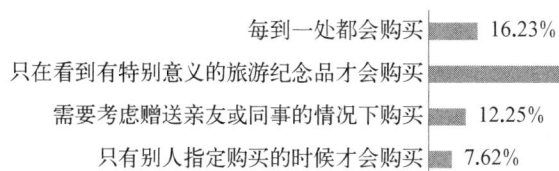

图 2　购买习惯选择（$N=302$）　　图 3　购买时间选择（$N=304$）

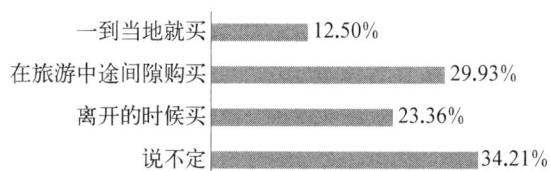

3.1.4　信息渠道对营销模式的意义

游客获得旅游商品的信息渠道对决策市场营销模式而言具有重大意义。其中，在"景区（点）现场看到"的比例高达 60.20％，说明旅游景区是游客获得旅游商品信息最主要的渠道来源。由此表明，旅游商店环境营造、营销方式创新和游客的现场感受感触更能激发游客实现购买旅游商品的行为。"亲友、同事介绍"选项位居第二，说明口碑传播对于游客而言的影响力依旧很大，许多游客愿意通过身边人的介绍来购买产品。而在媒介渠道中，"网络"选项拔得头筹，占 28.62％。说明随着移动互联网逐渐普及，网络成为旅游者获取相关旅游商品信息的重要平台。

3.1.5　了解游客选择商品时的考虑因素

深入了解游客在挑选旅游商品时的考虑因素，有利于在旅游商品设计时更好地满足游客的需求，以提高旅游商品消费的满意度。

如图 4 所示，在所有影响因素中，旅游商品的"便携性"选项位居第一，"材质"选项位居第二，至于"地方特色""销售员服务态度"和"销售是否为顾客着想"三个选项则并列第三。需要指出的是，以上三项因素尽管并列，但是游客各有所求。一是，关于"地方特色"。游客购买旅游商品要有比较清晰的地方特色的辨析

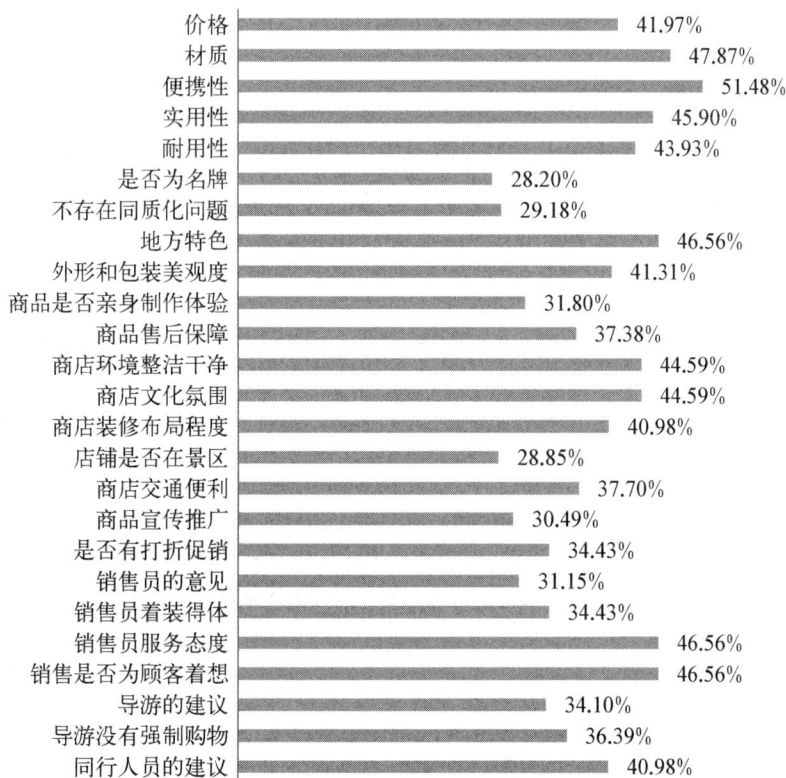

图 4　考虑因素选择（$N=305$）

度,便于游客产生旅游经历的回忆与联想。二是,关于"销售员服务态度"和"销售是否为顾客着想",则是反映了游客在购买旅游商品过程中需要获得尊重和关注的一种价值诉求。这种诉求也从一个侧面表明,不论在何种销售场合,销售员服务态度比较好以及旅游商品销售能够为顾客着想,将会有助于促进游客购买旅游商品行为的实施。

3.1.6　掌握游客的消费演变趋势

购买旅游商品的类型能够体现游客对上海的认知情况和消费偏好,从而掌握旅游商品市场消费的演变趋势,为新产品的开发和设计提供依据。从受访者购买类型的统计数据看,"建筑模型"(东方明珠、金茂大厦等)是游客购买旅游商品类别时的首选,占比超过半数,"土特产"(如五香豆、梨膏糖等)则紧随其后。此外,中国传统美术特色作品、印有上海景点图案的服饰和名特优产品也有较高的比例。需要指出的是,游客对"旅游医疗保健用品"的关注度和喜爱度在所有类别中占比最低。

3.1.7　购物花费反映游客对商品的认可程度

购物花费中用于购买旅游商品的花费则能反映出旅游者对该地旅游商品的认可程度,对研究旅游商品在旅游创收中的贡献有重要的指导作用。本次调研中,花费"101～300 元"和"301～500 元"的游客合计占比超过了总数的一半,说明目前大多数游客购买旅游商品花费控制在 100～500 之间。随着居民家庭收入水平的不断提高,游客的购买能力也水涨船高,说明来沪旅游愿意在购买纪念品时支出高昂的费用,以实现纪念本次旅游体验的目的。

3.2　旅游者购买偏好分析

3.2.1　材质方面

游客购买的旅游商品偏好的材质位居第一的是木料与竹类,位居第二的是琉璃制品,并列第三的是贵金属(金、银等)和泥土景泰蓝树脂等制品。综合起来看,除了第一类商品外,后面两类商品都具有较高的经济价值和艺术价值,说明旅游者有较高的经济支付能力和一定的艺术审美要求,从一定程度上可以反映旅游商品市场的消费热点与演变趋势。在许多年前一度走红的"石膏"制品位列末尾,已经不被大多数的游客所接受。这是由于石膏制品可能存在重量重、体积大的缺点,并且该材料价格较为低廉,还缺乏一定的收藏价值。

3.2.2　主题方面

最受游客偏爱的旅游商品主题是"体现上海现代都市风光"和"体现老上海风情"的商品,说明老上海的韵味与现代交相辉映的特点对于游客具有强烈的吸引力。"体现上海民俗民风"和"体现上海历史古迹"的选择比例紧随其后,说明是否能够表现出上海的历史故事也是游客偏爱的重点之一。此外,随着大众旅游朝向深度体验旅游的不断转变,来沪旅游者也更加关注旅游商品中所蕴含的上海文化。

3.2.3　风格方面

最受游客偏爱的旅游商品风格是"精致型"和"怀旧型",说明游客在选择旅游商品风格时比较偏好精致以及怀旧的商品,这与上海近代传统的韵味和海派文化气质相吻合。具有"趣味型"和"时尚型"风格的旅游商品也颇受旅游者喜爱,说明了游客在购买旅游商品时,也非常关注上海城市发展的现代时尚与趣味气息,体现了游客倾向于购买既具有上海当地特色又拥有趣味功能的旅游商品。值得关注的是,具有"卡通型"风格的旅游商品选择比例则位列最后。近年来卡通娱乐市场发展迅速,尤其是今年暑期档的《哪吒之魔童降世》风靡一时,票房达到破纪录的 84 亿元,也成为全球动画电影的票房之最,深刻说明与卡通型旅游商品相关的市场消费潜力巨大。因此如何生产出适应市场需求的卡通型旅游商品也是一个亟待解决的现实问题。

4　结论与建议

4.1　结论

4.1.1　提升产品可携带性,关注纪念品材质

首先,旅游商品的"便携性"是来沪游客首要考虑的因素,在游玩途中若旅游商品体积过大,不便于携

带,会严重影响旅游者的游玩体验,降低旅游者的消费热情。与此同时,旅游商品的"材质"和"地方特色"也成为影响旅游者购买决策的关键因素之一。经过调研,发现"木头、竹""琉璃"和"贵金属"是旅游者们最爱的材质,而这三类材质分别具有较高的经济价值和艺术价值。同时,这说明随着旅游者经济能力和审美能力的不断提升,旅游者不仅仅将旅游商品当作一种观赏和摆设,而是越来越关注旅游商品的内在价值,希望产品可以代表上海的地方特色。此外,"销售员服务态度"和"销售是否为顾客着想"也是旅游者们在意的焦点,这也体现了在不确定的异地环境下,销售人员良好的表现可以增强旅游者的认同感,促进购买行为。

4.1.2 旅游情境促消费,旅游体验受重视,口碑效应日渐凸显。

今年,旅游者在购买地点的选择上仍然维持了历年得票最高的"旅游景区(点)"和"旅游纪念品专卖店",说明旅游者越来越重视旅游过程中所能获得的体验,进而可以影响他们的购买决策。值得关注的是,上海是全国最大的商业城市,以大型购物中心为载体的购物旅游是上海都市旅游发展的重要组成部分,以及随着"上海购物"品牌战略的打响,应当更加重视百货商店售卖旅游商品,鼓励旅游者走进购物中心进行消费。从游客购买习惯和购买时间的选择中可以看出,超过半数的游客会选择"只在看到特别有意义的旅游商品才会购买"以及"在旅游中途间隙购买""说不定",说明购物环节已经和旅游融为一体,不再独立存在,应当从源头塑造旅游商品的吸引力。另外,由于近年来科学技术的不断发展,"互联网+旅游"的趋势逐渐增强,旅游者掌握信息的能力越来越强,使其可以在购买旅游商品时做出更为理智的决定。

在旅游商品信息获取方面,第一,选择"在景区(点)现场看到"来获取旅游商品相关信息的比重最高,这说明景区(点)是游客旅游商品信息获取渠道的最主要渠道。一方面是因为受时间和经济成本约束,游客在上海的旅游活动大多围绕特定景区开展。因此,从景区获取信息,就近购买旅游商品成为游客购物行为的主要特征。另一方面是因为上海多个景区在塑造和营造良好的主题氛围方面投入了足够的力度,便于游客将相关旅游商品与游玩经历产生联系,促进游客购买消费。

第二,"亲友、同事介绍"也在影响游客购买旅游商品方面发挥了至关重要的作用。这是因为亲友和同事是个体在社会交往中最基本的构成单元、旅游体验和决策单位,家庭成员之间的情感交流以及朋友之间的互动都对游客在非惯性环境下的消费决策起到显著的影响。具有良好的口碑旅游商品可以通过关系网进行传递,能有效提升游客购买的概率。

第三,游客通过"网络"获取信息的比例不断增加,可见网络已晋升成为游客获取信息的最重要的渠道,同时通过旅游书籍、宣传册、电视/广播获取信息的游客也占有一定的比重,表现出传统媒体对游客获取相关信息也能起到一定的辅助性作用。

4.1.3 旅游商品是旅游者回忆经历的载体,上海元素得到游客的广泛关注

本次调研结果显示:第一,大多数游客购买旅游商品的主要目的是用其来"回忆在上海的旅游经历"和"表示自己曾经到过上海或某个景区"。可见旅游商品的纪念意义逐渐增强,已成为游客与上海建立情感联系的载体。因此,那些富有地域特色、具有代表性的旅游商品成为游客们的首选。

第二,旅游商品购买类型的调研结果也显示,游客对建筑模型和上海土特产最为感兴趣。一方面是因为上海在建筑艺术方面独具特色,以东方明珠、上海中心的特征设计的建筑模型体现了上海都市风貌,也是上海在游客心中的象征符号。另一方面,近年来随着互联网在游客旅游过程中得到广泛的应用,上海老字号的"网红"食品和旅游商品受到了游客的广泛关注。

第三,在主题偏好上,游客选择"老上海风情"和"上海现代都市风光"的比重相对较高,对"上海民俗民风"和"上海历史古迹"也表现出了浓厚的兴趣,这既反映了游客对于旅游商品中"上海元素"的内在诉求,也对相关部门如何在其他旅游商品中融入上海文化提出新的要求。

4.2 建议

4.2.1 完善整体购物场景建设,提升游客购买体验

在空间上,旅游商品销售点应当以市场为导向来精准布局以吸引游客。其内部则应该营造舒适的购物环境以留住游客。无论何种类型的游客,都非常倾向于在具有上海风情的特色购物店购买旅游商品,而特

色既可以体现在产品里,也可以表现在店铺氛围中。因此应当以上海风情为依托营造购物场景,激发游客消费冲动。

在满意度上,优质的销售服务是提升消费者购买体验的一剂良方,也是在顾客当中建立企业信誉、增强企业的竞争力的不二之选。这就需要加强对相关导游和销售人员的定期培训,提高销售技巧与服务水平,调动他们的工作积极性。掌握推销艺术,把握顾客心理,营造良好的购物氛围。有优质的软服务做保障,建立引导购物、参谋购物、自愿购物、对出售的商品发放质量保证书、负责包装和托运等一条龙的服务体系。同时要求相关旅游商品生产企业建立专门的品牌管理机制和完善的售后服务系统,针对游客和市场对旅游商品的需求进行改进,完善旅游商品整合营销的传播过程,有利于旅游商品无形价值的增值和上海旅游形象的宣传。

4.2.2　突出旅游商品文化特质,实现品牌联动合作

特色是旅游商品的核心所在,也是旅游商品的亮点,上海的旅游商品也应当蕴含上海特有的文化内涵。只有融入其特有的文化元素,才能设计出不可替代性、具有收藏、赠送、使用和纪念价值的旅游商品。而旅游商品的开发,不仅仅是单个产品的研发,而应该与上海的消费市场紧密结合,与上海的景点开发定位一脉相承。因此,相关单位在设计过程中应将上海的生活习惯、文化习俗、生活理念融入上海特有的旅游商品中,关注与游客建立联系的核心载体,让游客在购买后可以切身感受到地方文化的风格和情感。旅游商品作为一种设计艺术产品,除了能够承载旅游者的记忆、供旅游者欣赏外,还应具备一些实用功能,在观赏和实用的同时实现旅游商品的多种价值。最后,旅游商品不仅具有纪念意义,它还代表一个城市或地区的特点,因此也可以考虑与上海的"老字号"品牌合作,共同打造创新型旅游商品,将其也纳入品牌体系之中,同时为打造"上海购物"的品牌目标助力。

4.2.3　优化旅游商品产业链条,培养新的旅游商品IP

上海旅游商品已初步形成产、供、销的产业体系,但是创新商品如何进入市场、如何得到舆论的关注和支持仍需要做出进一步的努力。上海应多多举办类似于"老凤祥杯"旅游商品设计大赛。从旅游商品产业链的顶端入手,由此推动旅游商品的设计与制作的转型升级,为旅游商品的创新提供市场基础,从而全面优化旅游商品设计与制作的产业链。与此同时,政府部门可以出台相关政策予以扶持,对旅游商品市场进行规范化管理。加强各部门、各行业的沟通和联系,构建旅游商品动态开发机制,培育符合景区和上海市场形象的IP产品,通过市场调研与大数据分析的方法,了解游客实际需要,将设计、生产、销售建立在市场需求的基础上,这样有利于提升旅游商品市场竞争力,激发游客购买潜力。

4.2.4　拓宽旅游商品营销渠道,提高销售服务质量

顺应时代发展潮流,积极打造在线销售平台成为上海旅游商品宣传和促销的应有之义。首先,由于传统媒体如电视和网络覆盖面广、传播速度快,可以将上海极具特色的旅游商品内容进行拍摄,制作成宣传片在电视及网络媒体上投放;或者在交通枢纽、会展场馆等公共场所放映,提升上海旅游商品的知名度。通过网络营销积累人气,并针对目标客群实施差异化营销,这既有利于扩大旅游商品的销售渠道,便于游客提前了解旅游商品特征,提升游客线下购物效率。

其次,还可以利用"旅游+新媒体"的方式来进行营销,在如今新媒体的大环境下,受众越来越偏爱趣味性或刺激性的信息,媒介传达信息时也会注意"眼球经济"。上海同样也可以通过在官方旅游网站上建立相关旅游商品的栏目,以此实现旅游商品的营销推广。除此之外,政府部门也可考虑在淘宝、天猫等购物平台,开设其官方旗舰店进行销售,以电子商务的形式传播上海文化。还可通过"乐游上海"的微信公众号、微博等,推送一些宣传软文,让品牌内容深入受众内心,给受众愉悦的观读体验。

最后,旅游商品营销要打破景区、旅游商店、特许经营门店的地域禁锢。调研结果显示,商业街、百货店以及交通枢纽的旅游商品销售量保持增长,旅游商品可以渗透旅游活动的全过程。随着上海全域旅游热度的逐步升级,越来越多的游客开始投入大量的时间来进行深度旅游,而商业街、RBD等是城市休闲娱乐的集中营,对游客购物消费具有较强的吸引力,因此政府应当重视在这些场所进行旅游商品销售点的设置,提高

游客对上海旅游商品的关注。

4.2.5 升级旅游商品发展模式,争做旅游"夜经济"重头戏

相关统计显示,在一线城市,夜间"黄金四小时"的消费总量已达到白天消费额的一半。游客夜间主要消费活动包括餐饮、观看演出和旅游购物,其中旅游购物"夜经济"的市场空间更大,对提升旅游产业发展水平、丰富游客活动内容、提高旅游满意度具有重要作用。在发展夜间旅游购物活动时,要把握好夜间活动游客群体的需求特征,做好产品开发、销售和需求的匹配。夜间旅游商品的销售切勿片面地理解为旅游纪念品的销售,更应丰富旅游商品的内容,推出深受游客喜欢的、上海独具优势的国内外知名化妆品、服装和其他生活用品。

注:

(1) 本报告中的数据均来源于问卷调查。由于部分问卷在个人信息一栏中存在少量信息缺失,因此报告中所标注的样本量 N 值均为有效样本总量,所以造成例图中的数据统计 N 值的大小有所不同。

(2) 部分题目为多选题,基于统计的合理性,报告主要对多选题的结果的观察值百分比进行分析。因此,如购买地点等多选题的选择比例之和超过 100%。

参考文献

[1] 王丹鹤.我国入境旅游市场旅游商品购买特征研究及需求分析[J].商场现代化,2020(02):12-13.

[2] 陈斌.创新是旅游商品高质量发展的终极法宝[N].中国旅游报,2019-12-30(004).

[3] 毛斌,王鹤.以文化为导向的旅游商品创新方法研究[J].设计,2019,32(24):109-111.

[4] 曲振波,戴嘉玶.基于消费者心理需求的旅游商品设计研究[J].工业设计,2019(11):58-59.

[5] 张丽萍.文旅融合背景下湘西地区旅游商品供给改革[J].商业经济,2019(11):34-36.

[6] 王瑾.旅游文创商品开发策略研究[J].现代营销(信息版),2019(08):127.

[7] 高宇婷,杨子,朱一,黄滢.当代中国旅游产品同质化现象分析——以常州梳篦为例[J].大众文艺,2019(13):62-63.

[8] 洪佩平.抓好旅游商品开发,促进全域旅游大发展[J].现代经济信息,2019(10):496.

[9] 李俊佳.供给侧角度下的我国旅游商品开发问题及措施探讨[J].中国市场,2019(14):62-63.

[10] 王昆欣.文旅融合推动旅游商品转型升级[N].中国旅游报,2019-05-10(003).

[11] 谌艳霞."一带一路"背景下的上海购物旅游发展研究[D].南昌:南昌大学,2019.

[12] 陈丽.旅游商品发展现状及对策探究[J].吉林农业,2019(09):56-57.

[13] 孔繁侠.特色旅游商品的特征[J].旅游纵览(下半月),2018(11):62.

[14] 黄途芳.旅游者冲动性购买行为分析及旅游商品营销策略[J].现代商业,2018(18):22-23.

建筑可阅读：智慧导览系统的游客体验影响因素研究

马茜茜　毛润泽

（上海师范大学旅游学院，上海　200234）

摘要： 本文以技术接受模型（TAM）理论和享乐理论为基础，基于技术接受模型的易用性和实用性维度，探究游客在建筑智慧阅读导览系统中的使用体验和支持态度的影响因素。实证研究表明：建筑智慧导览服务体系的实用性与支持态度之间存在直接的正向关系，易用性和实用性对游客的娱乐性体验、积极情绪、情感投入和心流体验有正向影响。此外，游客的积极情绪、情感投入和心流体验与其支持态度呈正相关关系。本研究有助于设计更具吸引力和互动性的智慧阅读导览体系，从而促进优秀历史文化建筑的保护和传承。

关键词： 建筑智慧导览；技术接受模型（TAM）；享乐理论；虚拟体验；支持态度

1　引言

2017年5月，上海市第十一次党代会报告特别提出"建筑可阅读，街区宜漫步，城市始终有温度"。上海有着"万国建筑博览"的美誉，集中了世界各国的建筑精华，但是快速的城市化除推动经济发展外，还改变了城市建筑面貌，文化传统和地方特色被冲淡。随着科技的进步，作为信息密集型产业的旅游业与各种科技手段融合程度不断提高，历经百年岁月的优秀历史建筑，也正通过城市更新的方式焕发新生。截至2018年底，上海市黄浦区、徐汇区等6区逾400处优秀历史建筑完成智慧导览设置。以徐汇区为例，经过各方努力，一批创新的阅读建筑的方式"横空出世"，包括电子墨水墙——集视觉、听觉、触觉于一体的多维感知平台；互动触摸音频装置——提供单幢建筑精细阅读体验；幻影成像、VR全景体验、AR技术等——提供交互式的虚拟三维空间，营造更为立体的街区漫步体验；手机扫描冰箱贴画，立即显现老房子的文字故事；手机扫描徐汇老房子的书籍插图，播出相应的三维动画，增强游客的直观感受，供游客"深度阅读"。

建筑智慧导览服务体系为旅游目的地营销提供了多种潜在的优势，包括创建信息和娱乐的虚拟平台、身临其境和引人入胜的虚拟体验环境、多媒体交流和与全球范围内的社交互动。Cho，Wang，Fesenmaier（2002）认为，目的地营销者应将大众媒介作为目的地营销的工具使游客获得高质量的虚拟体验[1]。Berger，Dittenbach，Bogdanovych et al（2007）指出，虚拟现实技术为人们提供了一个身临其境的环境和虚拟体验，为目的地营销人员和游客提供娱乐互动和信息交流的平台[2]。过去的研究表明，技术接受模型（TAM）是用来研究新信息技术使用的一个相对较为广泛的理论框架。为了进一步丰富TAM理论的研究成果，一些学者将享乐理论整合到基于互联网娱乐导向技术的消费行为研究中（Goh，Yoon，2011；Holsapple，Wu，2007；Saeed et al，2009）。但现有文献鲜有研究TAM框架和虚拟技术背景下享乐理论的相互影响关系。因此，本文的目的是建立一个将TAM理论与互联网虚拟环境背景下的享乐理论相结合的研究框架，以确定影响上海市建筑智慧导览服务体系的游客体验影响因素以及游客的接受程度和支持态度。

2　文献综述

2.1　技术接受模型（TAM）

TAM最初由Davis（1989）提出，用来预测个体对信息技术的接受程度，包括实用性和易用性两个维度。实用性是指信息技术将帮助人们更好地完成工作，易用性是指应用程序或技术是否易于使用。Koufaris

(2002)应用 TAM 理论探究使用者访问网店时的情感和认知反应,发现网站的实用性与在线消费者再次光顾网络商店的意愿和支持态度有关[3]。龙贞杰,刘枚莲(2002)在用 TAM 和理性行为理论研究消费者对电子商务的接受程度中认为,电子商务的易用性和实用性正向影响消费者的支持态度[4]。

在过去的几年中,TAM 也受到信息技术和旅游领域研究人员的关注。Kim,Park,Marrison(2008)认为,实用性和易用性是影响游客对移动设备支持态度的关键因素[5]。林佳青(2019)运用 TAM 框架研究旅游网站特征时指出,用户对交易型旅游网站的感知易用性和感知有用性正向显著影响其感知愉悦性,进而正向显著影响其网站信任、网站满意和持续使用意愿[6]。因此,本文认为建筑智慧阅读导览服务体系的易用性和实用性与游客支持态度正相关,因此提出以下假设:

H1:二维码等建筑智慧导览服务体系的易用性与游客的支持态度正相关。

H2:二维码等建筑智慧导览服务体系的实用性与游客的支持态度正相关。

2.2　基于互联网媒介的虚拟享乐体验

在市场营销学中,享乐主义消费的系统研究始于 20 世纪 70 年代,国外相关文献较多,国内近年来的研究开始集中于互联网环境下。学者们运用享乐消费行为理论来调查用户对三维虚拟世界的接受程度,强调虚拟世界中对消费者行为的想象和情感反应的潜在影响。根据大量文献综述,享乐理论涵盖的娱乐性(DeWester,Park,2010;Roca,Gagne,2008)、情感投入(Holsapple,Wu,2007)、积极情绪(Banos et al,2008)和心流体验(Skadberg,Kimmel,2004)是研究人机交互中理解虚拟体验的重要方面和重要维度,并且已经在现有文献中得到了很好的研究、支持和验证(Hirschman,Holbrook,1982;Laurent,Kapferer,1985)。因此,本研究整合了娱乐性、积极情绪、情感投入和心流体验四个自变量维度。

2.2.1　娱乐性

研究表明,娱乐性是虚拟环境中享乐体验的主要维度之一。Venkatesh(2000)将"娱乐性"定义为:在互联网环境中使用特定系统或设备时感知到的快乐程度,而不考虑系统或设备使用导致的后果[7]。徐菲菲,黄磊(2018)在景区智慧旅游系统使用意愿的研究中提出,智慧旅游系统的感知有用性、感知易用性和感知趣味之间存在一定的相关关系[8]。因此,本文认为建筑智慧导览服务体系的易用性和实用性对游客使用的娱乐性体验有正向影响,因此提出以下假设:

H3:二维码等建筑智慧导览服务体系的易用性与游客的娱乐性体验正相关。

H4:二维码等建筑智慧导览服务体系的实用性与游客的娱乐性体验正相关。

研究还表明,游客在虚拟环境中的娱乐性体验影响其支持态度。Guo,Bares(2011)关于虚拟网络购物的研究表明,娱乐性体验正向影响消费者的购买意图和支持态度[9]。桂怡芳(2016)在旅游 APP 用户持续使用影响因素的研究中提出,用户对旅游 APP 的感知有用性、感知易用性和感知娱乐性会对用户的满意度和持续使用意愿产生显著的正向影响[10]。基于此,本文提出以下假设:

H11:二维码等建筑智慧导览服务体系的娱乐性体验正向影响其支持态度。

2.2.2　积极情绪

近年来的相关文献开始将积极情绪这一维度应用于互联网环境中的虚拟体验研究。Saade,Kira(2006)关于情绪状态在网络学习行为中作用的研究认为,积极情绪能够更好地表明虚拟环境中用户体验和行为的差异[11]。周波,周玲强,吴茂英(2017)在构建游客技术意愿和接受模型,研究游客使用增强现实对旅游意向的影响关系时发现,技术意愿的创新性、不舒适感和缺乏安全感三个维度对游客使用增强现实态度有显著影响,而乐观性则不显著[12]。因此,本文认为使用建筑智慧导览服务体系时,易用性和实用性正向影响其积极情绪,因此提出以下假设:

H5:二维码等建筑智慧导览体系的易用性对用户体验的积极情绪有正向影响。

H6:二维码等建筑智慧导览体系的实用性对用户体验的积极情绪有正向影响。

积极情绪和支持态度之间的相关关系也有研究。Grappi,Montanari(2011)研究了积极情绪对节日游客消费体验的影响,认为积极情绪对满意度有正向影响[13]。Goossens(2000)在旅游动机的研究中指出,旅游信息收集时的积极情绪正向影响互联网设备的支持态度及目的地选择行为意向[14]，因此本文提出以下假设：

H12：游客使用二维码等建筑智慧导览体系时产生的积极情绪正向影响用户对该系统的支持态度。

2.2.3　情感投入

情感投入这一概念的研究最近得到很大的关注。Holsapple，Wu(2007)基于对虚拟环境情感反应的研究，开发了一个解释虚拟世界用户体验的理论框架。并提出情感投入的概念，即一个人在情感上对某一行为的投入程度[15]。基于此，本文认为体验建筑智慧导览服务体系时，易用性和实用性与用户的情感投入正相关，因此提出以下假设：

H7：二维码等建筑智慧导览服务体系的易用性正向影响用户的情感投入。

H8：二维码等建筑智慧导览服务体系的实用性正向影响用户的情感投入。

此外研究表明，用户的情感投入可能对虚拟环境的支持态度有重要作用。方薇，周波等(2017)通过整合技术接受模型和PAD情绪理论，构建"感知/情绪—态度—意愿"的理论模型，研究发现感知有用性和感知易用性对游客使用移动增强现实态度的正向影响[16]。李亚恒，陈金华(2019)整合技术接受模型，构建旅游APP用户持续使用意愿影响结构模型，研究发现用户对旅游APP感知有用性、信任和满意度对持续使用意愿有直接的正向影响[17]，基于此本文提出以下假设：

H13：体验二维码等建筑智慧导览服务体系时，用户的情感投入程度正向影响用户对该服务体系的支持程度。

2.2.4　心流体验

"心流"定义为当人们全身心投入某一行动时的最佳体验感(Csikszentmihalyi，LeFevre，1989)，近年来也有学者将Flow解释为"福流"。Faiola，Smyslova(2009)认为心流体验是虚拟体验的一个重要维度。Hsu，Lu(2004)利用技术接受模型，研究网游的使用时纳入心流体验变量，结果表明网游的易用性与心流体验有关[18]。卢耀斌，周涛(2009)研究发现，用户接触互联网时的易用性和实用性与其心流体验有关[19]。因此，本文认为建筑智慧导览服务体系的易用性和实用性与心流体验正相关，因此提出以下假设：

H9：二维码等建筑智慧导览服务体系的易用性与用户的心流体验正相关。

H10：二维码等建筑智慧导览服务体系的实用性与用户的心流体验正相关。

此外，Novak(2000)关于互联网环境中消费者的心流体验对其消费行为影响的研究表明，心流体验与重复访问和支持态度呈正相关关系[20]。过去研究表明(Chang，Wang，2008；Hausman，Siekpe，2009)，心流体验对消费者网购时的购买意向、退货意向和重访意向有显著的正向影响，因此提出以下假设：

H14：体验二维码等建筑智慧导览服务体系时的心流体验正向影响游客对该服务体系的支持态度。

2.3　本文的研究框架模型

根据以上理论综述与假设，本文的理论研究模型如图1所示。

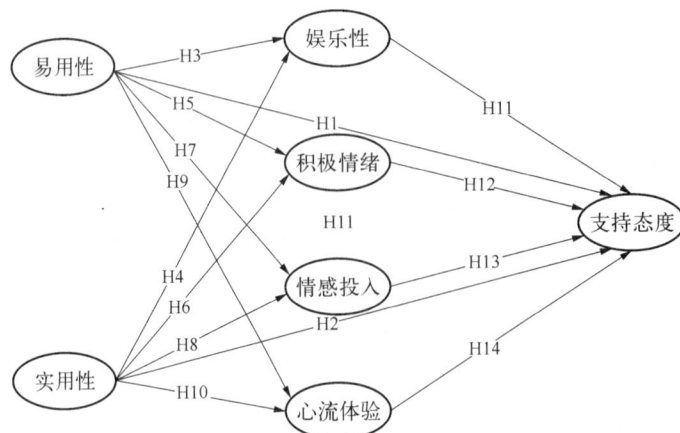

图1　本文的理论模型和研究假设

3 研究设计

3.1 数据收集

本研究主要以调查问卷发放、回收和数据处理的形式进行实证研究,线下调查地点为上海市黄浦区、徐汇区、静安区、长宁区、虹口区、杨浦区六个"建筑可阅读"智慧导览系统集中试点区,调查问卷的发放形式包括实地发放回收和线上发放回收两种方式,线上调查问卷以"问卷星"的形式进行线上填写,本研究在调查对象自愿参与的情况下进行。

2019年6月16日至8月10日,共对上海市6个建筑智慧导览系统集中试点区的用户进行了问卷调查。6个区内共计391处优秀历史建筑,31处涉及名人建筑的文保单位,12处历史文化风貌区都已完成建筑智慧导览体系设置,可供市民游客"深度阅读",因此样本代表性较好,且样本质量得以保证,符合本研究内容的要求。本研究共发放调查问卷400份,其中包括纸质问卷100份,线上问卷300份,将不合格问卷整理筛除后,共获得有效问卷327份,有效回收率为81.75%,样本的基本统计特征见表1。

表1　样本基本特征($N = 347$)

变量	类　别	人　数	百分比(%)	变量	类　别	人　数	百分比(%)
性别	男	187	53.90%		公务员	18	5.19%
	女	160	46.10%		国企	53	15.27%
年龄	18岁以下	33	9.51%	职业	外企	24	6.92%
	18~30岁	191	55.04%		教师	5	1.44%
	31~45岁	58	16.71%		学生	167	48.13%
	46~60岁	37	10.66%		民企	62	17.87%
	60岁以上	28	8.07%		离退休人员	6	1.73%
教育程度	小学及以下	8	2.31%		自由职业者	12	3.46%
	初、高中及中专	72	20.75%	月收入	1000元以下	182	52.45%
	大专	56	16.14%		1001~4000元	55	15.85%
	本科	134	38.62%		4001~8000元	68	19.60%
	硕士及以上	57	16.43%		8000元以上	42	12.10%

由表1可知,所有受访者中男性居多但数量相差不大,用户年龄群多集中于18~30岁,31~45岁年龄群次之,同样符合现阶段互联网用户的年龄群特征。采访样本中用户学历以本科居多,且主要用户以学生为主,由此导致样本中的月收入多集中于1000元以下,总体来看符合本研究的样本要求。

3.2 变量测量

3.2.1 易用性

本研究借鉴Yu-Chih Huang(2013)研究结果中开发的易用性量表($\alpha=0.90$),并结合上海市建筑智慧导览体系的背景进行了适当修改,该量表共包括四个题项(如使用二维码等建筑智慧导览服务对我来说很容易等)。

3.2.2 实用性

基于Yu-Chih Huang(2013)开发的实用性量表($\alpha=0.95$),本文从上海市建筑智慧导览体系用户的认知视角出发进行了适当修改,该量表共包括四个题项(如二维码等建筑智慧导览服务有助于我对历史建筑的全面了解等)。

3.2.3 娱乐性

内在动机量表(IMI)是一种多维测量方法,用于评估参与者对某一特定活动的主观娱乐性体验(Ryan,

Koestner，1983；Tamborini，Grizzard，Organ，2010）。本研究娱乐性量表基于内在动机量表（IMI）并加以适当修改，共包括4个题项（如我非常喜欢在二维码等建筑智慧导览服务中体验虚拟世界等）。

3.2.4 积极情绪

本文借鉴 watson，Clark，Tellegen（1988）开发的积极和消极情绪量表（$\alpha=0.92$）并适当修改，该量表反映了一个人感到热情和活跃的程度，共包括满意、自豪、兴奋、热情、快乐、有趣六个题项，被访者需要根据自己的情况选择体验建筑智慧阅读服务体系时的情绪程度。

3.2.5 情感投入

本文借鉴 Saeed，et al（2009）开发的情感投入量表（$\alpha=0.91$）进行适当修改。情感投入用于测量在虚拟环境中对参与行为的想象和情感反应（如我感觉被二维码等建筑智慧导览服务的场景深深吸引等）。

3.2.6 心流体验

本文借鉴 Trevino（1992）的心流体验量表（$\alpha=0.87$），共包括4个题项（如体验二维码等建筑智慧导览服务时，我的注意力非常集中等）。

3.2.7 支持态度

本文借鉴 Azen and Driver（1992）的支持态度量表（$\alpha=0.89$），用以来衡量用户对上海建筑智慧导览服务体系的支持意向，共包括4个题项（如我想了解更多关于二维码等建筑智慧导览服务的信息等）。

除积极情绪量表采用5点量表（1＝"几乎没有"……5＝"总是"）来衡量之外，其余量表的测量均采用李克特七级量表（1＝"非常不同意"……7＝"非常同意"）来衡量。此外，本文控制变量为性别、年龄、教育程度、职业、月收入5个题项。

3.3 分析方法

本研究采用 SPSS 23.0 与 Amos 21.0 统计软件进行数据处理与分析。其中 SPSS 23.0 用于样本的信度分析、描述性统计分析；Amos 21.0 对测量模型进行验证性因子分析（CFA），再借助结构方程模型分析各个潜变量间的路径及相关系数。

4 研究结果分析

4.1 研究变量的信效度分析

本研究采用 SPSS 23.0 分析检验量表的结构信度，采用 AMOS 21.0 进行验证性因子分析（CFA），χ^2/df 值均小于5，RMSEA 值小于0.1，除易用性量表 IFI、实用性量表 NFI 值、情感投入量表 CFI 值、支持态度量表 GFI 值接近0.9以外，其余各指标均在0.90的判断标准以上（见表2），说明基本达到效度要求。

表2 测量工具的效度检验

	χ^2/df	RMSEA	AGFI	GFI	IFI	IFI	CFI	NFI	NNFI
易用性	2.265	0.082	0.916	0.923	0.923	0.894	0.902	0.915	0.904
实用性	3.748	0.088	0..903	0.912	0.922	0.916	0.945	0.892	0.912
娱乐性	2.987	0.076	0.887	0.935	0.935	0.921	0.934	0.912	0.922
积极情绪	2.956	0.064	0.912	0.911	0.912	0.942	0.912	0.920	0.924
情感投入	2.416	0.072	0.915	0.904	0.906	0.907	0.892	0.910	0.928
心流体验	2.446	0.068	0.901	0.912	0.925	0.911	0.924	0.903	0.917
支持态度	3.072	0.075	0.914	0.892	0.902	0.901	0.920	0.914	0.903

4.2 研究变量的描述性统计分析及区别效度的检验

表3显示：除心流体验变量与娱乐性变量的相关性估计值 $\beta=0.724$ 大于心流体验变量的平均值方差估计值 $\alpha=0.712$ 之外，其余各变量平均值方差的估计值均大于与其他变量的相关性估计值。Kline（2005）的

研究显示,如果各因素之间的相关性估计值 $\beta \leqslant 0.85$,则认为该量表具有一定的判别效度。此外各变量的平均值方差 Cronbach' α 都大于 0.7(最小 Cronbach' $\alpha = 0.704$),说明问卷具有良好的信度(见表 3 对角线括号)。综上所述,本研究模型中的变量及其量表具有良好的信度和效度。

表 3　均值、方差与相关系数($N = 347$)

变量名称	1	2	3	4	5	6	7
易用性	(0.765)						
实用性	0.506*	(0.704)					
娱乐性	0.368**	0.648**	(0.863)				
积极情绪	0.461**	0.438**	0.548**	(0.752)			
情感投入	0.643*	0.465*	0.532**	0.543**	(0.783)		
心流体验	0.412**	0.482**	0.624**	0.454**	0.582*	(0.712)	
支持态度	0.376**	0.463**	0.556**	0.475**	0.567*	0.543*	(0.772)
均值	5.06	5.43	5.13	5.01	5.00	5.63	5.37
方差	1.28	1.32	0.94	1.24	1.02	0.87	1.16

注:**表示相关系数在 $P < 0.001$ 的水平上显著,*表示相关系数在 $P < 0.05$ 的水平上显著。

4.3　路径分析

本研究采用 AMOS 21.0 进行结构方程模型的构建(见图 2),主要检验自变量技术接受模型(易用性、实用性)与因变量享乐理论的维度(娱乐性、积极情绪、情感投入、心流体验)之间的直接影响路径及其相关系数,以及以上六个变量与建筑智慧阅读服务体系时的服务体系支持态度的关系。

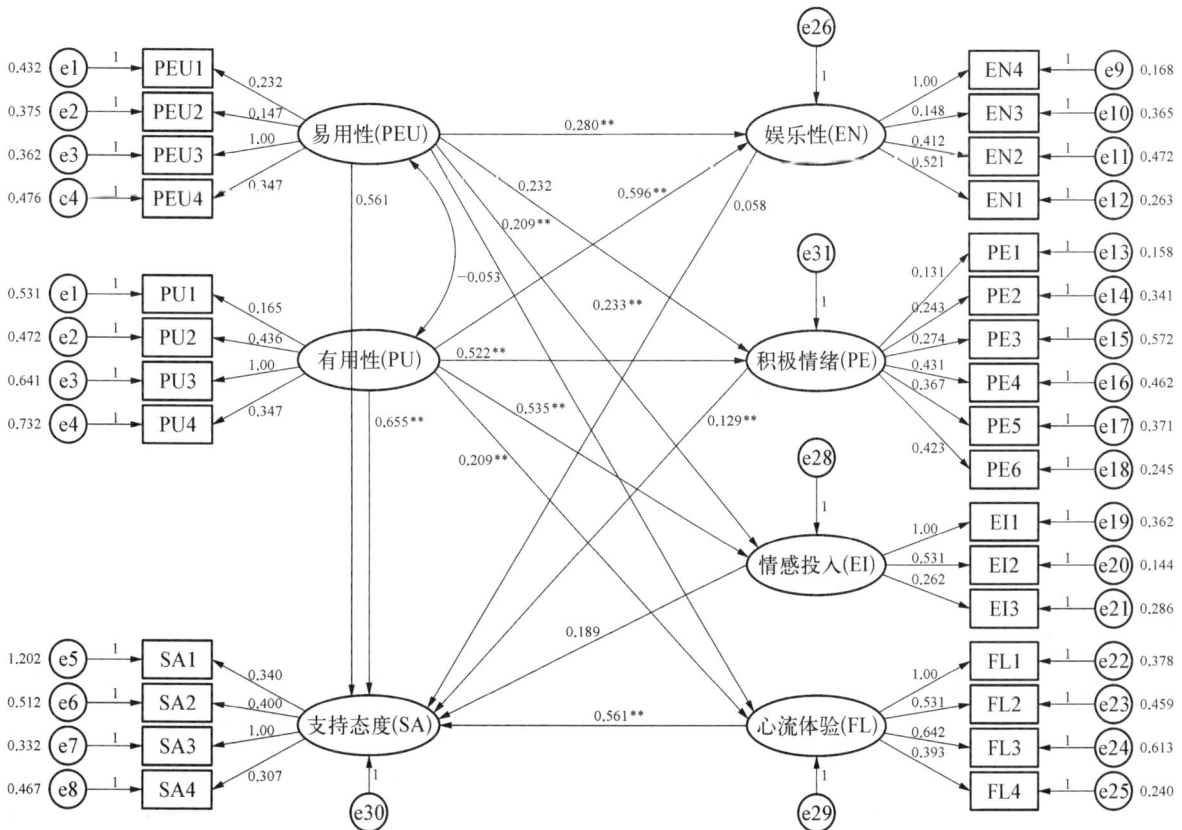

图 2　结构方程模型及路径系数

从表4可知，$\chi^2/df<5$，$RMSEA<0.1$，除极个别数据外，拟合指标GFI、CFI大于0.9，说明该模型与样本数据的拟合度良好。实用性与支持态度的路径系数为$\beta=0.209(t=6.517，P<0.05)$，表明假设H2得到支持；易用性与娱乐性的路径系数为$\beta=0.280(t=7.648，P<0.05)$，表明假设H3得到支持；实用性与娱乐性的路径系数$\beta=0.593(t=8.438，P<0.05)$，表明假设H4得到支持；易用性与积极情绪的路径系数为$\beta=0.222(t=7.312，P<0.05)$，表明假设H5得到支持；实用性与积极情绪的路径系数为$\beta=0.522(t=6.875，P<0.05)$，表明假设H6得到支持；易用性与情感投入的路径系数为$\beta=0.233(t=7.324，P<0.05)$，表明假设H7得到支持；实用性与情感投入的路径系数为$\beta=0.553(t=8.017，P<0.05)$，表明假设H8得到支持；易用性与心流体验的路径系数为$\beta=0.209(t=6.948，P<0.05)$，表明假设H9得到支持；实用性与心流体验的路径系数为$\beta=0.655(t=7.836，P<0.05)$，表明假设H10得到支持；积极情绪与支持态度的路径系数为$\beta=0.129(t=7.921，P<0.05)$，表明假设H12得到支持；情感投入与支持态度的路径系数为$\beta=0.189(t=8.058，P<0.05)$，表明假设H13得到支持；心流体验与支持态度的路径系数为$\beta=0.488(t=7.154，P<0.05)$，表明假设H14得到支持；易用性与支持态度的路径系数为$0.053(t=7.028，P>0.05)$，娱乐性与支持态度的路径系数为$0.058(t=8.535，P>0.05)$，表明假设H1和H11未得到支持，可能的原因是易用性和娱乐性是游客对建筑智慧导览系统支持态度的必要条件，而不是充分条件，或者以上两个变量可能通过其他变量间接影响支持态度，具有潜在的中介作用（Yu-Chih Huang，2013）。

表4 技术接受模型、享乐理论、支持态度的影响作用（$N=347$）

路　　径	路径系数	P 值	T 值	χ^2/df	RMSEA	GFI	CFI	结果
易用性→支持态度	$\beta=0.053$	>0.05	7.028	2.432	0.069	0.967	0.897	**H1 未支持**
实用性→支持态度	$\beta=0.209$	<0.05	6.517	1.586	0.074	0.918	0.919	H2 支持
易用性→娱乐性	$\beta=0.280$	<0.05	7.648	1.134	0.048	0.892	0.935	H3 支持
实用性→娱乐性	$\beta=0.593$	<0.05	8.438	1.850	0.052	0.934	0.978	H4 支持
易用性→积极情绪	$\beta=0.222$	<0.05	7.312	2.132	0.068	0.920	0.918	H5 支持
实用性→积极情绪	$\beta=0.522$	<0.05	6.875	1.126	0.057	0.907	0.892	H6 支持
易用性→情感投入	$\beta=0.233$	<0.05	7.324	2.031	0.072	0.932	0.934	H7 支持
实用性→情感投入	$\beta=0.553$	<0.05	8.017	1.683	0.063	0.915	0.920	H8 支持
易用性→心流体验	$\beta=0.209$	<0.05	6.948	1.452	0.074	0.894	0.906	H9 支持
实用性→心流体验	$\beta=0.655$	<0.05	7.836	1.372	0.059	0.905	0.897	H10 支持
娱乐性→支持态度	$\beta=0.058$	>0.05	8.535	1.643	0.063	0.924	0.919	**H11 未支持**
积极情绪→支持态度	$\beta=0.129$	<0.05	7.921	2.058	0.065	0.936	0.935	H12 支持
情感投入→支持态度	$\beta=0.189$	<0.05	8.058	2.147	0.077	0.922	0.978	H13 支持
心流体验→支持态度	$\beta=0.488$	<0.05	7.154	1.034	0.073	0.897	0.921	H14 支持

5　结论与讨论

5.1　研究结论

研究表明，本文采用的量表具有较好的信度和效度。首先，本研究结果表明，建筑智慧导览服务体系的实用性与支持态度之间存在直接的正向关系。但是本研究中易用性与支持态度正向相关的假设未能得到验证。可能原因是易用性是建筑智慧导览体系设计的必要条件，但不是增加用户支持态度的充分条件。

建筑智慧导览体系的易用性和实用性对于游客的娱乐性体验有正向影响，易用性和实用性有助于游客在体验建筑智慧导览服务体系时产生积极情绪。建筑智慧导览服务体系易用性和实用性将使游客会有更多的感情投入。此外，本文得出，易用性和实用性都与游客体验建筑智慧阅读导览体系时的心流体验正相关。

另外，积极情绪、情感投入和心流体验对于游客使用建筑智慧导览服务体系时产生的支持态度正相关。上海历史建筑蕴藏着丰厚的历史文化，游客在建筑导览体系中的虚拟体验可以帮助其身临其境的感受历史场景和年代气息，从而产生积极情绪，对历史文化、虚拟场景的情感投入使游客产生心流体验，从而支持建筑智慧导览体系的开发、设计和运营。但是与先前 Saeed，et al（2009）等人的研究结果相反，本文的结论未能验证娱乐性和支持态度的关系。可能原因是娱乐性体验可能并不直接影响游客的支持态度，而是通过其他变量间接影响其支持态度。

5.2 理论价值

本研究借鉴 Yu-Chih Huang（2013）提出的 3D 虚拟旅游网站研究的理论模型和研究框架，用以检验上海市"建筑可阅读"计划实施以来，建筑智慧导览服务体系的游客体验、反馈和支持情况，并选取上海市 6 个"建筑可阅读"体制试点区进行实证研究，一定程度上丰富了旅游营销领域的相关研究。

5.3 管理启示

本研究结合上海市"建筑可阅读"体制试点这一背景进行了实证研究。从建筑智慧导览服务体系开发设计的角度来看，目的地营销者应注重技术的易用性和实用性，深挖风貌区建筑文化内涵，删繁就简及时更新；语言通俗重点突出，提高内容易读性；考虑不同设备与人群，提高系统易用性；结合主旨互动解说形式，提高情感性认知；建立互动反馈机制，提升服务管理水平，给游客更好的沉浸式虚拟体验，从而加强游客对建筑智慧导览服务体系的支持态度。

5.4 研究局限

本研究存在一定的局限性主要体现在以下两方面。首先，本研究探索了上海市 6 个区域的建筑智慧阅读导览体系的游客体验情况，但每个区域的被访数量不均且样本偏小，可能无法将其推广到其他旅游目的地。其次，本研究只是基于技术接受模型和享乐理论决定因素的部分维度，未来的研究可以调查研究其他能够影响享乐体验和支持态度的其他重要维度，如结合社会、文化或心理因素等。后续研究可选取涵盖不同地域高校的样本，采取更加科学有效的指标测量方法，以便得出更具普适性的研究结论。

参考文献

［1］ Cho Y，Wang Y，Fesenmaier D R. Searching for experiences e the webbased virtual tour in tourism marketing. Journal of Travel & Tourism Marketing，2002，12（4）：1－17.

［2］ Berger H，Dittenbach M，Bogdanovych A，et al. Opening new dimensions for e-tourism. Journal of the Virtual Reality Society，2007，11（2－3）：75－87.

［3］ Koufaris M. Applying the technology acceptance model and flow theory to online consumer behavior. Information Systems Research，2002，13（2）：205e223.

［4］ 龙贞杰，刘枚莲.面向电子商务的消费者行为态度模型研究［J］.社会科学家，2005（05）：154－157＋161.

［5］ Kim D Y，Park J，Morrison A M. A model of traveller acceptance of mobile technology［J］. International Journal of Tourism Research，2008，10（5）：393－407.

［6］ 林佳青.基于技术接受模型的用户对交易型旅游网站的持续使用意愿研究［D］.泉州：华侨大学，2019.

［7］ Venkatesh，V. Determinants of perceived ease of use：integrating control，intrinsic motivation，and emotion into the technology acceptance model［J］. Information Systems Research，2000，11（4），342－365.

［8］ 徐菲菲，黄磊.景区智慧旅游系统使用意愿研究——基于整合 TAM 及 TTF 模型［J］.旅游学刊，2018，33（08）：108－117.

［9］ Guo Y，& Barnes S. Purchase behavior in virtual worlds：an empirical investigation in second life. Information and Management，2011，48（7）：303－312.

［10］ 桂怡芳.旅游 APP 用户持续使用影响因素研究［D］.武汉：武汉大学，2016.

［11］ Saade R G G，Kira D. The emotional state of technology acceptance［M］. Information Universe：Journal of Issues in

　　　　Informing Science & Information Technology，2006：3.

[12]　周波，周玲强，吴茂英.智慧旅游背景下增强现实对游客旅游意向影响研究——一个基于 TAM 的改进模型[J].商业经济与管理，2017(02)：71－79.

[13]　Grappi S，Montanari F. The role of social identification and hedonism in affecting tourist re-patronizing behaviours：the case of an Italian festival. Tourism Management，2011，32(5)，1128e1140. http：//dx.doi.org/10.1016/j.tourman.2010.10.001.

[14]　Goossens G. Tourism information and pleasure motivation. Annals of Tourism Research，2000，27(2)：301－321.

[15]　Holsapple C W，Wu J. User acceptance of virtual worlds：the Hedonic framework[J]. ACM SIGMIS Database，2007，38(4)：86－89.

[16]　方微，周波，沈旭炜.智慧旅游背景下游客对移动增强现实技术使用意愿研究——基于技术接受和 PAD 理论的整合模型[J].浙江树人大学学报(人文社会科学)，2017,17(03)：37－45.

[17]　李亚恒，陈金华.基于 TAM 的旅游 APP 持续使用意愿研究[J].西安建筑科技大学学报(社会科学版)，2019,38(02)：35－41.

[18]　Hsu C L，Lu H P. Why do people play on-line games? An extended TAM with social influences and flow experience. Information & Management，2004，41(7)：853－868.

[19]　Novak T P，Hoffman D L，Yung Y. Measuring the customer experience in online environments：a structural modeling approach[J]. Marketing Science，2000，19(1)，22－42.

IRT 框架下乡村旅游发展状况研究
——以上海崇明仙桥村为例

贾增慧　毛润泽

（上海师范大学旅游学院,上海　200234）

摘要： 一体化乡村旅游(IRT)作为理论框架被广泛应用于欧洲发达国家的乡村旅游,所涵盖的 7 个要素(网络、内生性、嵌入性、互补性、规模、赋权、可持续)可用于衡量乡村地区一体化发展进程。在该理论指导下,本文选择全国乡村旅游重点村上海崇明仙桥村为案例地,通过实地走访调查,同时与该地的利益相关者群体(村民、相关企业、组织机构)进行深度访谈,旨在评估该地乡村旅游的发展状况,尝试为乡村旅游发展提供理论与现实依据。调研结果表明,仙桥村当地以本地农产品和非遗土布工艺为载体,民宿、农家乐发展为特色,亲子游为目标市场,进行多元化发展,已具有一定影响力。发展最大的障碍是当地乡村旅游发展规模不能满足游客需求,并且存在客源不稳定的问题,但当地居民均表示该地发展潜力巨大。

关键词： 一体化乡村旅游;利益相关者;仙桥村

1　引言

　　旅游业越来越被视为解决发展中国农村经济的有效工具,旅游业被用于经济多样化、开辟创造收入和就业的新途径。一直以来,西方发达国家的乡村旅游具有极强的生命力和巨大的发展潜力[1]。相比之下,早些时候我国乡村旅游的发展规模小,发展限制条件较多,对当地经济作用促进不大,所以导致大多数农民倾向于优先发展传统农业,忽视乡村旅游的发展,加之由于资金的缺乏,交通运输条件的落后,基础设施的不健全以及服务人员缺乏必要的培训等,使得乡村旅游的发展仍然处于较低水平。随着我国对乡村的发展越来越重视,"乡村振兴"战略的提出,新型城镇化建设的背景之下,乡村旅游发展迅速。乡村度假、乡村地产、乡村养老等新型业态出现,田园综合体、特色小镇、全域旅游、旅游功能区等概念被提出[2,3],前几年国内学者对城乡一体化、城乡旅游一体化的研究达到高峰[4],近来乡村旅游的"产、村、景"一体化规划研究[5,6]、乡村旅游与新型城镇、乡村振兴战略融合研究[7,8]也引起学者的重视,由此可见,整合乡村旅游资源、打造综合旅游乡村旅游目的地已经成为当前我国乡村旅游的发展趋势。欧洲一体化乡村旅游(IRT)对旅游业进行整体概念化,强调一种全面、综合的理念,协调参与者、资源与关系之间的矛盾,概念指出评估乡村旅游的七个指标:网络、规模、内生性、嵌入性、互补性、赋权和可持续,经常被国外学者用来评估乡村地区的整体发展水平。

　　作为上海六个全国乡村旅游重点村之一的仙桥村,位于上海市崇明区竖新镇,凭借创意农业、特色民宿、传统工艺等体验活动吸引了大量游客,近几年该村乡村旅游发展开始形成规模与影响,是上海乡村旅游发展的典型代表。本文借助 IRT 的理论框架设计访谈提纲,通过实地走访调研,与当地村民、居委会、农家乐、民宿管理者以及合作社负责人等利益相关者进行深度访谈来了解当地乡村旅游的发展情况。

2　文献综述

2.1　一体化乡村旅游

　　一体化乡村旅游(Integrate Rural Tourism)的概念最早出自欧洲的 SPRITE(支持和促进欧洲落后农村地区的综合旅游)项目,该项目旨在评估旅游业可以在哪些方面进行整合,将评估结果整合到整个欧洲落后的农村地区,并就如何进一步改善这种整合提出建议(Stabler,1997;Swarbrooke,1999;Saxena et al,2007)[9,10],

该项目最早实施于欧洲的六个国家。"一体化"意味着构建一个旅游对某地区环境、社会文化、经济影响范围的整体框架,有学者将一体化乡村旅游与空间整合、人力资源整合、机构一体化、创新整合、经济一体化、社会融合、政策整合、时间整合、社区融合等概念进行区分[10]。一体化乡村旅游是指试图整合所有方面的乡村旅游。

一体化乡村旅游立足于农村发展,将农村地理学、社会学、生态学、文化经济学等多学科相融合,同时结合社区研究、可持续旅游和利益相关者等概念的研究。这意味着一体化乡村旅游的概念要涵盖旅游的环境、经济、社会、文化和政治影响的各个方面,能够将多种与农村旅游相关的利益相关者的多样性相结合(Jenkins,Oliver,2001)[11]。一体化乡村旅游是通过建立与该地区传统活动相辅相成的内生和嵌入式小型旅游社会网络来实现的[12]。这个网络通过一系列关键变量(包括网络本身、赋权、内生性、互补性和嵌入性)成功地使这个旅游业可持续发展[13]。因此,一体化乡村旅游可以被定义为"与发生地点的经济、社会、文化、自然和人力资源明确相关的旅游"(Saxena,Clark,Oliver,et al,2007)[10]。在实践中,它指的是一种与当地资源、产品以及居民有着清晰纽带的旅游。

IRT框架由网络、规模、内生性、嵌入性、互补性、赋权、可持续7个基本要素构成,其具体定义见表1。

表1　一体化乡村旅游基本要素的定义

要　素	主　要　内　容
网　络	这些可以定义为一组行为者或代理人以及将他们联系在一起的关系纽带的配置,这些关系纽带能够将来自不同背景和利益的人以及在地方、区域或国家各级发挥代表性作用的类似利益集团的成员协会聚集在一起
规　模	旅游活动在资源的规模、空间和时间分布,相对于现有的基础设施(物理和自然)的地区
内生性	当地利用拥有的自然、人力、社会文化和经济资源发展旅游业的程度
嵌入性	旅游活动与当地文化和身份的关系。它强调了旅游活动发生的地域背景,从而通过区分社区成员和社区外的人来重申建立文化认同
互补性	发展旅游活动与传统生产活动相结合,实现居民与游客资源共享
赋　权	加强个人的信心和自尊,考虑到社会上所有行动者的利益,并加强他们对与旅游业有关的行政、监督和决定产生影响和参与的能力
可持续	主要的参与者,尤其社区参与者,是否能达到收支平衡;对于自然、人工、社会和经济资源的质量维持不下降的能力

2.2　利益相关者

一体化乡村旅游的研究经常与利益相关者理论相结合。Gunn(1998:317)指出"社区整合是一个管理复杂的利益相关者体系和资源的综合方法"。Sonia等分析特定乡村旅游目的地不同利益相关者之间互动的类型和性质[14]。Lemmetyinen,Go(2009)指出,为了有效地促进乡村旅游和地方发展,旅游网络的协调需要与当地各利益相关方进行密切的工作互动[15]。Clark,Chabrel(2007)选择欧洲12个乡村区域内的社区居民、资源管理者、看门人(如旅游经营者和目的地营销组织)、游客和主要机构的人员进行调查分析,寻找操作性强的衡量一体化乡村旅游价值和发展进程的方法[9];Brian等选取具有发展一体化乡村旅游潜力的英格兰威尔士边境地区为案例地,调查了旅游参与者和看门人(如旅游经营者和目的地营销组织)对一体化乡村旅游的态度,结果表明,他们对一体化乡村旅游持有积极的看法[16]。Cawley,Gillmor(2008)指出一体化乡村旅游考虑了利益相关者的作用,以及发展过程中应注意的问题[17]。Marzo,Pedraja Vinzn L,(2017)认为发展一体化乡村旅游需要考虑旅游发展中各个利益相关者的看法,尤其是居民的看法,利益相关者之间的合作是一体化乡村旅游成功的起点,他们的研究目的是为了实现乡村旅游的一体化发展,确定利益相关者间伙伴与合作关系的类型[13]。基于以上研究,国外一体化乡村旅游将旅游发展的利益相关者群体分为六种:游客、居民、守门人、企业、机构、资源管制者,详见表2。

表 2　利益相关者群体定义

群　体	主　要　内　容
游客	包括日间游客和过夜游客
居民	包括老年人(长期居民)、新居民(新来居民)、本地人
守门人	在传播信息方面具有权威性作用,营销中介(例如旅游经营者、包装商、广告商)、向该地区营销并向游客提供信息的个人和代理人
企业	住宿、酒店、旅游、运输以及零售等各个领域
机构	促进、规划、管理和资助旅游业的公共部门
资源管制者	非营利部门,在目的地的环境、社会、文化、经济和政治问题上发挥着重要的缓冲作用

由于政策、国情的不同,不同地区、不同发展阶段的乡村旅游的利益相关者也不尽相同,中国乡村旅游一体化利益相关者构成的研究应该更注重中国乡村旅游在发展过程中的特点。在借鉴国际一体化乡村旅游研究中对利益群体从功能定位上的划分和研究,国内学者张晓慧(2011)对我国乡村旅游的利益相关者进行了划分,与国外学者一样分为乡村旅游者、乡村社区成员、乡村旅游企业、守门人、机构、资源控制者六个群体,在此基础上依据我国乡村发展的现实情况,对各个群体所对应的部门与机构进行明确[18]。结合我国实际情况,本研究将我国乡村地区利益相关者分为四个群体:游客、村民、商户和企业、组织机构,详见图 1。

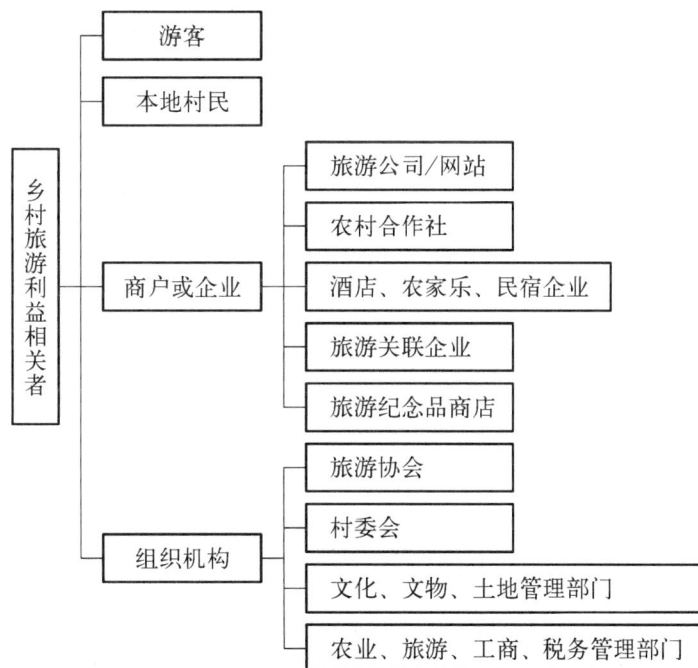

图 1　乡村旅游利益相关者

3　研究设计

3.1　案例地情况

仙桥村位于上海市崇明区竖新镇,仙桥村位于崇明岛中北部,区域面积为 1.4 平方千米,共有 745 户农户,总人口为 1 683 人。近年来,仙桥村大力调整农业产业结构,全力打造绿色经济、生态农业新亮点,走出了一条集观光农业、生态农业、农旅结合为一体的新型农业发展之路,现代农业特色凸显,农旅发展深度融合。仙桥村在村域布局上按照"三区一线"差异化目标发展,即打造农业生产区、居住生活区、服务功能区和生态农业旅游线。全村实现了 98% 的农业土地流转,并引进优质专业合作社进行生产、经营,目前已形成粮食种植、水产养殖、果蔬采摘等六大发展板块；木棉花手工社以非物质文化遗产土布为原材料，供游客体验手工；仙桥村以特色"民宿文化村"建设为抓手，与来自世界各地的艺术家共同创办"创意民宿"，打造了"设计丰收""玖居""憧憬"等多家民宿，"仙秀苑"等农家乐，吸引了大批游客前来体验乡村低碳环保生活。目前为止仙桥村的乡村旅游发展颇具规模。

3.2　研究方法

3.2.1　实地考察

在案例地进行走访考察，收集当地乡村旅游发展资料。对该地的交通、基础设施（停车场、厕所等）、娱乐设施、旅游标识标牌等进行实地了解，调研当地开展的特色农业活动、农家乐的开展情况、当地的风俗民情、传统特色工艺、非物质文化遗产等旅游文化遗产的保护及利用情况。

3.2.2　访谈法

在对仙桥村乡村旅游一体化发展状况进行评估时，参考依据一体化乡村旅游的七个构成维度来设计了访谈大纲。结合实际情况，将我国乡村旅游发展的利益相关者分为四个群体，即游客、居民、相关商户或企业、组织机构。由于游客样本数量较少，故本研究只针对后三个群体进行调研，通过与他们进行深度访谈来获取相关信息。

4　结果

利益相关者群体对旅游的每个方面的评估有些不同，这些差异是预料之中的，也是对乡村旅游发展更深入理解的关键。更好地了解当地的旅游动态可以帮助指导决策，最终实现当地的合作与效益最大化。下面将使用调查的大量文字结果来详细探讨乡村旅游一体化的七个维度发展程度。

4.1　网络

网络化是衡量利益相关者如何有效地共同支持旅游业的一种手段。通过实地走访与访谈，了解到该地的网络组织涉及多个利益相关者，该地有居民1 683人；当前有六个农村合作社，即上海春润水产养殖专业合作社、上海惠杰果蔬合作社、壮禾合作社、普仙坊合作社、正禾果蔬合作社等；20家民宿、15家左右农家乐，并且还在增加中；以土布工艺传承、镇海庙的旅游资源开发为代表的旅游企业与组织机构、仙桥村居委会组织。受访者表示一般都是通过口口相传或者非正式沟通了解网络组织，在村民、企业和机构看来，本地的旅游企业和机构都共同推动了乡村旅游的发展，共同合作开发旅游产品。比如"花觅民宿"就是由同济大学艺术学院设计丰收团队来打造的，"花觅"本来是一栋三层农家小楼，屋主常年不住在村里，团队租下整栋楼重新设计成创意民宿。

网络分为正式网络和非正式网络，这些都是通过"弱"和"强"关系来实现的（Granovetter，1973，1985）。弱关系是通过高度正式化的短期关系实现的，具有开放的特性，通常意味着"合作"的互动方式或"横向关系"，可以包括从企业和组织到当地非政府组织、社区团体和个人的不同成员之间的关系。强关系涉及更密切的关系，往往是重复交易，并在隐含的理解基础上进行谈判。通过基于信任的社会意义关系，提供建议或分享信息来促进参与者之间的联系过程，这是交换伙伴自愿改变其战略以适应其他合作伙伴的愿望的程度（Wellman，Gulia，1999；Saxena，2006）。强网络是分层、合作和竞争交互模式的组合，用于实现特定的共享业务目标，例如针对新市场，联合产品开发，联合制作或联合营销，并且可能需要正式分享利润或资源的协议[10]。通过访谈得知，由于当前旅游发展规模较小，仙桥村当地的网络关系一般以弱网络，即正式网络为主。

4.2　规模

乡村旅游规模与该地的承载能力有关。考察过程中发现，该地有停车场、旅游标示标牌、公共厕所、游客服务中心、自行车驿站以及健身步道等，不断完善旅游配套设施。就访谈结果来看，六位访谈者都提到当前仙桥村发展的最大障碍是客源不稳定，以及基础的配套设施（厕所、餐饮等）不够便利，娱乐活动的选择缺乏多样性。不论是居民、企业还是村委书记最担心的问题就是该地是否有能力接待更多的游客。村民黄阿姨提道："居委会对面的老年活动中心本来是政府为照顾老年人，用来为老年人有偿供应餐食的，但是考虑到前来用餐的人员数量不能保证,可能会造成食物浪费,所以迟迟没有开放。"在调研期间我们还发现,在当地入住的游客需要提前预订才能品尝到当地美食。虽然近些年来,当地的游客数量一直在增加,但还是存在淡旺季比较明显的特征。合作社的一位代表提道:"当地应该适当发展高端民宿,以满足高收入人群的需求,以增加他们的停留时间。"

4.3 内生性和嵌入性

尽管这两个维度是有差别的,但是在访谈过程中,内生性和嵌入性总是被联系在一起被提到。嵌入性是在内生性的基础上进行发展的。嵌入性不仅表明资源或活动与地方直接相关,而且表明关系是在特定地区的特定社会文化背景下形成的,并且嵌入的独特的社会文化特征和身份,有助于塑造关系和网络(Saxena,Ilbery,2007)。企业和组织机构最关注的是当地乡村旅游如何利用本地资源(包括土地、农业、风俗、特殊工艺、自然和文化资源等)。在仙桥村,当地的旅游公司、企业的所有者和管理者基本是本地人,内生性主要通过以下几种方式实现。一是自然资源,当地镇海寺正在进行开发扩建;二是文化资源,当地的非物质文化遗产——土布,引进木棉花开土布坊,深入挖掘崇明本地文化特色,选址于农户家中,形成展示区、销售区、DIY手工制作区三位一体的格局。土布工艺工作室的成立将作为发展样板,通过吸取成功经验,挖掘更多的本土特色文化,如编竹编、蒸崇明糕、做圆子、腌酱瓜、咸菜等,逐步变成村委管理、农户自主经营的模式,为游客提供更多的体验当地文化和感受农村气息的机会;三是农业资源,仙桥村大力调整农业产业结构,积极发展休闲农业观光旅游,全力打造绿色经济、生态农业新亮点,与多个农村合作社合作,建立"田间课堂"、果园采摘等亲子活动;四是民宿、农家乐的发展。"玖居"是仙桥村的一个民宿品牌,下设"寻找""遇见""恋歌""田野"等不同主题,经营方已在村里租下了9栋民宅经营民宿,其中还有一个"玖居食馆"专门将老旧平房改造成了田间餐厅,为远道而来的游客提供美味可口的特色崇明菜。

4.4 互补性

乡村旅游的发展在一定程度上为当地的居民带来了好处,提供了一部分就业机会。调研发现,当地的娱乐设施,如广场、健身步道、餐厅等公共游憩空间和服务设施游客与居民可以共同享受。受访者均表示支持本村发展旅游,受访者提到由于村子里老人比较多,有游客来可以增加人气,老人可以跟年轻人聊天。并且随着旅游的发展,仙桥村的环境也越来越好。合作社管理者表示,虽然之前可能会认为乡村旅游会给他们的农产品种植和养殖带来破坏,但经过实践发现,旅游的发展从长远来看会给他们带来潜在消费者与收益。但是有两位受访者提到,有些游客尤其年轻人的素质不是很高,有时会存在乱丢垃圾的现象。

4.5 赋权

赋权涉及当地村民影响发展进程的能力,并强调他们参与的重要性。当地人对旅游的控制越多,旅游的需求就越多地植根于当地的网络。多数人对本村的乡村旅游的发展感到自豪,并且表示他们很尊重和信任管书记(仙桥村村委书记),他做的决定都顾及到了村民们的利益。合作社的一位代表说在进行农产品销售时,他们采取会员制,而不是对外的,这样做的原因避免与村民的利益产生冲突。随着乡村旅游的发展,多数村民都实际感受到了旅游带来的直观利益。

4.6 可持续

IRT中的可持续侧重于不同资源领域(如社会、环境和经济)之间的联系,即网络和信息交换(Saxena,Clark Oliver, et al.,2007),IRT的核心是关注特定地区经济、社会、文化、自然和人文方面的联系,即网络和结构(Jenkins,Oliver,2001;Saxena,Clark Oliver, et al,2007)。IRT的一个重要特点不仅要集中在经济、体制、人力资源、社会和政策层面,而且要集成促进更成功的乡村旅游的途径或网络(Saxena,Clark Oliver, et al.,2007)。在调研和访谈中,我们发现仙桥村的生态环境被保护得很好,并且在上海推行垃圾分类之前该地就已经在实施了,当地村民一直十分注意本地的环境保护。相反,有访谈者提出有些游客会乱丢垃圾,不过也只是少数。仙桥村在可持续方面存在需要引起重视的问题是村内人口老龄化、空心化现象比较严重,后续可持续发展不是很乐观,很多年轻人都到上海市区工作,当地也在寻求机遇吸引年轻人回村发展创业。

5　结论

从以上的调研与访谈结果来看,在该地发展旅游业对于当地的发展是有好处的,主要分为以下几个方面。

（1）直接经济效益。旅游业与当地经济之间的一体化联系具有相当大的潜力,可以增加农村地区的附加值,减少农村地区的价值流失,从而提高收入和就业机会。

（2）体验的好处。产品服务营销和包装能够为游客提供独特的本地和优质产品服务,游客体验农产品采摘、土布制作手工、农家乐和民宿,这些都为游客和本地村民带来更好的体验。

（3）保护利益。IRT能够通过不同行动者之间的密切合作以及实际活动,改善自然和人为资源的保护和再生动力,可以提高娱乐和旅游供应商参与可持续发展的能力。

（4）发展。IRT可以成为农村多元化和农村多功能性发展的途径,为落后地区的发展提供新机遇。它可以允许当地经济参与者激发当地对市场趋势的积极响应,例如市场细分,利基市场营销和新产品开发,从而利用当地的资源。它还可以对农村和区域形象进行潜在有益的利用。

（5）协同效益。IRT为农村和区域发展提供了协调和一致的制度政策的可能性,并鼓励一系列当地行动者之间建立伙伴关系,这些行动者可以在网络间的协同作用和参与的基础上获得更广泛的发展利益。

与此同时,该地乡村旅游发展也存在障碍,尤其是规模的问题。规模弱点在发展中国家特别明显,与发达国家的乡村旅游发展相反,旅游业扩展到农村需要大量的基础设施投入,如果没有政府的干预和投资者的支持,消除这些几乎是不可能的（Blackstock,2005；Manyara,Jones,2007；Ribeiro,Marques,2002；Sharpley,2002；Jamal,Getz,1995）。该地发展在规模上有困难,但是对乡村旅游而言,有学者指出小规模旅游仍然被认为是可行的,小规模旅游是真正的乡村旅游的精髓,通常是最可取的（Cawley,2008）[19],不过这并不意味着基础设施的改善不能成为乡村旅游的发展方式。适当扩大规模,尽可能满足游客需求,形成长期稳定的客源是当前仙桥村乡村旅游发展亟待解决的问题。考虑到长三角地区以及该地其他新兴市场的竞争,需要确定该乡村旅游业的独特属性,确定目标市场,并为该产品创造可识别的品牌形象。另外,如何吸引年轻人回村发展,引进人才也是当前仙桥村面临的困境。

6　思考与讨论

一体化乡村旅游在国外乡村旅游中应用广泛,国内学者将一体化乡村旅游与我国乡村振兴战略相结合,提出发展建议[8]。如何使得一体化乡村旅游适合我国国情,使其本土化,是今后研究的方向。游客是乡村旅游最大的利益相关者之一,其感知与评价对评估乡村旅游发展具有重要的参考价值,本研究缺少对游客的调查访问,是本研究的不足。未来的研究可以探讨农村交换网络的结构和利益相关者的优先顺序,使其具有不同程度的显著性;还可以对利益相关者的关系进行进一步的研究,以更好地理解各种参与者竞争和合作潜力的基础;另外对于乡村旅游的评估方法,采取定量研究的方法也有待探索。

参考文献

［1］　何景明.国外乡村旅游研究述评［J］.旅游学刊,2003(01)：76－80.
［2］　李灵美.城乡一体化背景下旅游功能区规划研究［D］.昆明：云南财经大学,2015.
［3］　杨伟容,陶卓民,张树夫.国内城乡一体化与乡村旅游研究综述［J］.四川旅游学院学报,2015(06)：45－47.
［4］　张岚.对"产、村、景"一体化的乡村规划发展研究［J］.城市建筑,2017(5)：40.
［5］　杨世河,章锦河,王浩.城乡旅游一体化研究［J］.经济地理,2008(01)：142－146.
［6］　恒容,常芳,聂工强,等.乡村旅游与新型城镇融合的生活场所空间建构分析——以咸阳市永寿县等驾坡村为例［J］.旅游世界·旅游发展研究,2017(4)：18－22.
［7］　李燕琴.乡村振兴战略的推进路径、创新逻辑与实施要点——基于欧洲一体化乡村旅游框架的启示［J］.云南民族大学学报(哲学社会科学版),2019,36(04)：63－69.
［8］　Clark G,Chabrel M. Measuring Integrated Rural Tourism［J］. Tourism Geographies,2007,9(4)：371－386.

［9］　Saxena G，Clark G，Oliver T，et al. Conceptualizing Integrated Rural Tourism[J]. Tourism Geographies，2007，9(4)：347－370.

［10］　Jenkins T，Oliver T. Integrated Tourism：A Conceptual Framework，SRRITE Working Paper 1. SPRITE Project[R]. Aberystwyth：University of Wales，2001.

［11］　Marzo-Navarro M，Pedraja-Iglesias M，Vinz N L. Development and Validation of the Measurement Instruments of the Determinant Elements of Integrated Rural Tourism[J]. Journal of Hospitality & Tourism Research，2013，40(4)：476－496.

［12］　Marzo-Navarro M，Pedraja-Iglesias M，Vinz N L. Key variables for developing integrated rural tourism[J]. Tourism Geographies，2017，19(4)：575－594.

［13］　Nogueira S，Pinho J C. Stakeholder network integrated analysis：the specific case of rural tourism in the Portuguese Peneda-Gerês National Park[J]. International Journal of Tourism Research，2014，17(4)：325－336.

［14］　Lemmetyinen A，Go F M. The key capabilities required for managing tourism business networks[J]. Tourism Management，2009，30(1)：31－40.

［15］　Ilbery B，Saxena G，Kneafsey M. Exploring Tourists and Gatekeepers' Attitudes Towards Integrated Rural Tourism in the England-Wales Border Region[J]. Tourism Geographies，2007，9(4)：441－468.

［16］　Cawley M，Gillmor D A. Integrated rural tourism：Concepts and practice[J]. Annals of Tourism Research，2008，35(2)：316－337.

［17］　张晓慧.基于利益相关者的一体化乡村旅游研究[D].咸阳：西北农林科技大学,2011.

［18］　Cawley M，Gillmor D A. Integrated rural tourism[J]. Annals of Tourism Research，2008，35(2)：316－337.

重庆农村一二三产业融合发展中休闲农业空间布局及影响因素分析①

刘玉丽

（重庆第二师范学院旅游与服务管理学院，重庆 400065）

摘要： 在休闲旅游成为人民向往美好生活重要组成部分和农村一二三产业融合发展成为乡村振兴战略重要抓手的双重背景下，发展休闲农业具有特殊重要意义。作为大城市大农村并存的重庆市，其休闲化指数近年来位居全国前十，休闲农业的横向和纵向发展空间大，且意义非常。基于地理集中指数和基尼系数对重庆市休闲农业分布的测度发现，重庆休闲农业总体分布均衡，以行政划分区域为单位进行测算，各休闲农业点在所在行政区域内呈聚集式分布。要实现重庆农村长远有效发展，应将休闲农业发展视为农村一二三产业融合发展的助推器，将休闲农业划分为单一服务型休闲农业和三产融合型休闲农业，通过发展休闲农业实现农村建设。

关键词： 休闲农业；产业融合；空间布局

1 引言

发展休闲农业是美丽乡村建设中整合农村资源，促进一二三产业融合发展的有效途径。早先研究认为，产业融合始于产业之间的技术关联（SahaD，1988）。一般认为最早提出产业融合思想的是罗森伯格（1963）对美国机械工具业演化的研究，随着 20 世纪 70 年代信息技术的迅速发展和经济服务化的深入推进，产业融合现象迅速形成，产业融合现象真正进入了人们视野，并从技术视角拓展到产品、产业、市场视角。休闲农业从狭义的角度来看，只包括休闲农场、乡村民俗、农家乐等。从系统的观点来看，单一产业的成功离不开整个产业环境的整体改善和共同成长，中国乡村休闲农业的发展必然是立足在第一、第二产业的基础上，包括旅游业、住宿业、交通运输业、餐饮业以及礼品业等产业参与的整体性发展。我国自 2014 年起不断出台措施推进农村一二三产业融合发展，将农业生产向产业化、市场化推进，休闲农业仅涉及观光、休闲和体验等单一功能的传统观念，也在一二三产业融合发展的背景下不断向深化融合机制发展。文章引用贾新平对休闲农业的界定，休闲农业是以农业为基础、农民为主体、绿色发展为导向、休闲观光为目的，贯穿农村一二三产业，融合生产、生活和生态功能，紧密连接农业生产、农产品加工业、旅游服务业的一种新型产业形态和新型消费业形态[1]。将重庆市 2019 年官方公布的休闲农业名单根据产业融合状况进行分类，并采用地理集中指数和基尼系数等方法研究各类休闲农业的空间分布特征，并对影响分布的因素进行分析，最后以一二三产业融合发展的视角对重庆市休闲农业发展模式、路径和推进策略提出建议，以助于深化重庆地方农业供给侧结构性改革和农业全产业链升级，细化乡村振兴的实施政策。

2 研究区概况和数据来源

2.1 研究区概况

2.1.1 休闲农业发展前提

重庆位于中国内陆西南部、长江上游，集大城市、大农村、大山区、大库区于一体，现今是集大城市大农

---

① 基金项目：重庆市教育委员会人文社会科学一般项目"重庆农村一二三产业融合发展水平测度及推进策略研究"（19SKGH204）

村于一体的网红城市,近年来市民休闲化指数位居全国前十。研究表明,城市的休闲化是后工业化时代城市发展的一种形态,是指一个城市在人均GDP达到3 000～5 000美元阶段以后,进入的一个在居民生活方式、城市功能、产业结构、公共基础设施和生态环境等方面相继形成休闲化特点的发展时期。根据华东师范大学休闲研究中心楼嘉军教授带领团队调查所得研究数据显示,重庆2019年的休闲化综合排名位居前五,休闲化程度较高,数据同时显示,重庆的人均GDP在6万左右,排在的全国36个省、直辖市倒数第五位,人均可支配收入2万左右,在全国36个省、直辖市中排名倒数第一。这一看似矛盾的现象,恰好是重庆发展休闲农业的契机。

重庆适宜发展休闲农业。首先,重庆的经济总体发展水平较高。2019年重庆经济发展总量位居全国第四,城市在环境和交通方面的设施建设普遍走在西部前列,设施环境舒适,交通方式多元,出行方便快捷。其次,重庆市大城市大农村并存的特殊生态是发展休闲农业的肥沃土壤。大城市的规模为重庆发展休闲产业提供了基础,大农村为重庆发展休闲农业提供了动力源。立根于农村基础上的休闲农业,其横向和纵向发展空间相对其他城市更加丰富。最后,重庆的户外游憩化程度较高。重庆居民的生活方式有别于北方居民的室内休闲传统,有热衷于室外活动的生活习性,休闲观念和休闲舆论氛围都非常强烈,从而解释了重庆市居民人均收入并不高的情况下,居民休闲化程度较高的现象。

2.1.2 休闲农业发展基础

重庆农业基础深厚。首先,农村地域广,农村人口众多。重庆全市辖区面积8.24万平方千米,其中农村占95%。2018年末,全市户籍人口3 404万人,其中乡村人口1 746万人,占全市在籍人口51.3%。其次,农村发展政策多。2019年,重庆市农业农村委、市文化旅游委公布了重庆市休闲农业和乡村旅游示范单位名单,沙坪坝区中梁镇等105个镇被认定为"重庆市休闲农业和乡村旅游示范乡镇",南岸区南山街道放牛村等182个村被认定为"重庆市休闲农业和乡村旅游示范村(社区)",江北区干坝村生态农业园等301个点被认定为"重庆市休闲农业和乡村旅游示范村点"。

重庆旅游资源丰富。重庆既拥有集山、水、林、泉、瀑、峡、洞等为一体的壮丽自然景色,又拥有融巴渝文化、民族文化、移民文化、三峡文化、陪都文化、都市文化于一炉的浓郁文化景观。2015年5月,(中国)研究院日前发布了《2015年中国旅游城市吸引力排行榜》,重庆排名第一,成为中国最具吸引力旅游城市。2018年1～12月重庆市接待境内外游客59 723.71万人次,实现旅游总收入4 344.15亿元,同比分别增长10.13%和31.32%。

2.2 数据来源

该研究所采用的数据来源于《重庆市统计年鉴2012—2018年》,重庆市农业农村委员会,重庆市文化与旅游委员会2019年公布的《重庆市2019年休闲农业和乡村旅游示范乡镇名单》。截至2019年6月,重庆市业农村委员会和重庆市文化与旅游委员会确定并公布了105个以多产业主导型态融合发展的乡镇和182个旅游示范村(社区),以及301个单一产业型态的休闲旅游园,涵盖了37个区县。基于休闲农业点的代表性以及数据的科学性、可操作性等原则,该文以105个乡镇和182个旅游示范村(社区)以及301个个休闲农业景点为研究样本,借助ArcGIS10.2软件对所有景点进行地理空间可视化表达,绘制出重庆市休闲农业的空间分布图(见图1),以便进一步分析。

3 研究方法

该研究采用地理集中指数和基尼系数2个指标来分析重庆休闲农业的空间分布特征。

3.1 地理集中指数

地理集中指数是地理学研究中用来分析研究对象集聚程度的指标。该文用地理集中指数来研究各类休闲农业在重庆地域上的集聚状况。地理集中指数公式为:

$$F = 100 * \sqrt{\left(\frac{X_i}{T}\right)^n} \tag{1}$$

式(1)中,F 为休闲农业地理集中指数,X_i 为第 i 个区县休闲农业的数量,T 为重庆市休闲农业总数,n 为重庆市区县总数。F 介于 1~100 之间,F 越大,表示集聚越明显;F 越小,表示分布越分散。

3.2 基尼系数

基尼系数是经济学中用来表示收入分配均衡程度的重要指标,后来被引入到地理学研究中,是用来度量研究对象在区域内集聚程度的重要指标之一。其计算公式为:

$$G = \frac{-\sum_{i=1}^{N} p_i \ln p_i}{\ln N} \tag{2}$$

$$C = 1 - G \tag{3}$$

式中,G 为基尼指数;C 为分布均匀度;p_i 为第 i 个区域内休闲农业点数在全省所占比重;N 为区域总数。其中,G 值在 0~1 之间,G 值越接近于 0,表明区域间分布越平均;G 值越接近于 1,则表明区域间分布越集中。

4 休闲农业空间布局特征

4.1 休闲农业类型

在参考前人研究成果[2]并结合重庆休闲农业资源实际发展情况,本文依据产业数量分类标准,即以单一主导产业为主为专业型休闲农业园,在一定区域内多种主导产业集群式发展为综合性休闲农业园[3],以及文章开始引用的关于贾新平对休闲农业的界定,将休闲农业划分为单一服务型休闲农业和三产融合型休闲农业两大类,具体分类和分布情况见表1和图1。根据分类特征,将功能单一、产业单一的休闲农业示范点归类为单一服务型休闲农业,数量为 301 个,约占总量的 51.2%;将功能多样、多种主导产业集群式发展的示范乡镇和示范村(社区)归类为一二三产业融合功能较好的三产融合型休闲农业,数量为 287 个,占总量的 48.8%。这表明:① 重庆市民休闲时间和休闲能力促使重庆休闲农业市场需求增大,重庆市民间资本市场对休闲农业市场需求反应敏捷,促进了环主城区周边单一服务型休闲农业的发展;② 重庆市政府实施一系列乡村振兴战略,促使乡镇和村落社区以第一产业农业为基础,积极发展农旅融合的休闲产业集群;③ 以乡镇和村(社区)型态呈现的三产融合型休闲农业获政策扶持,在重庆行政板块内均衡分布,但受政策扶持力度、经济发展条件以及交通环境影响,其产业集聚发展水平和内部结构存在一定差异。

表 1 按照产业数量分类的休闲农业园

类　型	特　　点	数量	所占比例	代　表
单一服务型休闲农业	以单一主导产业服务业为主的农业园,是农业专业化生产的体现,是农业产业结构优化的发展趋势	301	51.20%	南岸区迎龙谷生态园
三产融合型休闲农业	立基农村农业,在一定区域内统筹深化一二三产业融合发展,以满足乡村到访者多样化需求	287	48.80%	城口北屏乡等乡村旅游村

4.2 市域分布特征分析

在 ArcGIS10.2 中利用 Quantities 进行可视化处理,按照自然断点法可将重庆休闲农业的市域分布状况分为 6 个层次(见图1)。图1中市域色块颜色越深,表示休闲农业分布越多。由图1可看到,重庆市单一服务型休闲农业以渝中区、南岸区和九龙坡区为中心点,依距离增长而不断增加数量,以圆圈状结构发展,形成了重庆地域市区所在的西部版块周边区县包围市中心的发展格局。其中以农业资源最丰富的永川市、江津市、綦江县、荣昌县、巴南区、潼南县、长寿区、涪陵区单一服务型休闲农业数量最多。另外,渝东北和经济较为发达的万州区和开县单一服务型休闲农业的数量与城市圈数量平衡。而在重庆两翼渝东北的巫溪县、

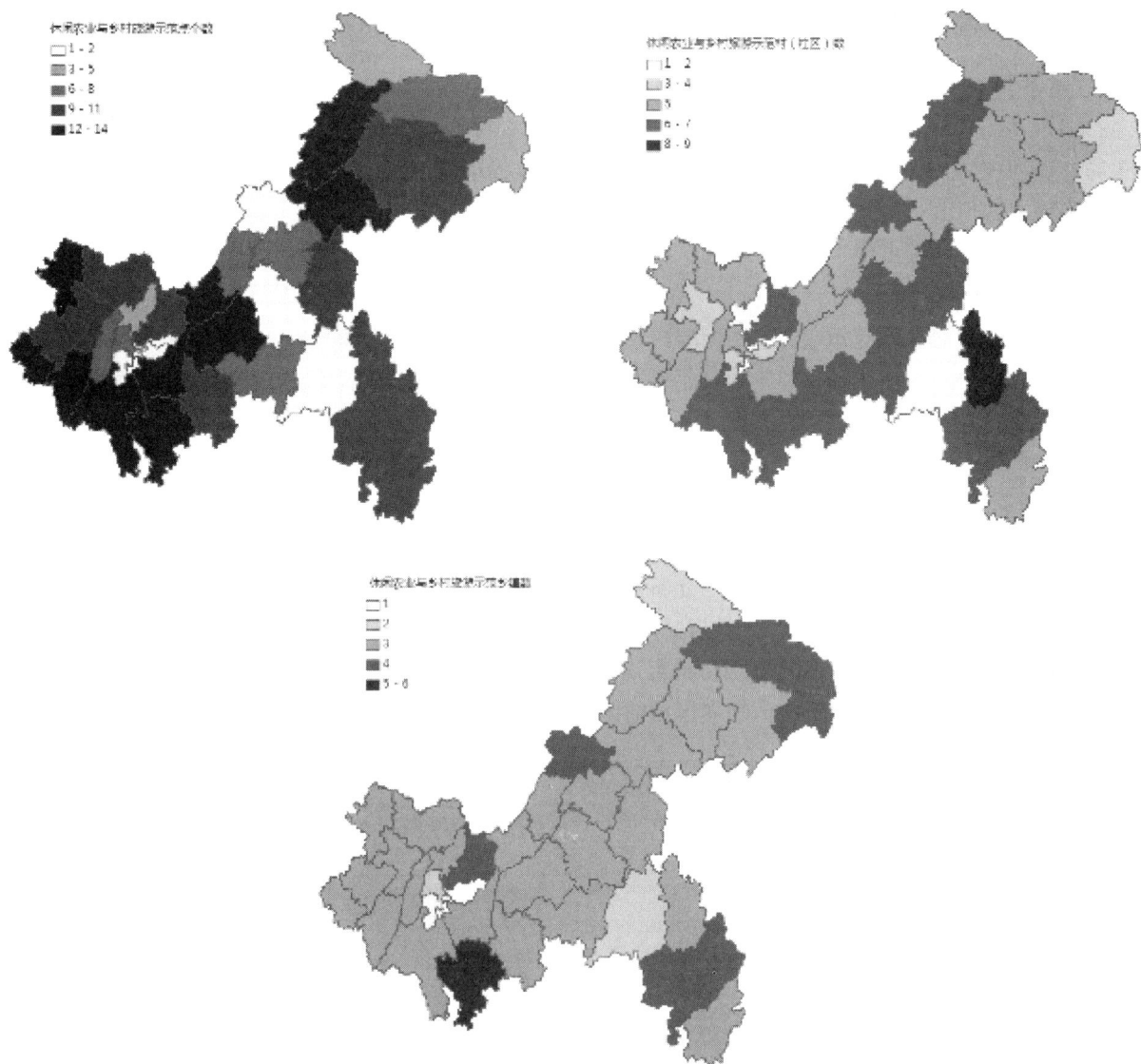

图1　重庆市不同类型农业产业园区分布

巫山县和渝东南的酉阳土家族苗族自治县,以及农业资源丰富的梁平县和渝北区,农业资源以三产融合型休闲农业型态呈现。由此可见,城市居民的休闲消费能力以及环主城发达的高速道路促生了绕主城区单一服务型休闲农业的发展机遇。渝东南和渝东北距离主城区远,受交通等条件的影响,单一服务型休闲农业没有市场,发展一二三产业融合的乡村休闲多功能体是未来可尝试的道路。

4.3　空间均衡程度分析

　　文章为了准确分析重庆市休闲农业空间分布的均衡程度,依据重庆市38个区县各自统计出的休闲农业资源数量,利用公式(2)和(3)计算得出重庆市旅游示范乡镇空间分布基尼系数 $G=0.9940,C=0.0060$;重庆市旅游示范村(社区)空间分布基尼系数 $G=0.9668,C=0.0332$;重庆市休闲旅游示范点空间分布基尼系数 $G=0.9454,C=0.0546$,说明以乡镇和旅游示范村(社区)形式展现的三产融合型休闲农业在37个区县内呈高度集中分布,在全市范围内分布均衡;而单一服务型休闲农业在37个区县内呈高度集中分布,在全市范围内分布不均衡。地理集中指数计算表明,重庆市单一服务型休闲农业地理集中指数 $F=18.2513$,相较于示范乡镇和示范村(社区)集聚程度最高,示范乡镇和示范村(社区)的地理集中指数相似,分别为17.2220和17.3317。结果进一步表明,重庆三产融合型休闲农业发展主要依赖政府政策扶持,如何以发展休闲农业为契机,在深化一二三产业融合发展背景下实现乡村振兴需要各个乡镇行政版块发挥更大的积极性和主动性。

5　重庆市休闲农业空间分布的影响因素

5.1　政策条件

2006 年 11 月,重庆市提出了"一圈两翼"发展战略。"一圈两翼"政策立足全市城镇体系现状和产业发展布局,以主城区为核心,1 小时通勤距离为半径的范围内,创造条件形成一个具有明显集聚效应、规模经济和竞争优势的城市群,带动渝东南、渝东北"两翼"地区发展。随后,重庆市政府一二三产业融合发展战略和乡村振兴发展战略陆续出台。

5.2　资源禀赋条件

休闲农业是农业和旅游相融合和延伸的产物[4]。农业资源和旅游资源的相互融合程度影响着休闲农业的空间布局,图 1 显示,三产融合型休闲农业集中在重庆两翼的渝东北和渝东南。渝东北坐拥长江三峡国际旅游品牌,渝东南有土家民俗桃花源等旅游品牌,区位特征和资源独特优势更利于发展立足于农业基础上的、多产业融合的乡村休闲多功能体。

5.3　区位交通条件

重庆又名"山城""桥都",交通非常复杂。交通是影响产业发展的重要因素,从图 2 重庆市高速公路主干道图和图 1 重庆市不同类型农业产业园区分布可以看出,主城圈经济带依托便捷的高速公路网络让市民日益增长的休闲经济能力和休闲时间资本得到释放,同时也促进了主城圈 1 小时周边地带休闲农业景点的数量增长和市场繁荣。而重庆两翼渝东北和渝东南因交通线不发达,需要特色营建、以人类休闲美学要素为主导来延长经济带,以留住消费人群,增加逗留时间。

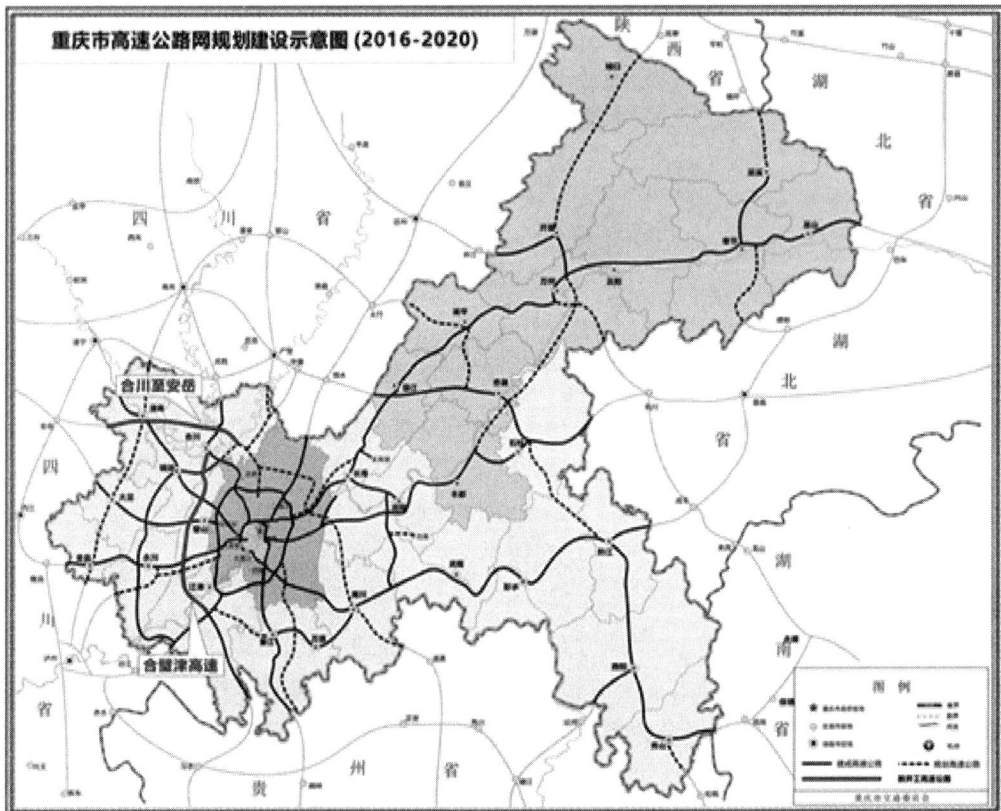

图 2　重庆市高速公路主干道图

资料来源：重庆市交通委员会官方网站

5.4　客源市场

重庆市的休闲化指数在中国城市休闲化指数报告中连年稳居前五,重庆主城区常住人口据统计有近 1

千万,这些人群是郊区转为城区的区域如巴南区、渝北区,以及离主城区辐射1～2小时车程的区县单一服务性休闲农业的主要客源。

6 产业融合背景下的休闲农业发展路径探讨

6.1 农民主动参与农村三产融合,发展乡村休闲农业

我国的乡村振兴战略现已由生产发展转移到产业兴旺,推动了农村一二三产业深度融合发展。农村不仅可以提供物质资源,还能够提供非物质资源,比如解决中国后工业化时期向工业化社会转变中的人的精神生存问题,提供乡情、乡愁等精神文化资源。另外,由于大城市的工作节奏较快,空气环境较差,交通状况拥堵,人口过于集中,城市居民对农村生态环境的追求更加强烈,对农村旅游消费的参与度逐渐提升,为乡村旅游与休闲农业提供了巨大的需求活力[5]。重庆市政府应加大对三产融合休闲农业规模和态势发展较好的乡镇村落的引导力度,从普惠金融、乡村自治、文化建设等方面制定政策和采取措施,激发当地农民建设乡村的自觉性和自主性,极力打造出乡村硬环境和软环境的"美",吸引更多的人到乡村中休闲,寻找乡愁。

6.2 休闲优化融合模式,推动乡村产业发展

产业融合模式的选择是产业融合成功的关键,融合行为选择的首要标准是实现利益最大化和帕累托最优化[6]。将休闲产业、休闲农业纳入重庆各区县、村镇建设,有助于地方经济发展和产业融合发展,有助于现有的产业融合模式的优化,如渝东南和渝东北因区位条件和交通条件适宜大力发展一二三产业融合度高的休闲小镇模式等。根据图1我们发现,渝西南江津区、綦江区、万盛区、南川区、武隆县、丰都县、石柱土家族自治县形成一条连续均衡的村落发展带,适合以休闲为主线,各村优势互补,相互依存,特色联盟、产业关联,以点聚面的休闲农业带整体产业发展模式。

参考文献

[1] 贾新平,梅雪莹,等.中国休闲农业发展现状及趋势分析[J].农学学报,2019,9(9):91-95.

[2][3] 冯建国,杜姗姗,陈奕捷.大城市郊区休闲农业园发展类型探讨——以北京郊区休闲农业园区为例[J].中国农业资源与区划,2012,33(1):23-30.

[4] 任开荣,董继刚.山东省休闲农业资源空间分布及影响因素分析[J].中国农业资源与区划,2017,10(38):185-191.

[5] 顾彦.乡村旅游创新发展 带动乡村消费升级[J].中国战略新兴产业,2018(11):57-59.

[6] 邬燕,周国忠.基于博弈论的会展产业融合模式研究[J].浙江学刊,2018(1):118-125.

基于文化赋能为支撑的航空旅游
升维发展模式探究

金永光[1]　吴永杰[2]

（1. 上海民航职业技术学院，上海　200232；2. 上海旅游高等专科学校，上海　201418）

摘要：中国航空旅游消费需求正向趣味性、体验性、特色性和文化性趋势发展，游客通过在空中不断调整角度、高度、位置、距离来观赏景色，增强航空旅游文化体验和审美情趣，以"空间换时间"的航空旅游已悄然兴起。本文从我国航空旅游业的现状作为逻辑起点，分析和论证航空业和旅游业在供给侧结构性改革、文化消费需求、国家政策扶持、城市群都市圈发展趋势和产业升级及业态整合等方面可持续发展的模式和路径，以文化赋能促进航旅融合。在我国经济发展放缓新常态背景下，旅游和航空二大行业有机联姻，同维度融合，借助文化赋能有效促进旅游和航空业的一体化协同发展。

关键词：航空旅游；航旅融合；文化赋能；升维发展

1　引言

旅游业与包括航空在内的交通运输业是两个密切相关的产业，相互依赖，相辅相成，是同一供应链上的不同环节。近年来，中国国内航空旅行的人数、旅游机场、旅游航线都呈现增长态势，航空企业与旅游饭店、旅行社、在线旅游（OTA）等也有了更多的关联。航空作为快捷的交通工具，为旅游点之间的通达提供了便利，促进了旅游目的地的发展和兴盛。同时旅游业的发展也加快了航空事业发展的步伐：旅游客流已经成为航空客流的重要组成部分，成为航空客流增加的主导力量，促使旅游城市和著名旅游景区民航机场的运量快速增长，机场网络覆盖和辐射范围越来越广，创造出新的旅游产品，这就是航空旅游。航空旅游也已成为一种新的旅游现象。《国务院关于促进旅游业改革发展的若干意见》指出：鼓励开发"多样化、特色化"航空旅游产品；支持企业丰富航空旅游产品，发展航空旅游；联合国家旅游局开展航空旅游试点，在行业内示范推广，引导航空旅游与短途运输融合发展新模式。但是，毋庸讳言，航空业和旅游业的同纬度融合虽有了量的提升，但是还缺乏质的飞跃，航空旅游的发展还需考虑商业模式的创新、产品多样化开发和文化赋能升维助推，其中尤其重要的是文化赋能升维助推的作用。

2　航空旅游市场现状分析

航空旅游，就是游客在低空空域（在我国原则上是指真高 1 000 米以下的垂直范围），依托通用航空运输、通用航空器和低空飞行器等所从事的旅游、娱乐和运动等活动。从概念上来说，航空旅游有两个特点。其一，航空旅游所属通用航空，是通用航空所从事的业务之一；其二，航空旅游活动的高度在 1 000 米以下，所以通常又称之为低空旅游。

航空旅游作为旅游与航空相互交集的一个新兴产业，在国外早已得到了极大的重视和发展，吸引了众多的游客，促进了旅游业的发展，呈现出良好的发展态势。相比较而言，现阶段我国的航空旅游尚属起步阶段，各方面还在尝试之中，存在着诸多亟待解决的问题。

2.1　空域问题

空域问题需要国家主管机构决策适当开放空域，否则用于旅游的航空器上不了天空。这个问题随着国家对空域开放、航空旅游的重视，将会逐步得到解决。在当前，空域开放是发展旅游航空的关键，制约着旅游航空事业的顺利发展。

2.2 观念认知和航空旅游的定位问题

目前无论是旅游业还是航空业,都还没把航空旅游提到产业转型的高度来认识,没有整体的发展规划,没有很好地挖掘其丰富的文化价值、采取措施促进其发展。由于我国各地对开发航空旅游项目定位认知不足,基础配套设施缺乏,服务措施比较落后,相关主题拓展产业发展也严重滞后,消费者以时尚体验性客群为主,尚未形成规模化的消费市场,客流量较少,可持续发展性较低。由于上述种种原因,目前多数经营航空旅游的企业亏损,通航企业单靠航空旅游项目支撑难以实现盈利,如何才能扭亏为盈,航空旅游可持续发展的模式仍在摸索之中。这直接影响了航空旅游项目的质量和吸引力。

2.3 项目设计问题

就目前而言,航空旅游项目设计缺乏新意,消费体验吸引力不强。航空旅游以空中观光为主要内容和形式。但是,目前不少航空旅游航线的设计不合理,旅游线路单一,项目内容简单,单纯的飞行体验和空中俯视地面景色缺乏吸引力,缺少区别于传统旅游的特色和文化赋能,难以达到游客预期,吸引住游客。因此不少游客往往体验航空旅游一次则止,不想再参加第二次,以致游客有逐步下降的趋势。此外,国内很多通用机场地处偏远,地面保障服务基础落后,不少景区或景点缺乏雷达设施、导航服务、气象及通信等通航管制航务设施。周边缺少有价值的观光游览景点、有意义的纪念场所和现代旅游文化的传播,游客只是单纯体验航空旅游,导致消费客户黏性不足。通用航空对社会服务类市场和消费类市场还没有引起足够的重视,与航空旅游密切相关的住宿餐饮、娱乐休闲等配套设施不足,市场结构失衡,尤其是消费类市场亟待拓展。

这些问题的产生是由于经营航空旅游俱乐部等组织或企业缺乏成熟的商业模式,影响航空旅游产品的丰富度。同时,低空航空器等固定资产投入和运营成本较高,导致产品价格偏高,也使得一般消费者难以承受。

2.4 宣传营销问题

该问题主要表现为宣传营销严重不足,没有能够达到让更多的人了解航空旅游的特色的目的,没有能够引起游客的足够重视和关注,甚至不少人至今还不知道旅游之中有航空旅游之项目,或者认为航空旅游只是旅游事业中的一个附属小类。互联网时代旅游消费者选择的旅游目的地往往重视从广告宣传中获得最新、最吸引人的信息。但是由于目前国内航空旅游市场尚未打开局面,经销商收支难以平衡,不愿再花费巨资利用媒体做宣传,出现了销售推广渠道少、广告宣传手段不多、品牌知名度低、社会影响力较弱的现象。这些因素直接影响了喜欢新鲜、刺激、冒险的青年客户群体的形成。

概而言之,目前我国还普遍缺少航空旅游消费的习惯和文化氛围,国民航空旅游消费观念薄弱,其市场培育还需要一个过程。

3 航空旅游市场发展潜力巨大

近年来,国家高度重视包括航空旅游在内的通用航空在我国国民经济和社会生活中的作用,明确将通用航空产业作为下一步重点发展领域。国务院、中央军委、发改委、财政部、民航局等部门陆续出台利好航空旅游的政策。2010 年 11 月,国务院、中央军委发布《关于深化我国低空空域管理改革的意见》,提出用 5～10 年时间有管制地逐步开放低空空域;2012 年 7 月,国务院发布《关于促进民航业发展的若干意见》中提出,到 2020 年我国"通用航空飞行总量达 200 万飞行小时,年均增长 19%"的发展目标;2016 年 4 月,交通部颁发了《通用航空经营许可管理规定》;2016 年 5 月,国务院办公厅出台了《关于促进通用航空业发展的指导意见》《国务院关于促进旅游业改革发展的若干意见》。随着低空飞行管制的放开以及国家对通用航空的政策支持,未来我国通用航空产业面临爆发式增长的机遇,其中航空旅游的市场潜力巨大。

贯彻落实建设现代经济体系思想,将低空产业推向中高端,实现一二三产业融合和业态整合发展,既要服务于农业、工业、林业、渔业、建筑等作业飞行,以及气象探测、抢险救灾、医疗卫生、海洋监测、科学实验、教育训练、文化体育等方面的飞行活动,又要强化通用航空和经济发展的深度融合,促进航空旅游业的快速发展。

　　航空旅游是在全域旅游背景下"通用航空＋旅游"跨界融合的新生产业,兼具新、奇、特、高等特点,在传统旅游业向全域旅游发展的过程中,能够充分满足一部分游客的飞行体验、空中观光与高端旅游的需要,有效填补航空旅游市场的空白,满足多元化的市场需求。这是通航产业链在旅游领域延伸的新兴业态。在我国现阶段经济发展新常态背景下,国家大力发展航空旅游产业,推进全域旅游战略,旨在扩大国内旅游消费市场,促进我国旅游业供给侧的改革并推动通用航空产业的创新发展。

　　航空旅游具有广阔的发展前景。随着低空空域的逐步开放与通用航空利好政策的频频出台,在各地方政府的大力推动下,我国航空旅游产业迎来了历史最好的发展机遇。民航局冯正霖局长在调研通航企业时曾强调:"让低空游览等新型消费方式真正走进百姓视线""让通用航空在'热起来'的基础上真正'飞起来'"。我国国土幅员辽阔,旅游资源丰富,各地景点分散,地形地貌奇异,航空旅游改变了游客旅游时只能平视和仰视自然景观的传统方式,将通用航空器作为旅游观光的工具,利用空中俯瞰的方式以新的视界来欣赏更广阔的自然风景,具有新奇刺激的旅游休闲体验,对于传统旅游业具有革命性意义。在全域旅游的新时代,航空旅游产业的发展将进一步推动通用航空与旅游的资源整合、深度合作、协同发展,构建空中短途旅游观光运输网络、丰富旅游产品体系,已成为传统旅游业转型升级的重要载体与通用航空领域的新经济增长点。随着我国国民对旅游不断提出新的需求,以及消费能力的不断增强,加之低空的逐渐开放、通用航空政策的放宽、国民航空消费理念的逐步树立、国产通用航空制造业的壮大、通用航空人才的培养及地面基础设施的健全,我国低空旅游消费市场将迎来快速增长的黄金时期。

　　航空旅游飞行速度较快,相对缩短了旅途中的耗时。同时,由于直升机等通用航空器起降十分方便,借助航空器就能快速穿梭于旅游客源地与目的地之间,既节省了时间,又减少了旅途中的经济支出和体力消耗。不仅可为散客提供定期游览航线服务,也能为小型旅游团队提供包机服务,满足商务旅游团队的高层次需求。作者认为以"空间换时间"的航空旅游已悄然兴起。

　　发展航空旅游产业,建设以小镇为主题的社区商务生活配套业态。通过坚持通用航空关联产业并举发展,按照"航空＋"的产业衍生模式,形成以航空旅游为核心的多产业集聚、共同融合发展航空特色小镇。同时,引进固定运营基地(FBO)、飞行服务站(FSS)和维修站(MRO),强化地面交通设施,筹建水上机场,真正实现海陆空的无缝衔接。

　　城市群和都市圈的形成为航空旅游的发展提供了广阔的空间,成为又一个新的主题。随着中国城市化进程快速发展,京津冀、长三角、大湾区等都市圈已形成,由于地缘相邻、文化相近,区域旅游一体化逐步显现。航空旅游能让游客在空中将这些都市圈的宏伟与壮观一览无余。"区域互动、地空结合"的理念推动全域旅游与区域协调发展。

　　我国民航事业和飞机制造业的迅速崛起,也为航空旅游的发展提供了物质保障和有力支撑。我国自主研发的 C919 和 ARJ－100 飞机为民航旅客运输带来便捷的同时,各种直升机及水上飞机也成为吸引游客选择航空旅游的亮点,能够带给游客不同一般的旅游体验与感受。

　　一些航空运输企业也开始将业务向旅游业延伸,涉足旅行社、酒店和景区,利用自身的优势,建立了具有特色的旅游板块。航空公司大多拥有自己的航空假期产品,利用航空运输网络为依托,发挥一般旅行社所不具备的优势,发展与航空相关的旅游产业,提高竞争力,其中也包括航空旅游的项目。

　　根据旅游资源特点采用不同类型的低空飞行器,以合作的方式将航空旅游与周边其他旅游产品捆绑,结合城市群和都市圈旅游景区、历史人文、地形地貌、宗教文化等特色资源,突出城市群和都市圈景观特色、文化内涵和生态环境优势,以改善游客体验为核心,合作共建航空旅游品牌,促进航空旅游与区域旅游的良性互动发展。同时,推行"多元化投资、网络化布局、会员制运作"等商业模式,根据旅客不同的消费心理,加强与 OTA 企业、渠道商的合作,吸引大量潜在的大众化消费群体,促进航空旅游业务常态化可持续运营。通过跨区域合作成立航空旅游产业战略联盟,实现相关资源的有效配置,建立多种交通方式汇集的"零换乘"和"一体化"的综合交通枢纽,健全"点、线、面"结合的立体化航空旅游产业体系。

4　文化赋能引领航空旅游升维发展

航空旅游在同纬度融合的基础上,还需要文化赋能为引擎来助推其升维发展。基于航空旅游的现状,通过对旅游者的心理需求分析,现阶段需要对航空旅游消费和航空旅游文化进行综合考量与全面规划。

航空旅游的真正目的是让游客改变视角从空中观赏特色风景,体验与传统旅游不同的人文资源,具有行动快捷、视线辽阔而遥远、"一览众山小"等特点,因此游览的标的物要有别于从地面仰视空中的观赏价值。我国地质地貌景观多样,旅游资源丰富,向来以深厚的文化底蕴、丰富的旅游资源、优美的自然风光成为全球旅游目的地。全方位的视觉体验可以在短时间内从空中俯瞰名山大川,带给游客不一样的视觉体验。这些都是传统旅游方式所难以做到的。

航空旅游应融入航空文化和旅游文化的元素,在开发互动过程中,以航空场地为基础,借助旅游业来整合,以文化资源为切入点,打造具有地方特色的航空旅游线路。通过践行新发展理念,深化旅游业供给侧结构改革,利用丰富多样的航空旅游资源特性,发挥航空产业链条完整、旅游市场需求旺盛的优势,创新"航空旅游＋文化赋能"融合模式,高起点、全方位构建具有鲜明特色品牌的航空旅游产业体系,满足文化需求,建立立体航旅模式,以促进新时代旅游产业的转型升级与创新发展。

加快引入文化元素特色发展,转变消费者的传统认知。要想让航空旅游在旅游业中脱颖而出、迅速发展,就要充分利用文化旅游资源,形成具有文化底蕴的品牌旅游产品。这就需要充分利用所开发地区的文化资源,让文化元素充分融入航空旅游之中,支撑航空旅游的升维发展。航空旅游将特有的山水美景和人文风貌等文化特色和低空旅游联系在一起进行大力宣传,强调航空旅游带给游客全新角度的文化感受,让游客加深对航空旅游的印象,向游客灌输"航空旅游也是一次文化之旅"的理念,发挥本土优势,打造具有地方特色的航空旅游品牌。

航空旅游能根据不同需求控制飞行高度,使旅游者视界从平视和仰视中解脱出来,从空中俯瞰大地风景,别有一番情趣,这正是航空旅游吸引众多消费者的原因之一。与此同时,直升机还能把旅游者送到人迹罕至的"秘境"中,将旅游消费的"触角"延伸到更广阔的空间,进入传统旅游游客难以进入的、人迹罕至的神秘地界。探险和揭示神秘是一种吸引人的文化现象。

航空旅游在带给游客不同于传统旅游的观赏和享受的同时,还能引入生态环保意识,促进旅游向绿色环保的方向发展,这是文化现象的升华。与公路、铁路交通相比,发展直升机和水上飞机旅游不需要征用大面积土地。大量征用土地,显然会破坏自然环境和植被,所以航空旅游是一种较为绿色环保的旅游形式。国外航空旅游起步较早,发展较为成熟,最初的目的就是为了保护生态环境而发展起来的。如美国、澳大利亚等发达国家出于环保目的,在生态脆弱地区放弃地面交通的修建,大力发展航空旅游。所以说航空是一种绿色环保的新兴业态。在我国,旅游开发造成环境破坏的情况也相当严重,有些地方甚至引发不可逆转的生态灾难。随着传统旅游的持续升温,旅游发展与环境保护之间的矛盾将越来越突出。旅游航空以其特有的环保优势,契合了旅游与生态和谐发展的需求。我们还能在游客观赏绿水青山美景之时,借助地面的实际情况宣传环保对国家经济可持续发展的重要性,讲述开垦山地、破坏绿化给生态环境造成的极大危害,对实现旅游可持续发展能够起到推动作用。宣传环境保护,宣传绿水青山的重要性,是当前航空旅游重要的文化任务。

不同的人群对旅游有不同的要求和期待。航空旅游的亮点在于短时刺激的消费体验,究其本质,是一种猎奇文化,是一种寻求美和享受美的体验过程。在欧美国家,体验过程往往是人们追求的旅行价值,而在中国现阶段旅行的本质还没有完全转变为对一种感受的追逐,随着中国旅游业的发展,会有更多的人追求的不再是游山玩水,而更注重体验的过程,这种文化意识的培养需要一段时间。

推广航空旅游,需要应用互联网新媒体开展网络营销,建立多元化的合作营销体系,借助文化载体做好宣传营销。把宣传受众变成消费用户,特别针对主要客源市场的80后、90后群体精准营销。结合航空旅游文化的广泛深入传播,突显航空旅游消费体验和飞行生活方式的重要价值,培育年轻一代的消费爱好和体验需求,激活航空旅游消费市场。要通过多种传播媒介大力宣传、推广,树立品牌形象。

航空旅游不仅能带动更多的人参与并热爱航空旅游,还能潜移默化地传播航空旅游文化,弥补航空旅游发展的"文化断层",倒逼航空旅游企业、地方政府实现行业融合、产城融合,促进行业发展与地方经济的深度融合,提升地方经济的质量。

航空旅游文化的形成并非一蹴而就的事情,需要有一个长期培养的过程,只有集行行合作、航企合作、政航合作之力,从航空旅游整体文化的培养入手,才能逐步培育潜在市场,共同培养航空旅游文化,真正做到弘扬航空旅游文化,引领航空旅游市场升维发展。

5　结语

文化是旅游的灵魂,旅游是文化的重要载体。航空旅游与文化融合发展,鼓励文化创意和设计服务进入航空旅游产业,促进发展特色文化旅游新业态。推出相关政策鼓励文化与航空旅游融合发展,大力发展航空文化旅游,建立航空文化旅游中心,提升旅游产品的档次,充分展现旅游资源的潜在价值,并能从整体上促进旅游产品结构的优化和品牌打造。

传统的旅游方式、旅游交通工具已经无法满足大众消费者的需求。随着经济水平的提高,人们可自由支配收入和闲暇时间、节假日增多,越来越多的人选择出门旅游,人们尤其是年轻人对旅游充满了更多的期待,要求也越来越高,航空旅游的兴起正好迎合了这部分人群的需要,满足了人们追求新、奇、特的文化需求和审美情趣,航空旅游必将成为旅游新宠。

可以预见,在未来的几年中,航空旅游市场将进入一个爆发期,会有越来越多的游客体验在空中自由翱翔的乐趣,享受高端的旅游服务,满足中高端旅游群体对美好生活向往的需求。我们要抓住这一市场机遇,培养专业的旅游服务商,完善配套的服务设备设施,健全运行机制,推动航空旅游市场既好又快地发展,使其成为旅游业的新亮点。在国家政策和市场需求的双重驱动下,通过科学、有序、合理的航空旅游基地建设、运营和管理,我国航空旅游发展潜力巨大。

参考文献

[1]　成英文.大交通时代低空旅游发展的制约因素及对策[J].旅游研究,2017,9(04):17-20.
[2]　高尔东,熊剑锋.低空开放:推动了通用航空,激活了航空运动旅游[J].旅游研究,2017,9(04):13-17.
[3]　李文娟.我国低空旅游业的现状及未来发展[J].商情,2014(45):84.
[4]　王卉.浅谈海南地区发展低空经济的几点思考[J].商情,2014(51):36-37.
[5]　马莉,张兵.基于"通航+旅游"融合背景下的低空旅游发展思路及对策[J].中国民用航空,2016(8):16-19.
[6]　张琳.中国低空空域管理改革与通用航空旅游的发展[J].当代旅游,2011(5):68-69.
[7]　华双燕.低空经济背景下安阳市文化旅游产业融合发展研究[J].城市旅游规划,2015(10):140-141.
[8]　肖玮.各地密集布局低空旅游的"通与痛"[N].北京商报,2016-11-10(A04).
[9]　蔡晓霞.通用航空旅游产品类型及发展条件[J].中国民用航空,2014(01):41-42.
[10]　刘立明.通用航空旅游生态系统构建机器评价研究[D].北京:中国民航大学,2016.
[11]　刘又堂.我国低空旅游产品开发研究[J].广西师范学院学报(哲学社会科学版),2015(04):47-52.

基于供给侧改革视角的西藏旅游线路产品转型升级研究①

高依晴[1]　李　娜[2]

（1. 西藏民族大学管理学院，咸阳　712082；2. 西藏自治区旅游发展厅，拉萨　850000）

摘要： 本文从供给侧改革视角分析了西藏旅游线路产品的发展现状，明确现阶段西藏旅游产品仍然以跟团游为主，且跟团线路可划分为重点线路、主要线路、常规线路、潜在线路四类，并对其分别进行分析论述，得出西藏旅游线路产品结构调整优化可从线路产品调整优化、线路节点调整优化及线路设计多元化等方面综合考量。

关键词： 旅游线路；供给侧改革；西藏

1　研究背景

1.1　目的与意义

供给侧结构改革目的是要矫正各类要素的配置，提高生产要素的生产率，同时扩大有效供应，是有效供给与需求均衡的体现。

目前，旅游业有效供给不足，城市休闲空间严重短缺，度假产品严重不足。旅游供给侧结构性问题突出，传统供给供过于求，新型供给供不应求；观光产品供应过剩，休闲产品供应不足。

从旅游产品供给侧结构改革角度研究当前西藏旅游业深化改革与升级发展，是"建设重要的世界旅游目的地"需要。2018 年，西藏全区接待国内外游客 3 368.725 6 万人次，同比增长 31.5％。其中，接待入境游客 47.618 7 万人次，同比增长 38.6％；接待国内游客 3 321.106 9 万人次，同比增长 31.4％。实现旅游总收入 490.142 1 亿元，同比增长 29.2％。其中旅游外汇收入 2.470 9 亿美元，同比增长 25.1％；国内旅游收入 473.739 6 亿元，同比增长 29.3％。② 虽然接待人数与旅游收入稳步增长，但收入的增长主要依托于旅游人数增加，虽坐拥世界级旅游资源，但以传统观光型产品为主体的供给模式越来越不适应市场多样化的需求。旅游收入低、对经济的贡献和拉动效应与西藏世界级旅游声誉极不匹配。可见，当前传统旅游产品的供给无法匹配旅游消费升级背景下旅游产品的供给侧结构改革带动产业升级需要。因此，促进西藏旅游从规模导向向结构导向发展转变，提升区域旅游竞争力，就显得尤为必要。

在西藏旅游发展中，旅游线路产品（简称"游线产品"）是西藏旅游供给中的重要表现形式。游线产品调整优化对西藏旅游供给侧结构改革起到重要的作用。基于此，本研究从旅游线路产品着手，以西藏旅游产品供给结构为研究对象，依据旅游产业经济学与旅游产品研究等基础理论，研究西藏旅游产品结构调整及优化路径，为西部同类型民族区域加快旅游业发展转型，促进供给侧结构改革提供可借鉴的发展模式。

1.2　供给侧结构性改革对西藏旅游发展的影响

自 2015 年供给侧结构性改革提出至今，对西藏旅游发展促进作用显著。以拉萨为例，2017 年拉萨市对旅游资源整合，通过增加旅游产品的有效供给、中高端供给和差异化供给，来实现旅游业的转型升级。达东

① 基金项目：西藏自治区旅游发展委员会和西藏民族大学西藏旅游研究所联合课题"2017 西藏旅游发展若干重大问题系列研究"子课题"基于供给侧结构改革的西藏旅游产品结构调整优化研究"阶段性成果。

② 西藏自治区旅游发展厅.2018 年西藏接待游客达 3 368 万人次［BE/OL］.（2019 - 05 - 14）http://www.xzta.gov.cn/lydt/jdxw/system/2019/05/14/000009194.html.

村乡村休闲旅游项目,树立起了都市近郊休闲游的标杆;"拉萨人家"民俗文化旅游项目,通过体验性较强的接待服务模式,吸引了许多游客体验原汁原味的藏家生活;树莓、油桃等水果采摘游项目,将旅游业与休闲农业结合起来;《文成公主》大型实景剧则用现代舞台艺术形式再现了唐蕃联姻历史同时也增加了民族间文化的交流。此外推出的"冬游拉萨"新型旅游产品的系列线上、线下旅游体验项目,自2017年发展至今已由"冬游拉萨"发展为"冬游西藏"活动。该活动范围更大、受益群众更广,已成为西藏冬季旅游一大亮点。随着2018年、2019年"冬游西藏·共享地球第三极"活动的两次推广,全区旅游收入、酒店入住率、全区接待游客人次、旅行社接待游客量均实现大幅增长。如今,色季拉山隧道通车、拉林铁路修建、旅游环线建设、南亚通道建设等公共基础设施建设为西藏旅游供给侧结构性改革提供了必要的保障;文化旅游产品集聚、定制旅游、高端旅游发展为西藏旅游产品结构调整指明了发展方向;乡村旅游、度假旅游等新形式丰富了西藏旅游产品类型,在发展旅游同时也促进了城市休闲化水平进程。

1.3　旅游产品概念界定

旅游产品是旅游目的地向游客提供一次旅游活动所需要的各种服务的总和。可以分为整体旅游产品和单项旅游产品,其中,整体旅游产品一般是指旅游线路,单项旅游产品一般是指旅游者在旅游活动中所购买和消费的有关住宿、餐饮、交通、娱乐、游览等某一方面或几方面的物质产品或服务。本研究着重研究旅游线路产品。

1.4　有关说明

（1）分析数据来源于"携程旅行网"。网站选取原因:该网站长期在旅游行业网站排名中居于首位,旅游线路丰富,旅游路线选取具有代表性。

（2）报告中所涉及图表,未标注资料来源的均为此次调研数据分析所得。

（3）具体线路分析中涉及的景点行车时长,均指旅游线路中上一景点到达下一景点的行车时长。

（4）游线产品是西藏旅游产品供给的重要表现形式,因此,本研究以线路作为重点研究对象,但同时也对游线产品折射出的单项旅游产品发展现状与问题有所提及。

2　西藏旅游线路产品发展现状

2.1　旅游产品开发现状

西藏旅游业快速发展,其旅游产品也在最初的较单一的观光型旅游产品的基础上,开发出了民俗、特色观光旅游、生态、节庆等旅游产品,对于调整旅游产品结构、丰富旅游产品内容都起到了积极的作用。目前初步形成了以观光旅游线路产品为主,以体育、朝圣、民俗等专项旅游线路产品为辅的复合型产品体系。

2.2　旅游线路产品存在问题

2.2.1　观光型产品体验性较差

西藏观光型旅游线路产品的品位非常高,在国际市场上具有相当大的市场竞争力,观光型的旅游产品是西藏旅游发展的基础产品,但随着旅游者对旅游体验的要求进一步提高,单一的观光产品已经不能满足旅游者的需要。因此,西藏旅游的发展首先必须提升观光型旅游线路产品的价值,在观光型产品中增加体验成分。

2.2.2　体验型旅游产品开发不深入

目前,西藏有关部门已经认识到自身旅游产品存在结构老化、内容单调等问题,并开发设计了一些新型旅游产品,但由于对"体验"的认识比较肤浅,旅游产品开发思路较窄,仍主要依托有形的旅游资源,跟在国内外潮流之后,缺乏创新精神。西藏宗教文化、民风民俗等无形资源还未得到充分利用。

2.2.3　已有旅游产品未能充分体现相关主题

好的主题是成功的一半,西藏在旅游线路在设计方面已经有一些好的主题,如文物古迹游、民俗风情游、后藏探险游、黄金观光游、圣地朝圣游等,但好的主题需要具有个性化的单项旅游产品来体现。目前西藏单项旅游产品种类少,以观光型产品为主,因此即使是一个好的主题在具体落实中也往往成为一句空口号,很难真正发挥主题的作用。

2.2.4　产品更新响应速度缓慢

旅游产品在自身发展过程中,受游客偏好、产品供给等需求影响会不断自我完善与调整,但西藏旅游发展过程中,产品的自我升级过程缓慢,响应不及时,市场敏锐度较低。

通过以上分析可以看出,目前西藏旅游业看似"蓬勃发展",但一些问题已相当明显,如果这些问题不及时解决,西藏的旅游增长还一直是"数量型"增长,人均消费不能与人数保持同步增长,将不利于西藏经济的整体发展。西藏相关部门必须采取措施,快速推进旅游供给侧改革,促进西藏旅游从"数量型"向"质量型"转变。

3　西藏旅游线路产品分析

3.1　旅游线路发展特点

3.1.1　跟团游为主要游览方式

入藏游客旅游方式呈多元化趋势,但将跟团游、半自助游、私家团游等旅游线路分类统计发现,现阶段西藏旅游的产品提供商仍以跟团游线路提供为主,传统跟团游是西藏旅游产品提供商的重要旅游产品。重点线路集中在3~9日游,其中7~8日游所占比例最大。其中跟团游线路以舒适性路线为主,高档型产品为辅,豪华型产品极少。

3.1.2　景点分散且行车时间长

在旅游线路游览整体情况分析中,以行车时间与景点游览量作为前提,将路线以行程时间为条件进行分类可知。第一,目前西藏旅游线路平均行驶时间主要集中在20小时、30小时及40小时三个区间,相对应的景点游览数量平均值为8个、16个及18个。第二,线路发展整体呈现三个阶段,一是2~7日游,其游览景点数量位于行车时长较低位置,即参观游览过程中路途花费时间较多;二是8~12日游,此阶段虽然行车时间变长,但相应的旅游景点游览数量却快速增长,即此阶段行车时间与景点游览数量整体较为均衡;三是13日游及以上,此阶段游览过程中,行车时间急速增长,而景点数量增加缓慢,线路又回归到行车时长与景点数量不均衡阶段。

因此,景点分布距离远,受路况、政策等因素影响,行车时间普遍较长,是西藏旅游难以克服的现状。

基于以上数据,可将旅游线路按在总产品中所占比重分为重点旅游产品、主要旅游产品、常规旅游产品、潜在旅游产品四类。(见图1)。

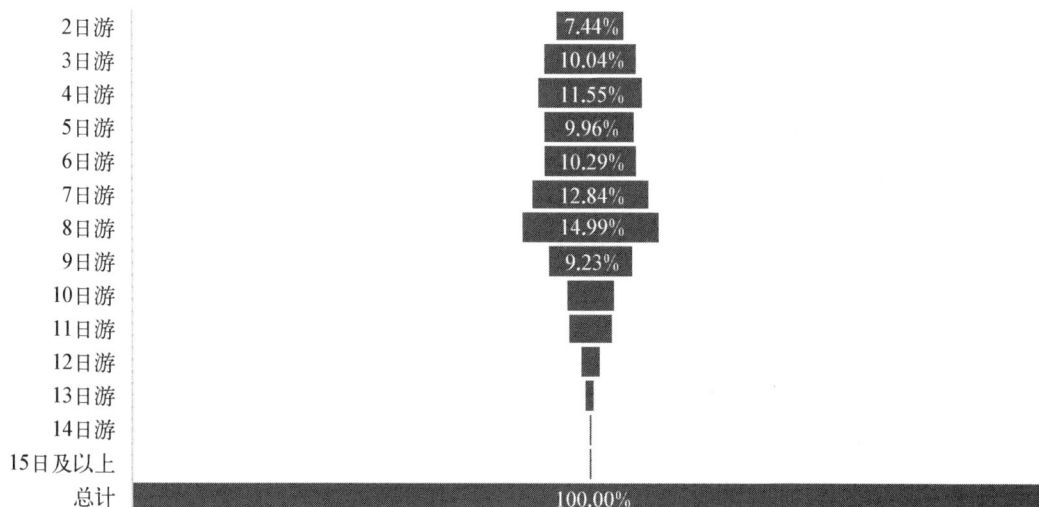

2日游	7.44%
3日游	10.04%
4日游	11.55%
5日游	9.96%
6日游	10.29%
7日游	12.84%
8日游	14.99%
9日游	9.23%
10日游	
11日游	
12日游	
13日游	
14日游	
15日及以上	
总计	100.00%

图1　西藏跟团游线路分布百分比图(单位%)

因此,旅游产品结构调整应该着重从重点路线入手,潜在路线优化作为结构调整的长远目标。故研究中将对重点线路着重分析。

3.2　旅游线路产品分析

3.2.1　重点旅游线路产品分析

8日游线路在整体产品中占比14.99%，拉萨日喀则、拉萨林芝及拉萨日喀则林芝一线为重点区域，林芝、拉萨林芝山南一线为重要区域，产品价格位于3 000~7 300元区间内，产品基本价格均值为4 997.38元。线路行车时长均值为31.69小时，平均经典景点游览数量为14.68，平均行车时长与到达下一景点的时长比为2.16:1。

7日游路线在整体产品中占比12.84%，线路分布区域呈现出多元化发展趋势，其中拉萨林芝一线为重点区域。拉萨山南日喀则、拉萨林芝山南、拉萨林芝山南日喀则一线为重要区域。产品价格位于2 200~7 000元区间，产品基本价格均值为3 698.06元。线路各景点间平均行车时长为31.41小时，平均经典景点游览数量9.55个，平均行车时长与到达下一景点的时长比为3.29:1。

4日游产品在整体产品中占比11.55%，拉萨山南日喀则一线为重点区域，拉萨林芝及拉萨山南林芝一线为重要区域，拉萨山南一线及拉萨一线为次重要旅游目的地。值得注意的是，7日游线路前四天的主要目的地分布与4日游线路产品出现了重合。产品价格位于1 300~3 700元区间段，产品基本价格均值为2 507.13元。线路各景点间平均行车时长为24.74小时，平均经典景点游览数量6.76个，平均行车时长与到达下一景点的时长比为3.66:1。

3.2.2　主要旅游线路产品分析

6日游线路在整体产品中占比10.29%，拉萨山南日喀则一线为重点区域，拉萨林芝、拉萨山南、拉萨林芝山南一线为重要区域。产品价格位于1 900~10 000元区间，产品基本价格均值3 293.64元。线路各景点间平均行车时长为23.25小时，平均经典景点游览数量8.74个，平均行车时长与到达下一景点的时长比为2.66:1。

3日游线路在整体产品中占比10.04%，林芝一线为重点区域，山南日喀则与拉萨山南一线为重要区域。产品价格位于1 500~2 200元区间，产品基本价格均值为1 816.36元。线路各景点间平均行车时长为18.61小时，平均经典景点游览数量5.41个，平均行车时长与到达下一景点的时长比为3.44:1。

5日线路在整体产品中占比9.96%，拉萨山南一线为重点区域，拉萨山南日喀则、山南日喀则一线为重要区域。产品价格位于1 500~4 265元区间，产品基本价格均值为1 959.61元。线路各景点间平均行车时长为18.82小时，平均经典景点游览数量7.04个，平均行车时长与到达下一景点的时长比为2.67:1。

3.2.3　常规旅游产品分析

2日游线路在整体产品中占比7.44%，拉萨山南一线为重点区域，拉萨、山南日喀则、山南一线重要区域。产品价格位于500~1 700元区间，产品基本价格均值为1 039.36元。线路各景点间平均行车时长为8.75小时，平均经典景点游览数量3.62个，行车时长与景点游览数量比值可达2.41:1。

10日游线路在整体产品中占比5.17%，拉萨林芝日喀则一线为重点区域，拉萨林芝日喀则山南与拉萨日喀则一线为重要区域。产品价格位于3 700~12 000元区间，产品基本价格均值为5 391.26元。线路各景点间平均行车时长为45.17小时，平均经典景点游览数量17.22个，平均行车时长与到达下一景点的时长比为2.62:1。

11日游线路在整体产品中占比4.73%，拉萨林芝日喀则一线为重点区域，拉萨林芝日喀则山南一线为重要区域，拉萨林芝日喀则山南那曲一线为次重要区域。产品价格位于4 800~16 000元区间，产品基本价格均值为5 708.04元。线路各景点间平均行车时长为55.61小时，平均经典景点游览数量18.77个，平均行车时长与到达下一景点的时长比为2.96:1。

3.2.4　潜在旅游产品分析

12日游线路在整体产品中占比2.35%，拉萨林芝日喀则一线为重点区域。拉萨日喀则一线为重要区域。产品价格位于5 200~15 000元区间，产品基本价格均值为5 828.94元。线路各景点间平均行车时长为52.48小时，平均经典景点游览数量20.65个，平均行车时长与到达下一景点的时长比为2.54:1。

13 日游线路在所有产品中占比 1.12%,拉萨林芝日喀则一线为重点目的地。拉萨日喀则、拉萨林芝日喀则山南为重要目的地。产品价格处于 6 000～10 000 元区间,产品基本价格均值为 7 064.31 元。线路各景点间平均行车时长为 58.00 小时,平均经典景点游览数量 22.38 个,平均行车时长与到达下一景点的时长比为 2.59∶1。

14 日游、15 日游及以上线路数据极少,在所有产品中占比分别为 0.06% 和 0.25%。产品价格位于11 000～16 000 元区间。14 日游线路平均行车时长 85 小时,平均经典景点游览数量 15 个,平均行车时长与到达下一景点的时长比为 5.67∶1;15 日及以上线路平均行车时长 105 小时,平均经典景点游览数量均值为20.5 个,平均行车时长与到达下一景点的时长比为 5.24∶1。此两类线路数据仅为参考,不具有代表性。

根据以上分析可得出西藏旅游线路产品发展现状,详见表 1。

表 1　西藏旅游线路产品发展现状汇总表

	均价(元)	线路关注度(%)①	平均行车时长(h)	线路景点数	行车时长与景点参观比②
重点线路	3 734.19	54.60	29.28	10.33	3.04
主要线路	2 356.54	67.41	20.23	7.07	2.92
常规线路	4 046.22	86.71	36.51	13.20	2.67
潜在线路	**9 438.56**	**91.25**	**75.12**	**19.52**	**4.01**

由表 1 可知,首先,价格方面西藏旅游线路中均价最高的为潜在线路产品,而重点线路价格及主要线路价格不但远低于潜在线路产品,更均低于常规线路产品,产品的经济效益并未有效体现;其次,关注度方面消费者对潜在线路、常规线路的关注度明显高于主要线路与重点线路,重点线路与主要线路的独特性并未有效展现;再次,从平均行车时长、线路景点数及行车时长与景点参观比三个方面综合考虑,潜在线路发展时间较短,其在线路设计中考虑了行车时长与景点参观比重,在四类产品中其比例最高,而重点线路、主要线路及常规线路在线路景点数与行车时长与景点参观比明显较低。因此,景点选择、线路设计、价格制定等方面是西藏旅游线路产品转型升级所面临的紧迫问题。

3.3　旅游线路产品结构调整优化对策与建议

旅游线路产品是游客赴藏旅游体验最直接的表达,体验结果好坏直接关系到游客评价与重游率,因此对其结构调整优化除了提升旅游产品硬件与服务外,还需从市场细分游客需求角度考虑,如对线路的关注度、线路景点数量及分布等。

3.3.1　线路产品调整优化

第一,针对不同类型线路及游客潜在需求,为每一条线路分别设计 1～2 条精品线路,依据季节适时推出主推线路,但设计中应以重点线路为主、主要线路为辅、常规线路次之,因潜在线路为 12 天及以上,故应着重发展探索发现类苦旅线路。

由表 1 可知,虽然西藏旅游产品在发展过程中形成了重点线路、主要线路、常规线路及潜在线路四类,但其行车时长与景点参观比平均为均接近于 3∶1,即每乘车 3 小时参观 1 处景点。行车时间会随铁路通车、高速通车等交通设施提升而降低,但相应的现象为行车时间缩短会导致部分传统观景点消失,因此产品结构优化调整过程中,重点应放在增加产品软实力方面,如增加游览全程的体验性、互动性。现阶段重点线路、主要线路、常规线路与潜在线路的产品均涉及布达拉宫等传统景点、西藏藏医文化博览中心等购物点、实景演艺等资源脱离型产品分布不均,主要仍是以传统景点景区为主,游客辐射面与涵盖面较窄。在发展

①　线路关注度用来解释主要目的地在该线路中的出现频率。
②　行车时长与景点参观比用来解释行车时长与参观 1 处景点的时间比。如 3.04 表示重点线路中平均每行车 3.04 小时参观 1 处景点。

中可根据不同产品类型与不同产品路线分别设计1～2条品味经典线路、探索发现线路、家庭亲子线路、红色旅游等特色线路一方面推出精品线路，一方面满足不同游客的不同需求。

第二，深化重点线路与传统线路发展的同时积极开展新线路开发与调研评估。

线路景点分布情况旨在说明，在2～15日游线路中，各线路每日游览活动景点数量分布情况，了解各条线路景点设置规律，明白各线路重点日程所在时间，并以此为依据对旅游路线进行优化与调整。

因此，在对西藏现有旅游路线进行优化调整时，首先应遵循此规律，合理安排行程中重点景点与各天景点数量，同时结合行游比等微观数据综合考量。其次，对已有线路结构调整时应明确重点发展线路，并加以强化，以适应消费者需求，打造精品线路，增加文化内涵与文化体验。主要从价格、游览体验、景点停留时间、产品文化性等方面增强产品的以吸引力与独特性。最后，在新线路设计过程中，应遵循现阶段旅游线路发展过程中行车时长与景点停留时间的普遍规律，并根据此规律优化原有路线，适当增加文化体验性旅游产品。线路结构调整优化过程中应遵循先进行结构调整，再进行线路优化。

3.3.2　线路节点调整优化

景点平均停留时间与景点间平均行车时长情况旨在说明，2～15日游线路中，景点游览时间与景点间行车时长规律及对游客游览体验的影响。

因此，在具体路线安排过程中，首先要考虑重点景点分布和每日游览景点数量分布。其次，还需考虑景点间行车时长与景点停留时间的比例关系，以求线路销售与游客体验的效用最大化。

再次，景点间平均行车时长受客观因素影响无法降低，那么应考虑延长景点停留时间，以增加停留时间来带动景点与景区的收益与发展。最后，在线路设计过程中，应结合旅游发展趋势与西藏旅游发展现状，整合各地市区旅游资源，整合优化已有线路，开发新的满足不同旅游需求者需求的主题线路。将旅游与会展结合，旅游业与文化产业联系，设计如以目的地为拉萨及周边的针对会展活动参与方的商务旅游、以目的地为林芝的休闲度假游、以阿里和那曲为主要目的地的探索旅行、以日喀则为目的地的民俗风情游学之旅等。通过丰富旅游需求者主体构成，提供有效供给的方式促进西藏的旅游业发展。

3.3.3　线路设计多元化，满足不同需求游客需要，提高产品价格

跟团游仍然是目前西藏旅游发展主要游客来源，但随着人们旅游动机深化，转而更加注重心理感受与体验，因此跟团游所具备的方便快捷等特征便不再适合这类游客，而这类游客又恰巧是旅游花费较高的旅游群体，因此在现在发展过程中线路设计重心应逐渐向高端游客转变，通过半自助游、私家团、自驾等方式丰富旅游线路的同时，提升旅游附加值。而西藏旅游发展的附加值提升应回归资源环境本身，将旅游定位在独特性、不可复制性、资源稀缺性等方面，提升产品价格，提升旅游品质。现阶段西藏旅游花费较内地景区而言价格偏低。如表1所示，重点线路均价3 734.19元，主要线路均价2 356.54元，常规线路均价4 046.22元，潜在线路均价9 438.56元，而赴藏游客主要集中于重点线路和主要线路两类，人均花费低于5 000元，虽然潜在线路均价接近10 000元，但由于受成本、参与人员少等因素影响，该类线路收益也并不高。因此西藏旅游供给侧结构性改革中旅游收入应逐步用以质取胜的方式取代以量取胜的发展方式。

4　结语

西藏旅游业供给侧结构改革中，产品结构调整是改革首位，也是后续产品结构优化的基础与前提。综上所述，现阶段结构调整，应以重点旅游线路品牌化建设为主要目标，培育各地区旅游市场重点品牌与特色主题，以旅游线路带动旅游活动所涉及各环节的社会、经济、文化等综合发展。

在未来发展中，西藏旅游应以重点景点深入游为主要目标，围绕目标延长景区游览时间，增强游览活动体验性、丰富游览形式与方式，善于利用新兴网络技术对景点进行综合展示；同时整合已有节庆活动，展览活动，促进会展旅游新发展；充分利用已开发的旅游小镇，发展休闲养生专线旅游产品。

实现重要目的地、重点线路、重点景区融合协同发展，在发展过程中带动吃、住、行、游、购、娱的旅游基本要素的品质提升，从而带动文、商、养、学、闲、情、奇的旅游发展要素的实现，从而实现智慧旅游与全域旅游。

参考文献

［1］　王永强.基于供给侧改革视角的甘南藏族自治州旅游产品结构性问题改革研究[J].西藏研究,2018(01)：42－47.

［2］　张宝丹,解肱一,李越."多规合一"与"低影响开发"——旅游业供给侧结构性改革体系研究[J].管理观察,2017(19)：67－71.

［3］　廖淑凤,郭为.旅游有效供给与供给侧改革：原因与路径[J].旅游论坛,2016(06)：10－16.

［4］　刘亚敏.从供给侧角度分析我国旅游商品开发存在的问题[J].现代商贸工业,2017(05)：49－50.

［5］　周效东.旅游供给侧结构性改革的多维视角[J].大理大学学报,2017(05)：39－44.

欧洲旅游职业教育国别比较研究

刘 堂

（上海旅游高等专科学校，上海 201418）

摘要：本文通过对欧洲意大利、法国、英国、瑞士和德国等国家的旅游职业教育体系研究，指出旅游职业教育应该既要注重教育本身富有的内涵，关注学生内在素质和人文精神培养，同时要结合行业实际技能要求，让企业制定培训标准进行培训，培养全面合格的旅游人才。教育和培训既要独立，又要联合，寻求两者之间的平衡，更有利于学生的全面发展。此外，旅游职业教育应该根据本国历史和现状国情，制定满足多方需求的体系策略，最终实现帮助学生成为一个旅游通识和对社会负责，同时旅游技能合格的人才。

关键词：欧洲；职业教育；旅游；国别

职业教育是指对受教育者实施的职业知识、技能的训练。与学历教育相比，它侧重于实践技能和实际工作能力的培养，因此职业教育也被称为实业教育。旅游职业教育是职业教育的一种，由于旅游业是劳动密集型产业，其职业教育的需求更为强烈。欧洲各国职业教育的结构和水平受政治状况、历史发展、经济水平、产业结构、教育理念等因素的影响，各有特色。现将欧洲职教强国意大利、法国、英国、瑞士和德国的职业教育基本情况做比较研究。

1 意大利旅游职业教育

意大利的职业技术教育分为初等、中等和高等职业技术教育三个等级。初等职业技术教育学制三年，相当于我国的中专，他们叫技校。技校有六种专业，分别是手工艺专业、商业贸易专业、农技专业、航海专业、旅游专业和设计专业。小学毕业（五年制）后就可直接进入技校学习，3年后，经考试合格即可获得初等"专业技术资格证书"，同时还可获得初中毕业证书。凭此证书可直接上普通高中或职业高中，由于年龄问题，不能直接就业。中等职业技术教育是意大利的强项，叫职业高中，学制同普通高中一样都是五年制，所不同的是职业高中前3年以职业技术专业课为主，经考试合格，可获得中等"专业技术资格证书"；后2年以普通高中的文化课为主，目的是为了参加5年后的全国统考。如果通过高中毕业考试，可获得职业高中毕业证书，持职业高中毕业证书也可直接进入大学学习。职业高中使学生学到了一门技能，就业较容易；也可直接上大学深造。职业高中设置的专业有旅游与饭店管理专业、餐饮专业、商业贸易专业、会计专业、技工专业、手工艺专业、农业技术专业等。职业高中的学生，毕业后大部分选择了就业，少数直接上大学，尤其是旅游与饭店管理专业和餐饮专业的毕业生全部直接就业，因为这类职业高中与旅馆、饭店和高档餐馆都是定点培养。初等和中等职业技术教育由各省负责管理。

意大利的高等职业技术教育主要是进行网络培训，其特点是培训与就业紧密结合，通过网络培训提高专业技术水平。与此同时，意大利各大区也开办各类高等专业技术培训学校，通过培训提高学员们的专业技术水平，扩展知识，更新技术，以便于提高自己的业务能力，更好地胜任自己的本职工作。意大利的高等职业技术教育主要是由大区负责管理。各大区根据本地的具体情况和需要，有针对性地开办网络培训和专业技术培训班，经过正规培训的人员可获得高等"专业技术资格证书"，也就是大专毕业文凭。此外，各大学也可开办两年制职业技术专科班，学生毕业后可获得大专毕业证书。网络培训、专业技术培训学校和两年制职业技术专科班在意大利均属于高等职业技术教育。这种高等职业技术教育在意大利近些年来刚刚实行，尚未形成规模，其中等职业技术教育比较成功。

2 法国旅游职业教育

法国的职业教育是一种政府行为,办学动机和办学主体都是政府,培养的职业人才具有高普适性、高理论性的特点。法国中学生高中毕业后会面临两个选择:升大学,或者是职业教育。法国的高等教育无须考试,学生多按住家区域选择高校就读。大学两年淘汰考核后,如果不合格就要被退学。所以,学生选择比较慎重,读完职业学校后仍然可以上大学。

法国职业教育特点是文凭的唯一性和有效性。法国教育部所颁发的文凭"是行业标准的职业文凭"。文凭考试是由国家统一安排,统一考试。文凭会详细标注技能内容。法国教育部中有专门的机构管辖整个法国职业文凭的发放。文凭委员会的成员以企业界人士居多,还包括企业代表、工会组织代表。

为了保证职业教育对整个社会就业的有的放矢,教育部还特设了 17 个咨询委员会,比如酒店业,建筑业等。委员会决定着职业教育的方向。制定文凭之前,法国教育部职业教育处会咨询行业具体情况,然后制定或改革职业文凭,这成为法国职业教育成功的一个根本。而我国的职业教育,文凭品种众多,社会上的证书,效力通常还在职业学校颁发的文凭之上,学生通常在学校就忙着考证,而不是真正的学习技术。

法国教育部对各个职业教育学校的财政投入尽量秉承一视同仁的公平原则。全体教师属于教育部统管,统一发放标准。一个高等职业学校的老师和一个初级职业学校教师的薪水并没有差别。法国每个学区的教育处,会有一个专门的部门,招收一些民间艺人做职业学校的老师。如果年事已高,可以直接向大区议会申请当教员;年纪不大的手艺人,就要求参加技术教师资格考试(CAPET)。成为教师的艺人是教育部的合同制老师,而不是公务员,因此薪水会低很多。

法国的职业教育一向以与就业紧密衔接著称。法国有一套从上到下的完整教育体系,来保证企业参与到职业教育中去。在教育部的职业教育处专门设有一个企业界合作处。在各职业学校里,也有一个负责和企业接洽的部门,它的主要任务是制定对学生的企业培训计划,以及预测就业情况。部门主任要定期和企业开会,每个月三次到四次,和企业的代表谈。学校和企业的对接,在很大程度上减轻了教育的盲目性。在教育中,企业还负担着给学生提供实习岗位的职责。法国对企业有一项著名的税收,即征收 0.6% 的学徒税。企业可以选择把税金交给大区议会,作为大区议会管辖下的学徒培训中心的经费,也可以投放给与本企业对口的职业学校。去企业学习是学生的义务,也是他们在职业学校里几乎最重要的一门课程。部分学校的实习规定学生必须到离家 30 千米以外的地方实习,而且最好是去其他的国家。学生在企业实习,企业有了选择人才的机会。

3 英国三明治职业教育特色

英国的职业教育贯穿整个教育过程。英国的义务教育阶段将技术课设为必修课,职业教育学院提供职业教育。职业教育学院独立于大学之外,为义务教育阶段之后部分未能进入高等教育机构的学生教授技术知识,使其具备一定的基础技术水平,能够谋求一份职业;其次,职业教育学院还为已就业人员提高技术水平;另外,也针对培训失业人员,使其具备转岗的能力;职业教育学院也可以为未就业人员和已就业人员提供相当于本科、硕士水平的培训、考试和认证。目前,英国有 11 所高级职业技术学院为最高层次的职业技术教育学院,这些学院能够颁发本科或硕士的文凭,职业教育和学历教育实现并轨。将职业教育与学历教育等同而视,是英国职业教育的第一大特色。

英国的职业教育院校实行"三明治"式的教学模式。在职业技术院校学习的学生,第一年学习技术基础知识;第二年到企业中去实习,在实践中消化基础知识;第三年再回到学校去进一步巩固和深化理论和实践知识。这种教育体制的优点在于使得学生能很好地将理论和实践结合起来,学习运用再学习,从而能够很快适应工作需求。同时,英国职业教育考评采取的也是"三明治"式考评。评估由企业、指导老师和学生共同进行,主要包括学生自评、指导老师评价和企业评估。学生在实习中会有企业工作日记。企业工作日记包括三部分。

第一部分是个人实习发展计划。这是学生在指导老师的督促下完成的。指导老师多为企业经理或主管，定期督促学生制订"个人实习发展计划"。

第二部分是实习日志。实习日志是学生在企业实习阶段主要的自评手段，同样，指导老师会跟踪学生的实习过程，随时答疑解惑，并在此过程中，做好对学生实习评估的基础工作。

第三部分，是企业对学生的实习情况提供反馈评价。在实习结束时，会举行由学生、指导老师和企业三方参加的定职测试。这样的三方评价体系能够很好地控制学生实习的效率。

"三明治"式的教学以及"三明治"式的评估，是英国职业教育的第二大特色。

英国实行五级制的职业资格培训考核认证体系。职业资格认证体系涵盖职业资格等级和学历教育等级。一级、二级职业资格包括十一大类 900 多个职业，覆盖全国绝大部分劳动力。参加职业资格认证，不需考虑年龄、学历等因素，学习方式也较为自由。职业资格分为 5 个等级，与相应的学历教育阶段对应。第一、第二等级，对应于初中以及高中毕业之前；第三等级，相当于高中毕业，拿到三级证书者可以直升大学；第四等级相当于大学本科及大学本科同等学力；第五等级相当于硕士。同时还为 14～16 岁的人群设立国家基础职业资格，其一级、二级和三级分别对应国家职业资格一级、二级和三级。职业资格认证与学历教育相通是英国职业教育的第三大特色。

英国的职业教育以市场导向为主，多采取市场手段来控制职业教育。教育经费通过教育券来分拨。英国学生满 16 岁后，可获得政府职业教育券，并用该职业教育券支付自主选择的职业院校的职业教育费用。因此，那些办学条件好、办学质量高的职业技术院校会收到大量的职业教育券，同时也就意味着能够获得大量的办学经费；而那些科目设置与现实脱节、教学方式老化、教学内容在实践中难以运用的职业院校，就很难得到充足的办学经费，从而自动被市场淘汰。

4　瑞士酒店职业教育

瑞士是欧洲国家第一批在商学院开办旅游专业的国家，其旅游职业教育分为职业教育和大学教育，但更侧重于职业教育。其旅游职业教育主要为酒店教育，由酒店协会创立，是世界上最早开展正规饭店教育的国家，也是瑞士旅游职业教育中发展得最完善的一个体系，提供从专科一直到研究生的全学历教育。瑞士职业教育的办学模式非常重视实践。瑞士酒店学校协会由水平最高的 14 所旅游与酒店学院组成，并与知名酒店结成了战略性的合作伙伴，确保理论教育与行业实际紧密结合。职业学校一般都采用上半年授课，下半年实习的形式进行，有的学校还采用一年授课，一年实习的形式。

瑞士洛桑酒店管理学院是世界上第一所专门培养酒店管理人才的职业学校，同时也是瑞士联邦政府认可的高等院校。"洛桑模式"被公认为是旅游职业教育的成功典范。其职业教育发展的精髓是学以致用、求是创新和团结敬业的理念。其教学课程分理论课、实践课和语言课三类。其中实践课又有操作性的练习课、模拟性的分析课、研究性的调查课三种。课程体系的构建特别注意结合行业企业发展实际，不断更新和优化课程内容，目标是要使受训者能胜任酒店或餐馆内任何一项具体的工作。

瑞士的旅游职业教育具有如下特点：其一，办学目标的国际化（瑞士旅游职业教育按照国际旅游职业教育的水准办学）；其次，店校合一的培养模式（在课程设置上注重理论与实践的融合），学生在进行专门的理论学习后，都要在酒店内进行严格的、标准的、专业的实际操作技能的训练，并且在课时的比例上，实践课的比重明显大于理论课；第三，学生选拔科学（洛桑酒店管理学院十分重视学生的专业背景和素质），入学者不仅要有中学毕业证书，还要有在酒店或餐馆连续工作一年的证明，并特别指明，在申请人亲属开办的酒店或餐馆实习的证明无效，洛桑酒店管理学院是严进严出，使入学新生和毕业生的质量同样有保证；第四，学院课程设置科学，教学课程一般分为三类：理论课、实践课、语言课，实践课又被分为操作性的练习课、模拟性的分析课、研究性的调查课，学生不但要亲手制作产品，还要分析产品质量，有了问题还要调查原因，提出解决问题的办法；最后，教学师资配备合理，教师绝大多数有在酒店长期工作的经历，有丰富的职业经验，甚至担任过总经理等高级职务。学院实行高工资制并且鼓励教师一专多能，允许教师在企业中担当一定的职务,甚至主动向企业推荐他们担任兼职顾问,这样既保证了教师一直处于高水平状态,又保证了授课内容紧跟经营管理实践。

5　德国双元制职业教育

"双元制"职业教育是企业与职业学校共同为德国年轻人提供职业能力培养和专业理论知识的职业教育模式。学生在企业里接受职业技能的培训,在职业学校里接受普通文化知识和专业理论知识的教学,时间比约为7∶3。双元制的显著特点是整合了企业与学校的资源与优势,开发了实践技能与理论知识有机结合的课程。此外,利用行业协会等第三方评价确保人才培养质量,满足企业对高素质专业技术工人的需要。

培训主体是企业与职业学校。企业解决"怎么做"的问题,严格按照职业资格标准向学生传授职业技能及职业经验;职业学校解决"为什么"的问题,主要传授与培训与职业相关的专业理论知识和普通文化知识。校企双方相互配合,共同完成"双元制"学生的教育任务。受训者的身份既是学徒又是学生。在"双元制"体系中,受训的学生与培训企业签订具有法律效力的培训合同,学生为企业学徒身份;同时这些学徒在与企业合作的职业学校就读,又是学生身份,在12年义务教育中的后三年教育接受职业教育,比中国大学生接受职业教育提前了三年。

德国职业教育的两种管理体系为联邦政府与州文教部。企业的职业培训由联邦政府管辖,职业学校的教学则由各州的文教部分管,企业承担实训课教学,在教学实训车间岗位上进行;职业学校负责理论课教学,在理论教室和实训演示车间进行。师资分为实训教师与理论教师,企业师傅或技术员通过教育学、心理学考试,向学生传授实用知识和职业技能,成为实训教师;理论教师必须接受4年的专业学习并通过国家考试,两年的示范学习且经过一定的实习期,然后才能在职业学校传授专业理论和普通文化知识。职业教育经费主要来源于企业和国家。企业负担培训中心建设、学徒津贴和实训教师工资,没有自己培训中心的小型企业,需承担学徒在跨企业培训中心的费用;职业学校的经费则由国家和州政府承担。职业教育有两类证书,技能培训证书和毕业证书,考试由行业协会负责实施。

德国的职业教育是以实践为导向的,职业教育课程的所有教材从头到尾都贯穿着实践案例,让学习的人能够从将来实际要从事职业的角度来思考问题并解决问题。参加职业培训的学员一部分是来自这个领域本来的从业人员,而有超过一半的学员却是来自其他工作领域的人员。

6　总结

欧洲职业教育模式取得了重大成就,在世界范围内得到认可和效仿。职业教育发展的重点主要集中于强调技能培养与基础技能培养并重、强化与市场的契合度、推广使用现代信息手段和建立欧洲一体化职业教育体系四个方面。借鉴欧洲职业教育的经验,研究欧洲职业教育的发展趋势,对搞好中国的职业教育具有重大意义。发达国家政府高度重视职业教育,职业教育与其他教育在地位上平等,从而有效促进职业教育与培训的发展,提升技能应用人才的培养质量。我国应积极汲取发达国家和地区在职业教育与培训质量保障体系建设方面的先进经验,通过制定战略目标、建立指标体系、开拓产学合作途径、发挥协同效应、明确评估方法、落实质量保障责任制、鼓励多主体参与、设立质量保障标准、构建监督平台等一系列举措,建立起完善的职业教育与培训质量保障框架。

参考文献

[1]　王凤,黄瑞英.意大利职业教育与培训对我国职业教育的启示[J].继续教育研究,2018(4):93-96.

[2]　张颖,杨艳.意大利的职业教育与培训体系[J].中国职业技术教育,2006(36):29-30.

[3]　宁宁.法国高等职业教育对我国旅游法语教学的启示[J].高等财经教育研究,2011,14(1):55-59.

[4]　许嘉悦.法国瓦岱勒国际酒店与旅游管理学院的办学特色及其经验启示[J].域外教育,2017(4):42-43.

[5]　舒惠芳,石强.英国旅游管理职业教育的特点及其启示[J].职业技术教育,2007(5):91-93.

［6］ 黄静潇.国外职业技术教育管理的特点及趋势[J].基础教育参考,2005(4)：26-29.

［7］ 施永达.英国职业教育透析及其给我们的启示[J].外国中小学教育,2005(11)：32-35.

［8］ 何晓岩.瑞士"洛桑模式"对我国旅游职业教育的启示[J].教育与职业,2019(3)：95-98.

［9］ 娄佳,李强."洛桑模式"对旅游院校构建多元化国际合作办学模式的思考[J].中国成人教育,2017(14)：59-62.

［10］ 崔岩.德国"双元制"职业教育发展趋势研究[J].中国职业技术教育,2014(27)：71-74.

［11］ 魏晓锋.德国"双元制"职业教育模式的特点及启示[J].国家教育行政学院学报,2010(1)：92-95.

人工温泉养生旅游地形象感知研究
——以上海涟泉大江户为例

陆文轩[1]　何　雨[2]

（1. 上海师范大学环境与地理科学学院，上海　200234；

2. 上海师范大学旅游学院，上海　200234）

摘要：温泉旅游因其具有医疗保健养身功能日益受到游客的青睐，如何提高游客体验质量、增强体验效果成为人们关注的重要问题。本文选取网络关注度极高的上海涟泉大江户人工温泉养生地，以携程网络评价文本为数据源，运用 Rost CM6 软件提取旅游形象的高频特征词，通过内容分析法了解游客对涟泉大江户旅游形象的感知，并根据游客对涟泉大江户的情感倾向和综合印象提出改进意见。研究发现：① 游客对形象感知敏感高频词汇主要体现在环境、服务、活动三个方面；② 游客对涟泉大江户的整体形象感知抱有积极的心态；③ 部分游客对涟泉大江户的形象感知持消极态度。

关键词：旅游形象；形象感知；内容分析法；人工温泉；涟泉大江户

1　引言

如今环境质量堪忧，由于生活工作压力不断增大，人们开始注重养生、运动、旅游等活动，因此一项新型旅游活动悄然而生——温泉养生旅游[1]。温泉因其具有热和药理作用对精神和生理疾病有治疗作用[2]，并且温泉含众多对养生及医疗保健作用明显的微量元素[3]，越来越受到游客的青睐。

我国温泉旅游已经向健康温泉旅游转变[4]，这与《关于促进上海旅游高品质发展加快建成世界著名旅游城市的若干意见》中提出的上海要努力建设有竞争力的国际健康旅游城市并打造养生休闲的健康旅游产品的理念相一致。上海虽然天然温泉资源稀缺，但是有着许多的温泉会馆和温泉主题度假区等人工温泉如涟泉大江户，这就为上海打造健康旅游目的地打下了坚实的基础。

旅游目的地形象通常是指游客或者潜在旅游者对旅游目的地的评价、印象和整体感[5]，并且旅游目的地形象是影响旅游目的地营销策略和旅游者行为的重要因素，因此旅游目的地形象研究是近年来国内外研究的热点之一[6-11]。随着互联网技术的高速发展，越来越多的游客通过网络获取想要的旅游信息、分享自己的旅游见闻以及对游览过的目的地给予评价。这为旅游目的地形象感知的研究，提供了一种新的数据来源，即网络数据，而且相比于传统的问卷调查所获得的数据，互联网空间因其开放、共享和自由的特征，更能反映真实感受[12]。李亚恒等认为网络媒体与文本分析法结合现如今已经成为研究旅游目的地形象的一大趋势[13]；种晓晓发现我国旅游研究中利用网络文本内容研究景区形象感知已经较为成熟，并且主要集中于对大中型旅游城市的形象感知研究和以具体某个景区为例进行的形象感知研究[14]；柴寿升等更是认为网络文本能够比较真实地反映旅游目的地形象，对旅游者旅游决策具有直接影响[15]；王厚红认为通过网络了解游客的旅游形象感知和旅游偏好，才能更好地做出创新、完善设施，并为游客提供更好的服务[16]；梁溶方同时也发现国内学者的研究更多侧重于目的地旅游形象的策划和营销上，而且大多只是进行实证研究，理论研究相对较少[17]。由以上我们可以看出，利用网络数据与文本分析相结合的方式已经成为研究旅游目的地形象感知的一大趋势，一方面网络文本可以较真实地调查游客体验，另一方面虽然研究目的相对单一但都较为成熟且被认可。本文以上海涟泉大江户为研究对象，通过网络平台的游客评论文本数据进行分析，研究上海涟泉大江户的形象感知，为其更好地打造健康旅游目的地提供建议和参考。

2　研究方法与数据来源

2.1　案例地概况

上海涟泉大江户位于上海市闵行区莘福路 288 号,因其原汁原味的风吕巡礼和纯日式化服务的特色受到游客的青睐。涟泉大江户由日本顶级温泉匠人倾情打造,并且由资深日本店长管理,拥有日本培训的一流服务生。场馆为人工温泉,采用的均为进口温泉入浴剂,与天然温泉同等疗效,挂汤、淋浴、按摩池、绢丝池、桧木风吕、盐桑拿、碳酸池、药汤池、户外风吕、足浴等各类沐浴应有尽有,并且服务设施多样。在各大门户网站,涟泉大江户的搜索量与点评量与同类相比也居于前列,所以选取涟泉大江户作为研究对象,能够较为客观地反映出上海温泉健康旅游的总体形象感知。

2.2　研究方法

内容分析法是一种科学研究方法[18]。作为一种重要的信息分析方法,在 20 世纪初,人们通过常规阅读文献并获得信息外,开始逐渐采用量化的统计学方法对文献的内容进行系统、客观的分析与解释,内容分析法正是在这种情况下产生。经过多年的发展,该方法在市场和媒体研究、图书情报等多个领域中得到了越来越多的关注。在信息分析领域,内容分析法作为一种重要的半定量方法得到了广泛应用,通过对文献和文本内容的量化统计和分析,从而测度文献或文本中的事实或趋势[19]。

内容分析法是针对传播内容进行的分析方法,美国学者贝雷尔森将内容分析法定义成为一种清晰的编码规则,将文本中的众多词语压缩成为少量内容种类的系统的、重复进行的技术[20]。总而言之,内容分析法是一种对研究对象的内容进行分析,透过现象看本质的科学研究方法[21],是对文献内容进行客观、系统、量化分析的一种科学研究方法[22]。而 Rost CM6 软件是分析网络文本较好的软件工具,具有较为丰富的分析功能,如中文词频分析和情感分析等。

2.3　数据来源

网络评论是游客的旅游活动的记录、总结和对目的地的真实的感知反映,获取网络评论并进行分析可对旅游形象研究提供有效的帮助。携程网访问量大,开展时间也较早,故本文决定从携程网中选取网络评论文本作为资料来源并进行筛选。筛选原则如下:① 时间期限为 2018 年 1 月 20 日至 2019 年 6 月 27 日;② 评论字数在 5 个以上且表达较为完整;③ 去除用户的恶意刷评,全部选择不同用户的评论。根据以上筛选原则,本文共在携程网获得有效评论 283 条。

2.4　文本处理

在利用 Rost CM6 软件对所选取的网络文本进行分析前,本研究先删除文本中的感叹词、表情符号等与游客感知无关的内容,并将重复过多的字眼进行整合删除,以此提高分析的可信度和准确度。

3　结果与分析

3.1　高频词汇分析

通过 Rost CM6 软件对所选取的文本进行内容挖掘,删除一些无意义的词汇,根据词频分析结果将出现超过 5 次的词汇定义为高频词汇,如表 1 所示排名前 60 的词汇。从词性本文发现,高频词汇主要包含动词、名词和形容词等,这些词汇以名词为主,主要包括"地方""环境""服务""小朋友"等;动词反映了旅游者的具体活动,主要包括"休息""排队""吃饭""拍照"等;形容词表现了旅游者对涟泉大江户的印象和对旅游活动的感受,主要包括"干净""舒服""适合""开心"等。本文通过分析频率较高的 10 个词汇发现,"地方"也就是涟泉大江户作为为旅游目的地及形象感知的对象,是旅游者提及最多的词汇;"环境"是游客最先感知到的内容,而"干净"也是对这一感知内容的真实反应,所以这两个词出现频次较多且相近,这反映出涟泉大江户的环境整体干净;"休息"是游客到旅游目的地的主要主动行为,而"排队"则是游客在目的地主要被动行为;"服务"是游客在旅游目的地所要感知的主体内容,而"舒服"和"适合"也能较为直观地反映出涟泉大江户的服务水准较高,游客也较为感到满意;"小朋友"作为高频词出现反映出该旅游目的地的游客群体越来越年轻化,而"玩的"也更能反映出这一情况,因为年轻群体更关注于体验式游览,所以对能够互动的旅游活动更为关注。本文也从高频词的总体特征中发现,60个高频词汇大致可分为3大类:第一类为整体印象,这一类包含的词汇有"干净""新开""开心""方便""满意"等;第二类是行为活动,包括"休息""吃饭""洗澡""按摩""拍照"等;第三类为活动人群,包括"小朋友""儿童""服务员""朋友""家人"等。

表1　关于涟泉大江户网络评价的高频词汇

排名	词　汇	频次统计	词　性	排名	词　汇	频次统计	词　性
1	地方	72	名词	31	体验	13	动词
2	环境	47	名词	32	不多	13	形容词
3	休息	34	动词	33	方便	12	形容词
4	干净	33	形容词	34	风格	12	名词
5	排队	33	动词	35	孩子	12	名词
6	服务	25	名词	36	洗澡	12	动词
7	小朋友	23	名词	37	项目	12	名词
8	舒服	23	形容词	38	浴场	11	名词
9	适合	22	形容词	39	服务员	11	名词
10	玩的	21	名词	40	很好	11	形容词
11	周末	21	名词	41	和服	11	名词
12	吃饭	21	动词	42	休闲	10	形容词
13	拍照	21	动词	43	小孩	10	名词
14	新开	20	形容词	44	乐园	10	名词
15	设施	19	名词	45	人多	10	形容词
16	大江户	18	名词	46	朋友	9	名词
17	小时	17	名词	47	位置	9	名词
18	开心	17	形容词	48	建议	9	动词
19	日本	17	名词	49	汤池	9	名词
20	下次	16	形容词	50	满意	9	形容词
21	值得	16	形容词	51	下午	8	名词
22	儿童	15	名词	52	免费	8	形容词
23	进去	15	动词	53	性价比	8	名词
24	池子	14	名词	54	按摩	8	名词
25	总体	14	形容词	55	冬天	8	名词
26	餐饮	13	名词	56	泡汤	8	动词
27	浴衣	13	名词	57	室内	8	名词
28	时间	13	名词	58	电影	7	名词
29	味道	13	名词	59	放松	7	动词
30	室外	13	名词	60	家人	7	名词

3.2　旅游情感倾向及情感倾向高频词分析

情感倾向分析亦被称为观点抽取或观点挖掘,判断网络文本传递的情绪属性是正面、负面还是中性[23]。

通过 Rost CM6 的情感分析功能，对文本中有关明显情感倾向的词汇进行筛选并判断（见表 2）。本研究发现，旅游者对于涟泉大江户的旅游情感评价以积极情绪为主（87.28%），主要有"开心""满意""方便"等词汇；消极情绪占 6.01%，包括"太贵""难吃""人多"等词汇；中性情绪占比居中（6.71%），由"一般""普通""可以"构成；其中高度积极情绪占比 24.73%，高度消极情绪占比 0.00%。总体来看旅游者对于涟泉大江户给予积极的评价，但是部分消极评价也需要引起足够重视，主要是节假日游客过多产生的拥挤感让游客有了不好的体验，部分消费活动价格过高以及部分服务不到位都是消极情绪的主要来源。

表 2   旅游情感分布情况

情 感 倾 向	情 绪 分 段	所占比例%	总比例%
积极情绪（247 条）	一般（90 条）	31.80	87.28
	中度（87 条）	30.74	
	高度（70 条）	24.73	
中性情绪（19 条）			6.71
消极情绪（17 条）	一般（16 条）	5.65	6.01
	中度（1 条）	0.35	
	高度（0 条）	0.00	

3.3   基于语义网络的综合形象分析

为了更加直观且清晰地看到游客对涟泉大江户的形象感知，进一步挖掘网络评论文本背后的隐藏含义，找出词汇之间的关联性和指向性，本研究利用 Rost CM6 中的社会网络与语义分析功能对网络文本进行深入分析（图 1）。

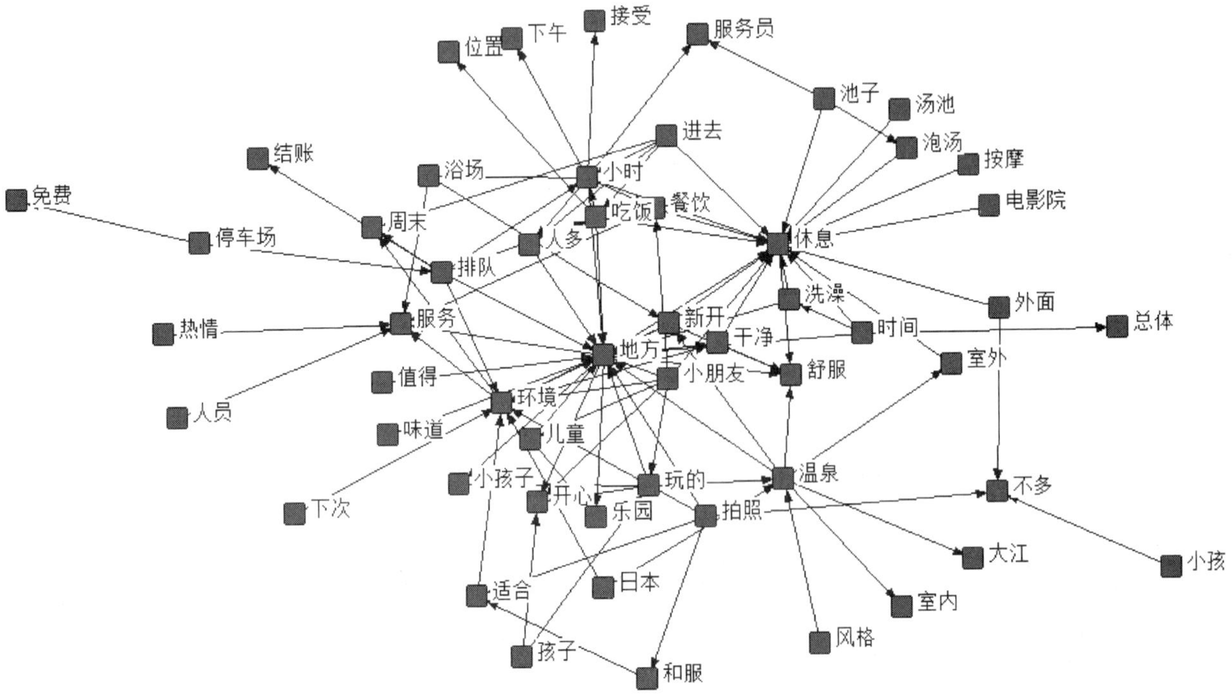

图 1   涟泉大江户网络评论的语义网络图

图 1 中线条指向的密集度代表出现频率的高低，线条指向越密集则表示出现次数越多，游客感知中两者间的关联性越强[24]。网络评论总体上以"地方"为主中心簇布，其点度中心性最大，是网络中最重要的节点；其次是"环境""温泉""休息"等几个次中心，围绕着"地方"节点形成了"玩的""新开""干净""吃饭""服务"等

关联紧密的次节点;"环境"辐射的语义网络由"排队""日本""拍照""适合"等组成;"温泉"是"风格""室内""室外"等高频词的结构主体。此外,"地方"作为语义网络图的中心,几乎链接着大部分相关词汇,旅游者在涟泉大江户旅游的整个活动过程,都与该旅游目的地紧密相关;"休息"代表出游动机;"下午""周末"表明出游的时间选择;"朋友""家人"点明出游同伴的类型;"值得""满意"是游客的具体情感感知;"干净""热情""舒服"等反映涟泉大江户旅游的整体形象定位。

4 结论与建议

本研究以上海涟泉大江户为例,采用 Rost CM6 软件对携程网的网络评论文本进行高频词汇分析,在数据获取方面区别于传统的问卷调查方法,运用内容分析法,将旅游者对涟泉大江户的旅游形象感知进行整合并加以评价,了解涟泉大江户在游客心目中的形象定位和喜爱程度。

4.1 主要结论

(1)通过对网络评论文本数据分析,发现游客对涟泉大江户的旅游形象感知敏感高频词汇主要体现在环境、服务、活动三个方面。"干净""人多"是旅游者来涟泉大江户环境体验的两种相对的主要感受;旅游者对涟泉大江户的服务感受多样,如"方便""舒服""适合"等;旅游传统六要素中食"吃饭",行"停车场",娱"电影"等都属于高频词汇,然而住、游和购三大要素的体现不明显,如一条评论"涟泉大江户上海莘庄店是一个洗澡娱乐的地方,总体免费的项目太少,棋牌室、卡拉 OK 包房都要另外付费的。混一天好像娱乐项目颇少,但是做点按摩项目还算挺容易打发时间的",这表明涟泉大江户在提供旅游者活动方面的服务还略显不足。

(2)游客对涟泉大江户的整体形象感知抱有积极的心态。旅游者喜欢的是涟泉大江户提供的舒适泡汤体验,以及温泉以外其他相关服务,有"电影""餐饮"等词汇可以体现。同时日式风格是吸引游客的核心吸引力,如游客评论"喜欢日风的洗浴场所,很有身临其境的感觉""公共区域非常具有本州的关东风格,也非常卖力地营造了日本汤的特色"等。所以涟泉大江户要发挥其特色优势,即原汁原味还日式温泉体验与文化,让游客有多重体验。

(3)部分游客对涟泉大江户的消极态度即负面评价主要集中于以下几个方面:① 节假日游客过多很大程度上影响了游客的体验,从评论"过年人暴多,没有地方休息,没有桌子吃饭"可以看出;② 内部收费项目过多,且价格偏高也一定程度上影响了游客的体验,从评论"吃的东西很差,又很贵"可以看出;③ 由于涟泉大江户地理位置较偏远,出行问题一定程度上影响了游客的体验,从评论"位置有点偏,停车不方便"可以看出。所以涟泉大江户要打造优质的健康旅游目的地还有很多的地方需要改进。

4.2 发展建议

从高频词和评论总体情况研究发现,如今对于温泉健康旅游,游客不再只关注温泉能给他们带来什么样的健康功效,游客更加关注的是温泉以外能给他们带来的服务与体验。所以现如今的温泉健康旅游中,温泉只是整个旅游活动中必须参与的一个环节,而以外的服务如餐饮、住宿和娱乐活动等才能体现出游客在旅游中的整体形象感知。所以针对以上情况,本文提出以下建议,为上海以涟泉大江户为例的温泉健康旅游地塑造成有竞争力的健康旅游目的地提供参考。

(1)抓住自身特色,提供差异性旅游体验。上海涟泉大江户因其较完整的体现日式温泉文化与体验在游客中有着较高的吸引力。所以对于上海的温泉养生旅游,对于各式温泉会馆和温泉度假村更应抓住自身特色,塑造差异与本土的旅游体验。

(2)关注年轻群体,开展互动式旅游活动。从涟泉大江户的高频词中发现,以"孩子""儿童"为代表的年轻群体正成为温泉养生旅游的一大主力,如今的泡温泉不再是中老年人的专属,而且年轻群体更加关注的是互动式旅游体验,对旅游目的地的活动和娱乐设施有着更多的偏好,因此旅游目的地要做好相关方面的工作,大力开发互动式旅游活动,同时不要让价格成为影响游客体验的阻碍。

(3)加强基础服务,塑造优质的旅游环境。从高频词中发现,环境依然是游客对一个旅游目的地的首要感知对象,一个优质良好的环境不仅能使得游客的体验变得更好,而且能够增强游客的重游度,增加游客黏性,并且基础服务与设施是提升旅游目的地整体形象的重要环节,所以要加快构建旅游目的地服务体系。

参考文献

［1］ 董丽媛.全民健康背景下温泉养生文化旅游开发研究［G］//香港康健医药有限公司.2017 年博鳌医药论坛论文集.香港：香港新世纪文化出版社有限公司,2017：1.

［2］ HORIUCHI, Takahiko, MAEDA, et al. LS2 The effects of hot spring bathing for mental and physical health［J］. Journal of Japanese Balneo Climatological Association, 2015, 77：399.

［3］ LS2 The effects of hot spring bathing for mental and physical health［J］. The Journal of Japanese Balneo-Climatological Association, 2014, 77(5)：127 - 129.

［4］ JIE Wang. 09 - 4 The recent development of China's hot spring industry：transformation from hot spring tourism to health and wellness hot spring［J］.日本温泉气候物理医学会杂志,2014,77(5)：492 - 494.

［5］ 梁欢.温泉养身旅游产品开发与设计——以广元温泉为例［J］.旅游纵览(下半月),2017(06)：12.

［6］ JIE Wang. 09 - 4 The recent development of China's hot spring industry：transformation from hot spring tourism to health and wellness hot spring［J］. The Journal of The Japanese Society of Balneology, Climatology and Physical Medicine, 2014, 77(5).

［7］ 李舒心.洛阳市旅游认知、情感、综合形象感知研究——基于网络文本分析［J］.河南牧业经济学院学报,2018,31(03)：44 - 49.

［8］ 张新想,王立鑫,胡克婷,朱志刚,李丽艳.全域旅游背景下秦皇岛形象感知调研［J］.现代营销(信息版),2019(10)：230 - 233.

［9］ 蔡礼彬,罗威.基于扎根理论与文本分析的海洋旅游目的地意象研究——以夏威夷为例［J］.世界地理研究,2019,28(04)：201 - 210.

［10］ 程鸽,刘佳艺.基于网络文本分析的世界文化遗产地旅游形象感知研究——以杭州西湖为例［J］.人文天下,2019(14)：10 - 17.

［11］ AVRAHAM E. Destination image repair during crisis：attracting tourism during the Arab Spring uprisings［J］. Tourism management, 2015(47)：224 - 232.

［12］ SONG Z, SU X, LI L. The indirect effects of destination image on destination loyalty intention through tourist satisfaction and perceived value：the bootstrap approach［J］. Journal of travel & tourism management, 2013, 30(4)：386 - 409.

［13］ ZHANG H, FU X, CAI L A, et al. Destination image and tourist loyalty：a meta-analysis［J］. Tourism management, 2014(40)：213 - 223.

［14］ 张颖.基于网络文本内容分析的乡村旅游形象感知研究——以济南朱家峪为例［J］.福建农林大学学报(哲学社会科学版),2016,19(02)：65 - 70.

［15］ 李亚恒,陈金华,王梦茵.互联网对旅游目的地形象感知影响研究——以乌镇为例［J］.无锡商业职业技术学院学报,2018,18(06)：49 - 55.

［16］ 种晓晓.基于网络文本分析的生态旅游目的地形象感知研究——以雅鲁藏布大峡谷景区为例［J］.无锡商业职业技术学院学报,2018,18(05)：40 - 46.

［17］ 柴寿升,朱福军.基于网络志的青岛旅游目的地形象感知［J］.中国石油大学学报(社会科学版),2018,34(04)：24 - 31.

［18］ 王厚红.基于网络文本分析黄山风景区旅游目的地形象感知研究［J］.辽宁科技学院学报,2018,20(03)：87 - 88＋95.

［19］ 梁溶方.基于网络文本分析的桂林旅游目的地形象感知研究［J］.广西广播电视大学学报,2019,30(03)：85 - 88.

［20］ KRIPPENDORFFK. Content Analysis：an Introduction to Its Methodology［M］. Beverly Hills：Sage Publications, 1980：1 - 40.

［21］ 李尚昊,郝琦.内容分析与文本挖掘在信息分析应用中的比较研究［J］.图书馆学研究,2015(23)：37 - 42＋69.

［22］ 微信用户属性数据：性别比例和年龄比例［EB/OL］.［2015 - 08 - 29］.http://www.docin.com/p - 821418878.html.

［23］ 邱均平,谭春辉,文庭孝.2004 年国内外情报学研究重点及其演进［J］.图书馆论坛,2005(6)：71 - 76.

［24］ 邱均平,邹菲.我国内容分析法的研究进展.[J].图书馆杂志,2003(4)：5-8.

［25］ 程圩,隋丽娜,程默.基于网络文本的丝绸之路旅游形象感知研究[J].西部论坛,2014,24(05)：101-108.

［26］ 王媛,许鑫,冯学钢,吴文智.基于文本挖掘的古镇旅游形象感知研究——以朱家角为例[J].旅游科学,2013,27(05)：86-95.

黄浦江两岸滨江景观旅游价值研究[①]

张娇

（上海师范大学旅游学院，上海　200234）

摘要：改革开放以来，我国城市化进程得到迅猛发展，城市面貌也焕然一新，城市滨水区也逐渐受到人们的关注。然而滨水景观旅游价值的研究在学术界属于空白，为了深入挖掘滨水景观的价值内涵，探究其存在的旅游价值，本文采用 ROST 内容分析法对黄浦江游客的网络评价进行整理分析，归纳出反映滨江景观价值的高频词，从而进一步论述黄浦江两岸景观未来的开发方向，为黄浦江建设成为世界级滨水休闲游憩带奠定理论基础。

关键词：黄浦江；滨江景观；旅游价值

1　引言

随着国民经济的持续发展与公民休闲意识的逐渐增强，人们对高品质生活的需求越来越高，旅游日益成为人们对美好生活的向往。因此，一个地区是否存在旅游价值成为人们是否出游的衡量标准。为了响应"十三五"规划，按照国务院批复的《上海市城市总体规划》，到 2020 年，将上海建设成为卓越的全球城市和集多种功能于一体的国际大都市，它的旅游价值有待深入挖掘。同时，黄浦江两岸是上海城市的"主动脉"，也是上海未来发展的重点和亮点，由此本文着重研究黄浦江两岸滨江景观的旅游价值，便于进一步剖析旅游价值的内涵与意义。

黄浦江作为上海的母亲河，见证了上海这个国际大都市的发展演变历程。研究它的旅游价值，在一定程度上体现了当代旅游者对旅游活动的需求。有利于为游客提供系统的品质旅游，使国内外旅游者能有更多、更丰富的"获得感"。此外，滨江景观是城市的重要资源，对滨江景观进行旅游价值的研究，进一步探究吸引游客前往游玩的原因，从而为有序的规划提供更多的理论依据。

2　概念界定

水滨（Waterfront）是城市中一个特定的空间地段，系指"与河流、湖泊、海洋毗邻的土地或建筑"，亦即"城镇邻近水体的部分"。水滨按其毗邻水体性质的不同可分为河滨、江滨、湖滨和海滨。城市滨水区的概念笼统说就是"城市中陆域与水域相连的一定区域的总称"（金广君，1994），其一般由水域、水际线、陆域三部分组成（王建国、吕志鹏，2001）。

对景观[1]的理解一般有以下几个方面：① 某一区域综合特征；② 一般自然综合体；③ 区域概念；④ 类型概念。综上所述，本文对滨江景观做如下定义：滨江景观是指在滨水区空间范围内的土地及土地上的空间和物质所构成的综合体。它是复杂的自然过程和人类活动在大地上的烙印[2]。在此基础上，本文的滨江景观是指在黄浦江两岸范围的、具有自身资源价值并且能够吸引游客前往游玩的景观。

价值是人类活动的效应。旅游活动，作为一种特殊的活动方式，主要是由旅游主体、旅游客体和旅游中介三个要素相互作用形成的。旅游价值的界定决定于对旅游价值本质的理解，实际上也就是揭示旅游价值的本质。学术界对价值的理解是多种多样的。有的学者用"意义"界定价值，有的学者以"合目的性"界定价值，有的学者以"有用性"界定价值，有的学者以"人"界定价值。更多的学者用"需要"界定价值，是在满足旅

---

① 基金项目：16 年人才队伍建设工程"灯塔计划"——城市旅游与城市发展关系问题研究

游主体需要的意义上理解旅游价值。但是本文认为,对于旅游价值来说,以效应的视角来界定更为科学。

旅游价值是旅游活动的效应。对于旅游价值的研究,是基础旅游学和价值哲学的共同任务,对于旅游学科体系的完善和旅游业的发展都具有十分重要的意义。旅游价值的本质是旅游客体主体化,是旅游客体对主体本质力量的效应。对于自然旅游景观的价值来说,旅游主体本质力量对象化与旅游客体主体化,都是其价值的源泉。对于人文旅游景观来说,其价值的本质是旅游主体本质力量对象化与旅游客体主体化的统一。所以,旅游客体主体化是旅游价值的一般本质,实质是旅游客体对主体本质力量的效应,或者说旅游价值是旅游客体对旅游主体的作用和影响。

旅游价值评价问题主要是对旅游活动评价的科学性问题,而评价的科学性问题,关键是价值标准的科学性问题。在价值标准问题上,西方有些学者以内在的善、正当、义务等作为价值标准,有些西方学者以兴趣、爱好、喜欢、欲望、满足等主观的感受为价值标准。我国学者绝大多数都以旅游主体需要作为旅游活动的根本价值标准。

价值论是关于客观世界各种事物对于人类生存与发展意义(价值)的认识。价值问题是任何社会科学都无法回避的问题,是某一事物研究的基础前提[3]。资源价值理论认为资源包括使用价值和非使用价值。滨江景观作为城市滨水区的重要组成部分,是人类社会宝贵的资源。评价滨江景观的价值是指滨江景观作为一种资源所具有的价值,它体现在两方面:一是滨江景观自身的价值,二是吸引游客前往游玩的价值。这两方面统称为滨江景观的旅游价值,涉及包括历史价值、审美价值、科普(或科研)价值、生态价值等,且不同的滨江景观所具有的价值类型并非完全一致[4]。

3　相关研究

3.1　国内研究现状

当今现代城市滨水区景观设计突破了过去单纯的城市景观规划的范畴,把建筑、园林等与城市滨水区规划结合起来,成为城市设计的一部分。在大规模、整体性空间控制下,把环境的实际效果与城市视觉的美化效果结合起来,实现景观的可持续发展,创造高效、繁荣、舒适、生态的滨水人居环境(李敏,2002)。

一些专家也适应时代的需求,开始对滨水景观设计做出新的思考,如岳隽、王仰麟、彭建(2005),王紫雯、符燕国、徐承祥(2008)从景观生态学的角度出发,对城市河流的研究尺度、格局分析、干扰程度、景观敏感性等重要方面进行了详细论述,以期在景观水平上构建城市河流的可持续发展预案。还有一些学者将新的理念应用于实践,如李贵臣、逄锦辉、郭万宝(2011)基于生态、景观、游憩三位一体的设计思路,从生态修复、景观重塑、游憩功能整合的角度,进行了穆棱市滨河文化公园规划。刘滨谊所著的《城市滨水区景观规划设计》,从滨水景观基础理论出发,结合国情、业态,详细地论述了城市滨水区景观及其规划设计的动因、理论与方法,并辅以丰富的国内实践项目介绍,希望对提高滨水景观建设的质量起到很好的推动和帮助。杨春侠所著的博士论文《跨河城市的形态与设计》,从城市设计的角度探讨城市跨河发展的形态特征与设计方法,其中也有较详细地探讨河流和城市景观、滨水区河岸景观与城市景观的关系[5]。但我国滨江景观仅局限于规划设计,虽然有些论文里也涉及旅游价值,但都是针对民俗文化[6]、非物质文化遗产[7]、工业遗产[8]、生态文化[9]、红色旅游[10]等旅游价值的研究,对滨江景观旅游价值的研究基本是空白。

3.2　国外研究现状

由于题目涉及三个关键字,"滨水""景观""旅游价值",因此,本文可以借鉴的理论研究范围比较广。在国外,针对滨水区的相关理论研究并不局限于建筑学或空间规划设计的范畴,而是分散在各类经济、管理和公众参与等各个方面的研究中。2002年日本土木学会主编的《滨水景观设计》一书,以河流水滨为研究对象,以景观设计为主线,从河流的景观思路、设计基础、规划程序、水工建筑物和重点地区的景观设计、城市河流的空间构成和景观设计以及河流景观的组织管理等几个方面进行了详尽的阐述。

此外,国外不少滨水区域的设计产生了世界性的影响,如伦敦码头区的改造(见图1)、美国巴尔的摩内港的开发(见图2)、日本横滨大阪滨水区的开发等,这些滨水区的开发将景观与周边的环境、文化很好地融合,创造出了一系列有代表性的特色景观,如加拿大温哥华格兰威尔岛将其开发定位在从单纯的传统工业中心转变成现代商业、文化、旅游、娱乐、居住和服务于一体的城市社区,旨在突出滨水区域在城市公共生活中的作用,由此目的打造了集各种需求于一体的滨水景观;美国巴尔的摩港的开发规划,突出了以水为主题的设计概念,注重亲水空间的创造,由此一系列亲水景观不断完善建设;德国杜斯堡内港的改造,通过内港大坝的建设,将内港的水面提升,从而拓展了水域面积,使得莱茵河的水上旅游更加繁荣,水上景观成为一大特色;澳大利亚悉尼的达令港改造充分重视了滨水空间的可达性,整个港区完全设计成步行区,并进行了详尽的环境设计,对穿越该区域的城市干道与轻轨做高架处理,景观设计也凸显这一需求;纽约南街巷滨水区域开发中,将"历史保护与复兴"作为开发的主题,对历史遗留加以修缮或者进行审慎的改造,以期创造一种具有历史感的场所,使得景观充满历史文化的气息[11]。

图1　伦敦金丝雀码头　　　　　　　　　　图2　美国巴尔的摩内港

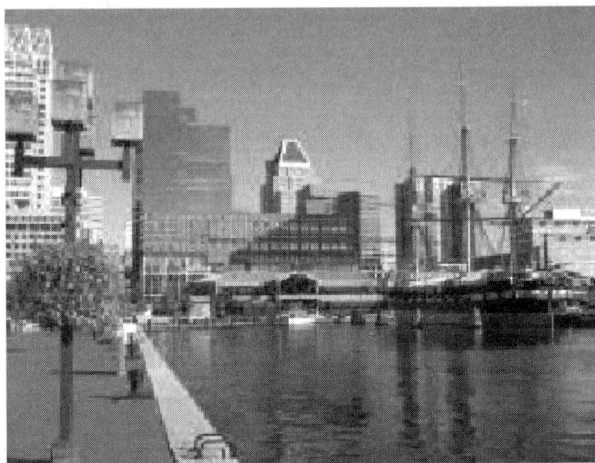

图片来源:上海城市规划设计研究院网站;图片来源:景观中国网站,http://www.supdri.com/　http://www.landscape.cn/works/photo/waterfront/

同样,对于旅游价值,国外的研究者偏好于研究旅游价值链[12],试图展示价值链概念在旅游业中的可用性,在管理和衡量价值链的过程中,对于滨江景观的研究也未涉及它的旅游价值方面。

4　研究方法与技术路线

本文在阅读大量文献的基础上,对相关内容进行梳理分析,采用ROST CM6.0软件将游客对于黄浦江两岸的评价进行高频词、情感、语义网络等分析,从而探究前往黄浦江游玩的游客是被滨江景观的哪些价值吸引,或者说游客对于滨江景观的哪些价值印象深刻。

采用ROST CM6.0进行分析、验证,实现内容挖掘、文本分析和知识处理,它是将定性研究进行量化分析的科学研究方法,该方法在社会研究各个领域都有较为广泛的应用,并且已经有学者将其应用到旅游研究中[13],并且效果很好。

本文主要是研究滨江景观的旅游价值。首先,根据研究背景、目的意义等提出现象(因目前国内外学者、专家对滨江景观旅游价值研究属于空白);接着,由旅游价值的内涵,进行ROST内容分析,将所提取的游客对于黄浦江两岸景观的评价进行价值分类,包括历史价值、审美价值、科普(或科研)价值、生态价值等;最后,总结黄浦江两岸滨江景观旅游价值的存在形式及未来发展的方向。具体见图3。

5　黄浦江两岸开发现状

黄浦江作为上海市的象征之一,在世博的契机下,黄浦江两岸逐渐受到关注,在"还江于民"的原则下,对黄浦江两岸景观开发也日趋完善。近年来对植物、园林、历史建筑群、码头港口、游轮、绿地、工厂、导航塔等景观

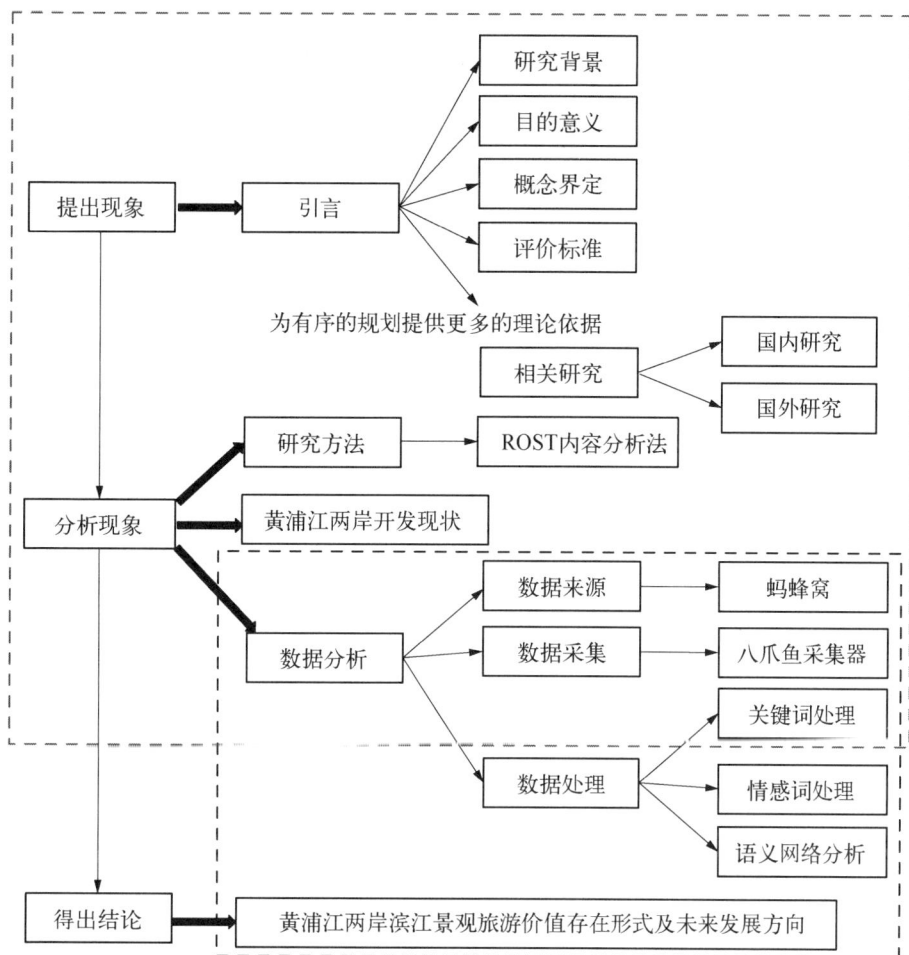

```
提出现象 ──▶ 引言 ──┬──▶ 研究背景
   │                 ├──▶ 目的意义
   │                 ├──▶ 概念界定
   │                 ├──▶ 评价标准
   │                 └──▶ 为有序的规划提供更多的理论依据
   │
   │          相关研究 ──┬──▶ 国内研究
   │                      └──▶ 国外研究
   │
   │          研究方法 ──▶ ROST内容分析法
   ▼
分析现象 ──┬──▶ 黄浦江两岸开发现状
           │
           │          数据来源 ──▶ 蚂蜂窝
           └──▶ 数据分析 ──┬──▶ 数据采集 ──▶ 八爪鱼采集器
                           │
                           │          ┌──▶ 关键词处理
                           └──▶ 数据处理 ├──▶ 情感词处理
                                        └──▶ 语义网络分析
   ▼
得出结论 ──▶ 黄浦江两岸滨江景观旅游价值存在形式及未来发展方向
```

图 3　技术路线

的合理开发使得两岸成为游客以及当地居民前往游玩的重要场所,滨江景观在城市中的重要性也与日俱增。

由调查发现,黄浦江两岸的景观分布主要受区域旅游资源的影响。一个区域旅游资源丰富的单体会被着重利用开发,从而形成此区域特有的景观形象,那些资源不显著的景观就会相应减少开发力度。根据普查,最终确定的黄浦江两岸有 93 处滨水旅游资源单体。经对黄浦江两岸滨水旅游资源调查发现,建筑和设施类的滨水旅游资源最为富集,共有单体 59 个(占总量的 63.4%),主要集中在浦西的"外滩建筑博览群"和浦东的"陆家嘴金融贸易区"和世博园区等。相比较之下黄浦江两岸的自然滨水旅游资源显得格外稀缺,8 处为自然滨水资源,仅占黄浦江滨水旅游资源总量的 8.6%,可供开发的自然景观将更为稀少。其余的是人文资源,占 28%。

以上表明,建筑类旅游资源丰富,黄浦江两岸由此建设的景观也以建筑类景观为主,人文类景观次之,然而要对滨江景观的旅游价值进行分析,只了解它们的资源数量、分布还远远不够,下面将通过分析旅游活动中旅游景观对旅游者形成的影响,即游客的旅游动机和旅游目的探究旅游景观存在的价值。

6　数据分析

为了对黄浦江两岸的滨江景观有更直观、具体的了解,本文选取了国内外游客在蚂蜂窝和 tripadvisor(猫途鹰)网站上发表的关于他们在上海黄浦江周边游玩后的亲身感受的留言,同时为了数据的准确度,本文选取了近三年来的留言,包括蚂蜂窝上的中文留言 1 874 条,tripadvisor(猫途鹰)上的英文留言 697 条。通过整理归纳数据,从而进一步探究滨江景观的旅游价值。

6.1　高频词分析与内在机理探究

将两部分的数据分别整理到 TXT 文本文档,导入 ROST 软件中,随后进行分词和词频分析,滤除与滨江景观旅游价值评价无关的高频词汇(如称谓、英文定冠词等)进行整理统计,得到黄浦江景观对应的旅游价值高频词汇表(见表1和表2),为了直观地比较游客对各景观价值的认知,将各价值的总频数绘制饼状图(见图4和图5)。

表1　黄浦江中文评价高频词汇统计

旅游价值类别	代表性高频词频数	总频数
审美价值	夜景(440)、游船(262)、建筑(176)、夜游(173)、景色(159)、江边(151)、漂亮(136)、风景(133)、坐船(98)、灯光(94)、大桥(80)、欣赏(69)、繁华(68)、轮渡(64)、万国建筑(63)、美丽(60)、白渡桥(56)、码头(52)、特色(52)、好看(48)、苏州河(48)、建筑群(47)、美景(43)、高楼大厦(35)、壮观(33)	2 640
文化(历史)价值	外滩(406)、东方明珠(189)、建筑(176)、母亲河(130)、地标(109)、大桥(80)、历史(76)、繁华(68)、万国建筑(63)、黄歇(58)、吴淞口(57)、白渡桥(56)、码头(52)、苏州河(48)、建筑群(47)	1 615
经济价值	陆家嘴(107)、金融(37)、高楼大厦(35)、南京路(32)	355
工业价值	码头(52)、苏州河(48)	100
生态价值	舒服(30)	30
教育价值	0	0

注：表中数字为通过 ROST 分析的原始数据得来,括号内为该词词频。

表2　黄浦江英文评价高频词汇统计

旅游价值类别	代表性高频词频数	总频数
审美价值	Cruises(273)、night(239)、buildings(129)、view(119)、boats(115)、lights(111)、beautiful(62)、ferry(57)、amazing(54)、nice(51)、wonderful(24)、fantastic(20)、interesting(18)、magnificent(16)、ships(15)、pretty(14)、stunning(11)、bridges(9)	1 337
文化(历史)价值	buildings(129)、the Pearl Tower(17)、famous(14)、history(9)	169
经济价值	skyscrapers(25)、pay(20)、business(13)、restaurants(8)	66
生态价值	ride(35)、run(6)、walk(7)	48
教育价值	book(6)	6
工业价值	0	0

注：表中数字为通过 ROST 分析的原始数据得来,括号内为该词词频。

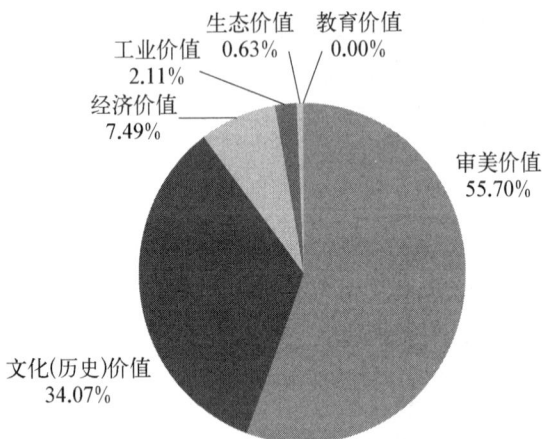

图4　中文高频词反映的旅游价值比例

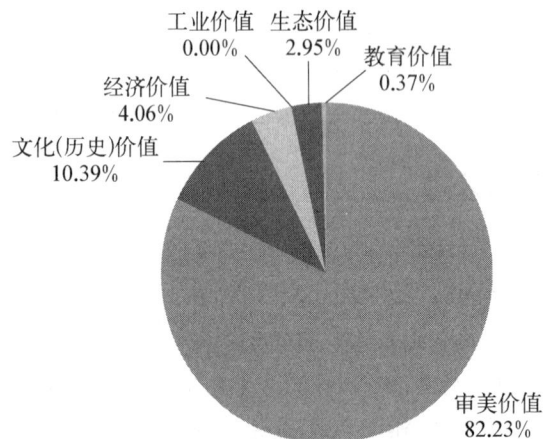

图5　英文高频词反映的旅游价值比例

由表 1 可知,夜景(440)、游船(262)、建筑(176)、夜游(173)、景色(159)、江边(151)、漂亮(136)、风景(133)等词出现的频率较多,表明国内游客对黄浦江的评价大多停留在景观的外观,他们游玩的主要动机是景观的外在,即它们的审美价值。其次提到最多的是外滩(406)、东方明珠(189)、建筑(176)、母亲河(130)、地标(109)等词,表明游客不仅关注景观的外观,对景观的文化历史价值也颇有兴趣。外滩、东方明珠作为黄浦江两岸的地标性景点,见证了上海的历史,是上海文化的体现。此外,从表 1 中还能看到游客提到陆家嘴(107)、码头(52)等词,但是相比较于前面那些词,这些词频数较少,表明对于景观的经济价值、工业价值、生态价值和教育价值还有待深入挖掘。由图 4 可以清晰地发现国内游客对于景观的审美价值和文化历史价值较关注,分别占 55.70%、34.07%,然而,对于景观的经济价值、工业价值、生态价值和教育价值鲜有关注,比例较低。

以上表明,国内游客现在对于景观的关注停留在审美和文化(历史)层面,但黄浦江两岸是上海工业发展的摇篮,浦江两岸地区也拥有丰富的工业遗产资源,我们应该维护更新现有的工业遗产,打造独具浦江特色的景观,吸引更多的游客关注黄浦江两岸景观的工业价值[14]。此外,当今社会,人类的生存面临着日益严重的生态危机[6],在现代化的旅游过程我们更加关注绿色、协调,这也是黄浦江两岸地区发展"十三五"规划中的指导思想[15]。因此,滨江景观未来的开发建设应该重视其生态价值,这与我们的生活息息相关。

由表 2 可知,Cruises(273)、night(239)、buildings(129)、view(119)、boats(115)、lights(111)等词出现的频率较多,表明国外游客同国内的一样,被黄浦江景观的美丽、壮观吸引的较多。其次提到最多的就是buildings(129),可以发现,国外游客对黄浦江两岸景观的文化历史价值也比较印象深刻。不同的是,相比于国内游客,国外游客关注景观的工业价值、经济价值偏少,分别占 0.00%、4.06%,相反的,他们关注景观的生态价值和教育价值比国内游客多,分别占 2.95%、0.37%,而国内游客占 0.63%、0.00%。

以上表明,国外游客同国内游客一样首先对景观的审美价值比较重视,其次是文化(历史)价值、经济价值和生态价值,但这些比重都比较低,与国内游客不同的是,国外游客关注了景观的教育价值层面,而国内游客没有人涉及这方面的评价。

综合比较国内外游客对黄浦江两岸景观的评价,我们可以发现,这些景观有一个共同点就是它们的外在吸引了游客,无论是国内还是国外,旅游者对景观的审美价值都很重视,这也是他们最直观的感受。但随着旅游业的不断发展,现在游客不仅仅是满足景观的外在价值,他们逐渐开始关注更深层次的价值,如生态价值、教育价值等,这与当今社会绿色、开放、共享的理念息息相关[16]。

6.2 高频词分析与标签云

通过 ROST CM 中的标签云对所有高频词进行数据分析(见图 6 和图 7),可以进一步直观地反映国内外游客对黄浦江景观的认知,从而判别他们是对景观的哪些价值印象深刻。

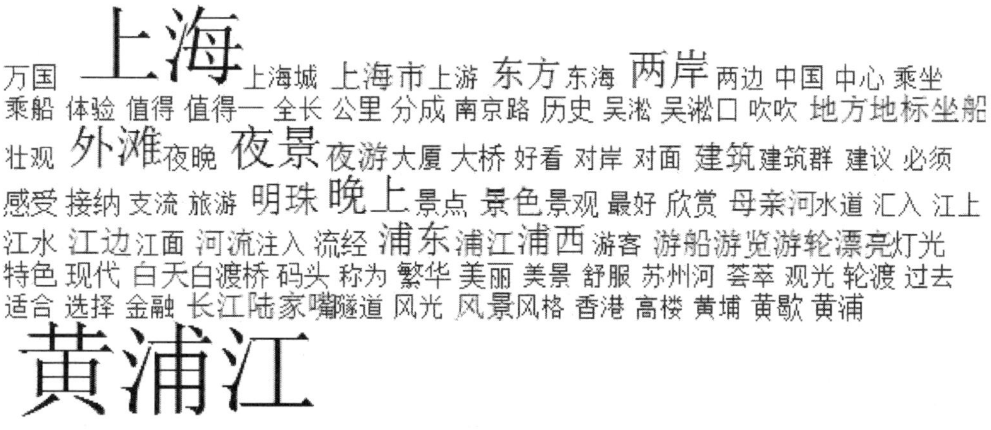

图 6 中文评价反映的高频词条标签云

along amazing area around beautiful best **boat buildings bund** busy city crowded **cruise** deck different enjoy evening experience ferry hour **huangpu lights** lit local lot nice **night** people photos pudong really ride **river** rmb **shanghai** sides skyline skyscrapers spectacular taking took **tour** tourists tower trip **view** visit **walk** watch worth

图 7　英文评价反映的高频词条标签云

　　从图 6 和图 7 中可以看出,国内游客对夜景和外滩评价的比较多,说明他们对滨江景观的美和历史文化印象深刻,体现了现有景观中的审美价值和文化(历史)价值;其次提到东方明珠、陆家嘴、建筑群等,均能反映游客对黄浦江两岸景观的感受。国外游客提到 cruise、boat、buildings、night 比较多,表明他们对建筑景观、游船等印象深刻,反映了国外游客对景观审美的需求;其次是 walk、bund 等词,说明国外游客喜欢前往外滩这种富有文化内涵又环境优美的地方,同时也喜欢在黄浦江周边步行,体现出他们对生态价值和文化(历史)价值的兴趣。

6.3　情感倾向及情感倾向高频词分析

　　本研究采用 ROST CM 中的 ROST Emotion Analysis Tool 情感倾向分析工具进行分析,研究国内外游客对黄浦江景观的游玩感受(见表 3 和表 4)。根据分析结果发现,国内外游客对黄浦江的感受截然不同,国内游客积极情绪占了 81.25%,而国外游客整体呈现中性情绪,达到 100%。说明国内游客对黄浦江景观的整体印象不错,但高度积极情绪占积极情绪总数量的 15.63%,可以看出国内游客并没有高度满意黄浦江两岸的景观。以上表明黄浦江两岸的景观价值塑造有待进一步完善,从而塑造出具有特色的景观带。

表 3　游客中文评价的情感分析

情　绪　类　型	数量/条	百分比
积极情绪	156	81.25%
中性情绪	30	15.63%
消极情绪	6	3.13%
其中,积极情绪分段统计结果如下:		
一般(0～10)	76	39.58%
中度(10～20)	50	26.04%
高度(20 以上)	30	15.63%
其中,消极情绪分段统计结果如下:		
一般(−10～0)	4	2.08%
中度(−20～−10)	2	1.04%
高度(−20 以下)	0	0.00%

表 4　游客英文评价的情感分析

情　绪　类　型	数量/条	百分比
积极情绪	0	0.00%
中性情绪	30	100.00%

（续表）

情　绪　类　型	数量/条	百分比
消极情绪	0	0.00%
其中,积极情绪分段统计结果如下:		
一般(0～10)	0	0.00%
中度(10～20)	0	0.00%
高度(20 以上)	0	0.00%
其中,消极情绪分段统计结果如下:		
一般(－10～0)	0	0.00%
中度(－20～－10)	0	0.00%
高度(－20 以下)	0	0.00%

6.4　语义网络分析

本研究采用 ROST CM 分析软件中的"语义网络分析"模块,进一步分析高频词条背后的深刻含义。分析整理后,形成语义网络图(见图 8)。图中线条的疏密代表共现频率的高低,线条越密,表明共现次数越多,黄浦江各景观之间的关联更加紧密。从图 8 中可以看出,外滩是与黄浦江联系较紧密的地方,外滩是上海的地标,让游客们欣赏美丽风景的同时,还能体验历史的余味。这里的景观之所以吸引游客,正是它审美价值、文化价值、经济价值、建筑价值的体现,因为这里是上海近代城市开始的起点。

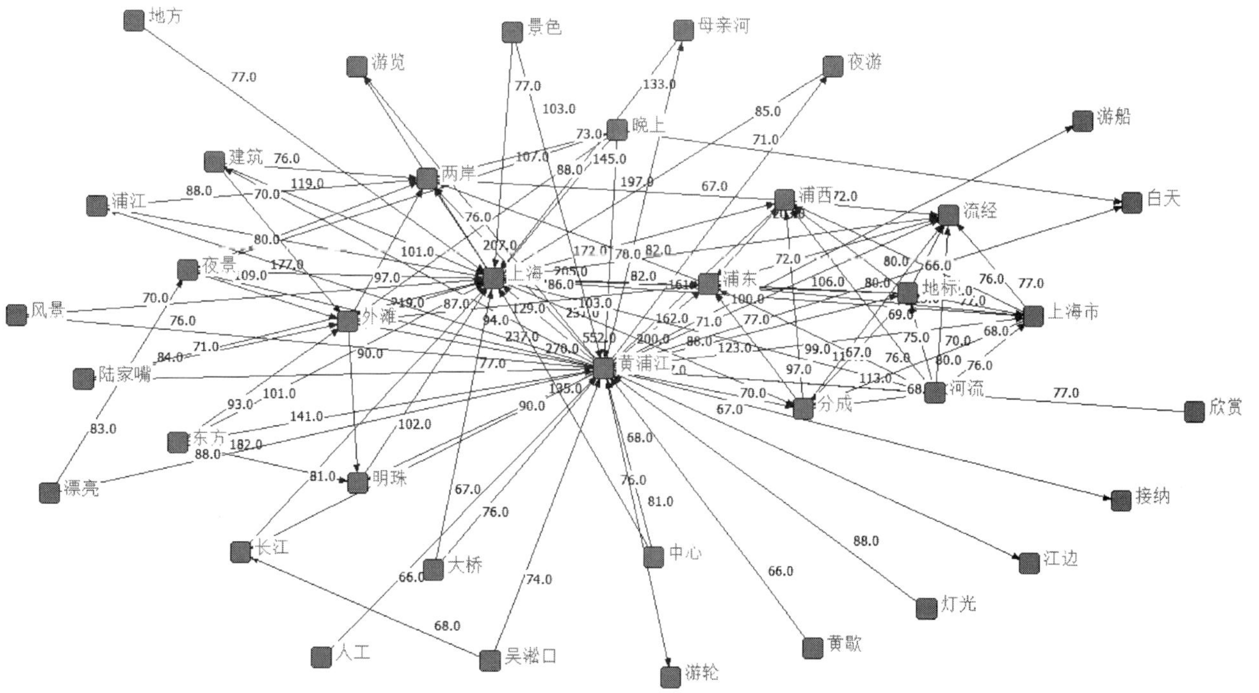

图 8　黄浦江两岸景观与各要素间的语义网络结构图

7　结论与讨论

本文通过分析国内外游客对黄浦江的评价,进而整理归纳出黄浦江景观吸引游客的潜在价值,最终得到以下结论。

滨江景观之所以能够吸引游客,主要是在于它的价值。本文根据游客的评论将滨江景观的旅游价值划分为审美价值、文化(历史)价值、经济价值、工业价值、生态价值和教育价值,即滨江景观旅游价值的存在形式。根据研究数据表明,国内外游客一致对景观的审美价值最为关注。因此,未来在规划黄浦江两岸景观是可以着重规划那些特别能够抓住游客眼球的景观。虽然国内外游客仍比较重视景观的审美价值,但其他价值的作用也不容忽视,文化(历史)价值、生态价值和教育价值是未来黄浦江两岸规划开发的重点。而黄浦江要如何实现它的旅游教育转型,首先要从景观开始,将景观赋予教育价值,使得游客在参观游览中学到有价值的东西,从而初步实现旅游教育价值的转型。

由于受时间、资料、人力等因素的限制,本文研究还有以下几个方面需要进一步完善。

(1)游客对滨水景观的评价太片面。本文对于滨江景观价值的鉴定是根据游客近三年的评价归纳整理得到,并且只用了两个网站上的游客数据,这些没办法代表所有旅游者的想法。因此本文得出的结论没有足够的说服力,需要进行更加全面的调查、访谈以及实地考察来论证本文的结论。

(2)国外游客相关数据采集不足。本文有关于国外游客评价样本采集数量仍未达标,只采集到700条左右的评价,在情感分析时结果集中在中性情绪,影响研究的准确度。

(3)对黄浦江景观价值的分类有待完善。本文根据游客的评价,笔者根据主观意识进行对应的价值分类,所涉及的旅游价值存在偏差,对黄浦江景观的旅游价值还有待细化并对未考虑到的其他价值进行进一步分析。

参考文献

[1]　俞孔坚.景观：文化、生态与感知[M].北京：科学出版社,2008.

[2]　邢淑清,戴卫东.中国旅游地理[M].北京：电子工业出版社,2008.

[3]　仇德辉.统一价值论[M].北京：中国科学技术出版社,1998.

[4]　徐嵩龄.中国遗产旅游业的经营制度选择——兼评"四权分离与制衡"主张[J].旅游学刊,2003,18(04)：30-37.

[5]　朱斌.广西沿江城市滨水区景观设计研究[D].上海：上海交通大学,2008.

[6]　郭庆.民俗文化旅游价值的研究[J].经贸实践,2017(13)：142.

[7]　苏卉.非物质文化遗产旅游价值的多层次灰色评价[J].北京第二外国语学院学报,2010(09)：72-77.

[8]　韩福文,佟玉权,张丽.东北地区工业遗产旅游价值评价——以大连市近现代工业遗产为例[J].城市发展研究,2010(05)：114-119.

[9]　严雅芬.钟山生态文化及其旅游价值研究[D].南京：南京林业大学,2011.

[10]　杨兴山.基于红色文化视角的红色旅游价值研究[D].青岛：中国海洋大学,2015.

[11]　杜爽.面向复合生态系统的城市滨水区景观规划途径研究[D].哈尔滨：东北农业大学,2011.

[12]　苗红,马金涛,张欢.基于网络文本分析的嘉峪关市游客感知形象研究[J].西北师范大学学报(自然科学版),2014(02)：99-104.

[13]　顾琨.浦江两岸重点地区工业遗产保护研究[J].城市规划学刊,2013(z2)：148-153.

[14]　杨伊萌.城市公共空间更新的探索与实践——以黄浦江东岸滨江开放贯通规划为例[J].上海城市规划,2017(02)：46-51.